REGIME JURÍDICO DO PROCESSO DE ADOÇÃO

ANOTADO

REGIME JURÍDICO DO PROCESSO DE ADOÇÃO

ANOTADO

2022

Coordenação:
Ana Rita Alfaiate
Paulo Guerra

Autores:
Ana Rita Alfaiate
Ana Teresa Leal
António José Fialho
Chandra Gracias
Dulce Lopes
Eliana Costa Santos
Geraldo Rocha Ribeiro
Hugo Teixeira
Isabel Pastor
Joana Soares
Maria Barbosa-Ducharne
Maria Oliveira Mendes
Marta Lobo San-Bento
Paulo Guerra
Pedro Raposo de Figueiredo
Rafael Vale e Reis
Rui Godinho

ALMEDINA

REGIME JURÍDICO DO PROCESSO DE ADOÇÃO
ANOTADO

COORDENAÇÃO
Ana Rita Alfaiate e Paulo Guerra

AUTORES
Ana Rita Alfaiate, Ana Teresa Leal, António José Fialho, Chandra Gracias, Dulce Lopes, Eliana Costa Santos, Geraldo Rocha Ribeiro, Hugo Teixeira, Isabel Pastor, Joana Soares, Maria Barbosa-Ducharne, Maria Oliveira Mendes, Marta Lobo San-Bento, Paulo Guerra, Pedro Raposo de Figueiredo, Rafael Vale e Reis e Rui Godinho

EDITOR
EDIÇÕES ALMEDINA, S.A.
Avenida Emídio Navarro, 81, 3D
3000-151 Coimbra
Tel.: 239 851 904 · Fax: 239 851 901
www.almedina.net · editora@almedina.net

DESIGN DE CAPA
FBA.

PRÉ-IMPRESSÃO
EDIÇÕES ALMEDINA, S.A.

IMPRESSÃO E ACABAMENTO

Outubro, 2022
DEPÓSITO LEGAL

ALMEDINA | GRUPOALMEDINA

BIBLIOTECA NACIONAL DE PORTUGAL – CATALOGAÇÃO NA PUBLICAÇÃO

PORTUGAL. Leis, decretos, etc.

Regime jurídico do processo de adoção : anotado / coord. Ana Rita Alfaiate, Paulo Guerra. – 1ª ed. – (Legislação anotada)
ISBN: 978-989-40-0732-6

I – ALFAIATE, Ana Rita, 1981-
II – GUERRA, Paulo

CDU 347

NOTA INTRODUTÓRIA

Bruscamente na Primavera de 2021

«Primeiro encontram-se as vontades
cansadas de esperar por um novo rosto
que não se consegue, sozinho, construir
Depois juntam-se os traços de um e do outro,
misturam-se as cores, em sereno alarido
como se fossem veludo de texturas diferentes
à procura de uma história comum
Não há receitas para que a alquimia resulte
Mas apenas
abraços e
regaços,
sussurrados por olhos sedentos
do afecto dos meios-dias,
àquela hora
em que se pode chamar nossa a uma criança
que não viajou pelas nossas águas felizes,
que não foi soletrada por nós há nove luas atrás
e que não foi gerada no berço das nossas placentas e cordões umbilicais...
Aqui começa o nosso ***futuro****,*
mesmo sem pertencer ao nosso ***passado****,*
presente *ofertado*
por cada um deles ao outro...»

(Paulo Guerra, Como se não fossem pedras, Chiado Publishers, 2021)

Tudo nasceu das inúmeras conversas que os dois Coordenadores da obra vão encetando neste longo percurso já trilhado em conjunto nos caminhos da amizade e do Direito da Família e das Crianças.

Na Primavera de 2021, em plena e insana pandemia, a Rita deu a ideia ao Paulo e logo os dois começaram a engendrar uma maneira de dar forma à mesma.

Tanta lei anotada por aí e nenhuma ainda sobre o Regime Jurídico do Processo de Adopção, gizado pela Lei nº 143/2015, de 8/9.

Os dois acreditavam e acreditam piamente na Adopção, neste instituto capaz de dar novos progenitores a uma criança carente de colo e de vinculação segura.

E lançaram mãos à obra, perseguindo as quimeras.

Fizeram convites a pessoas que trabalham a adopção em vários campos científicos e profissionais.

E assim nasceu a Obra.

Esta.

Um Comentário completo, pluridisciplinar e integrado, capaz de chegar ao público em geral e às gentes que lidam com crianças que podem estar em situação de adoptabilidade ou já prestes a ser adoptadas.

Sabemos que nem todas as crianças em risco estão em perigo.

Que nem todas as crianças em perigo são adoptáveis.

E que, infelizmente, nem todas as crianças adoptáveis virão a ser adoptadas.

Por isso, quisemos, com a ajuda de mais 15 valiosos profissionais do Direito e da Psicologia, da Academia e das Magistraturas, erguer este castelo de afecto e entrega a uma causa – a de explicarmos como é que se processa a adopção de crianças em Portugal.

Cada um destes 17 autores é responsável pelo que escreve. E pelo modo como escreve (se com acordo ortográfico, se sem o dito acordo). Por isso, não concertamos posições. Esta é uma obra livre e assinada.

Agradecemos veementemente a quem esteve a nosso lado a anotar os 90 artigos deste RJPA.

São eles, além das nossas pessoas:

- Ana Teresa Leal, Procuradora-Geral Adjunta e Directora-Adjunta do Centro de Estudos Judiciários,

- António José Fialho, Juiz de Direito, Presidente do Tribunal Judicial da Comarca de Setúbal e Membro da Rede Internacional de Juízes da Conferência da Haia,
- Chandra Gracias, Juíza de Direito e Docente do Centro de Estudos Judiciários,
- Dulce Lopes, Professora da Faculdade de Direito da Universidade de Coimbra e Investigadora Integrada do Instituto Jurídico da mesma FDUC,
- Eliana Costa Santos, Técnica Superior – Jurista na equipa de apoio técnico à Autoridade Central para a Adopção Internacional,
- Geraldo Rocha Ribeiro, Juiz de Direito,
- Hugo Teixeira, advogado, colaborador do GIIAA – Grupo de Investigação e Intervenção em Acolhimento e Adopção da Faculdade de Psicologia e Ciências da Educação da Universidade do Porto,
- Isabel Pastor, Mestre em Direito e Directora da Unidade de Adopção, Apadrinhamento Civil e Acolhimento Familiar da Santa Casa da Misericórdia de Lisboa,
- Joana Soares, Investigadora Doutorada do GIIAA – Grupo de Investigação e Intervenção em Acolhimento e Adopção da Faculdade de Psicologia e Ciências da Educação da Universidade do Porto e Membro do Centro de Psicologia da Universidade do Porto,
- Maria Barbosa-Ducharne, Professora na Faculdade de Psicologia e de Ciências da Educação da Universidade do Porto (FPCEUP), Investigadora responsável do GIIAA – Grupo de Investigação e Intervenção em Acolhimento e Adopção da FPCEUP e Membro do Centro de Psicologia da Universidade do Porto,
- Maria Oliveira Mendes, Procuradora da República e Docente do Centro de Estudos Judiciários,
- Marta Lobo San-Bento, Investigadora do Centro de Direito da Família (CDF) da Faculdade de Direito da Universidade de Coimbra e docente colaboradora do CDF e da Faculdade de Ciências Humanas da Universidade Católica de Lisboa,
- Pedro Raposo de Figueiredo, Juiz de Direito e Docente do Centro de Estudos Judiciários,
- Rafael Vale e Reis, Professor Auxiliar Convidado da Faculdade de Direito da Universidade de Coimbra e
- Rui Godinho, Director da DIIJF da Santa Casa da Misericórdia de Lisboa.

Quisemos uma obra enxuta e prática.

Só com bibliografia essencial e com a jurisprudência mais relevante (quando um artigo não contém tais elementos bibliográficos e jurisprudenciais, é porque nada foi encontrado de relevante).

Colocamos apenas as mais importantes conexões normativas externas.

E esperamos que o resultado agrade a quem lhe pegar, o ler e o desejar aplicar.

Sabemos que as crianças em perigo neste país não estão condenadas à tristeza.

E as crianças adoptadas são, não o duvidamos, a imagem viva de que é possível renascer, erguendo-se de uma infância desditosa para um mundo novo que se espera seja gratificante e terapêutico.

Os nossos derradeiros agradecimentos a dois Mestres de Vida que abrem e fecham a Obra – o Professor Doutor Guilherme de Oliveira e o Juiz Conselheiro Jubilado Armando Gomes Leandro, eternos faróis da Rita e do Paulo.

A BEM DAS CRIANÇAS e do muito que ainda lhes poderemos dar...

Coimbra, agosto de 2022

(sem recurso ao acordo ortográfico de 1990)

ANA RITA ALFAIATE
Professora Auxiliar Convidada da
Faculdade de Direito da Universidade de Coimbra

PAULO GUERRA
Juiz Desembargador do Tribunal da Relação de Coimbra

PREFÁCIO

Quando o Código Civil restabeleceu o instituto, em 1967, a adoção plena era pouco frequente pois a lei exigia condições muito rigorosas para a constituição do vínculo: só podiam adotar duas pessoas casadas há mais de dez anos, sem filhos legítimos, com mais de trinta e cinco anos, salvo se o adotando fosse filho ilegítimo de um dos adotantes (art. 1981º CC 1966); e só podiam ser adotados os filhos ilegítimos de um adotante se o outro progenitor fosse incógnito ou falecido, bem como os filhos de pais incógnitos ou falecidos que tivessem estado ao cuidado de ambos os adotantes ou de um deles, desde idade não superior a sete anos (art. 1982º CC 1966). Nestas condições, não admira que os números fossem baixos – 16 adoções em 1968, 28 em 1970, e 81 em 1976.

Mas a Reforma de 1977 flexibilizou esses pressupostos, tanto em relação ao adotante ou adotantes como em relação ao adotando, conferindo ao instituto o interesse que na legislação anterior não chegou a ter. Na verdade, as alterações de 1977 propiciaram um aumento da frequência da constituição do vínculo: 205 adoções em 1978, 301 em 1980[1].

Mas a regulamentação nunca foi fácil, já que é necessário ter em consideração vários interesses melindrosos. É claro que, em primeira linha, pretende-se defender o interesse das crianças desprovidas de meio familiar comum, dando-lhes a oportunidade – que porventura não tiveram – de sentir as alegrias e os constrangimentos normais, que os seus pares também conhecem. Mas, por outro lado, a adoção também tem de servir o interesse

[1] Segundo os dados do então chamado *Gabinete de Estudos e Planeamento do Ministério da Justiça.*

do casal infértil (ou não), que deseja ter um filho, ou o de pessoa não casada que tenha o mesmo desejo. Por outro lado – e ao contrário do primeiro quadro social e legal (de 1966/7) – a constituição do vínculo pode ser contrária aos interesses ou à vontade dos progenitores, eventualmente pouco convencidos das suas limitações ou dos danos que a criança esteja a sofrer na sua companhia. Deve ser esta pluralidade de interesses que torna a regulação do instituto difícil e instável.

O entusiasmo pelo aumento da frequência e a pressão social levaram a que o legislador tivesse dedicado uma atenção particular ao instituto (uma atenção tão grande como a que se dedicou ao instituto da investigação de paternidade ou ao divórcio).

Este empenhamento especial tinha o intuito de valorizar o instituto, de tornar o processo mais fácil e mais rápido; e de harmonizar os interesses muitas vezes conflituantes da família biológica e dos adotantes.

Na verdade, a Lei nº 1/82, de 30 de setembro, aditou o nº 7 ao art. 36º da Constituição da República, com a finalidade clara de dar mais dignidade e relevo ao vínculo.

O regime da adoção foi revisto de novo pelo Decretolei nº 185/93, de 22 de Maio, e, depois, pelo Decreto-lei nº 120/98, de 8 de Maio. Pretendeu-se dar aos futuros adotantes mais segurança contra eventuais reivindicações da família de sangue, mas garantindo, ao mesmo tempo, que os pais do menor consentissem na adoção e o seu consentimento só pudesse ser dispensado quando ocorressem circunstâncias particulares em que tal se justificasse.

Registe-se ainda a alteração introduzida pela Lei nº 135/99, de 28 de agosto, que veio permitir às pessoas que vivessem em união de facto a adoção conjunta de crianças, nos termos previstos para os cônjuges no art. 1979º (art. 3º, al. *e*)), solução mantida no art. 7º da Lei nº 7/2001, de 11 de Maio, se as pessoas fossem de sexo diferente.

Por sua vez, a Lei nº 31/2003, de 22 de agosto, voltou a regular o conflito entre o interesse da família adotiva e o dos pais biológicos.

E ainda, os casais do mesmo sexo, casados (cfr a Lei nº 9/2010) ou em união de facto (cfr. a Lei nº 2/2016) vieram a adquirir o direito de se candidatarem a adotantes.

Certamente que estas mudanças deviam contribuir para um aumento constante do número de adoções: registou-se um número variável dentro das 3 centenas até 2003; ultrapassaram-se as 4 centenas em 2004 e 2005; e as 5 centenas em 2006, 2007, 2008 e 2009. Porém, o número começou a baixar progressivamente, até chegar a 198 adoções em 2020[2]. Mas que razões poderão explicar a estagnação nas 3 centenas e tal entre 1980 e 2003? E a queda progressiva subsequente, até 2020? Estes resultados não são congruentes com os esforços legislativos que foram registados, e este facto merece reflexão. O relativo insucesso de todas as tentativas tem com certeza múltiplas causas, difíceis de identificar.

Algum sentimento de frustração, resultante de virem a falhar um a um todos os esforços para aumentar o número de adoções, quando são tantas as crianças internadas em instituições ou confiadas a famílias de acolhimento, explicará que se tenha posto em causa, de certo modo, o próprio *modelo* de adoção plena, em que os laços da criança com a sua família natural são inteira e definitivamente cortados e se guarda segredo sobre a identidade tanto dos pais naturais como do adotante ou dos adotantes. Assim, ELIANA GERSÃO chamou a atenção para as virtualidades da adoção restrita, desde que convenientemente revisto o seu regime, como um instrumento útil de apoio das crianças desprovidas de meio familiar normal, dado que a tutela e a medida de promoção e protecção de acolhimento familiar não estavam a ser suficientes para esse fim, e a adoção plena, pelos seus efeitos, será forçosamente um instituto de uso limitado, só podendo resolver um número reduzido de situações[3].

Num registo semelhante, CLARA SOTTOMAYOR não excluiu a possibilidade de, ao lado da adoção plena como a nossa lei a conformou, *fechada* a qualquer relação do adotado e dos pais adotivos com a família natural (modelo mais ajustado à adoção de crianças recém-nascidas ou de tenra idade e que é o preferido pela maioria dos candidatos à adoção), se vir a admitir uma adoção *aberta* a alguma espécie de relação com a família natural, em que, designadamente, se reconheça aos pais naturais o direito de obter informações sobre o adotado e a este o direito ao conhecimento da sua ascendência biológica, corolário do direito à identidade pessoal constitucionalmente reconhecido. CLARA SOTTOMAYOR entendia que a manutenção da relação com a família biológica podia ser enquadrada, no direito português, na adoção restrita, que era utilizada residualmente mas que podia ser recuperada quando estivessem em causa crianças de mais idade que tivessem laços afetivos com a família de origem, sendo possível que o recurso a esta figura

[2] Cfr. https://www.pordata.pt/Portugal/Processos+findos+de+adop%C3%A7%C3%A3o-1426

[3] *Adopção — mudar o quê?*, *in* "Comemorações dos 35 anos do Código Civil e dos 25 anos da Reforma de 1977 - Vol I, Direito da Família e das Sucessões", Coimbra, Coimbra Editora, 2004, p. 833-849.

fizesse crescer o número de pais biológicos que consentissem na adoção dos seus filhos[4].

E também é verdade o que escreveu, em dado momento, LEONOR BELEZA[5]: "há bloqueamentos e obstáculos que se situam na prática e na actuação dos intervenientes nos processos de adopção e, muitas vezes, na cultura e nas atitudes, que nenhuma lei, por si, modifica".

As contribuições doutrinais foram parcialmente acolhidas.

Na verdade, no "*Relatório das audições efectuadas no âmbito da avaliação dos sistemas de acolhimento, protecção e tutelares de crianças e jovens*", dirigidas por MARIA DO ROSÁRIO CARNEIRO, recomendava-se a criação de outras formas de acolhimento familiar duradouro que se acrescentassem à adoção plena, prontas para servir realidades que se apresentassem diferentes do padrão típico a que se aplicava a adoção. Por coincidência, já estava em preparação, no Observatório Permanente da Adoção, no quadro do Centro de Direito da Família, o instituto do Apadrinhamento Civil, criado pela lei nº 103/2009, de 11 de setembro e regulamentado pelo Decreto-Lei nº 121/2010, de 27 de outubro. Esta medida significou, de certo modo, um equivalente corrigido e aumentado da adoção restrita, lembrando a proposta de ELIANA GERSÃO atrás referida.

Alem disto, a Lei que o presente livro comenta, de 2015, aditou ao art. 1986º CC o nº 3 que permite, em certos termos, os contactos entre o adotado e a família adotiva com a família biológica, sempre com o limite determinado pela defesa dos interesses da criança. Esta modificação lembra as observações expressas por CLARA SOTTOMAYOR, atrás referidas.

Por fim, esta mesma lei veio admitir aos adotados o conhecimento da identidade dos progenitores, introduzindo uma regra nova no Código Civil (art. 1990º-A, CC) e uma regulamentação do direito de acesso no art. 6º da Lei que é objeto deste comentário.

Em face de todos estes esforços, é legítima a surpresa causada pelo declínio da adoção como forma de garantir uma vida familiar às crianças que precisam e que não têm outra forma de integração familiar.

[4] *Quem são os "verdadeiros" pais? Adopção plena de menor e oposição dos pais biológicos, in* «Direito e Justiça», vol. XVI, 2002, p. 191-241.

[5] Como relatora do parecer da Comissão de Assuntos Constitucionais, Direitos, Liberdades e Garantias sobre a proposta de lei nº 57/IX, de que resultou a Lei nº 31/2003 (Diário da Ass. da República, II Série-A, nº 100, de 5.6.2003, p. 4063).

Uma visão otimista poderá pensar que é necessário esperar mais tempo para que as alterações deem os frutos esperados. Ou poderá admitir que a crise provocada pela pandemia teve um papel determinante para o atraso do curso normal das melhorias que ainda virão.

Mas também cabe aqui uma perspetiva contrária, pessimista. É a que supõe que a adoção vai suportar mal a concorrência dos progressos da Procriação Medicamente Assistida; a eventual atração pelo instituto (ainda mal conhecido em Portugal) da parentalidade socioafetiva; e a maior complacência com que puder vir a ser admitida uma perfilhação que não exprima a verdade biológica mas seja seguramente feita em favor dos interesses da criança.

Quanto à PMA, o número de nascimentos tem aumentado, cifrando-se em 2733, em 2018[6]. Isto parece querer dizer que o "biologismo" mantém a sua pujança e, aliás, conta com os progressos técnicos vertiginosos da biomedicina. Sem surpresa.

Por outro lado – e talvez paradoxalmente – a Lei da PMA introduziu no direito português uma forma de relevância da *vontade* que a que a obsessão pelo "biologismo" imposto pela reforma de 1977 parecia obstar: a mulher casada ou em união de facto com a beneficiária das técnicas de PMA pode assumir o estatuto de mãe apenas porque *quer* (Lei nº 32/2006, de 26 de julho, com as alterações da Lei nº 17/2016, de 20 de junho, art. 20º, nº 1). Também se pode falar no relevo da *vontade* quando se atribuir o estatuto legal de mãe à mulher que requer uma gestação de substituição (Lei nº 32/2006, atualizada pela lei nº 90/2021 que aguarda regulamentação), pelo menos quando a beneficiária não contribuir com o gâmeta feminino.

Quanto à eventual relevância da parentalidade socioafetiva – bem conhecida e praticada no ordenamento brasileiro e em outros[7] – estou a falar da

[6] "Finalmente, realça-se que em 2018 nasceram em Portugal 2733 crianças como resultado do uso das várias técnicas de PMA, o que representa 3,1% do número total de crianças nascidas no nosso país nesse ano. No primeiro relatório, utilizando as plataformas de registo específicas atuais, referente aos dados de 2013, essa percentagem tinha sido de 2,5%" – *Relatório do CNPMA*, de 2018, p. 7. Neste ano, o número de adoções foi de 253 – cfr. https://www.pordata.pt/Portugal/Processos+findos+de+adop%C3%A7%C3%A3o-1426.

[7] A *multiparentalidade*, praticada em alguns países, implica o reconhecimento legal de vínculos de facto – cfr. o meu *Estudos de Direito da Família II, Passear os dogmas*, Coimbra Almedina, 2022, p. 76 e segs.

possibilidade de a vivência pública como pai ou mãe e filho, poder sustentar *a qualificação de pai ou de mãe.*

No caso de este instrumento jurídico chegar ao ordenamento português com uma expressão relevante, vai constituir uma alternativa para a adoção. É certo que não coincidem nos seus pressupostos e procedimentos, e pode dizer-se a dimensão do país, o número de crianças pobres e a presença do Estado na sociedade portuguesa não precisam daquela forma de constituir o vínculo de parentalidade. Mas também podem ser percebidas algumas vantagens, designadamente a rapidez que pode oferecer a quem já cuida de uma criança; e a "garantia" do sucesso da relação que pode ser comprovada por anos de existência prévia, em vez de se prognosticar com base numa observação técnica sempre mais breve.

Quanto à eventual tolerância de uma perfilhação que não exprima a verdade biológica, é sabido que ela sempre gozou de uma tolerância prática, embora a paternidade estabelecida possa ser impugnada a todo o tempo (art. 1859º, CC). Porém, há quem comece a fazer uma distinção entre "perfilhações de complacência" e "perfilhações de conveniência"[8], notando que nas primeiras se prossegue o interesse do filho, na medida em que se quer assumir um estatuto parental; enquanto nas segundas o perfilhante pretende uma vantagem estranha às relações de família (p. ex. um visto de residência)[9]. Neste quadro, poderia ser aceitável um regime que favorecesse de algum modo a permanência das perfilhações do primeiro tipo, dando mais estabilidade ao vínculo que uma vez nasceu com base na mera vontade do perfilhante; e, na eventualidade de os casos se multiplicarem, talvez tenha de ser preciso estar pronto para testemunhar o declínio consequente dos números da adoção, que os "reconhecimentos de complacência" tenderiam a substituir[10].

[8] M. C. Quesada González, *Los retos actuales de la impugnación de filiación*, *in* «Asociación de Profesores de Derecho Civil, Retos actuales de la filiación», Madrid, Tecnos, 2018, p. 161-173.

[9] O Tribunal Supremo de Espanha, em 15 de julho de 2016, abriu a porta a esta distinção quando afirmou que a atitude do perfilhante de complacência não podia ser considerada ilícita porque não pretendia estabelecer uma relação adotiva; e também não podia ser considerada ilícita num ordenamento que constituía vínculos jurídicos que tinham por base doações de gametas anónimos; nem sequer imoral, pois as perfilhações de complacência eram frequentes e não suscitavam repúdio social. Afinal, estas perfilhações, segundo o TS, satisfaziam bem os interesses de todos.

[10] Cfr. o meu *Novas manifestações da vontade no casamento e na parentalidade*, *in* «*Lex Familiae*, Revista Portuguesa de Direito da Família», ano 17, nº 34, 2020, p. 17-8.

Em face das dificuldades de regular a matéria da adoção – e de algumas perplexidades que vêm acompanhado o seu percurso – só pode saudar-se um Comentário como este, organizado e escrito por quem conhece bem o tema.

Não há um modo de melhorar o instituto e de satisfazer o interesse das crianças que não passe por estudar as boas fontes – como esta, manifestamente, é.

Coimbra, julho de 2022

Guilherme de Oliveira
Professor Jubilado da Faculdade de Direito da Universidade de Coimbra

SIGLAS MAIS RELEVANTES E USADAS NO TEXTO

AR – Assembleia da República
ACAI – Autoridade Central para a Adoção Internacional
CDFUE – Carta dos Direitos Fundamentais da União Europeia
CC – Código Civil
CPA – Código de Procedimento Administrativo
CPC – Código de Processo Civil
CPTA – Código de Processo nos Tribunais Administrativos
CRC – Código de Registo Civil
CNA – Conselho Nacional para a Adoção
CRP – Constituição da República Portuguesa
CH 1993 – Convenção da Haia de 29 de maio de 1993 (adoção)
CDC – Convenção das Nações Unidas sobre os Direitos da Criança
CEDH – Convenção Europeia dos Direitos Humanos
CEMAC – Convenção Europeia em Matéria de Adoção de Crianças
CEEDC – Convenção Europeia sobre o Exercício dos Direitos da Criança
DUDH – Declaração Universal dos Direitos Humanos
DL – Decreto-Lei
DR – Diário da República
EIPSS – Estatuto das Instituições Particulares de Solidariedade Social
EMP – Estatuto do Ministério Público
GAT – Gabinete de Apoio Técnico
IRS – Imposto sobre o Rendimento das Pessoas Singulares
ISSA – Instituto da Segurança Social dos Açores, I.P.R.A.
IP-RAM – Instituto da Segurança Social da Madeira, IP-RAM
LNac – Lei da Nacionalidade

LUF – Lei de Proteção das Uniões de Facto
LPCJP – Lei de Proteção de Crianças e Jovens em Perigo
LCCid – Lei do Cartão de Cidadão
LOSJ – Lei Orgânica do Sistema Judiciário
NAP – Necessidades Adotivas Particulares
OSS – Organismos de Segurança Social
OTM – Organização Tutelar de Menores
RGPTC – Regime Geral do Processo Tutelar Cível
RJAC – Regime Jurídico do Apadrinhamento Civil
RJPA – Regime Jurídico do Processo de Adoção
RNA – Regulamento da Nacionalidade
RPA – Regulamento do Processo de Adoção
SCML – Santa Casa da Misericórdia de Lisboa
SPCHDIP – Secretariado Permanente da Conferência da Haia de Direito Internacional Privado
STJ – Supremo Tribunal de Justiça
TCAS – Tribunal Central Administrativo Sul
TC – Tribunal Constitucional
RC ou TRC – Tribunal da Relação de Coimbra
RE ou TRE – Tribunal da Relação de Évora
RG ou TRG – Tribunal da Relação de Guimarães
RL ou TRL – Tribunal da Relação de Lisboa
RP ou TRP – Tribunal da Relação do Porto
TEDH – Tribunal Europeu dos Direitos Humanos

O TEXTO DO REGIME JURÍDICO DO PROCESSO DE ADOÇÃO

TÍTULO I
Disposições gerais

ARTIGO 1º
Objeto

1 – O Regime Jurídico do Processo de Adoção, doravante designado RJPA, regula os processos de adoção nacional e internacional, bem como a intervenção nesses processos das entidades competentes.

2 – São entidades competentes em matéria de adoção:

a) Os organismos de segurança social;

b) A Autoridade Central para a Adoção Internacional;

c) O Ministério Público;

d) Os tribunais.

3 – Podem também intervir:

a) Na adoção nacional, as instituições particulares de solidariedade social e equiparadas e outras entidades de reconhecido interesse público, sem caráter lucrativo, adiante designadas por instituições particulares autorizadas, nas condições e com os limites estabelecidos no RJPA;

b) Na adoção internacional, as entidades devidamente autorizadas e acreditadas, adiante designadas por entidades mediadoras, nas condições e com os limites estabelecidos no RJPA.

ANOTAÇÃO

1. Conexões normativas externas – artigos 1973º a 1991º CC.

2. A Lei nº 143/2015, de 8 de setembro, que introduz no ordenamento jurídico interno o RJPA, permitiu actualizar as disposições relativas à adopção e que até essa data se encontravam dispersas e em diplomas legais desactualizados, como a OTM. Impunha-se a sistematização de um processo de adopção que obviasse a disparidades na aplicação da lei e a situações materialmente injustas por força dessas disparidades, dando aos intervenientes no processo um guião claro das suas competências e obrigações.

Por outro lado, embora a lista de entidades competentes em matéria de adopção não tenha sofrido alteração com a entrada em vigor do RJPA, não deixou de ser importante também dar um enquadramento jurídico a essa enumeração de quais os organismos e entidades habilitados para lidar com as questões da adopção.

Em matéria de adopção nacional, destacam-se como competentes, além dos OSS distritais, o ISSA, nos Açores, o IP-RAM, na Madeira, mas também a SCML, considerada OSS para este efeito e com área de intervenção na cidade de Lisboa. É junto destes organismos que se desenvolvem os processos de candidatura à adopção e é dentro deles que se encontram as equipas que prestam apoio aos Tribunais, gerem as vagas para o acolhimento das crianças ou jovens com vista a futura adopção e as medidas de confiança tendo em vista o mesmo projecto de vida, sendo ainda estas equipas que promovem as confianças administrativas, tramitam toda a fase administrativa dos processos de adopção e prestam apoio às famílias no período pós adopção. O legislador não deixou, porém, de notar que podem também intervir em matéria de adopção, na medida em que, por exemplo, podem executar as decisões judiciais de acolhimento tendo em vista esse fim, as instituições particulares de solidariedade social e equiparadas e outras entidades de reconhecido interesse público, sem carácter lucrativo, designadas no RJPA por instituições particulares autorizadas.

Por seu turno, em matéria de adopção internacional, subsidiária relativamente à colocação familiar permanente da criança ou jovem no seu país de residência habitual, há que somar a estas a Autoridade Central para a Adoção Internacional, que gerirá o processo quer nos casos em que a criança ou jovem em situação de adoptabilidade em território português é adoptado por residentes no estrangeiro, quer nos casos em que residentes em Portugal adoptam crianças ou jovens residentes fora do país, podendo ainda intervir as entidades devidamente autorizadas e acreditadas, designadas por entidades mediadoras.

Não parece despiciendo o uso, pelo legislador, de termos diferentes para se referir às entidades enumeradas de modo muito claro no nº 2 e que "são... competentes" e àquelas que genericamente se poderão enquadrar no nº 3 e que apenas "podem... intervir" e sempre "nas condições e com os limites estabelecidos no RJPA".

A intervenção do Ministério Público e dos tribunais sublinha, no nosso entender, a definição da adopção como um ato complexo ou misto, "composta por aquele *ato de direito privado* [que é a declaração de vontade do adoptante] e por um *ato de direito público* (a sentença que decreta a adoção), atos *constitutivos* os dois, mesmo o último – o que exprime a ideia de que a adoção deve justificar-se, não só à luz dos interesses particulares das pessoas cujo consentimento é exigido por lei, mas ainda à luz do interesse geral" (OLIVEIRA, 2019). A sentença de adopção é mais do que uma mera homologação de um acordo de vontades. As alterações produzidas pela adopção de uma criança ou jovem em matéria de relações jurídicas familiares oneram o legislador com a necessidade de garantir que só o poder judicial poderá atestar o cumprimento daquele que é o derradeiro teste da adequação da medida: o superior interesse da criança.

3. Bibliografia: ALFAIATE, Ana Rita e RIBEIRO, Geraldo Rocha, "Relatório Final de um Estudo com as Equipas de Adopção", *Lex Familiae,* Ano 7, nº 14, Coimbra Editora, julho – dezembro de 2010; Idem, "Acompanhamento do "Sistema de Protecção de Crianças e Jovens e Leis da Adopção": Audições de Juízes e Magistrados do Ministério Público", *Lex Familiae,* Ano 8, nº 15, Coimbra Editora, janeiro – junho de 2011; BOLIEIRO, Helena e GUERRA, Paulo, *A criança e a família – uma questão de direito(s),* 2ª Edição, Coimbra Editora, 2014; COELHO, Francisco Pereira, OLIVEIRA, Guilherme de, *Curso de direito da família, Direito da filiação, Estabelecimento da filiação, Adopção,* Volume II, Tomo I, Coimbra Editora, 2006; JARDIM, Mónica, "A adopção", in *O cuidado como valor jurídico,* Editora Forense, Rio de Janeiro, 2008; MATIAS, Manuel, PAULINO, Mauro (coord.), *A criança no processo de adopção. Realidades, desafios e mudanças,* Prime Books, 2014; NETO, Abílio, *Código Civil Anotado,* 19ª edição (reimp.), Ediforum, 2017; OLIVEIRA, Guilherme de, *Adopção e Apadrinhamento Civil, Direito da Família,* Petrony, maio de 2019; Idem, *Manual de Direito da Família,* 2ª Edição, Almedina, Coimbra, 2021; PINHEIRO, Jorge Duarte, *O Direito da Família Contemporâneo,* 5ª edição,

Almedina, Coimbra, 2016; RAMIÃO, Tomé de Almeida, *A Adopção – Regime Jurídico Actual*, 2ª edição revista e actualizada, Quid Juris, 2007; LIMA, Pires, VARELA, Antunes, *Código Civil Anotado*, Volume V, Coimbra Editora, Coimbra, 1995.

Esta anotação foi redigida seguindo a grafia anterior ao Acordo Ortográfico de 1990

ANA RITA ALFAIATE

ARTIGO 2º
Definições

Para os efeitos do RJPA considera-se:

a) «Adoção internacional», processo de adoção, no âmbito do qual ocorre a transferência de uma criança do seu país de residência habitual para o país da residência habitual dos adotantes, com vista ou na sequência da sua adoção;

b) «Adoção nacional», processo de adoção no âmbito do qual a criança a adotar e o candidato à adoção têm residência habitual em Portugal, independentemente da nacionalidade;

c) «Adotabilidade», situação jurídica da criança beneficiária de uma decisão judicial ou administrativa de confiança com vista à adoção;

d) «Criança», qualquer pessoa com idade inferior a 15 anos, ou inferior a 18 anos nos casos previstos no nº 3 do artigo 1980º do Código Civil;

e) «País de acolhimento», país da residência habitual dos adotantes, no âmbito de um processo de adoção internacional;

f) «País de origem», país da residência habitual da criança, no âmbito de um processo de adoção internacional;

g) «Preparação, avaliação e seleção de candidatos», conjunto de procedimentos para a aferição da capacidade tendentes à capacitação psicossocial e das competências essenciais ao estabelecimento de uma relação parental adotiva;

h) «Processo de adoção», conjunto de procedimentos de natureza administrativa e judicial, integrando designadamente atos de preparação e atos avaliativos, tendo em vista a prolação da decisão judicial constitutiva do vínculo da adoção, a qual ocorre na

sequência de uma decisão de adotabilidade ou de avaliação favorável da pretensão de adoção de filho do cônjuge;

i) **«Guarda de facto», relação que se estabelece entre a criança e a pessoa que com ela vem assumindo, continuadamente, as funções essenciais próprias de quem tem responsabilidades parentais.**

ANOTAÇÃO

1. Conexões normativas externas – arts. 1973º a 1991º CC; arts. 4º, 35º, 38º-A, 46º a 51º LPCJP; art. 5º RGPTC.

2. Seguindo a melhor tradição legislativa, o RJPA contempla um artigo de definições. Encontramos neste artigo um precioso auxiliar na delimitação do que se entende por adopção internacional e nacional, especificando-se que a conexão relevante para o efeito é a residência e não a nacionalidade, balizando-se a adopção internacional pela transferência de uma criança do seu país de residência habitual para o país de residência habitual dos seus adoptantes e que é diferente do seu. Vale isto por dizer que, quer quando uma criança com residência habitual em Portugal sai para ir viver com os seus adoptantes num país estrangeiro em que estes têm residência habitual (o país de acolhimento), quer quando uma criança com residência habitual no estrangeiro (o país de origem) entra no nosso país porque os seus adoptantes têm cá a sua residência habitual, sempre teremos um caso de adopção internacional. Por outra banda, se tanto a criança como os adoptantes tiverem residência habitual em Portugal, então, ainda que todos eles tenham nacionalidade estrangeira, sempre deverá falar-se em adopção nacional.

Este artigo chama também a atenção para a situação de adoptabilidade da criança, permitindo ao intérprete distinguir os casos em que a criança está formalmente em condições de ser adoptada daqueles em que, embora materialmente a sua situação possa ser subsumida a uma inexistência ou a um sério comprometimento dos vínculos afectivos próprios da filiação, nos termos do art. 1978º CC, esta será ainda, no máximo, apenas uma criança em perigo e não há ainda a definição da adopção como o seu projecto de vida.

A criança estará, pois, em situação de adoptabilidade, quando tenha sido confiada com vista a futura adopção, tenha sido confiada administrativamente ao candidato à adopção ou a quem a vinha mantendo a cargo e sobre ela exercia já os poderes e os deveres sucedâneos das responsabilidades parentais, ao abrigo de uma providência tutelar cível, ou seja filha do cônjuge do adoptando, verificados que estejam os demais requisitos para o encaminhamento para a adopção.

Quando, na alínea d), o legislador define criança como qualquer pessoa com idade inferior a 15 anos, ou inferior a 18 anos nos casos previstos no nº 3 do artigo 1980º CC, na realidade o que se pretende definir é a criança que pode ser adoptada.

A este propósito, contudo, não podemos ignorar o recente acórdão do Tribunal Constitucional 132/2022.

A 15 de fevereiro de 2022, veio o Tribunal Constitucional "julgar inconstitucional a norma contida no nº 3 do artigo 1980º do Código Civil, interpretado no sentido segundo o qual se exclui a possibilidade de adoção de um jovem com idade superior a 18 anos à data de entrada do requerimento do adotante no tribunal, quando se trate de filho do cônjuge do requerente, tratado pelo adotante como filho desde a infância, tendo-se estabelecido entre ambos uma relação de afeto, cuidado e assistência idêntica às que habitualmente se estabelecem entre pai e filho, quando aplicado aos casos em que, à data em que o candidato a adotante apresentou o requerimento inicial junto do organismo de Segurança Social, o adotando fosse menor e não emancipado, atingindo a maioridade no decurso da fase administrativa do processo de adoção" [ac. TC 132/2022 (533/2021)].

Ora, no que especificamente à idade do adoptando diz respeito, o que o acórdão vem reconhecer é a possibilidade de o processo de adopção ficar concluído já durante a maioridade do adoptando, desde que o impulso processual, ainda que apenas para a fase administrativa deste, tenha ocorrido antes do adoptando perfazer 18 anos. O acórdão não foi votado por unanimidade e não alterou ainda, também pela sua novidade, o paradigma da adopção como uma forma de estabelecimento de uma relação jurídica familiar em tudo semelhante à filiação biológica e que tem parecido assumir sentido sobretudo durante a menoridade, por ser essa a fase da vida do filho a que tradicionalmente se associa uma maior dependência e uma inegável necessidade de cuidado que a autonomia que se presume na idade adulta em princípio tornará menos evidente.

A adopção de adultos, embora não associada à matriz do instituto no ordenamento jurídico interno, é, no entanto, admitida em alguns países, como a Suécia (em que prevalece esta opção quando isso for o que melhor atende à relação entre adoptando e adoptante) e a Espanha (desde que imediatamente antes da maioridade tenha existido um acolhimento ou uma convivência estável durante pelo menos um ano). A sua consagração pelo legislador português, a ocorrer, interpretará um momento de corte com uma longa tradição da adopção como figura de cuidado permanente e definitivo cuja necessidade se faz sentir durante a menoridade do adoptando.

Questão diversa é a que se prende com a distinção que o legislador impõe relativamente à adopção de crianças ou jovens com menos e com mais de quinze anos. Na realidade, não é fácil encontrar razão para que a adopção, ainda que sob o escopo de uma forma de constituição do vínculo da filiação associada ao cuidado que se presume mais necessário durante a menoridade, não possa ocorrer sob os mesmos critérios para todos os adoptandos menores de idade. O instituto, como se tem podido comprovar pelos relatórios do CNA, vai-se tornando menos representativo à medida que os jovens vão crescendo, sendo muito pouco frequentes as adopções depois dos 12, 13 anos, mas, também por isso, é hoje importante discutir se deve manter-se esta dualidade de critérios em função da idade do adoptando (menor de idade), e que, na nossa opinião, não se justifica.

É ainda neste artigo que o legislador destaca a existência de um conjunto de procedimentos para a selecção dos candidatos à adopção. Contrariamente ao que sucede, por exemplo, no regime do apadrinhamento civil, em que os factores de habilitação estão definidos no diploma que regulamenta a lei que introduz o instituto no ordenamento jurídico interno (art. 3º DL 121/2010, de 27 de outubro), em matéria de adopção a prática mostrava um certo desfasamento nos vários momentos da fase administrativa do processo, nomeadamente neste, da selecção dos candidatos (Alfaiate e Ribeiro, 2010). O mesmo desfasamento podia observar-se na preparação da criança ou jovem para a adopção e no modo como se realizava a fase de matching entre candidatos e adoptando, por exemplo. Ora, esse diagnóstico terá contribuído de modo indiscutível para o aperfeiçoamento que ao longo dos últimos anos foi possível observar na elaboração de manuais de boas práticas, orientações internas e guias de procedimentos que, desenhados sobretudo a nível central pelo ISS, passaram a ser usados pelos vários centros distritais, facilitando a imprescindível uniformização de toda a fase administrativa do processo de adopção no território nacional.

Finalmente, o dispositivo enuncia em que consiste a figura da guarda de facto que, não obstante o seu enorme peso na vida quotidiana das crianças, não encontra particular respaldo jurídico, sendo desejável que, tão prontamente quanto possível, a situação da criança ou do jovem que está com um guardião de facto se estabilize por meio do regresso aos cuidados dos titulares das responsabilidades parentais que não estejam limitados nem inibidos, pela aplicação de uma providência tutelar cível, ou pelo encaminhamento para a adopção, seja pelo guardião de facto, seja por outra pessoa, dependendo sempre, no caso concreto, daquele que se revelar ser o seu superior interesse.

3. Bibliografia: v. anotação ao art. 1º; ALFAIATE, Ana Rita, "Anotação ao artigo 1980º do Código Civil Português", *in Código Civil Anotado, Livro IV, Direito da Família* (coord. Clara Sottomayor), 2ª Edição, Coleção Códigos Anotados, Almedina, 2022; JORGE, Nuno de Lemos, "Adopção e maioridade: acórdão nº 132/2022 do Tribunal Constitucional, *Lex Familiae,* Ano 19, nº 37, janeiro – junho de 2022; OLIVEIRA, Guilherme de, «A data ou a vida! Comentário a propósito do acórdão do STJ de 02/09/2021» *Lex Familiae,* Ano 18, nº 35, Coimbra Editora, janeiro – junho de 2021.

4. Jurisprudência: TRL 8/6/2017; TRE 14/7/2020; STJ 9/2/2021; TC 132/2022.

Esta anotação foi redigida seguindo a grafia anterior ao Acordo Ortográfico de 1990

ANA RITA ALFAIATE

ARTIGO 3º
Princípios orientadores

A intervenção em matéria de adoção obedece aos seguintes princípios orientadores:

a) **Interesse superior da criança – em todas as decisões a proferir, no âmbito do processo de adoção, deve prevalecer o interesse superior da criança;**

b) **Obrigatoriedade de informação – a criança e os candidatos à adoção devem ser informados com precisão e clareza sobre os seus direitos, os objetivos da intervenção inerente ao processo e a forma como esta última se processa, bem como sobre as possíveis consequências de qualquer decisão que venha a ser tomada no âmbito do processo;**

c) **Audição obrigatória – a criança, tendo em atenção a sua idade, grau de maturidade e capacidade de compreensão, deve ser pessoalmente ouvida no âmbito do processo de adoção;**

d) **Participação – a criança, bem como os candidatos à adoção, têm o direito de participar nas decisões relativas à concretização do projeto adotivo;**

e) **Cooperação – todos os intervenientes no processo e, designadamente, as entidades com competência em matéria de adoção, bem como os candidatos à adoção, têm o dever de colaborar no sentido da boa decisão do processo;**

f) **Primado da continuidade das relações psicológicas profundas – a intervenção deve respeitar o direito da criança à preservação das relações afetivas estruturantes de grande significado e de referência para o seu saudável e harmónico desenvolvimento, devendo prevalecer as medidas que garantam a continuidade de uma vinculação securizante.**

ANOTAÇÃO

1. Conexões normativas externas – arts. 1973º a 1991º CC; arts. 4º, 35º, 38º-A, 46º a 51º LPCJP; art. 5º RGPTC.

2. Tal como se destaca neste artigo, o legislador escolheu alguns princípios orientadores a serem seguidos em matéria de adopção. Os princípios consagrados neste artigo não deixam, porém, de reflectir, mais do que aquele que é o espírito do diploma, em geral aquele que é o enquadramento do ordenamento jurídico português a toda a intervenção em matéria de promoção e protecção das crianças e dos jovens. É por isso natural que estes e outros princípios se encontrem também, por exemplo, na LPCJP (art. 3º).

São seis os princípios consagrados neste artigo – o interesse superior da criança, a obrigatoriedade de informação, a audição obrigatória, a participação, a cooperação e o primado da continuidade das relações psicológicas profundas.

Interesse superior da criança é o princípio orientador de toda a intervenção e aquele que justifica a existência dos demais princípios. Funciona como critério operativo nos casos concretos, embora, naturalmente, não seja possível enquadrá-lo numa definição geral e abstracta, na medida em que a cada criança e em cada momento da sua vida haverá que atender àquele que se apresente como melhor projecto de vida. A tentação de dar concretude ao que significa superior interesse da criança, embora pudesse obviar à sensação de que se está perante um enorme "guarda chuva" que, servindo para praticamente tudo, dificilmente poderá ser fundamento autónomo para uma qualquer decisão, acarretaria o enorme perigo de, não sendo possível antecipar todos os casos da vida, deixar de fora da sua alçada crianças e jovens cujo superior interesse não surja evidente. O mesmo princípio surge no elenco do art. 4º da LPCJP e é aplicável, por remissão, no âmbito da intervenção prevista no RGPTC (art. 4º). O legislador podia ter usado a mesma técnica da remissão, evitando a sua consagração expressa no RJPA, mas tomou, como se percebe, opção diferente, dando especial significado àquele que é o fundamento do processo de adopção. Na realidade, não parece irrelevante deixar claro mais uma vez que não se está aqui no plano da mediação ou conciliação de interesses, mas antes em face de uma figura que privilegia a integração das crianças e dos jovens, de forma permanente, num ambiente familiar, donde se espera que resulte facilitado o seu processo de crescimento. Por isso, o principal interesse é o da criança ou jovem que, porém, sempre que possível, deverá ser compatibilizado com o dos adoptantes e até com o da sua família biológica, num desejável processo de *cooperação* entre todos os intervenientes no processo.

É sobretudo a este princípio do interesse superior da criança que se liga o *primado da continuidade das relações psicológicas profundas* (também previsto na LPCJ e aplicável, por remissão, ao RGPTC). Quando se afirma de modo tão claro que a intervenção deve respeitar o direito da criança à preservação das relações afetivas estruturantes de grande significado e de referência para o seu saudável e harmónico desenvolvimento, devendo prevalecer as medidas que garantam a continuidade de uma vinculação securizante, parece-nos que o que se pretende é enquadrar um determinado percurso que a figura da adopção tem vindo a percorrer e em que, pese embora desde 2015 apenas se fale em adopção plena, se está a privilegiar a estabilidade emocional do adoptando em detrimento de um eventual processo de "renascimento" da criança na nova família. Impõe-se, neste aspecto em particular, notar o avanço que o art. 1986º/3 CC representa, ao expôr a adopção plena a um certo risco de descaracterização, mas motivado pela necessidade de preservar as relações afectivas estruturantes da criança ou do jovem.

Quanto à *obrigatoriedade de informação*, bem se compreende que o legislador tenha dedicado especial atenção à previsão das condições de informação em que o processo de adopção de uma criança se torna legítimo. É certo que temos definido, como não poderia deixar de ser, e por meio de normas imperativas, aquelas que são as situações a partir das quais determinada criança pode ser encaminhada para a adopção. Sucede que às famílias biológicas, aos pais biológicos cujo filho é encaminhado para a adopção, é imprescindível explicar as consequências de um consentimento prévio, de um consentimento ou de uma dispensa de consentimento para a adopção, da decisão de uma confiança com vista a futura adopção, da previsão legal da cessação dos contactos com a criança ou o jovem, da irrevogabilidade da adopção, etc. É pelo impacto que a figura da adopção tem no quadro geral das relações jurídicas que se percebe o recurso à expressão "obrigatoriedade de informação", abandonando-se a opção que se encontra na LPCJP (e, por remissão, no RGPTC) e que é "direito à informação".

A previsão da *audição obrigatória* da criança, tendo em atenção a sua idade, grau de maturidade e capacidade de compreensão existe também na LPCJP e merece particular destaque no RGPTC, que, no art. 5º, descreve exaustivamente o que se entende por audição da criança e as condições em que esta deve ser ouvida. O CC consagra, no seu art. 1981º, por seu turno, o consentimento da criança com mais de 12 anos como um dos requisitos para a adopção e, na nossa opinião, devia ainda acrescentar, ao elenco do art. 1984º, a audição das crianças com menos de 12 anos. Na verdade, tratando-se de um assunto que tão particularmente lhes diz respeito, não se antevê por que razão não concretizou o legislador, na letra da lei, a necessidade de haver um esforço por ouvir a criança que, embora pequena, tenha suficiente discernimento para se pronunciar sobre o seu projecto de vida. Não estamos, naturalmente, com isto a dizer que a sua opinião deva ter valor de veto a qualquer decisão que os adultos julguem adequada ao seu superior interesse, mas apenas que, em termos de harmonia sistemática, nos parece que a consagração expressa desta audição obrigatória resultaria como um reforço da necessidade de não alterarmos aquele que é o fundamento do processo de adopção – o superior interesse da criança ou do jovem. A este princípio, associa-se um outro – o da *participação*, segundo o qual a criança, mas também os candidatos à adopção, têm o direito de participar nas decisões relativas à concretização do projecto adoptivo, devendo acelerar-se ou abrandar-se as fases do processo consoante a sua adesão e compreensão de todo esse novo projecto de vida.

3. Bibliografia: v. anotação aos arts. 1º e 2º; Dias, Cristina M. Araújo, Barros, João Nuno, Cruz, Rossana Martingo, *Regime Geral do Processo Tutelar Cível Anotado*, Almedina, 2021; Guerra, Paulo, *Lei de Protecção de Crianças e Jovens em Perigo Anotada*, 5ª Edição, Almedina, 2021.

4. Jurisprudência: TRC 27/4/2017, TRC 12/3/2019, TRP 7/5/2019.

Esta anotação foi redigida seguindo a grafia anterior ao Acordo Ortográfico de 1990

ANA RITA ALFAIATE

ARTIGO 4º
Caráter secreto

1 – A fase judicial e os demais procedimentos administrativos e judiciais que integram o processo de adoção, incluindo os seus preliminares, têm carácter secreto.

2 – O processo de adoção, incluindo os seus preliminares, pode ser consultado pelo adotado depois de atingida a maioridade.

3 – Por motivos ponderosos e nas condições e com os limites a fixar na decisão, pode o tribunal, a requerimento de quem prove interesse legítimo, ouvido o Ministério Público, se não for o requerente, autorizar a consulta dos processos referidos no nº 1 e a extração de certidões.

4 – Para efeitos do disposto no número anterior, tratando-se de procedimentos de natureza administrativa, o requerimento deve ser dirigido ao tribunal competente em matéria de família e menores da área da sede do organismo de segurança social.

5 – A violação do segredo dos processos referidos no nº 1 e a utilização de certidões para fim diverso do expressamente autorizado constituem crime a que corresponde pena de prisão até um ano ou multa até 120 dias.

ANOTAÇÃO

1. Conexões normativas externas: artigos 1985º e 1990º-A do CC.
2. Enquadramento e antecedentes.

A primeira esfera de segredo em matéria de adoção respeita, como este artigo 4º bem evidencia, ao próprio processo. Ou seja, o legislador vê vantagem no estabelecimento de um princípio de segredo quanto ao processo de adoção (*lato sensu*), considerando que o mesmo contribuiu para o seu sucesso.

Compreende-se a opção do legislador.

Desde logo, convém ter presente que o Código Civil de 1966 começou por configurar a adoção como instituto a favor das crianças abandonadas.

O artigo 1982º reservava, basicamente, a qualidade de sujeitos passíveis de adoção plena aos filhos de pais incógnitos ou falecidos, pelo que se deixava pouca margem para o surgimento de conflitos entre a família natural e a família adotiva, e era pouco provável que o adotado sentisse necessidade de descobrir a identidade dos pais biológicos, quer porque estes, muito provavelmente, não estavam vivos, quer porque, nos casos em que se tratasse de filhos de progenitores incógnitos, o ambiente cultural propiciava e fomentava essa rutura com o passado.

Porém, a situação alterou-se profundamente com a Reforma de 1977 na medida em que passou a permitir-se a adoção de crianças com família biológica conhecida, e essa alteração importante só foi possível porque a adoção plena passou, definitivamente, a assentar em dois vetores: em primeiro lugar, a reafirmação da regra que impunha a quebra dos vínculos biológicos anteriores, bem como do princípio segundo o qual os novos vínculos adotivos estabelecidos devem ser em tudo semelhantes aos da filiação biológica; em segundo lugar, o estabelecimento de regras de segredo em torno dos procedimentos de adoção.

A criação de uma esfera de segredo em torno da adoção passou a ser, assim, nesta fase, autêntica condição de operatividade do instituto.

Esta tentativa de reconfigurar a adoção é bem evidente se considerarmos que a Reforma de 1977 foi marcada por uma outra pulsão de sentido contrário: é que ao mesmo tempo que o *biologismo* foi semeado pelas regras jurídicas reguladoras dos modos de estabelecimento da filiação, acreditava-se no instituto da adoção como figura capaz de construir relações que assentavam, precisamente, na negação e afastamento dos vínculos naturais.

Certo é que o ordenamento jurídico passou a ter que contar com um novo tipo de problemas até aí ignorados: a possibilidade do surgimento de conflitos entre a família biológica e a família adotiva e de o adotado, ainda que impedido de daí retirar consequências jurídicas, querer conhecer a identidade dos pais biológicos.

Compreende-se, assim, que o segredo em torno do processo de adoção constasse já da Organização Tutelar de Menores (OTM) que no artigo 173º-B dispunha, no nº 1, que *"o processo de adopção e os respectivos procedimentos preliminares, incluindo os de natureza administrativa, têm carácter secreto"*, admitindo-se, porém, no nº 2, que, *"por motivos ponderosos e nas condições e com os limites a fixar na decisão, pode o tribunal, a requerimento de quem invoque interesse legítimo, ouvido o Ministério Público, se não for o requerente, autorizar a consulta dos processos referidos no número anterior e a extracção de certidões"* [11].

O número 2 desse preceito, que admitia o levantamento do segredo que impendia sobre o procedimento mediante decisão judicial, teve a sua última a redação resultante da Lei nº 31/2003, de 22 de agosto. A norma correspondente que constava da OTM na versão do Decreto-Lei nº 314/78, de 27 de outubro, (concretamente, o artigo 169º) era substancialmente diferente, dispondo que *"quando o adoptado tiver sido declarado abandonado ou confiado a um estabelecimento público ou particular de assistência e o adoptante se opuser a que a sua identidade seja revelada aos pais naturais, o processo de adopção é secreto, podendo ser unicamente mostrado ao adoptante ou ao adoptado, maior ou emancipado, que podem igualmente requerer certidões"*.

Esta última norma era criticada por Guilherme de Oliveira, que defendia um alargamento da faculdade de pedir o segredo a todos os casos em que o adotante mostrasse uma conveniência justificada e não apenas nos casos em que o menor tivesse sido declarado abandonado ou confiado a um estabelecimento de assistência. Para além disso, defendia o reconhecimento de um direito dos pais biológicos *"ao anonimato, ao menos durante um prazo ou quando não se prejudicasse o interesse do filho, fazendo-se uso, deste modo, da experiência estrangeira segundo a qual a reserva da identidade de quem cede uma criança para adopção favorece o acto e constitui um elemento fulcral da política legislativa, nesta matéria"*[12].

O Decreto-Lei nº 183/93, de 22 de maio, acabaria por alterar a norma, que passou a figurar no artigo 170º (com um sentido muito próximo ao que resultou da referida redação da Lei nº 31/2003, de 22 de agosto), à qual o Decreto-Lei nº 120/98, de 8 de maio, e a Lei nº 31/2003, de 22 de agosto, não fizeram alterações substanciais[13/14].

Certo é que, no regime hoje vigente, resultante o artigo 4º que ora nos ocupa, o segredo abrange todos os processos de adoção, não apenas os casos

[11] Redação da Lei nº 31/2003, de 22 de agosto.

[12] Oliveira, Guilherme de, *Critério Jurídico da Paternidade*, Livraria Almedina, 1998, p. 485.

[13] Com o Decreto-Lei nº 120/98, de 8 de maio, a norma passou a constar do artigo 173º-B.

[14] No âmbito de um caso concreto, ocorrido ainda antes das alterações de 1993, em que se colocava o problema do carácter sigiloso do procedimento relativamente aos pais biológicos, v. Rocha, Maria Dulce, "Adopção: estado de abandono do menor: direito de visita dos pais biológicos: princípio do sigilo", Revista do Ministério Público, 1993, pp. 109-115.

em que o adotado tiver sido declarado abandonado ou confiado a um estabelecimento de assistência e os casos em que o adoptante tenha pedido sigilo.

Por outro lado, quanto à possibilidade de levantamento deste segredo sobre o processo (não obstante estar dependente de decisão judicial), o nº 2 parece impedir o acesso do adotado menor, mas não, por força do nº 3, nos casos em que este, devidamente representado, demonstre estarem preenchidos os pressupostos legais aí previstos.

3. Acesso excecional ao processo.

Podem levantar-se dúvidas quanto à atitude que o juiz deve tomar quando, aplicando o nº 3, procede ao concreto preenchimento dos conceitos de "motivos ponderosos" e "interesse legítimo". Quanto ao primeiro, parece que o levantamento do sigilo pode considerar-se justificado nos casos em que se invoquem razões psicológicas (por exemplo, um desejo forte de conhecimento dos termos em que ocorreu a adoção, desejo esse cuja não satisfação afeta a condição psíquica do requerente). Quanto ao requisito da "legitimidade do interesse", ele estará satisfeito com a prova perfunctória da titularidade da informação coberta pelo segredo.

Deve notar-se, ainda, que o legislador conferiu ao julgador uma ampla margem de conformação dos interesses em jogo, na medida em que ele pode delimitar os exactos termos em que o sigilo é levantado (diz a lei que a consulta dos processos e a extração de certidões se fará "nas condições e com os limites a fixar na decisão"), assegurando que a revelação não afeta interesses alheios, designadamente dos demais sujeitos envolvidos no processo, ou mesmo o interesse do adotado menor, se ele for o requerente (representado).

4. Bibliografia: Oliveira, Guilherme de, *Critério Jurídico da Paternidade*, Livraria Almedina, 1998; Reis, Rafael Vale e, *O Direito ao Conhecimento das Origens Genéticas*, Coimbra Editora, 2008; Rocha, Dulce, "Adopção: estado de abandono do menor: direito de visita dos pais biológicos: principio do sigilo", Revista do Ministério Público, 1993, pp. 109-115; Sottomayor, Maria Clara, "Quem são os «verdadeiros» pais? Adopção plena de menor e oposição dos pais biológicos", *in* Direito e Justiça, volume XVI, tomo 1, 2002, pp. 191-241.

Esta anotação foi redigida seguindo a grafia resultante do Acordo Ortográfico de 1990

Rafael Vale e Reis

ARTIGO 5º
Segredo de identidade

1 – Todas as entidades públicas e privadas têm o dever de adotar as providências necessárias à preservação do segredo de identidade a que se refere o artigo 1985º do Código Civil.

2 – No acesso aos autos, nas notificações a realizar no processo de adoção e nos respetivos procedimentos preliminares, incluindo os de natureza administrativa, deve sempre ser preservado o segredo de identidade, nos termos previstos no artigo 1985º do Código Civil.

ANOTAÇÃO

1. Conexões normativas externas: artigos 1985º e 1990º-A do CC; artigos 123º, n.os 1 e 3, 213º, nº 3 e 214º, nº 2 do CRC.

2. Enquadramento.

A norma destina-se a assegurar o cumprimento, pelas entidades (públicas e privadas) que tenham contacto com um processo de adoção, do disposto no artigo 1985º do Código Civil.

Porém, este artigo 1985º não deixa de criar alguns problemas quanto ao alcance do regime de segredo criado em torno da identidade dos pais biológicos.

Ele assegura, reciprocamente, a não revelação da identidade entre os pais biológicos e adotivos, tutelando mais fortemente o interesse destes na não revelação da sua identidade pois basta um seu comportamento omissivo para que o segredo sobre a sua identidade se erija em relação aos biológicos, enquanto estes, caso queiram beneficiar do segredo, têm que o dizer expressamente.

As dificuldades resultam da circunstância de a norma não esclarecer se o regime de segredo quanto à identidade dos pais biológicos, nos casos em estes queiram permanecer anónimos, se aplica também ao próprio adotado.

O regime procura minorar ou mesmo evitar eventuais conflitos que possam surgir na relação adotiva se os pais biológicos (sobretudo estes) tiverem acesso à identidade dos pais adotivos.

Para Maria Clara Sottomayor *"a técnica legislativa do art 1985º – princípio do segredo relativamente à identidade dos pais adoptivos e necessidade de declaração expressa dos pais biológicos para preservar o segredo da sua identidade – revela que as finalidades desta norma foram as de, por um lado, proteger os adoptantes contra a con-*

corrência dos pais biológicos e contra-reivindicações ou chantagens destes e, por outro lado, a de captar o maior número possível de interessados em adoptar"[15].

No mesmo sentido, Dulce Rocha afirma que *"quer os psicólogos, quer os magistrados de menores e família têm constatado que a revelação da identidade ou até a mera possibilidade de essa revelação se concretizar se traduz numa enorme intranquilidade e insegurança para a família adoptiva, com reflexos negativos na constituição do vínculo afectivo próprio da filiação, que se pretende harmonioso, feliz e sem sobressaltos"*[16].

Assim sendo, o espírito da norma não está comprometido com o objetivo de vedar ao adotado o acesso à identidade dos pais biológicos.

Porém, para compreender, verdadeiramente, o seu alcance, torna-se necessário considerar o que a este propósito dispõem as regras de registo civil português.

Da análise dos preceitos pertinentes do Código de Registo Civil chega-se às seguintes conclusões:

a) A adoção plena não origina, necessariamente, a elaboração de um novo assento de nascimento; aliás, a regra é a de que a adoção é registada por averbamento ao assento de nascimento[17]; só mediante requerimento verbal dos interessados ou seus representantes legais, se procede à elaboração de novo assento de nascimento[18], não sendo o primitivo assento, ao qual foi averbada a adoção, cancelado;

b) Caso tenha sido elaborado um novo assento, as certidões (quer de cópia integral, quer de narrativa) são dele extraídas, e não do primitivo assento, salvo no caso de certidão destinada a instruir processo preliminar de casamento, por razões ligadas à verificação dos impedimentos matrimoniais[19] (que se mantêm, de acordo com o estabelecido no nº 1 do artigo 1986º do Código Civil);

[15] Sottomayor, Maria Clara, "Quem são os «verdadeiros» pais? Adopção plena de menor e oposição dos pais biológico", *in* Direito e Justiça, volume XVI, tomo 1, 2002, p. 219. A Autora critica o facto de a lei não ter *"assegurado de forma mais eficaz o segredo de identidade dos pais biológicos, medida aconselhável como uma forma de política legislativa para permitir a adopção de um maior número de crianças"* (*Ob. e loc. cit.*).

[16] Rocha, Dulce, "Adopção (...)", *ob. cit.*, p. 112.

[17] Nos termos do artigo 1º, nº 1, al. c), conjugado com o artigo 69º, nº 1, al. d) do CRC.

[18] Cf. artigo 123º, n.os 1 e 3 do CRC.

[19] Cf. artigo 213º, nº 3 do CRC.

c) Assim sendo, nos termos conjugados dos n.ºs 2 e 3 do artigo 213º do CRC, as certidões de narrativa não mencionam, em princípio, a filiação biológica;
d) Salvo "se o requisitante expressamente o solicitar, sem prejuízo do disposto no nº 2 do artigo 1985º do Código Civil (...)" (nº 3 do artigo 213º do CRC);
d) No que respeita às certidões de cópia integral ou fotocópias, elas podem ser requeridas pelo adotado, seus descendentes ou herdeiros e ascendentes, mas sem prejuízo, quanto a estes, do disposto no art. 1985º do Código Civil[20].

A leitura do nº 3 do artigo 213º do CRC poderia, num primeiro impulso, levar-nos a detetar um alargamento, no plano registal, do âmbito de incidência subjetiva do artigo 1985º do Código Civil, na medida em que aquela norma poderia impor o respeito pela vontade de não revelação da identidade eventualmente manifestada pelos pais biológicos a todos aqueles que tenham legitimidade para solicitar a emissão de certidões e, portanto, também ao adotado. Ou seja, essa norma poderia não restringir a observância do regime do artigo 1985º aos casos em que o pedido é feito pelos pais adotivos.

Porém, o nº 2 do artigo 214º é claro quando afirma que o regime que resulta do artigo 1985º do Código Civil (em consonância com a sua letra) só se justifica quando o pedido de passagem de certidão é efetuado pelos ascendentes.

Assim sendo, podemos afirmar que, tanto o artigo 1985º do Código Civil *("A identidade do adoptante não pode ser revelada aos pais naturais do adoptado (...)"; "Os pais naturais podem opor-se (...) a que a sua identidade seja revelada ao adoptante"*[21]), como os preceitos do Código de Registo Civil relativos à passagem de certidões do assento de nascimento do adotado (sobretudo os n.ºs 2 e 3 do artigo 213º e o nº 2 do artigo 214º), não impedem este de, consultando o seu assento de nascimento, obter informação relativa à identidade dos seus progenitores.

3. Sentido do artigo 1985º do Código Civil.

Porém, esta solução não é pacífica, pois há doutrina que afirma que a oposição dos pais biológicos, nos termos do nº 2 do artigo 1985º, à revelação da

[20] Cf. o nº 2 do artigo 214º do CRC.

[21] Sublinhados nossos.

sua identidade aos pais adotivos impede o adotado de indagar esses factos, sob pena de, assim não acontecendo, se frustrar a finalidade da norma.

Nesse sentido, Maria Clara Sottomayor, considerando que *"embora a letra da lei, no art. 1985º, apenas refira o segredo de identidade nas relações entre os pais adoptivos e os pais biológicos, parece lógico que, no caso de os pais biológicos terem requerido segredo de identidade, este seja também extensível ao adoptado, de outra forma a finalidade da norma – proteger a privacidade dos pais biológicos – seria frustrada, pois o segredo de identidade requerido por estes seria quebrado através da intervenção do filho. No caso de os pais biológicos nada dizerem, de acordo com a letra da lei, quer os adoptantes quer os adoptados podem requerer certidões de nascimento em que consta a identidade dos pais biológicos"*[22].

Pensamos não ser essa a solução mais adequada, sobretudo considerando as intenções do legislador na consagração do regime, nos termos expostos.

O artigo 1985º procura estabelecer um regime de princípio que deixa aos pais biológicos e adotivos a possibilidade de estabelecerem reciprocamente (sendo o regime, pelas razões referidas, mais favorável aos pais adotivos) uma cortina de segredo que permita, sobretudo nos primeiros tempos da relação adotiva, uma ruptura com a família biológica e integração na adotiva que assegure a verdadeira finalidade do instituto da adoção: assegurar o superior interesse da criança e proporcionar-lhe uma família.

O facto de o legislador não estabelecer uma regra de segredo recíproco absoluto sobre as identidades dos pais biológicos e naturais, deixando, em larga medida na sua disponibilidade um tal regime de segredo, demonstra que, afinal, ele próprio "deu pouco" por esse segredo.

Quisesse o legislador, por razões de proteção do adotado em particular e do instituto da adoção em geral, estabelecer a impossibilidade de aceder a tais informações, teria o ónus de o dizer expressamente, pensamos. A verdade é que a lei não terá considerado esse segredo um aspeto essencial na economia do instituto, e a comprová-lo está o modo como as leis de registo civil referidas foram redigidas.

Também não se pode dizer que o legislador tenha querido, de modo aguerrido, tutelar a *intimidade da vida privada e familiar*, pois como Maria Clara Sottomayor refere, o mais normal será que, por ignorância, os pais não usem da faculdade de pedir segredo de identidade.

[22] Sottomayor, Maria Clara, "Quem são (...)", *ob. cit.*, p. 222.

Ora, se o valor do segredo parece, afinal, de "pouca monta" no plano da política legislativa de regulação da adoção, mais minorado ficará quando confrontado com o desejo do adotado conhecer as suas origens biológicas.

Afinal, o legislador, com o regime do artigo 1985º do Código Civil concedeu aos pais biológicos e adotivos a possibilidade de se escudarem num (fraco) segredo, nos casos concretos em que o considerem necessário. Os termos da construção legislativa, pela debilidade que denota, e o seu confronto com as normas de registo civil, permitem afirmar o princípio de que o legislador português, com as soluções oferecidas, se manifestou bastante favorável ao conhecimento pelo adotado da identidade dos seus pais biológicos.

4. Bibliografia: Oliveira, Guilherme de,*Critério Jurídico da Paternidade*, Livraria Almedina, 1998; Reis, Rafael Vale e, *O Direito ao Conhecimento das Origens Genéticas*, Coimbra Editora, 2008; Rocha, Dulce, "Adopção: estado de abandono do menor: direito de visita dos pais biológicos: princípio do sigilo", Revista do Ministério Público, 1993, pp. 109-115; Sottomayor, Maria Clara, "Quem são os «verdadeiros» pais? Adopção plena de menor e oposição dos pais biológicos", *in* Direito e Justiça, volume XVI, tomo 1, 2002, pp. 191-241.

Esta anotação foi redigida seguindo a grafia resultante do Acordo Ortográfico de 1990

Rafael Vale e Reis

ARTIGO 6º
Acesso ao conhecimento das origens

1 – Os organismos de segurança social, mediante solicitação expressa do adotado com idade igual ou superior a 16 anos, têm o dever de prestar informação, aconselhamento e apoio técnico no acesso ao conhecimento das suas origens.

2 – Para efeitos do disposto no número anterior, durante a menoridade é sempre exigida autorização dos pais adotivos ou do representante legal, revestindo o apoio técnico caráter obrigatório.

3 – As entidades competentes em matéria de adoção devem conservar as informações sobre a identidade, as origens e os antecedentes do adotado, durante pelo menos 50 anos após a data do trânsito em julgado da sentença constitutiva do vínculo da adoção.

4 – Para os efeitos previstos no presente artigo, qualquer entidade pública ou privada tem obrigação de fornecer às entidades competentes

em matéria de adoção, incluindo ao Ministério Público, quando lhe sejam requeridas, as necessárias informações sobre os antecedentes do adotado, os seus progenitores, tutores e detentores da guarda de facto, sem necessidade de obtenção do consentimento destes.

5 – As entidades que intervêm nos termos do presente artigo estão obrigadas à preservação do segredo de identidade previsto no artigo 5º

6 – Independentemente dos requisitos previstos nos n.os 1 e 2, em casos excecionais e com fundamento em razões ponderosas, mormente quando estiverem em causa motivos de saúde, pode o tribunal, a requerimento dos pais, ouvido o Ministério Público, autorizar o acesso a elementos da história pessoal do adotado menor.

7 – Pode ainda o tribunal, a requerimento do Ministério Público e com fundamento em ponderosos motivos de saúde do adotado menor, autorizar o acesso a elementos da sua história pessoal.

ANOTAÇÃO

1. Conexões normativas externas: artigos 1985º e 1990º-A do CC.
2. O direito ao conhecimento das origens genéticas.

Este artigo procura regular os termos do acesso ao conhecimento das origens pelo adotado, dando assim cumprimento à norma (meramente enunciativa, é certo) do artigo 1990º-A do Código Civil, introduzida pela Lei nº 143/2015, de 8 de setembro: *"Às pessoas adotadas é garantido o direito ao conhecimento das suas origens, nos termos e com os limites definidos no diploma que regula o processo de adoção"*.

A segunda dimensão de segredo em matéria de adoção respeita, assim, já não ao segredo em torno do processo, mas ao conhecimento pelo próprio adotado, depois de uma certa idade, da identidade da sua progenitura biológica, ultrapassado que está o interesse na preservação do segredo em torno do procedimento (o que é regulado pelo artigo 4º).

A matéria que agora nos ocupa deve partir do princípio de que está hoje, indubitavelmente, consagrado um direito fundamental ao conhecimento das origens genéticas que pode definir-se como *a faculdade que deve ser reconhecida a todo o ser humano de, sem entraves injustificáveis, aceder à identidade dos respectivos progenitores e, eventualmente, ver essa ligação biológica reconhecida juridicamente*[23],

[23] Foi, assim, por nós definido em Reis, Rafael Vale e, *O Direito ao Conhecimento das Origens Genéticas*, Coimbra Editora, 2008, p. 13.

e que ERYK JAYME considera uma manifestação do pós-modernismo no direito da família[24].

O Tribunal Europeu dos Direitos Humanos (TEDH) tem interpretado o artigo 8º da Convenção Europeia dos Direitos Humanos (CEDH) retirando da tutela da *vida privada e familiar* um direito à *identidade* e ao *desenvolvimento pessoal*. Tal sucedeu, por exemplo, no *Case of Bensaid v. The United Kingdom*[25] e no *Case of Odièvre v. France*[26], tendência já antes manifestada no *Case of Gaskin v. The United Kingdom*[27]. No Acórdão de 17 de julho de 2006, tirado no *Case of Jäggi v. Switzerland*[28], o TEDH manteve esse entendimento.

Todos os casos referidos (que não os únicos) apontam, assim, no mesmo sentido: o TEDH retira da tutela da *vida privada*, prevista no artigo 8º da Convenção, um *direito ao conhecimento da ascendência*, ou das *origens biológicas*, considerando, também, que o mesmo terá de ser sopesado com eventuais interesses conflituantes, na certeza de que não poderá ser afastado nos casos concretos sem uma justificação atendível, como seja a intenção de os Estados protegerem outros valores dignos de tutela.

A teoria constitucional do *direito ao conhecimento das origens genéticas* foi sedimentada na Alemanha, pelo *Bundesverfassungsgericht*, a partir dos finais da década de 80 do século XX, em termos que muito influenciaram a construção da figura no direito português.

No caso português, e apesar de inexistir consagração expressa do *direito ao conhecimento das origens genéticas* nas normas da Constituição, ao contrário do que acontece, por exemplo, na Constituição suíça[29], é possível, sem

[24] JAYME, Eryk, "Pós-modernismo e direito da família", *in Boletim da Faculdade de Direito*, nº 78, 2002, p. 213.

[25] Acórdão do TEDH de 6 de fevereiro de 2001, *Case of Bensaid v. The United Kingdom*, disponível em www.echr.coe.int/echr.

[26] Acórdão do TEDH de 13 de fevereiro de 2003, *Case of Odièvre v. France*, disponível em www.echr.coe.int/echr.

[27] Acórdão do Tribunal Europeu dos Direitos Humanos de 7 de julho de 1989, *Case of Gaskin v. The United Kingdom*, disponível em www.echr.coe.int/echr.

[28] Acórdão do TEDH de 17 de julho de 2006, *Case of Jäggi v. Switzerland*, disponível em www.echr.coe.int/echr.

[29] Cf. LOUREIRO, João Carlos, “”Quis Saber Quem Sou": Direito à Identidade Pessoal e Procriação Medicamente Assistida Entre a Ocultação Mimética e a Revelação Aletéica. Em Diálogo com Miguel Oliveira da Silva", *in* ANTUNES, Maria João / SILVESTRE, Margarida (org.), *Que futuro para a gestação de substituição em Portugal – Atas do Colóquio Internacional*, Instituto Jurídico, Coimbra, 2018, pp. 83-84. Lembra o Autor, que, dispondo hoje a Constituição Federal, de 18 de abril de 1999, que entrou em vigor em 2000, no seu artigo 119º/2/*g*), que "*toute personne a accès aux données relatives à son*

grande esforço, atendendo ao carácter não taxativo atribuído ao catálogo de direitos fundamentais, e considerando a "cláusula aberta" do nº 1 do artigo 16º[30], considerá-lo um autónomo *direito fundamental*.

A sua construção deve fazer-se[31] a partir da tutela que a Constituição concede à *dignidade da pessoa humana*[32], tendo em conta a sua função "unificadora de todos os direitos fundamentais"[33], ao *direito à identidade pessoal*[34/35], na medida em que dele se retira um direito de acesso à auto e hetero-referenciação pessoal, ou, na fórmula de GOMES CANOTILHO e VITAL MOREIRA, à "historicidade pessoal"[36], ao *direito à integridade pessoal*[37], que garante a incolumidade psicossomática dos indivíduos, ao *direito ao desenvolvimento da personalidade*[38/39], que assegura as condições adequadas ao surgimento de uma individualidade autónoma e livre, de que o conhecimento das próprias origens genéticas constitui factor primordial, e ao *direito à verdade*, que segundo ANTUNES VARELA, constitui um valor ético-jurídico *"a que as leis e as próprias Constituições não fazem, por via de regra, nenhuma directa alusão, mas que nem por isso deixa de constituir uma das traves-mestras da nova ordem jurídica das nações mais evoluídas"*, e que fundamenta um direito *"de cada um saber quem foram os seus reais progenitores, que sangue lhe corre nas veias, em que medida intervieram a força da natureza e a técnica dos laboratórios no fenómeno capital do seu nascimento"*[40].

ascendance", a solução tinha sido já introduzida, por via de revisão constitucional, na lei fundamental anterior.

30 Nesse sentido, ANDRADE, J. C. Vieira de, *Os Direitos Fundamentais na Constituição Portuguesa de 1976*, 6ª edição, Coimbra, Livraria Almedina, 2006, pp. 71 e ss..

31 Mais aprofundamentos podem ver-se em REIS, Rafael Vale e, *O Direito (...), ob. cit.*, pp. 56-68.

32 Cf. artigo 1º da CRP.

33 CANOTILHO, J. J. Gomes / MOREIRA, Vital, *Constituição da República Anotada*, 4ª ed. rev., Coimbra, 2007, pp. 58 e 59.

34 Cf. artigo 26º, nº 1, da CRP.

35 OTERO, Paulo, *Personalidade e Identidade Pessoal e Genética do Ser Humano: Um perfil constitucional da bioética*, Livraria Almedina, Coimbra, 1999, pp. 63-81.

36 CANOTILHO, J. J. Gomes / MOREIRA, Vital, *Constituição (...), ob. cit.*, p. 462.

37 Cf. artigo 25º, nº 1, da CRP.

38 Cf. artigo 26º, nº 1, da CRP.

39 MOTA PINTO, Paulo, "O direito ao livre desenvolvimento da personalidade", in Portugal-Brasil ano 2000, *Stvdia Ivridica*, Coimbra, 2000, p. 164.

40 VARELA, João de Matos Antunes, "A inseminação artificial e a filiação perante o Direito Português e o Direito Brasileiro", *in Revista de Legislação e Jurisprudência*, ano 127, n.os 3843, 3844, 3846, 3848 e 3849, e ano 128, n.os 3852 e 3853, 1994, nº 3853, pp. 100 e 101.

3. Acesso pelo adotado.

Em matéria de adoção, na Alemanha, de acordo com a *Personenstandsgesetz*, o adotado pode, a partir dos 16 anos, consultar os registos, inteirando-se da identidade dos pais biológicos (§ 62 (1) da *Personenstandsgesetz* de 2007)[41].

No Reino Unido, de acordo com o *Adoption and Children Act 2002*[42], o adotado maior de 18 anos (antes dessa idade, só para efeitos de detetar a existência de impedimentos matrimoniais) tem direito de obter uma cópia certificada do seu assento de nascimento (mediante o pagamento de uma taxa). Porém, antes de lhe ser prestada essa informação, o requerente é informado dos sistemas de aconselhamento disponíveis (e, se a pessoa em causa tiver sido adotada antes de 12 de novembro de 1975, a informação não é prestada antes de recebido esse aconselhamento). Desde 1989 que os serviços centrais de Registo Civil devem manter um outro arquivo, o "*Adoption Contact Register*", destinado a facilitar o contacto entre as pessoas adotadas e os seus familiares biológicos, dividido em duas partes, uma destinada à manifestação de vontade nesse sentido dos adotados (com mais de 18 anos), e outra para os respetivos familiares biológicos (igualmente com mais de 18 anos).

O artigo 6º, ora em análise, tem, como se disse, assim a pretensão de regular os termos em que o adotado pode aceder ao conteúdo dos documentos registais, inteirando-se, dessa forma, da identidade da sua progenitura.

O nº 1 resolveu o problema da idade mínima para aceder ao conhecimento das origens genéticas e o nº 2 diz-nos quando esse acesso tem de ser mediado.

Em face destas normas, o adotado menor, com 16 ou 17 anos, não tem um acesso à sua identidade biológica sem estar representado e sem apoio técnico obrigatório dos organismos da segurança social.

Ora, se este último apoio não levanta grande problemas, já a opção pela obrigatoriedade da representação legal do adotado com 16 ou 17 anos é passível de crítica.

No direito estrangeiro, como vimos, se a tendência da consagração do direito ao conhecimento da família biológica pelo adotado se vai consolidando, a verdade é que, concomitantemente se argumenta que, a fim de evitar perturbações no processo de formação da personalidade do menor, esse

[41] De acordo com a *Adoptionsvermittlungsgesetz*, as agências de adoção devem apoiar o adotado na busca pela suas origens, incluindo nos casos em que o parto foi anónimo (Cf. § 9 (1) 5).

[42] Cf. *Section 60* do *Adoption and Children Act 2002.*

direito apenas deve ser plenamente reconhecido a partir do momento em que o adotado tenha atingido um grau de maturidade que lhe permita mensurar e gerir a gravidade da informação que lhe é facultada.

A maioridade ou a idade núbil costumam funcionar como padrão nesta matéria, e pensamos que teria sido avisada a consagração no nosso ordenamento jurídico de semelhantes soluções.

Pensamos, pois, que deveria consagrar-se a possibilidade de acesso sem representação legal, do menor com 16 ou 17 anos, à sua identidade biológica, ainda que com o apoio obrigatório dos organismos de segurança social.

A referência da idade de 16 anos, consagrada, por exemplo, no direito alemão parece ser uma solução adequada considerando o grau de maturidade que, em regra, um adolescente revela nessa fase da vida, que, curiosamente, corresponde, pela experiência, à idade em que o ser humano se depara com questões sobre a sua própria proveniência.

Em abono da opção legal, deve referir-se que a Lei da PMA (Lei nº 32/2006, de 26 de julho), no nº 2 do artigo 15º, estabelece um paralelismo com a solução que o legislador consagrou em matéria de adoção, estabelecendo os 18 anos como idade a partir da qual as pessoas nascidas em consequência de processos de PMA com recurso a dádiva de gâmetas ou embriões podem obter junto do Conselho Nacional de Procriação Medicamente Assistida informação sobre a identificação civil do dador.

O legislador não pode, assim, ser acusado de incoerência quanto a esta opção.

4. Importância do acesso aos registos.

O nº 3 determina às entidades competentes em matéria de adoção o dever de conservar as informações sobre a identidade, as origens e os antecedentes do adotado, durante pelo menos 50 anos após a data do trânsito em julgado da sentença constitutiva do vínculo da adoção.

Trata-se de uma imposição importante, tendo em conta os problemas que historicamente, num contexto global, tem causado o desaparecimento dos registos que permitem efetivar o direito ao conhecimento das origens[43].

[43] No contexto da procriação medicamente assistida, João Carlos Loureiro lembra como a necessidade de criação de um sistema organizado e centralizado de informação relativa aos dadores se sémen era particularmente sentida na Alemanha, depois de conhecido o caso de um médico que, transcorrido o tempo normal de conservação dos documentos relativos à identificação do dador, os destruiu, impossibilitando, na ausência de um registo central, o conhecimento da identidade daquele (Loureiro, João Carlos, O nosso pai é o dador nº XXX: a questão do anonimato dos dado-

O nº 4 deixa claro que recai sobre qualquer entidade pública ou privada a obrigação, de fornecer às entidades competentes em matéria de adoção, incluindo ao Ministério Público, quando lhe sejam requeridas, as necessárias informações sobre os antecedentes do adotado, os seus progenitores, tutores e detentores da guarda de facto, sem necessidade de obtenção do consentimento destes.

Também aqui o legislador colheu a experiência de casos passados em que, em termos problemáticos, se encontrou resistência (sobretudo de entidades públicas) no acesso à informação individual detida, com particular relevo para as instituições de acolhimento.

Um caso importante foi, mesmo, objeto de apreciação pelo TEDH: o *Case of Gaskin v. The United Kingdom*[44].

O caso respeitava a Graham Gaskin que havia sido confiado aos cuidados públicos do Reino Unido quando era criança, onde permaneceu até atingir a maioridade. Gaskin alegou que havia sofrido abusos durante o tempo em que esteve à guarda do Estado e solicitou acesso aos registos sobre si existentes nos Serviços Sociais de Liverpool. Apenas lhe foi dado um acesso parcial, ante a alegação de que um dever de confidencialidade proibia a divulgação dos elementos constantes dos seus registos.

Em face da confirmação da recusa de acesso por um tribunal inglês, Gaskin recorreu ao TEDH que decidiu que o direito (previsto no artigo 8º da CEDH) de Gaskin a ver a sua *vida privada e familiar* respeitada pelo Estado havia sido violado pelo governo britânico, porque não existia um órgão independente ao qual Gaskin pudesse ter apresentado o seu caso. O Tribunal também decidiu que as pessoas na mesma situação de Gaskin, que estiveram sob tutela pública enquanto crianças, não deveriam, em princípio, ser impedidas de aceder aos seus registos, pois estes funcionam, para essas pessoas, como memórias dos pais, às quais a maioria dos indivíduos tem acesso.

Assim, não raras vezes, quem tem interesse em conhecer as suas *origens genéticas* depara-se com sistemas burocratizados de instituições de acolhimento ou similares, ou mesmo de entidades públicas, que, sendo titulares

res de gâmetas na procriação medicamente assistida heterológica", *in Revista LexMedicinae, Revista Portuguesa de Direito da Saúde*, Centro de Direito Biomédico da FDUC, ano 7, nº 13, Coimbra, 2010, p. 23, nota 115). O problema foi resolvido, na Alemanha, com a publicação da *Gesetz zur Regelung des Rechts auf Kenntnis der Abstammung bei heterologer Verwendung von Samen*, de 17 de julho de 2017.

[44] Acórdão do Tribunal Europeu dos Direitos Humanos de 7 de julho de 1989, *Case of Gaskin v. The United Kingdom*, disponível em www.echr.coe.int/echr.

de informação, assumem atitudes normalmente pouco dispostas a facultar a informação solicitada, invocando regimes legais de segredo e confidencialidade, proteção de dados, ou proteção de informação administrativa.

Tais condutas são hoje expressamente proibidas, entre nós, pelo nº 4 do artigo 6º.

O nº 5 limita-se a reafirmar o disposto no nº 1 do artigo 4º, nada acrescentando ao regime. Atendendo ao caráter amplo desta norma, este número era dispensável.

5. Acesso a elementos da história pessoal do adotado menor.

Os números 6 e 7 deste artigo consagram, adicionalmente, a possibilidade de acesso, por razões poderosas, a elementos da história pessoal do adotado menor, na sequência de decisão judicial, e a requerimento dos pais (nº 6) ou do Ministério Público (nº 7).

Está em causa, nestas situações, por exemplo (como também expressamente o nº 6 refere, utilizando a expressão "motivos de saúde"), a necessidade de acesso a informação de natureza clínica (processo médico individual, relatórios de saúde, informação de natureza genética, etc.) imprescindível ao tratamento do adotado, e não se compreenderia, atendendo à eventual urgência envolvida, a imposição da espera até aos 16 anos deste para se aceder aos pertinentes elementos da sua história pessoal.

A solução tem paralelismo com o disposto na Lei da PMA (Lei nº 32/2006, de 26 de julho), que, no nº 2 do artigo 15º, estabelece que as pessoas nascidas em consequência de processos de PMA com recurso que a dádiva de gâmetas ou embriões podem, junto dos competentes serviços de saúde, obter as informações de natureza genética que lhes digam respeito.

6. Bibliografia: Andrade, J. C. Vieira de, *Os Direitos Fundamentais na Constituição Portuguesa de 1976*, 6ª edição, Coimbra, Livraria Almedina, 2006; Canotilho, J. J. Gomes / Moreira, Vital, *Constituição da República Anotada*, 4ª ed. rev., Coimbra, 2007; Jayme, Eryk, "Pós-modernismo e direito da família", *in Boletim da Faculdade de Direito*, nº 78, 2002, pp. 209-221; Loureiro, João Carlos, O nosso pai é o dador nº XXX: a questão do anonimato dos dadores de gâmetas na procriação medicamente assistida heterológica", *in Revista LexMedicinae, Revista Portuguesa de Direito da Saúde*, Centro de Direito Biomédico da FDUC, ano 7, nº 13, Coimbra, 2010, pp. 5-42; Loureiro, João Carlos, ""Quis Saber Quem Sou": Direito à Identidade Pessoal e Procriação Medicamente Assistida Entre a Ocultação Mimética e a Revelação Aletéica. Em Diálogo com Miguel Oliveira da Silva", *in* Antunes, Maria João/Sil-

VESTRE, Margarida (org.), *Que futuro para a gestação de substituição em Portugal – Atas do Colóquio Internacional*, Instituto Jurídico, Coimbra, 2018, pp. 63-106; MOTA PINTO, Paulo, "O direito ao livre desenvolvimento da personalidade", in Portugal-Brasil ano 2000, *Stvdia Ivridica*, Coimbra, 2000, pp. 149-246; REIS, Rafael Vale e, *O Direito ao Conhecimento das Origens Genéticas*, Coimbra Editora, 2008; VARELA, João de Matos Antunes, "A inseminação artificial e a filiação perante o Direito Português e o Direito Brasileiro", *in Revista de Legislação e Jurisprudência*, ano 127, n.os 3843, 3844, 3846, 3848 e 3849, e ano 128, n.os 3852 e 3853, 1994.

7. Jurisprudência: Acórdão do TEDH de 6 de fevereiro de 2001, *Case of Bensaid v. The United Kingdom*, disponível em www.echr.coe.int/echr.; Acórdão do TEDH de 13 de fevereiro de 2003, *Case of Odièvre v. France*, disponível em www.echr.coe.int/echr; Acórdão do Tribunal Europeu dos Direitos Humanos de 7 de julho de 1989, *Case of Gaskin v. The United Kingdom*, disponível em www.echr.coe.int/echr; Acórdão do TEDH de 17 de julho de 2006, *Case of Jäggi v. Switzerland*, disponível em www.echr.coe.int/echr.

Esta anotação foi redigida seguindo a grafia resultante do Acordo Ortográfico de 1990

RAFAEL VALE E REIS

TÍTULO II
Adoção nacional

CAPÍTULO I
Intervenção das entidades competentes em matéria de adoção

SECÇÃO I
Intervenção dos organismos de segurança social

ARTIGO 7º
Organismos de segurança social

Para efeitos do RJPA, são organismos de segurança social o Instituto da Segurança Social, I.P., o Instituto da Segurança Social dos Açores,

I.P.R.A., o Instituto da Segurança Social da Madeira, IP-RAM e, no município de Lisboa, a Santa Casa da Misericórdia de Lisboa.

ANOTAÇÃO

1. Conexões normativas externas – arts. 16º nº 2 alínea d) da Portaria nº 135/2012 de 8 de maio – Aprova os Estatutos do ISS, I.P.; arts. 25º alíneas b), d) e) f) g) e h) do Decreto Legislativo Regional nº 2/2014/A de 24 de janeiro – Aprova os Estatutos do ISSA; art. 16º nº 2 alínea d) da Portaria nº 17/2017, de 23 de janeiro – Aprova os Estatutos do ISS – IPRAM e arts. 4º nº 3 alínea p), 18º nº 2 alínea a) e 19º nº 1 alínea c) do Decreto-Lei nº 235/2008 de 3 de dezembro – Aprova os Estatutos da SCML.

2. A intervenção dos organismos de segurança social na adoção de crianças tem já uma longa tradição no sistema português. Com origem na realização do inquérito prévio à decretação do vínculo de adoção a pedido do(s) adotantes e inicialmente atribuída aos serviços de apoio social aos tribunais de família e de menores, a evolução e a importância que o instituto da adoção atingiu no nosso país levou à necessidade de consagração legal da obrigatoriedade de intervenção de entidades preparadas e com competências em matéria de infância e juventude que assegurassem a avaliação da idoneidade e das capacidades dos adotantes, as características e as necessidades das crianças em situação de adotabilidade e o acompanhamento das famílias por adoção com o objetivo de, por um lado, garantir que a adoção corresponde primacialmente ao interesse da criança e, por outro lado, contribuir para o sucesso de um tal projeto.

É assim que no Decreto-Lei nº 274/80, de 13 de agosto se afirma que "os organismos de segurança social, à semelhança do que vem acontecendo em muitos outros países, se encontram particularmente vocacionados para a realização de tal tarefa, tanto mais que a eles compete também a definição e a execução da política de proteção social relativa ao bem-estar da criança" pelo que se impõe "consagrar por via legal a intervenção dos organismos de segurança social no processo de adoção, na sua qualidade de serviço, especialmente vocacionados para fornecerem aos juízes os elementos de que estes necessitam para apreenderem, com a maior amplitude possível, toda a realidade concreta subjacente aos pedidos de adoção".

É portanto a deslocação definitiva do eixo da adoção para a prossecução do superior interesse da criança que determina a necessidade de intervenção de entidades especializadas em matéria de proteção da infância em colaboração com as entidades decisoras, os tribunais, que sem embargo dos seus poderes de livre investigação pelos meios considerados mais adequados, passarão a dispor, de forma sistemática e organizada, de uma ampla informação que lhes permita assegurar que a decisão a tomar salvaguarda, efetivamente, o interesse da criança.

O elenco dos organismos de segurança social que intervêm no processo de adoção mantem-se invariável desde há 42 anos, aqui se incluindo a Santa Casa da Misericórdia de Lisboa, no que respeita ao concelho de Lisboa, a qual para efeitos do Regime Jurídico do Processo de Adoção é considerada um organismo de segurança social, a par do Instituto da Segurança Social, I.P., do Instituto da Segurança Social dos Açores, I.P.R.A., o do Instituto da Segurança Social da Madeira, IP-RAM.

As sucessivas alterações legislativas em matéria de adoção ocorridas em 1993 (DL nº 185/93 de 22 de maio) em 1998 (DL nº 120/98 de 8 de maio e em 2003 (Lei nº 103/2003, de 22 de agosto) enfatizaram a necessidade e obrigatoriedade desta intervenção que o atual Regime Jurídico do Processo de Adoção consagra e desenvolve no articulado em anexo à Lei nº 143/2015, de 8 de setembro.

3. A competência territorial dos organismos de segurança social no que respeita à sua intervenção na adoção de crianças não é expressamente definida no articulado, a não ser a da Santa Casa da Misericórdia de Lisboa (SCML). Porém, deduz-se genericamente que ela corresponde à área de intervenção territorial e à organização interna de cada um dos organismos de segurança social referidos, isto é: o território continental e a sua organização administrativa em 18 distritos quanto ao Instituto da Segurança Social, I,P, que intervém a nível dos serviços centrais enquanto membro do Conselho Nacional para a Adoção (CNA) e através das equipas de adoção dos Centros Distritais operativamente no terreno, o Instituto da Segurança Social da Madeira, Instituto Público da Região da Madeira, no território do arquipélago da Madeira, o Instituto da Segurança Social dos Açores, Instituto Público da Região dos Açores, para o território do Arquipélago dos Açores e, para a Santa Casa da Misericórdia de Lisboa, a área territorial de intervenção que consta dos seus Estatutos, o município de Lisboa. Neste momento, porém, a esta competência territorial estatutária e legalmente atribuída, há a acrescentar a competência territorial convencionalmente atribuída a partir de 2019, através de um Protocolo assinado em julho de 2019 entre o ISS, I.P.

e a SCML e que procede à transferência de competência relativamente a mais 8 concelhos da NUT 3 da área metropolitana de Lisboa, a saber: Amadora, Cascais, Loures, Mafra, Oeiras, Odivelas, Sintra e Vila Franca de Xira.

Esta anotação foi redigida seguindo a grafia resultante do Acordo Ortográfico de 1990

ISABEL PASTOR

ARTIGO 8º
Competências

Compete aos organismos de segurança social:

a) Proceder ao estudo de caracterização das crianças em situação de adotabilidade e ao diagnóstico das suas necessidades, bem como à sua preparação para subsequente integração em famílias adotivas;

b) Informar os interessados sobre o processo de adoção, disponibilizando-lhes igualmente informação sobre outros institutos jurídicos que visem a integração familiar de crianças;

c) Receber as candidaturas à adoção e instruir os respetivos processos;

d) Preparar, avaliar e selecionar os candidatos a adotantes;

e) Aferir a correspondência entre as necessidades evidenciadas pelas crianças em situação de adotabilidade e as capacidades dos candidatos selecionados, tendo em vista a apresentação de concretas propostas de encaminhamento;

f) Promover a integração das crianças nas famílias adotantes e acompanhar e avaliar o período prévio de convivência entre crianças e candidatos destinado a aferir da viabilidade do estabelecimento da relação parental;

g) Proceder à confiança administrativa;

h) Decretada a adotabilidade ou recebida comunicação do tribunal relativa ao consentimento prévio para a adoção, informar trimestralmente o tribunal sobre as diligências efetuadas para promover o efetivo encaminhamento da criança para candidato selecionado;

i) Elaborar o relatório de acompanhamento e avaliação do período de pré-adoção, do qual constem, designadamente, os elementos relativos à personalidade e à saúde do adotante e do adotando, à

idoneidade do adotante para criar e educar o adotando, à situação familiar e económica do adotante e às razões determinantes do pedido de adoção;

j) **Acompanhar as famílias após o decretamento da adoção, mediante pretensão expressa nesse sentido, nos termos previstos no RJPA;**

k) **Prestar informação, aconselhamento e apoio técnico no acesso ao conhecimento das origens do adotado;**

l) **Proceder à recolha, tratamento e divulgação dos dados estatísticos relativos à adoção nacional;**

m) **Elaborar e publicar anualmente relatório, donde constem informações e conclusões sobre as atribuições referidas nas alíneas anteriores.**

ANOTAÇÃO

1. As competências atribuídas legalmente aos organismos de segurança social têm diferente natureza e devem ser abordadas separadamente:

   a. São atribuídas aos organismos de segurança social competências que se relacionam com a tramitação da fase administrativa do processo de adoção, a que correspondem as alíneas a) a f) e i).

      i. Conhecer a criança a quem foi aplicada a medida prevista na alínea g) do artigo 35º da LPCJP ou relativamente à qual foi notificada, pelo tribunal, a prestação de consentimento prévio para a sua adoção, destina-se a permitir identificar, para além da sua situação de saúde, desenvolvimento, situação e história familiar e principais características de personalidade, também as suas necessidades específicas, elementos que devem constar de um Relatório de Caracterização da Criança e das suas Necessidades Adotivas que se destina a instruir o processo de pesquisa nacional de candidatos à sua adoção, a servir de base à comunicação a transmitir à família adotante no momento da proposta, bem como a servir de base para refletir e definir estratégias para a preparação da criança para a adoção e delinear um plano de transição para a família por adoção.

      ii. As competências enunciadas nas alíneas b) c) e d) referem-se aos candidatos à adoção e visam, fundamentalmente, garantir o princípio da informação assegurando que a formalização de uma candidatura à adoção decorre de uma decisão consciente, amadurecida e realista, averiguar da conformidade de uma tal decisão com os requisitos legais, preparar e transmitir aos candidatos a informação sobre as especificidades e desafios da parentalidade adotiva e avaliar a idoneidade e as capacidades de quem se propõe adotar.

iii. Estas competências previstas nas alíneas a) b) c) e d) correspondem à fase preparatória do processo de adoção prevista na alínea a) do artigo 40º do RJPA.

iv. As competências previstas nas alíneas e), f) e i) correspondendo ainda à fase administrativa e não judicial do processo de adoção integram-se na fase de ajustamento a que se refere a alínea b) do artigo 40º do RJPA.

v. Tratam-se de uma série de atividades que assentam, inicialmente, num juízo abstrato de adequação entre as características e necessidades de cada criança adotável e as características e capacidades das famílias selecionadas, enviadas como resposta à pesquisa nacional efetuada, juízo esse que será validado em sucessivas etapas decisórias. Obtida a aceitação por parte da família assim identificada, passa-se à concretização acompanhada do projeto através da integração gradual da criança na família adotante e do acompanhamento e apoio ao desejado fortalecimento dos laços entre a criança e os futuros pais, em ordem à elaboração do Relatório que obrigatoriamente deverá acompanhar o requerimento de adoção.

b. A confiança administrativa de uma criança a uma família selecionada para a adoção é uma decisão da competência dos organismos de segurança social, prevista na alínea g) que se encontra hoje bem balizada nos seus contornos e requisitos enunciados nos artigos 34º nº 2 alíneas a) e b) e 36º e 37º do RJPA. Não obstante, verifica-se que raras vezes é utilizada (a não ser na modalidade de confirmação de permanência a cargo) persistindo alguma desconfiança relativamente ao recurso à confiança administrativa que permitiria uma mais célere integração de crianças de tenra idade em famílias por adoção, na sequência de prestação de consentimento prévio para a sua adoção.

c. As alíneas j) e k), inovadoras em termos legais, atribuem aos organismos de segurança social funções a exercer para lá da duração temporal do processo de adoção em sentido estrito, como o acompanhamento pós-adoção que pressupõe o decretamento da adoção e consequente encerramento do processo e a informação e apoio técnico no acesso ao conhecimento das origens das pessoas adotadas. Estas competências atribuídas aos organismos de segurança social encontram-se relacionadas com a clarificação introduzida, quer em alteração ao Código Civil, quer no próprio RJPA, que se traduziu na consagração do direito de acesso às origens por parte das pessoas adotadas e na introdução, ainda que facultativa (a pedido expresso da família adotante) da continuação do acompanhamento técnico após a decretação da adoção.

d. Finalmente, as competências atribuídas aos organismos de segurança social nas alíneas l) e m) apresentam uma dupla função de controlo e transparência da sua intervenção e simultaneamente de promoção e favorecimento da colaboração dos organismos de segurança social no processo de definição de políticas públicas de adoção. Com efeito, a obrigatoriedade de recolha, divulgação e publicação de dados estatísticos e relatório anual de atividades servem, precisamente, estes dois desígnios de, por um lado, proporcionar uma fonte de informação rigorosa sobre um tema que interessa à comunidade e, por outro lado, através das conclusões e recomendações dos principais intervenientes no terreno, recolher dados e propostas para os decisores em matéria de políticas para a infância.

e. A esta extensa lista de competências e responsabilidades deve ainda ser acrescentada a participação no Conselho Nacional para a Adoção, como previsto no artigo 12º do RJPA e a partilha das suas atribuições, exercidas pela forma colegial e que será abordada mais à frente neste comentário.

Esta anotação foi redigida seguindo a grafia resultante do Acordo Ortográfico de 1990

Isabel Pastor

ARTIGO 9º

Equipas técnicas de adoção

1 – O acompanhamento e o apoio às pessoas envolvidas num processo de adoção são assegurados por equipas pluridisciplinares suficientemente dimensionadas e qualificadas, integrando técnicos com formação nas áreas da psicologia, do serviço social e do direito.

2 – Tais equipas podem ainda, pontualmente e quando necessário, contar com o apoio de profissionais das áreas da saúde e da educação.

3 - As equipas que intervêm na preparação, avaliação e seleção dos candidatos a adotantes, devem ser autónomas e distintas das que, decretada a adotabilidade, procedem ao estudo da situação das crianças e à concretização dos respetivos projetos adotivos.

4 - Para salvaguarda do disposto no número anterior e sempre que o volume processual o justifique, as funções de preparação, avaliação e seleção de candidatos podem ser concentradas em equipas de âmbito regional, cuja atividade toma em linha de conta as exigências de proximidade que tais funções pressupõem.

ANOTAÇÃO

1. As competências, atribuídas pelo artigo anterior aos organismos de segurança social, são desenvolvidas através de equipas técnicas de composição multidisciplinar. Considera-se, assim, que a abordagem das questões da adoção deve contar com um olhar diferenciado e qualificado por profissionais com formação na área das ciências sociais incluindo psicólogos, assistentes sociais e juristas. A par da pluridisciplinaridade na composição das equipas técnicas que intervêm na adoção, é também imposição legal a qualificação dos profissionais e a adequação da dimensão da equipa ao volume processual. A sensibilidade desta área de intervenção exige profissionais especializados, para o que concorreria uma prévia definição do perfil do profissional de adoção bem como um adequado dimensionamento desta equipa de forma a garantir a celeridade dos procedimentos e o cumprimento dos prazos legais.

2. Esta é a versão mínima da pluridisciplinaridade que deve caracterizar a intervenção profissional em matéria de adoção, pois a seguir se acrescenta o apoio pontual, sempre que necessário, de profissionais da área da saúde e da educação. O objetivo é contribuir para um maior aprofundamento do conhecimento da situação das crianças em situação de adotabilidade e das famílias candidatas à adoção para possibilitar uma maior ponderação da correspondência entre as necessidades de uns e as capacidades de outros. Por esta razão se admite a suspensão do processo de avaliação de candidatos à adoção e a realização de perícias sobre a sua situação em termos de saúde mental ou física e a audição sempre que necessária de técnicos de educação no que respeita à caracterização de crianças em situação de adotabilidade e relatórios aprofundados sobre o seu estado de saúde ou desenvolvimento com prognóstico de evolução.

3. Ocorre questionar se desta disposição legal resultará a obrigatoriedade de existência, em cada organismo de segurança social, de uma equipa com estas características especificamente constituída para a adoção de crianças e se, para além disso, as competências atribuídas aos organismos de segurança social em matéria de adoção exigem a exclusividade ou haverá compatibilidade com outras funções exercidas. Concretamente, e em organismos de segurança social com um reduzido volume processual de adoções questiona-se se as funções no processo de adoção podem ser executadas por equipas igualmente de natureza pluridisciplinar como as equipas de assessoria aos tribunais, equipas de ação social, entre outras. A este respeito o articulado não parece dar uma resposta clara. Porém, a análise do conteúdo dos nºs 3 e 4 fornece algumas pistas para responder a esta questão. De facto, a principal preocupação do legislador foi garantir a maior objetividade e isenção na análise destes processos e evitar eventuais conflitos de interesses garantindo, em qualquer circunstância, o superior interesse da criança. A transparência e a perceção de isenção e objetividade por parte dos intervenientes são também um aspeto importante a considerar na confiança com que o serviço de adoção é visto pela comunidade em geral. Assim é que a proibição de cumulação, na mesma equipa, das funções de avaliação de candidatos e simultaneamente de caracterização das crianças em situação de adotabilidade, contida no nº 3, parece inculcar a ideia não só da necessidade de segregação das funções dentro de uma equipa como também a exclusividade da dedicação às funções por parte das equipas de adoção. Por um lado, importa garantir que as decisões e propostas de encaminhamento de crianças para concretas famílias por adoção não sejam enviesadas por considerações que resultam de uma relação privilegiada com determinadas candidaturas estudadas e avaliadas pelos mesmos técnicos, por outro, deverá ainda assegurar-se que a concretização dos projetos adotivos através da integração de crianças em concretas famílias não seja efetivada pelos mesmos técnicos que tiveram intervenção na definição do projeto de adotabilidade.

Quer isto dizer que em todos os organismos de segurança social, mesmo com um reduzido volume de processos de adoção, deva ser constituída uma equipa com pelo menos 4 técnicos exclusivamente dedicados a tarefas de adoção?

4. A resposta parece estar no nº 4, ao possibilitar a concentração das funções em equipas de âmbito regional permitindo uma organização que assegure a rentabilização de recursos e, simultaneamente, a inexistência de

conflitos de interesse ou suspeição sobre a objetividade das análises efetuadas e decisões tomadas, tão importante para a confiança de todos no processo adotivo, aqui se incluindo as crianças, as famílias de origem e as famílias adotantes. Deve referir-se que a imposição de segregação de funções de avaliação de candidatos e de encaminhamento adotivo de crianças resultava já das alterações introduzidas pela Lei nº 31/2003 ao Decreto-Lei nº 195/83 aditando um nº 2 ao artigo 11º determinando "as equipas que intervêm no estudo da situação social e jurídica da criança e do jovem e na concretização do seu projecto de vida, com vista à sua adopção, devem ser autónomas e distintas relativamente às equipas que intervêm na selecção dos candidatos a adoptantes."

Esta anotação foi redigida seguindo a grafia resultante do Acordo Ortográfico de 1990

ISABEL PASTOR

ARTIGO 10º
Listas nacionais para a adoção

1 – Os candidatos selecionados para a adoção, bem como as crianças em situação de adotabilidade, integram obrigatoriamente listas nacionais.

2 – Cabe aos organismos de segurança social o registo e a permanente atualização das listas a que se refere o número anterior.

ANOTAÇÃO

1. As designadas listas nacionais de adoção foram introduzidas no nosso sistema pela reforma introduzida pela Lei nº 31/2003, de 22 de agosto. Ao aditar ao Decreto-Lei nº 185/93 um artigo 11º B epigrafado "Listas nacionais para adopção" e determinando que "Devem existir, no âmbito dos organismos de segurança social, listas nacionais dos candidatos selecionados para a adoção, bem como das crianças e dos jovens em situação de adoptabilidade, por forma a aumentar as possibilidades de adopção e a melhor adequação na escolha dos candidatos a adoptantes e dos menores que lhes sejam confiados para a adopção." operou uma profunda transformação do sistema de adoção que ganhou a dimensão nacional há muito reivindicada contra o funcionamento em circunscrições territoriais fechadas dos enca-

minhamentos adotivos de crianças para candidatos residentes na mesma circunscrição territorial.

As Listas Nacionais de Adoção, tornadas possíveis graças ao desenvolvimento tecnológico dos sistemas de informação, deram lugar à designada Base de Dados da Adoção, criada em 2008, que constitui ainda um importante instrumento de recolha estatística do fenómeno da adoção a nível nacional e internacional. Aliás, é esta função de repositório da informação relativa à adoção em Portugal que é essencialmente atribuída às Listas Nacionais de Adoção, já que os propósitos que inicialmente justificaram a sua criação (aumentar as possibilidades de adoção e a melhor adequação na escolha dos candidatos a adotantes para as crianças que lhes sejam confiadas) estão hoje garantidos pelos instrumentos e procedimentos a que se referem os artigos seguintes.

Porém, tendo em consideração o desenvolvimento crescente das tecnologias de informação e o emergente contributo das mecanismos de inteligência artificial, pode perspetivar-se, num futuro não muito longínquo, a possibilidade de tais técnicas e sistemas de informação poderem vir a constitui-se como uma modalidade de suporte à decisão, seja ela de encaminhamento adotivo ou de seleção de candidatos à adoção, concretizando-se através das Listas Nacionais de Adoção, transformadas em complexos e completos sistemas de informação, como perspetivado pelo legislador de 2003.

2. Em ordem a garantir a permanente atualização e alimentação deste importante repositório de dados, estão os organismos de segurança social obrigados ao registo e permanente atualização dos processos em que intervêm.

Esta anotação foi redigida seguindo a grafia resultante do Acordo Ortográfico de 1990

ISABEL PASTOR

ARTIGO 11º
Colegialidade das decisões

1 – A concreta proposta de encaminhamento de uma criança para a família adotante resulta de decisão participada e consensualizada entre a equipa que procedeu ao estudo da criança e a equipa que efetuou a preparação, avaliação e seleção dos candidatos.

2 – A confirmação da proposta prevista no número anterior cabe ao Conselho Nacional para a Adoção, adiante designado por Conselho.

ANOTAÇÃO

1. Como comentário preliminar a este artigo 11º, inovador relativamente aos precedentes textos legislativos reguladores do processo de adoção, cumpre assinalar que a epígrafe não corresponde na íntegra ao seu conteúdo pois que o que aqui é falado é a dupla colegialidade da decisão mais difícil e mais sensível de todo o processo de adoção: a decisão que encaminha aquela concreta criança em situação de adotabilidade para aquela concreta família, avaliada e selecionada para adotar. Esta decisão exige uma reflexão aprofundada sobre as informações recolhidas sobre um e outro elemento desta equação afetiva para prognosticar a verosimilhança da criação de uma relação de filiação e portanto de vinculação que se pretende segura, por parte daquela criança relativamente àquele(s) adulto(s) e a capacidade de resposta incondicional daquela (s) pessoa(s) adulta(s) às específicas necessidades daquela criança.

E esta sensibilidade e dificuldade deve ser minorada e protegida através de um sistema sucessivo de consensualizações, refletido nos dois parágrafos deste artigo relativo à colegialidade das decisões.

2. Assim temos, num primeiro momento, a reflexão conjunta e a decisão consensualizada entre os técnicos ou as equipas técnicas que melhor conhecem os dois elementos que se pretendem reunir construindo uma família: a equipa técnica que procedeu ao estudo e caracterização da criança e definiu as suas necessidades específicas a que a família adotiva é suposto dar resposta e a equipa que procedeu à formação, avaliação e seleção daquela candidatura e que teve oportunidade, através dos diversos momentos de avaliação e instrumentos aplicados, de a conhecer. Só quando estas duas equipas, que podem pertencer ao mesmo serviço ou a serviços diferentes, estão de acordo quanto a este juízo de prognose e verosimilhança, é que a concreta proposta de encaminhamento pode prosseguir.

3. Num segundo momento, esta proposta de encaminhamento, que já recebeu parecer positivo ou que já logrou consenso entre estas duas equipas, deverá ser validada num órgão colegial, criado pela Lei nº 143/2015 de 8 de setembro, garantindo-se assim um segundo nível de colegialidade da decisão. Há, portanto, uma decisão colegial a nível interno a que se segue uma decisão colegial por um órgão externo – o Conselho Nacional para a Adoção.

Esta anotação foi redigida seguindo a grafia resultante do Acordo Ortográfico de 1990

ISABEL PASTOR

ARTIGO 12º

Composição e atribuições do Conselho Nacional para a Adoção

1 – O Conselho é composto por um representante de cada organismo mencionado no artigo 7º.

2 – O Conselho garante a harmonização dos critérios que presidem à aferição de correspondência entre as necessidades da criança e as capacidades dos adotantes.

3 – O Conselho tem as seguintes atribuições:

a) **Confirmar as propostas de encaminhamento apresentadas pelas equipas de adoção, incluindo as efetuadas no âmbito de confiança administrativa com base na prestação de consentimento prévio;**

b) **Emitir parecer prévio para efeito de concessão de autorização às instituições particulares, para intervenção em matéria de adoção;**

c) **Acompanhar a atividade desenvolvida pelas instituições particulares autorizadas;**

d) **Emitir recomendações aos organismos de segurança social e às instituições particulares autorizadas que intervêm em matéria de adoção, e divulga-las publicamente.**

4 – Para efeitos do disposto na alínea *a)* do número anterior o Conselho emite certidão da decisão de confirmação.

ANOTAÇÃO

1. Conexões normativas externas: Regulamento Interno do CNA; Regulamento do Processo de Adoção – Critérios, Procedimentos e Programas de Intervenção; Manual da Intervenção dos Organismos de Segurança Social na Adoção de Crianças.

2. O Conselho Nacional para a Adoção é composto de 4 membros designados pelos organismos de segurança social que intervêm em matéria de adoção, a saber: um elemento que representa o ISS, I.P., um elemento que representa o ISSA. IPRA, um elemento que representa o ISS.IPRAM e um elemento que representa a SCML.

Esta representação e a modalidade de um voto por membro assegura a igualdade dos membros do CNA pois, como se verá no Regulamento do Funcionamento do CNA, as deliberações são tomadas por maioria, dispondo cada membro de um voto, independentemente da importância em volume processual que cada OSS representado possa ter. Esta circunstância reforça o caráter eminentemente técnico desta função de validação das propostas de encaminhamento e assegura a objetividade das apreciações que são efetuadas sobre as razões e fundamentos para a aprovação ou não de cada proposta. Cada proposta de encaminhamento é escrutinada e votada no CNA, tendo todos os votos o mesmo valor e ponderação na decisão final.

Esta segunda ronda de consensualização, da correspondência entre as necessidades das crianças em situação de adotabilidade e as capacidades dos candidatos selecionados, corresponde também ao objetivo da harmonização dos critérios que presidem a uma tal aferição, agora elevado a um consenso a nível nacional, assegurado pela representação e participação de todos os organismos de segurança social que intervêm na adoção.

3. O CNA tem outras atribuições para além da validação das propostas de encaminhamento apresentadas pelos OSS. São estas: decidir sobre a possibilidade de intervenção em matéria de adoção de instituições particulares, cabendo-lhe a pronúncia prévia no respetivo processo de autorização, bem como o acompanhamento da atividade por estas desenvolvida.

4. Porém, a decisão de cada membro não é uma decisão arbitrária, antes resultando da aplicação de critérios definidos, publicitados e de aplicação uniforme por todos os organismos de segurança social. Esta é a explicação para uma importante função atribuída ao CNA, a de garantia da harmonização dos critérios que presidem à aferição de correspondência entre as necessidades da criança e as capacidades dos adotantes.

As decisões do CNA de confirmação das propostas de encaminhamento, apresentadas pelos organismos de segurança social, são certificadas e precedem a apresentação de cada proposta concreta aos candidatos selecionados.

A emissão de Recomendações aos organismos de segurança social e assegurar a sua divulgação é outra das suas atribuições que lhe tem conferido um importante papel de promoção da qualificação do processo de adoção. Ao longo dos seis anos que este órgão já leva de funcionamento, foram aprovadas 15 recomendações que se encontram publicadas nos relatórios anuais de atividades e que são diretamente divulgadas aos organismos de segurança social. Para além das Recomendações propriamente ditas, o CNA assumindo-se como o garante da padronização dos critérios e procedimentos a ser aplicados uniformemente por todos os OSS e demais entidades que intervêm no processo de adoção, aprovou uma Recomendação de caráter geral a todos os OSS sob a forma de Manual da Intervenção dos OSS na Adoção de Crianças, com base na iniciativa tomada em 2010 pelo ISS, I.P. e que contou com a colaboração direta das equipas de adoção do ISS, I.P., e da SCML, e com os contributos dos técnicos das equipas dos Açores e da Madeira bem como da Academia através da Universidade do Minho, Universidade do Porto, Universidade de Coimbra e Universidade de Lisboa. Na sequência da aprovação da Lei nº 143/2015, de 8 de setembro e da instalação do CNA, seguiu-se um trabalho de reestruturação e adaptação do Manual, trabalho para o qual foi mandatado o GAT e que culminou com a aprovação formal pelo CNA na sua 13ª reunião extraordinária, realizada em 18 de julho de 2017.

O Manual cumpre os objetivos a que se destinava, a saber, constituir-se como um importante instrumento de trabalho para as equipas de adoção, permitindo cada vez maior rigor e garantindo a uniformidade da intervenção dos profissionais no processo de adoção tanto no que respeita à avaliação e acompanhamento das crianças com projeto de adoção como dos candidatos e posteriormente das famílias constituídas.

Nessa medida poderá considerar-se o Manual, pela sua abrangência e conteúdo geral e subsequente aprovação formal pelo CNA, como a principal Recomendação do CNA aos OSS e entidades que intervêm no processo de adoção.

5. Bibliografia: Manual da Intervenção dos Organismos de Segurança Social na Adoção de Crianças; Relatórios Anuais de Atividades do CNA, 2016, 2017, 2018, 2019 e 2020, publicados nos sítios oficiais dos OSS.

Esta anotação foi redigida seguindo a grafia resultante do Acordo Ortográfico de 1990

ISABEL PASTOR

ARTIGO 13º

Funcionamento do Conselho Nacional para a Adoção

1 – A coordenação do Conselho é assegurada, bienal e rotativamente, pelas entidades que o integram.

2 – O Conselho reúne, ordinariamente, com uma frequência mínima quinzenal e, extraordinariamente, sempre que tal seja considerado necessário ou o volume processual assim o exija.

3 – O Conselho profere decisão sobre as propostas que lhe forem remetidas, no prazo máximo de 15 dias a contar da data da respetiva apresentação.

4 – A organização e o funcionamento do Conselho constam de regulamento interno que garante a celeridade dos procedimentos de confirmação.

ANOTAÇÃO

1. Como em qualquer órgão colegial torna-se necessário assegurar a sua coordenação não só no que diz respeito à convocação das respetivas reuniões, estabelecimento da ordem de trabalhos, elaboração das atas e divulgação das decisões, mas também, no caso de órgãos constituídos por um número par de membros, como é o caso do CNA que congrega 4 membros, a resolução de um eventual empate ou a atribuição de voto de qualidade.

E de facto foi esta a solução que foi, conjugadamente, estabelecida no corpo deste artigo e no regulamento do CNA, aprovado, nos termos legalmente previstos, em 10 de dezembro de 2015, naquela que foi a sua primeira reunião.

Determina o artigo 7º da Lei nº 143/2015 de 8 de setembro, relativo à instalação do Conselho Nacional para a Adoção:

"1 – No prazo máximo de 30 dias após a data de entrada em vigor da presente lei, o Conselho Nacional para a Adoção procede à elaboração e aprovação do respetivo regulamento interno, submetendo-o a homologação do membro do Governo responsável pelas áreas da solidariedade e da segurança social.

2 – Com a entrada em vigor da presente lei, o Instituto da Segurança Social, I. P., assume a coordenação do Conselho Nacional para a Adoção, nos termos previstos no nº 1 do artigo 13º do Regime Jurídico do Processo de Adoção, aprovado em anexo à presente lei".

Nestes termos e sob a coordenação do Instituto da Segurança Social I.P., foi aprovado na sua primeira reunião o Regulamento Interno do Conselho Nacional para a Adoção que foi homologado por despacho do Ministro do Trabalho, Solidariedade e Segurança Social em 8 de julho de 2016.

Nos termos do referido Regulamento Interno, a coordenação bienal é assegurada, rotativamente, por cada membro que o integra, seguindo-se após a primeira coordenação legalmente atribuída ao ISS, IP, uma ordem alfabética. Assim, após o biénio 2016-2017 de coordenação pelo ISS I. P, seguiu-se a coordenação do ISSA IPRA em 2018-2019, a coordenação do ISS.IPRAM 2020-2021, cabendo à SCML assegurar a coordenação do CNA no biénio 2022-2023.

Nos termos do referido Regulamento as deliberações do Conselho Nacional para Adoção são tomadas por maioria dos seus membros, cabendo ao membro que assegura a coordenação do Conselho, voto de qualidade em caso de empate.

Nos termos do Regulamento, para além do apoio logístico e administrativo ao funcionamento do CNA, assegurado, igualmente de forma rotativa, pelo membro que assegura a coordenação, o CNA é também apoiado do ponto de vista técnico por um Gabinete de Apoio Técnico (GAT) constituído por elementos designados por cada membro, a quem cabe a preparação das reuniões do CNA. Esta preparação traduz-se na coordenação e articulação com as equipas de adoção para a preparação das agendas das reuniões; no registo das decisões do CNA e na sua transmissão aos organismos e entidades competentes; na emissão das certidões das decisões do CNA de confirmação das propostas; e, proceder ao planeamento e marcação anual das reuniões do Conselho.

O Regulamento do Conselho estabelece ainda as condições de funcionamento, fixando regras quanto às convocatórias e participação nas reuniões, propondo designadamente que as reuniões se realizem preferencialmente, através do recurso a tecnologias de comunicação audiovisual à distância, tendo em consideração a descontinuidade geográfica entre os 4 membros que o compõem.

2. As disposições sobre a periodicidade das reuniões do Conselho estão previstas para assegurar que a submissão das propostas de encaminhamento à validação por este órgão colegial não se traduza num atraso para o desenvolvimento das diligências destinadas a promover a integração em famílias das crianças em situação de adotabilidade. Por isso à luz da avaliação efetuada pelo legislador do número médio de encaminhamentos anuais para a adoção foi considerada a periodicidade quinzenal, como podendo assegurar este desiderato ao mesmo tempo que é possível acompanhar pelo próprio Conselho os tempos que medeiam entre a sinalização de uma criança aos OSS e o momento em que é apresentada uma concreta proposta de encaminhamento ao CNA.

O CNA reúne assim, desde a sua instalação, duas vezes por mês, e extraordinariamente sempre que necessário. No âmbito das suas atribuições de emitir recomendações aos OSS, o próprio Conselho vem definindo critérios para a realização de reuniões extraordinárias em que avulta a situação de crianças com idade até um ano.

Desde a sua instalação em janeiro de 2016 realizaram-se já mais de 150 reuniões ordinárias e quase 50 reuniões extraordinárias.

3. O Conselho assegura a avaliação e parecer sobre a validade do encaminhamento proposto no prazo máximo de 15 dias a contar da data da apresentação da proposta por parte do OSS competente, o que exige da

parte do membro que assegura a coordenação e também o apoio logístico ao funcionamento do Conselho, através do Gabinete de Apoio Técnico, todo um trabalho de planeamento e organização das reuniões de discussão que antecedem a reunião do CNA, de modo a permitir uma tomada de decisão nos prazos previstos.

4. O funcionamento do CNA é complementarmente regulado naquele que foi o primeiro instrumento aprovado por este órgão – O regulamento Interno do CNA – aprovado em 10 de dezembro de 2015 na reunião que marcou a instalação do CNA e como definido, nos termos da Lei nº 143/2015, de 8 de setembro, no seu artigo 7º, foi homologado pelo Ministro do Trabalho, Solidariedade e Segurança Social em 8 de julho de 2016.

Esta anotação foi redigida seguindo a grafia resultante do Acordo Ortográfico de 1990

ISABEL PASTOR

ARTIGO 14º

Padronização e publicitação de critérios e procedimentos

1 – A preparação, avaliação e seleção de candidatos a adotantes e as diligências para a concretização do projeto adotivo obedecem a critérios e procedimentos padronizados, de aplicação uniforme pelos organismos de segurança social e pelas entidades previstas na alínea *a)* do nº 3 do artigo 1º.

2 – Os critérios e procedimentos referidos no número anterior devem ser publicitados, designadamente mediante divulgação nos sítios oficiais dos organismos mencionados no artigo 7º, de forma a permitir o seu conhecimento por parte de todos os interessados.

ANOTAÇÃO

1. A padronização dos procedimentos e critérios de aplicação uniforme por todos os OSS não é uma questão nova nem corresponde a uma necessidade identificada, pela primeira vez, pelo legislador de 2015. Com efeito, o artigo 11º C aditado ao Decreto-Lei nº 185/93, de 22 de maio pela Lei nº 31/2003, de 22 de agosto estabelecia: "A definição de padrões mínimos de qualidade dos serviços de adopção, bem como de procedimentos a observar na definição de projetos de vida e no encaminhamento de crianças e jovens para a adopção e na selecção de candidatos a adoptantes constará de normas a aplicar uniformemente por todos os organismos de segurança social."

Já foi na sequência desta determinação que surgiram iniciativas e publicações que deram origem ao Manual da Adopção, editado pela Direção Geral da Segurança Social em 2003 que definia claramente o *workflow* dos processos de adoção nacional e internacional e, com maior profundidade, sobretudo no que diz respeito aos critérios, no Manual da Intervenção dos Organismos de Segurança Social na Adoção de Crianças a que aqui se fez já referência na anotação ao artigo 12º.

2. Porém, esta última iniciativa, considerada apenas com o objetivo de harmonização interna dos critérios e uniformização de procedimentos, nunca foi objeto de publicação.

Na sequência da publicação da Lei nº 143/2025 de 8 de setembro e da então proclamada exigência de maior transparência em todos os processos relacionados com a aplicação de critérios, desenvolvimento de procedimentos e programas de intervenção técnica, foi, sob a égide do Conselho Nacional para Adoção, elaborado o Regulamento do Processo de Adoção – Critérios, Procedimentos e Programas de Intervenção Técnica, aprovado na 23ª reunião do Conselho Nacional para a Adoção realizada no dia 7 de novembro de 2016.

É interessante constatar que esta exigência de transparência e de acessibilidade a todos os interessados, dos critérios e procedimentos a observar de forma uniforme por todos os intervenientes no processo de adoção, aí se incluindo as instituições particulares autorizadas a que se refere a Secção II, foi por opção metodológica alargada também aos programas de intervenção técnica de preparação das crianças para a adoção e designada a formação complementar para candidatos à adoção a que se refere o artigo 47º, partilhando todos estes aspetos a regulamentação e a publicitação no mesmo instrumento normativo, designado Regulamento do Processo de Adoção – Critérios, Procedimentos e Programas de Intervenção Técnica.

3. Bibliografia: Manual da Intervenção dos Organismos de Segurança Social na Adoção de Crianças; Relatórios Anuais de Atividades do CNA, 2016, 2017, 2018, 2019 e 2020, publicados nos sítios oficiais dos OSS, Regulamento do Processo de Adoção – Critérios, Procedimentos e Programas de Intervenção Técnica, publicado em https://www.scml.pt/acao-social/adocao-apadrinhamento-civil-e-acolhimento-familiar/adocao/.

Esta anotação foi redigida seguindo a grafia resultante do Acordo Ortográfico de 1990

ISABEL PASTOR

SECÇÃO II
Intervenção das instituições particulares sem fins lucrativos

ARTIGO 15º
Excecionalidade da intervenção

Excecionalmente e nas condições previstas na presente secção, as instituições particulares sem fins lucrativos podem intervir no processo de adoção.

ANOTAÇÃO

1. A possibilidade de instituições particulares de solidariedade social intervirem no âmbito da adoção foi introduzida, no nosso sistema, através do Decreto-Lei nº 120/98 a que se seguiu a regulamentação das condições para essa intervenção com a aprovação do Decreto-Regulamentar nº 17/98 de 14 de agosto. Determinava o Decreto-Lei no seu artigo 29º epigrafado Entidades intervenientes que "As instituições particulares de solidariedade social que disponham de equipas adequadas, (...) podem actuar como organismos de segurança social nos termos para estes previstos se, por portaria conjunta dos Ministros da Justiça e do Trabalho e da Solidariedade, lhes for reconhecida capacidade para essa actuação". A justificação para esta inovação no sistema de adoção, fortemente ancorado na intervenção pública, resulta da consideração, por um lado, do papel que estas instituições tradicionalmente vêm desenvolvendo na proteção das crianças sobretudo ao nível do acolhimento de crianças privadas de meio familiar normal e, por outro lado, a perceção da responsabilidade da Comunidade no sistema de proteção e na oferta de soluções que promovam e protejam os direito das crianças.

Esta mesma consideração da responsabilidade que incumbe à Comunidade, alargada a todas as instituições particulares sem fins lucrativos, independentemente do estatuto de IPSS, está presente na solução consagrada do RJPA. Porém, se alargado o âmbito de intervenção pessoal a qualquer instituição particular desde que não tenha fins lucrativos, o âmbito da intervenção é fortemente restringido, considerando-se que esta intervenção assumirá sempre caráter de exceção. Isto é, proclama-se a regra geral da intervenção pública, estatal e a excecionalidade da intervenção privada. E a tónica da excecionalidade é ainda sublinhada por ser o primeiro atributo desta possível intervenção que inicia a norma permissiva....

É, com efeito, uma abordagem diferente da legislação de 1998: A intervenção das IPSS na adoção é tratada no Decreto-Lei nº 120/98 no capítulo VI – Disposições finais e transitórias e no artigo 29º epigrafado "Entidades intervenientes" sugerindo a intervenção das IPSS, autorizadas nos termos e condições que vierem a ser definidas em decreto-regulamentar, equiparada à intervenção dos organismos de segurança social. Já no RJPA, a intervenção das instituições particulares sem fim lucrativo é tratada na secção 2 do Capítulo I – Intervenção das entidades competentes em matéria de adoção, antecedida pela secção I dedicada à intervenção dos organismos de segurança social.

Esta diferente classificação sistemática no RJPA, associada à declaração da excecionalidade desta intervenção, afasta claramente a ideia da equiparação destas entidades a organismos de segurança social para efeitos de intervenção em adoção, como parecia ser o entendimento da anterior regulamentação.

Outra grande diferença, relativamente ao regime introduzido pelo Decreto-Regulamentar nº 17/98 de 14 de agosto, é a expressa consideração da possibilidade de celebração de acordos de cooperação "entre o Ministério do Trabalho e Solidariedade Social e as instituições que desenvolvem actividades na área da selecção de candidatos a adoptantes" que visam a "comparticipação técnica e financeira, respectivamente na constituição das equipas técnicas de selecção em parceria e na assumpção dos encargos resultantes das remunerações dos técnicos que integram a equipa técnica de selecção autónoma.", referência totalmente omissa no atual RJPA. E, se bem que essa omissão não inviabilize a possibilidade da celebração de tais acordos, representa porém uma nova forma de conceber a intervenção das instituições particulares, não no contexto de uma delegação de funções e competências públicas mediante uma retribuição financeira, mas antes o reconhecimento de que, embora de uma forma mitigada pela natureza de excecional, a intervenção de tais entidades corresponde ao reconhecimento da responsabilidade social que cabe à comunidade e às suas instituições na organização de respostas previstas no sistema de promoção dos direitos e proteção das crianças, num espírito de liberdade e concorrência com as instituições públicas vinculadas por competência legal a essa organização.

Por outro lado, a relação com os organismos de segurança social deixa de estar focada no apoio financeiro e na consequente imposição de gratuitidade da resposta organizada, sem deixar de ficar garantida a regulação desta intervenção através de supervisão e fiscalização da sua atividade.

Esta anotação foi redigida seguindo a grafia resultante do Acordo Ortográfico de 1990

Isabel Pastor e Rui Godinho

ARTIGO 16º
Áreas de intervenção

1 – As instituições particulares sem fins lucrativos podem desenvolver as atividades previstas no artigo 8º, com exceção das referidas nas suas alíneas *g)* e *k)*.

2 – A mesma entidade não pode intervir, concomitantemente, no âmbito das atividades previstas nas alíneas *a)* e *d)* do artigo 8º.

3 – A excecionalidade da intervenção a que alude o artigo anterior não se aplica à atividade prevista na alínea *j)* do artigo 8º.

4 – O disposto nas alíneas *l)* e m) do artigo 8º não se aplica às instituições particulares sem fins lucrativos.

ANOTAÇÃO

1. Ao definir as áreas de atuação no processo de adoção que podem ser desenvolvidas por instituições particulares sem fins lucrativos procede-se a uma clara distinção entre esta intervenção e a intervenção obrigatória dos organismos de segurança social, definindo-se, nesta disposição, um quadro que, sobreposto ao artigo 8º, indica taxativamente as atividades que podem ser desenvolvidas pelas instituições particulares autorizadas e as que são da competência exclusiva dos organismos de segurança social.

Assim, pelas instituições particulares autorizadas podem ser desenvolvias as seguintes atividades:

(i) Estudo de caracterização das crianças em situação de adotabilidade e diagnóstico das suas necessidades bem como sua preparação para subsequente integraçao em famílias adotivas;

(ii) Informação aos interessados sobre o processo de adoção, disponibilizando-lhes, igualmente, informação sobre outros institutos jurídicos que visem a integração familiar de crianças;

(iii) Receção de candidaturas à adoção e instrução dos respetivos processos;

(iv) Preparação, avaliação e seleção de candidatos a adotantes;
(v) Aferição da correspondência entre as necessidades evidenciadas pelas crianças em situação de adotabilidade e as capacidades dos candidatos selecionados, tendo em vista a presentação de concretas propostas de encaminhamento;
(vi) Integração de crianças em famílias adotantes e acompanhamento e avaliação do período prévio de convivência entre crianças e candidatos destinado a aferir da viabilidade do estabelecimento da relação parental;
(vii) Prestação de informação trimestral ao tribunal sobre as diligências efetuadas para promover o efetivo encaminhamento da criança para candidato selecionado;
(viii) Elaboração do relatório de acompanhamento e avaliação do período de pré-adoção;
(ix) Acompanhamento das famílias após o decretamento da adoção, mediante pretensão expressa nesse sentido, nos termos previstos no RJPA.

2. Da sobreposição deste quadro de atividades com as competências de intervenção atribuídas aos organismos de segurança social resulta a competência exclusiva e não delegável destes últimos relativamente à confiança administrativa e à prestação de informação, aconselhamento técnico no acesso ao conhecimento das origens do adotado. Esta exclusão parece fundamentar-se na natureza da confiança administrativa, sem distinção porém entre as suas duas modalidades (confiança administrativa de criança relativamente à qual tenha havido consentimento prévio para a sua adoção, ou confirmação da permanência a cargo do candidato a adotante que sobre ela exerça já as responsabilidades parentais no âmbito de providência tutelar cível) considerada como ato privativo de entidade investida de poderes públicos, embora o atual RJPA tenha contribuído de forma significativa para a clarificação dos pressupostos de funcionamento da confiança administrativa e como tal diminuído os riscos da discricionariedade da sua aplicação. Por outro lado e no que respeita ao acompanhamento e informação no âmbito do processo de acesso às origens das pessoas adotadas, compreende-se que esta atividade seja reservada aos detentores da informação privilegiada (e sobre as quais impende o dever de conservação de todas as informações sobre a identidade, as origens e os antecedentes do adotado, nos termos do nº 3 do artigo 6º do

RJPA e acesso aos respetivos processos (de adoção e seus preliminares) considerados, pelo artigo 4º do RJPA, como secretos.

3. Para além das atividades que não podem ser exercidas em absoluto pelas instituições particulares sem fins lucrativos, o nº 2 desta disposição cria uma incompatibilidade entre o exercício em concomitância, pela mesma instituição, das atividades que visam o conhecimento, caracterização e preparação da criança em situação de adotabilidade e a atividade de preparação, avaliação e seleção de candidatos a adotantes. Trata-se da transposição para a intervenção das instituições particulares sem fins lucrativos do princípio da segregação de funções no âmbito da intervenção dos organismos de segurança social prevista no nº 3 do artigo 9º do RJPA. Cfr. anotação ao artigo 9º.

4. Há, porém, uma atividade que parece claramente ser proposta às entidades particulares sem fins lucrativos, a saber o acompanhamento das famílias após o decretamento da adoção, mediante pretensão expressa nesse sentido a que corresponde a alínea j) do artigo 8º do RJPA. É curioso notar que através da exceção à excecionalidade da intervenção das instituições particulares sem fins lucrativos na área da adoção, o legislador de 2015 lança um convite para a criação de recursos capazes de dar corpo à necessidade, já por todos identificada de apoiar as famílias por adoção ao longo dos seus diferentes ciclos de crescimento e que esse apoio tem especificidades e exigências acrescidas pelo facto de se tratarem de famílias constituídas por adoção. É assim que a área do acompanhamento pós-adoção se configura como uma área privilegiada para o desempenho e desenvolvimento por estas instituições, sendo que a literatura e a experiência de outros sistemas de adoção ilustram as vantagens deste apoio e aconselhamento ser prestado por entidades especializadas e diferentes das equipas que estiveram presentes nas fases prévias da constituição da nova família.

A inaplicabilidade das alíneas l) e m) do mesmo artigo 8º às instituições particulares sem fins lucrativos autorizadas a intervir no âmbito da adoção é facilmente compreensível pela sua natureza jurídica de entidades particulares e se tratarem de atividades que relevam da natureza pública dos organismos de segurança social e do seu papel enquanto informadores das entidades responsáveis pelas políticas públicas em matéria de adoção. Porém, a elaboração de relatório de atividades por parte das instituições particulares autorizadas mantem-se como exigência no âmbito da articulação, acompanhamento e fiscalização da atividade destas entidades por parte dos organismos de segurança social territorialmente competentes e da Inspeção-Geral do Ministério da Solidariedade, Emprego e Segurança Social nos termos dos artigos 22º e ss.

5. Sem resposta expressa na lei fica a possibilidade de as instituições particulares sem fins lucrativos poderem intervir nos mesmos moldes e com as mesmas áreas de intervenção, no âmbito da adoção internacional. Com efeito, na modalidade de adoção por residentes em Portugal de crianças residentes no estrangeiro, determina-se que o processo de adoção internacional se inicia nos mesmos termos que para a adoção nacional, mediante uma manifestação de interesse junto do organismo de segurança social territorialmente competente e com a aplicação com as necessárias adaptações das disposições do artigos 43º a 47º do RJPA. Porém, em nenhuma das normas seguintes se faz referência à possibilidade de esta candidatura poder ser apresentada e tratada por uma instituição particular autorizada. Diferentemente, no artigo 82º, prevê-se expressamente a possibilidade de intervenção de uma instituição particular autorizada, na modalidade de crianças com medida de adotabilidade colocadas para adoção por residentes no estrangeiro, observado o princípio da subsidiariedade.

Pensamos, contudo, que pela omissão identificada no artigo 76º, não deve concluir-se pela inadmissibilidade de uma tal intervenção ou a restrição da atividade das instituições particulares autorizadas à adoção nacional. Não havendo distinção no artigo 8º às atividades no âmbito da adoção nacional ou internacional, e sendo esta disposição a base para a definição das atividades que, a título excecional, podem ser desenvolvidas por instituições particulares autorizadas, não nos parece haver fundamentos para impedir que uma mesma atividade (preparação, avaliação e seleção de candidatos à adoção) não possa ser exercida por uma instituição particular autorizada, só porque essa atividade é preliminar à transmissão de uma candidatura à adoção internacional. Porém, teria sido mais correto referir expressamente essa possibilidade no artigo 76º acrescentando-se como em múltiplos outros artigos a expressão "ou a instituição particular autorizada."

Esta notação foi redigida seguindo a grafia resultante do Acordo Ortográfico de 1990

ISABEL PASTOR e RUI GODINHO

SUBSECÇÃO I
Condições para a intervenção

ARTIGO 17º
Autorização

1 - Constitui pressuposto do desenvolvimento de atividades compreendidas nas áreas de intervenção definidas no artigo anterior a prévia obtenção de correspondente autorização.

2 - A autorização referida no número anterior é concedida por portaria dos membros do Governo responsáveis pelas áreas da justiça, da solidariedade e da segurança social, a qual define as áreas de intervenção, a competência territorial, a data do início de atividade e o prazo de vigência da autorização.

3 - A autorização referida no nº 1 carece de parecer prévio favorável do Conselho.

4 - O exercício não autorizado das atividades referidas no artigo anterior faz incorrer o respetivo agente na prática de crime punível com prisão até dois anos ou multa até 240 dias.

ANOTAÇÃO

1. Esta disposição reproduz, quase na totalidade, o regime estabelecido no Decreto-Lei nº 120/98 de 8 de maio e no Decreto-regulamentar nº 17/78 de 14 de agosto, isto é, sujeita a efetiva intervenção das instituições particulares sem fins lucrativos a prévia autorização, autorização a conceder por Portaria conjunta dos membros do Governo responsáveis pelas áreas da Justiça e da Solidariedade Segurança Social, com definição das áreas em que é autorizada a intervenção, do âmbito de intervenção territorial e do início da atividade e respetivo prazo.

O órgão colegial criado pela Lei nº 143/2015, de 8 de setembro, por efeito das competências que lhe foram atribuídas, constituiu-se como um importante repositório de informação e conhecimento do sistema de adoção. Por essa razão, o CNA deve pronunciar-se sobre a pretensão de intervir na adoção apresentada por uma instituição particular sem fins lucrativos, como resulta desta disposição relativa à autorização e do artigo 12º nº 3 alínea b). Cabe referir que dos termos desta disposição resulta que o parecer do CNA é vinculativo já que a concessão da autorização fica dependente de parecer favorável do CNA. Com efeito, o artigo 12º nº 3 alínea b), no contexto de definição das atribuições do CNA, apenas refere "emitir parecer prévio para efeito de concessão de autorização às instituições particulares, para intervenção em matéria de adoção." não determinando qual o valor de tal parecer. É assim da conjugação desta disposição com o artigo 17º nº 3 relativo às condições para a autorização que resulta o caráter vinculativo do parecer do CNA, condicionando a emissão de autorização e publicação da Portaria, que consubstancia a autorização para a intervenção, ao parecer prévio favorável do CNA.

Com o intuito de definir os princípios subjacentes à emissão de pareceres prévios, o CNA aprovou, na sua 23ª reunião, realizada em 7 de novembro de 2016, um conjunto de Linhas Orientadoras para a Apreciação de candidaturas de instituições particulares sem fins lucrativos para intervir no processo de adoção, que se encontra em Anexo ao Relatório Anual de Atividades do CNA de 2016, publicado nos sites oficiais dos 4 organismos de segurança social.

Deve referir-se que no âmbito da vigência do RJPA não foi ainda emitido qualquer parecer favorável pelo CNA nem autorizada a intervenção de qualquer instituição particular sem fins lucrativos no âmbito da adoção.

2. A disposição contida no nº 4 deste artigo é inovadora e traduz um princípio de prevenção geral ao criminalizar qualquer atividade de intervenção em processo de adoção nacional não legitimada. Cf. no âmbito da adoção internacional e da atividade mediadora o estabelecido no artigo 68º.

3. Bibliografia: Linhas Orientadoras para a Apreciação de candidaturas de instituições particulares sem fins lucrativos para intervir no processo de adoção, Relatório Anual de Atividades do CNA, 2016, publicados nos sítios oficiais dos OSS https://www.scml.pt/acao-social/adocao-apadrinhamento-civil-e-acolhimento-familiar/adocao/.

Esta anotação foi redigida seguindo a grafia resultante do Acordo Ortográfico de 1990

ISABEL PASTOR e RUI GODINHO

ARTIGO 18º
Requisitos

As instituições particulares sem fins lucrativos que pretendam intervir no processo de adoção, nos termos do artigo 15º, devem ser

representadas e administradas por pessoas com reconhecida idoneidade, pelos seus conhecimentos ou experiência no domínio da adoção, devendo ainda preencher cumulativamente os seguintes requisitos:

a) **Prosseguir atividades no âmbito da promoção da família e da proteção da criança;**

b) **Não desenvolver principalmente a sua atividade no âmbito do acolhimento de crianças;**

c) **Dispor de equipas técnicas pluridisciplinares adequadas, de acordo com o disposto no artigo 9º.**

ANOTAÇÃO

1. Neste artigo definem-se de forma genérica os requisitos para obtenção de autorização para intervir no processo de adoção por parte das instituições particulares sem fins lucrativos. Estes requisitos são definidos de forma geral, independentemente da área de intervenção para a qual é solicitada a autorização, contrariamente ao regime estabelecido no Decreto-regulamentar revogado que definia critérios específicos consoante a área para a qual é solicitada autorização. Cf. artigos 5º e 6º do Decreto Regulamentar nº 17/98, de 14 de agosto.

Definem-se como critérios mínimos para viabilizar uma autorização (i) a comprovada idoneidade, conhecimentos e experiência em matéria de adoção por parte dos responsáveis (representantes e diretores) da instituição particular candidata (ii) a prossecução de atividades no âmbito da promoção da família e da proteção da criança (iii) não desenvolver apenas atividades no âmbito do acolhimento de crianças e (iv) dispor de equipas técnicas pluridisciplinares integrando obrigatoriamente as valências da psicologia, do serviço social e do direito.

Deve notar-se uma divergência profunda relativamente aos critérios enunciados e os critérios constantes do Decreto-regulamentar nº 17/98 de 14 de agosto. Com efeito, naquele diploma, associava-se justamente a possibilidade de desenvolver atividades no âmbito do estudo da situação social e jurídica de crianças e jovens e na concretização do seu projeto de vida com vista à adoção, ao facto de a instituição requerente dispor de uma estrutura de acolhimento temporário de crianças. Ao invés no atual sistema não só não se cria essa dependência em caso algum como se exige que o exercício da atividade de acolhimento de crianças não seja a atividade exclusiva ou predominante da instituição requerente. Ou seja, para além de não constituir requisito para o desenvolvimento da atividade, determina-se agora que essa só poderá ser uma entre outras atividades desenvolvida pela instituição requerente.

A justificação desta alteração advém da evolução entretanto verificada na realidade da adoção e do acolhimento e da consideração de que o encaminhamento para a adoção não pressupõe necessariamente um acolhimento prévio em instituição e de que nem todas as crianças com medida de adotabilidade transitarão necessariamente para a adoção a partir de uma instituição de acolhimento. A mudança de paradigma do acolhimento de crianças no âmbito do sistema de proteção, com o advento do acolhimento familiar (como consequência da alteração da LPCJP operada pela Lei nº 142/2015 contemporânea da aprovação do RJPA aprovado pela Lei nº 143/2015, ambas de 8 de setembro e fruto de elaboração articulada entre as duas comissões criadas para o efeito) levará a curto prazo à extinção das atuais estruturas residenciais de acolhimento temporário de crianças.

Esta anotação foi redigida seguindo a grafia resultante do Acordo Ortográfico de 1990

ISABEL PASTOR e RUI GODINHO

ARTIGO 19º
Requisitos especiais

1 – As instituições particulares sem fins lucrativos que, desenvolvendo atividade no âmbito do acolhimento de crianças, pretendam intervir no processo de adoção, devem assegurar a disponibilização de equipas distintas, não podendo os técnicos afetos à equipa de acolhimento integrar simultaneamente a equipa afeta às atividades de adoção.

2 – A autonomia das equipas técnicas pressupõe, além do mais, o não desenvolvimento de atividade de acolhimento e de atividades no âmbito da adoção, no mesmo espaço físico.

ANOTAÇÃO

1. O nº 1 corresponde a uma cautela suplementar garantindo que nas situações já condicionadas em que uma instituição particular sem fins lucra-

tivos pode intervir no âmbito da adoção, dispondo de uma estrutura de acolhimento de crianças (desde que esta não seja a sua atividade única) deverá haver separação total entre a equipa técnica afeta à estrutura de acolhimento e a equipa técnica que irá intervir em qualquer das áreas, tendo presente que a autorização não poderá ser atribuída em simultâneo para as duas principais áreas de intervenção na adoção: o estudo, caracterização e encaminhamento de crianças com medida de adotabilidade e a preparação, avaliação e seleção de candidatos à adoção.

As questões éticas e de transparência e objetividade nas decisões a tomar justificam estas restrições.

2. Por seu turno, as mesmas questões éticas e de transparência levam à segregação também dos espaços físicos para o desenvolvimento destas duas atividades particularmente sensíveis.

Esta anotação foi redigida seguindo a grafia resultante do Acordo Ortográfico de 1990

ISABEL PASTOR e RUI GODINHO

SUBSECÇÃO II
Autorização e decisão

ARTIGO 20º
Pedido de autorização

1 – As instituições particulares sem fins lucrativos que pretendam intervir em matéria de adoção, nos termos previstos no RJPA, devem dirigir a sua pretensão aos membros do Governo responsáveis pelas áreas da justiça, da solidariedade e da segurança social, através de requerimento a apresentar junto do organismo de segurança social da área onde pretendam exercer a sua atividade.

2 – O requerimento é acompanhado de cópia dos estatutos e de todos os documentos que se afigurem necessários à avaliação do pedido de autorização, com vista à verificação dos requisitos previstos nos artigos 18º e 19º.

ANOTAÇÃO

1. Reproduz-se na íntegra o regime estabelecido no Decreto-Regulamentar nº 17/98, atribuindo-se a decisão de autorização a membros do

Governo e a instrução do processo (como se comprova no artigo seguinte) ao organismo de segurança social territorialmente competente na área em que a instituição particular se propõe intervir, mencionada no requerimento a apresentar junto do mesmo organismo de segurança social.

Para este efeito, devem considerar-se não só os centros distritais do Instituto da Segurança Social, mas todos os que no artigo 7º são considerados organismos de segurança social para efeitos do RJPA, isto é para além dos centros distritais do ISS. I.P., a SCML na região de Lisboa e o ISSA.IPRA e o ISS.IPRAM.

2. O requerimento deve mencionar a área ou áreas de intervenção para as quais é solicitada autorização e ser acompanhada de cópia dos estatutos da instituição e dos seguintes documentos: certificados de registo criminal dos dirigentes e administradores, composição da equipa técnica pluridisciplinar e respetivos *curricula*, indicação dos locais afetos ao desenvolvimento da atividade, orçamento previsional e, se for caso disso, informação das quantias a cobrar pelos serviços prestados. Tratam-se de elementos considerados necessários à comprovação, quer dos requisitos gerais enunciados no artigo 18º, quer dos requisitos especiais a que se refere o artigo 19º (Cf. Linhas Orientadoras para a Apreciação de candidaturas de instituições particulares sem fins lucrativos para intervir no processo de adoção, aprovadas na reunião do CNA e publicadas em anexo ao Relatório Anual de Atividades do CNA-2016).

Esta anotação foi redigida seguindo a grafia resultante do Acordo Ortográfico de 1990

ISABEL PASTOR e RUI GODINHO

ARTIGO 21º
Instrução e decisão

1 – O organismo de segurança social que receber o pedido de autorização deve instruir o processo e verificar o preenchimento dos requisitos, no prazo máximo de 15 dias, procedendo para o efeito à realização das diligências que entender necessárias.

2 – Finda a instrução, o organismo de segurança social elabora informação da qual devem obrigatoriamente constar os elementos habilitantes à ponderação sobre a oportunidade do deferimento da pretensão, designadamente a existência de outras instituições particulares

já autorizadas e o número de candidatos a adotantes e de crianças em situação de adotabilidade, na área territorial a que se reporta o pedido de autorização.

3 – O processo é remetido ao Conselho para emissão de parecer, nos termos do nº 3 do artigo 17º, a proferir no prazo máximo de 30 dias.

4 – Emitido parecer, o Conselho remete o processo para decisão ao membro do Governo responsável pelas áreas da solidariedade e da segurança social, para proposta de decisão conjunta.

5 – A decisão relativa à pretensão é sempre notificada à instituição requerente.

ANOTAÇÃO

1. A instrução do processo, atribuída ao organismo de segurança social, traduz-se na verificação dos requisitos enunciados nos artigos 18º e 19º mediante a análise da documentação apresentada, ou convidando a instituição candidata a apresentar mais documentação ou esclarecendo questões que subsistam da análise da documentação.

Num segundo momento, o organismo de segurança social que recebeu a pretensão elabora informação das diligências efetuadas em que deverá concluir pela legitimidade formal da instituição particular para intervir na adoção, considerando estarem reunidos os requisitos gerais e especiais para tal. Porém, sendo esta intervenção de natureza excecional, salvo no que respeita ao acompanhamento pós-adoção, será o mesmo organismo de segurança social a dispor de informação e conhecimento de outros aspetos que merecem ponderação para efeitos de decisão de autorização e, por isso, a sua informação deverá mencionar: (1) o número de candidatos a adotantes na área territorial a que se reporta o pedido de autorização no caso de instituições que se proponham intervir nas áreas a que se referem as alíneas b), c) e d) do artigo 8º do RJPA, (2) o número de crianças em situação de adotabilidade nos últimos 5 anos, no caso de a solicitação de autorização se reportar às atividades previstas na alínea a) do artigo 8º; (3) o número de adoções realizadas nos últimos 5 anos, no caso de instituições que se proponham desenvolver atividades em matéria de acompanhamento de pré e pós adoção e, (4) a existência de outras instituições particulares já autorizadas para a mesma área territorial para além da apreciação sobre a adequabilidade dos locais destinados ao exercício da atividade bem como a informação sobre a sustentabilidade financeira da instituição e a razoabilidade dos custos e honorários propostos para o desenvolvimento da atividade.

2. Terminada a instrução o processo é remetido ao CNA a quem compete, nos termos do artigo 12º nº 3 alíneas b) e c), emitir parecer prévio para efeitos de concessão de autorização às instituições particulares. para intervenção em matéria de adoção e acompanhar a atividade desenvolvida pelas instituições particulares autorizadas. O parecer do CNA deve ser proferido no prazo de 30 dias.

3. O parecer do CNA, no caso de ser favorável, é remetido, acompanhado de todo o processo e da proposta de portaria conjunta, ao membro do Governo responsável pelas áreas da Solidariedade e Segurança Social para efeitos de tomada de decisão através da aprovação de uma portaria conjunta com o Ministro da Justiça. Embora da redação deste nº 4 do artigo 21º pareça resultar que o procedimento será sempre o de remessa do processo em qualquer caso para o membro do Governo para tomada de decisão, o caráter vinculativo atribuído ao parecer do CNA faz com que este procedimento só seja relevante caso o parecer seja favorável, pois a ausência de parecer favorável corresponde a uma decisão de indeferimento da pretensão, dado que a decisão de autorização depende sempre de parecer favorável do CNA.

4. Do anteriormente observado resulta que a obrigação de notificação da decisão à instituição requerente recai sobre o CNA, não sendo efetivamente o CNA o órgão decisor, mas o autor do parecer que condiciona a decisão. No caso de parecer desfavorável, deve o CNA informar a instituição requerente desse mesmo parecer desfavorável dando conta que tal inviabiliza a autorização por parte da entidade competente. Em caso de parecer favorável, informa a instituição requerente de que o processo foi remetido para o membro do Governo competente para aprovação da Portaria conjunta que consubstancia a autorização.

5. Bibliografia: Linhas Orientadoras para a Apreciação de candidaturas de instituições particulares sem fins lucrativos para intervir no processo de adoção, Relatório Anual de Atividades do CNA, 2016, publicados nos sítios oficiais dos OSS – https://www.scml.pt/acao-social/adocao-apadrinhamento-civil-e-acolhimento-familiar/adocao/.

Esta anotação foi redigida seguindo a grafia resultante do Acordo Ortográfico de 1990

ISABEL PASTOR e RUI GODINHO

SUBSECÇÃO III
Articulação, acompanhamento e fiscalização

ARTIGO 22º
Articulação com os organismos da segurança social

1 – As instituições particulares autorizadas nos termos do RJPA desenvolvem a sua atividade em estreita articulação com o organismo de segurança social territorialmente competente, a quem incumbe a respetiva supervisão.

2 – Para efeitos do disposto no número anterior, as instituições particulares autorizadas têm o dever de prestar a colaboração que lhes seja solicitada, disponibilizando a informação e demais elementos relevantes, nos prazos que lhes forem assinalados.

ANOTAÇÃO

1. Os organismos de segurança social asseguram o acompanhamento e supervisão do desenvolvimento das atividades por parte das instituições particulares autorizadas com quem partilham total ou parcialmente o território de intervenção. Este acompanhamento e supervisão está intimamente relacionado com o estabelecido no artigo 14º relativamente à padronização dos critérios e procedimentos para a preparação, avaliação e seleção de candidatos a adotantes e as diligências para a concretização do projeto adotivo, os quais deverão ser uniformemente aplicados por todos os intervenientes nos respetivos processos aí se incluindo as instituições particulares autorizadas.

Também através dos organismos de segurança social funcionando em colégio através do CNA se verifica a supervisão e acompanhamento da atividade de tais instituições particulares autorizadas como resulta do artigo 12º nº 3 alíneas c) e d) no que respeita à sua atribuição de acompanhamento da atividade exercida pelas instituições particulares autorizadas e à emissão de recomendações também para as instituições que intervêm em matéria de adoção.

2. Há, portanto, um sistema de supervisão e acompanhamento direto, através do organismo de segurança social territorialmente competente e, relativamente ao qual, a instituição particular autorizada deverá responder colaborativamente prestando todas as informações necessárias e um sistema

de supervisão e acompanhamento indireto por parte do CNA como acima foi referido.

Esta anotação foi redigida seguindo a grafia resultante do Acordo Ortográfico de 1990

ISABEL PASTOR e RUI GODINHO

ARTIGO 23º
Relatório de atividades

1 – As instituições particulares autorizadas devem enviar ao organismo de segurança social da respetiva área de intervenção, até ao fim do primeiro trimestre de cada ano, relatório de atividades do ano anterior, do qual constem, obrigatória e discriminadamente, as ações desenvolvidas em matéria de adoção, incluindo as de formação asseguradas às equipas técnicas, bem como as receitas e despesas associadas.

2 – O organismo de segurança social, no prazo de 15 dias, envia ao Conselho o relatório de atividades, acompanhado de parecer, para os efeitos previstos na alínea *c)* do nº 3 do artigo 12º.

ANOTAÇÃO

1. A obrigatoriedade de elaborar e remeter ao OSS territorialmente competente o relatório anual das atividades desenvolvidas bem como das ações de formação asseguradas a respetiva equipa técnica constava já do regime anterior correspondendo ao artigo 16º do Decreto regulamentar 17/98 de 14 de agosto.

2. Diferentemente do regime anterior, este relatório é agora enviado pelo Organismo de Segurança Social, acompanhado do respetivo parecer, ao CNA a quem compete, como já vimos, no âmbito da sua atividade fiscalizadora o acompanhamento das instituições particulares autorizadas. A supervisão por parte do CNA das atividades desenvolvidas pelas instituições particulares autorizadas acrescenta, pela natureza colegial do órgão supervisor, o distanciamento, rigor e objetividade necessários.

Esta anotação foi redigida seguindo a grafia resultante do Acordo Ortográfico de 1990

ISABEL PASTOR E RUI GODINHO

ARTIGO 24º
Fiscalização

1 – A Inspeção-Geral do Ministério da Solidariedade, Emprego e Segurança Social, adiante designada por Inspeção-Geral, fiscaliza, através de auditoria e inspeção, a atividade das instituições particulares autorizadas a intervir em matéria de adoção.

2 – Nas ações de fiscalização, a Inspeção-Geral é, sempre que necessário, apoiada por consultores designados de entre técnicos que exerçam a supervisão da atividade das instituições.

ANOTAÇÃO

1. Conexões normativas externas – arts. 2º Decreto Regulamentar nº 22/2012 de 8 de fevereiro – aprova a orgânica da Inspecção-Geral do Ministério da Solidariedade e da Segurança Social.

2. Disposição que corresponde na íntegra ao regime anterior, nomeadamente ao artigo 18º do decreto regulamentar nº 17/98 de 14 de agosto e na linha de coerência com as funções atribuídas à Inspeção Geral do Ministério do Trabalho, Solidariedade e Segurança Social no artigo 2º da Orgânica daquela Inspeção aprovada pelo Decreto Regulamentar nº 22/2012, de 08 de fevereiro, o qual determina que a Inspeção Geral tem por missão: "apreciar a legalidade e regularidade dos actos praticados pelos serviços e organismos do MSSS ou sujeitos à tutela do ministro, bem como avaliar a sua gestão e os seus resultados, através do controlo de auditoria técnica, de desempenho e financeira" e no nº 2 alíneas a) "a) Apreciar a conformidade legal e regulamentar dos actos dos serviços e organismos do MSSS ou sujeitos à tutela do respectivo ministro e avaliar o seu desempenho e gestão através da realização de acções de inspecção e de auditoria"; e "c) Avaliar a qualidade dos serviços prestados ao cidadão;".

3. Porém, dada a especificidade das atividades que podem ser desenvolvidas por estas instituições particulares autorizadas e as funções de supervisão que competem aos organismos de segurança social que intervêm em matéria de adoção e ao Conselho Nacional para Adoção, reconhece-se a necessidade de apoiar tecnicamente os inspetores recaindo as funções de apoio técnico sobre os técnicos dos organismos de segurança social ou seus representantes no CNA já que todos, individualmente ou colegialmente através

da participação no CNA asseguram a supervisão da atividade das instituições particulares autorizadas.

Esta anotação foi redigida seguindo a grafia resultante do Acordo Ortográfico de 1990

ISABEL PASTOR e RUI GODINHO

SUBSECÇÃO IV
Revogação da autorização

ARTIGO 25º
Revogação

1 – A autorização concedida nos termos do RJPA pode ser revogada por portaria dos membros do Governo responsáveis pelas áreas da justiça, da solidariedade e da segurança social, mediante proposta devidamente fundamentada da Inspeção-Geral ou do Conselho.

2 – Constituem fundamentos para a revogação a assunção de procedimentos e práticas que contrariem os fins visados pela adoção e, bem assim, a falta de observância dos critérios de padronização a que alude o artigo 14º.

3 – Constituem, ainda, fundamento para a revogação:

***a)* A não observância dos requisitos previstos nos artigos 18º e 19º;**

***b)* O não exercício da atividade objeto da autorização por um período de um ano.**

4 – A apresentação de proposta de revogação, nos termos do nº 1, acarreta a imediata suspensão da autorização para o exercício da atividade, até à prolação da decisão final.

5 – A decisão final deve ser proferida no prazo máximo de 60 dias.

ANOTAÇÃO

1. A autorização concedida através de Portaria conjunta dos Ministros da Justiça e do Trabalho, Solidariedade e Segurança Social não é perpétua. Como qualquer ato de licenciamento ou autorização está sujeita a extinção por revogação ou caducidade.

Nestes termos, esta disposição ficaria bem melhor se tivesse como epígrafe "Cessação da autorização" abrangendo as duas modalidades de cessação, revogação e caducidade, com clarificação do procedimento formal para operacionalização da caducidade.

Para este efeito, torna-se necessário conjugar esta disposição relativa à revogação da autorização com o estabelecido no artigo 17º nº 2 em que se determina o conteúdo da Portaria conjunta que consubstancia a autorização, da qual devem constar, pensamos que obrigatoriamente, a definição das áreas de intervenção autorizada, a competência territorial, a data do início da atividade e o prazo de vigência da autorização.

No que à revogação diz respeito, determina-se a sua operacionalização através da aprovação e publicação de uma Portaria conjunta, nos mesmos moldes para a atribuição de autorização, atribuindo-se a iniciativa às duas entidades que nos termos do RJPA assumem a função fiscalizadora e supervisora da atividade desenvolvida pela instituição autorizada, a Inspeção Geral do Ministério do Trabalho, Solidariedade e Segurança Social e o Conselho Nacional para a Adoção.

Já quanto à caducidade esta opera *ipso facto*, salientando que, em qualquer caso, deverá ser dado conhecimento à instituição da cessação da autorização por efeito da caducidade, atentas as consequências resultantes da continuação do exercício da atividade após a caducidade ou revogação da respetiva autorização (Cf. artigo 17º nº 4).

Omissa é ainda a questão da possibilidade e procedimentos para a renovação da autorização, presumindo-se, porém, que serão aplicáveis os mesmos preceitos relativos ao pedido e respetiva instrução (artigos 20º e 21º).

2. Quanto aos fundamentos para a revogação estes resultam em síntese de (i) uma atuação ilícita no desenvolvimento de tal atividade, como será a utilização da autorização de intervenção para o desenvolvimento de fins contrários aos fins visados pela adoção, atuação a que poderá corresponder, para além da cessação do licenciamento para a atividade, uma eventual responsabilidade criminal, disciplinar ou civil dos responsáveis por tais atividades, cabendo ao órgão fiscalizador e proponente da revogação a participação às entidades competentes no caso de suspeita de atividade ilícita e/ou (ii) da não observância sistemática dos critérios padronizados que o artigo 14º refere serem de aplicação obrigatória e uniforme por todos as entidades que intervêm no processo de adoção, ai se incluindo as instituições particulares autorizadas. Assim, se uma instituição particular, autorizada para desenvolver a sua atividade na vertente das alíneas a) e) e f) do artigo 8º se abstiver de realizar os procedimentos previstos no Regulamento do Processo de Adoção – Critérios, Procedimentos e Programas de Intervenção Técnica, para a pesquisa de candidatos ou não aplicar os critérios de encaminhamento

nele previstos e promover a confiança da criança, fica sujeita à revogação da autorização e eventualmente, após investigação, sujeita a responsabilidade criminal se os contornos de uma tal entrega ou confiança puderem configurar um crime de tráfico de pessoas.

São assim fundamentos gerais para a revogação da autorização a atuação ilegítima da instituição por contrariar os fins da adoção de crianças (em que sobressai o da prossecução do superior interesse da criança e todos os princípios orientadores da intervenção contidos no artigo 3º) e a não observância dos procedimentos e critérios de aplicação uniforme por todos os intervenientes no processo de adoção.

São ainda fundamentos para a revogação da autorização a alteração superveniente dos estatutos, da natureza da instituição ou da sua direção e administração em termos de já não corresponder aos requisitos gerais e específicos previstos nos artigos 18º e 19º ou, ainda, o não exercício da atividade para a qual foi autorizada no prazo de um ano.

São facilmente compreensíveis estas determinações legais se pensarmos numa condenação, posterior à autorização, de um dos responsáveis da instituição autorizada por prática de crimes incompatíveis com a continuação da atividade ou numa alteração substancial dos seus estatutos em termos de passar a desenvolver apenas atividades no âmbito do acolhimento de crianças a qual nos termos do artigo 18º é impeditiva da obtenção de autorização.

Por outro lado, o não exercício da atividade autorizada pelo período de um ano após a publicação da Portaria de autorização, tendo em consideração que a mesma autorização foi ponderada tendo em consideração a existência de outras instituições particulares autorizadas a desenvolver a atividade na área de intervenção territorial solicitada, justifica-se para permitir a viabilização de outras autorizações a outras instituições perante a inatividade da instituição já autorizada. Pensamos, porém, que o formalismo da Portaria de revogação nesta situação específica é excessivo, bastando a comunicação da cessação da autorização por caducidade da mesma pelo não exercício da atividade durante um ano. A assimilação desta situação a uma caducidade da autorização, permitindo a sua operacionalização *ipso facto*, teria sido mais correta.

3. Proposta a revogação pelas entidades competentes para tal (Inspeção-Geral ou o Conselho Nacional para a Adoção) determina-se que a decisão ou a publicação da Portaria conjunta de revogação deve ocorrer num prazo máximo de 60 dias, sendo que a autorização ficará imediatamente suspensa a partir do momento da apresentação da proposta de revogação.

Compreendendo a razão de uma tal suspensão, questiona-se, porém, se esta deverá operar automaticamente com a apresentação da proposta de revogação, como nos parece resultar da redação deste preceito, ou se uma tal suspensão deverá ainda constar da apresentação da proposta por parte da entidade proponente. Com efeito, situações haverá em que proposta a cessação por revogação da autorização não se justifique a imediata suspensão da atividade até à prolação de decisão por não se configurar uma situação de grave perigo para a criança ou outros envolvidos e, por outro lado, permitir a conclusão de algum ato cujo adiamento acarrete grave prejuízo para a criança ou os seus pais por adoção, como a conclusão de um relatório de adoção ou outra diligência. Deixar ao critério do proponente da revogação da autorização a ponderação da imediata suspensão da atividade, designadamente por se temer a continuação de atividades ilegítimas que estão na base da proposta de revogação, parece-nos que teria sido mais avisado.

Esta anotação foi redigida seguindo a grafia resultante do Acordo Ortográfico de 1990

ISABEL PASTOR e RUI GODINHO

SECÇÃO III
Intervenção do Ministério Público

ARTIGO 26º
Natureza

O Ministério Público intervém no processo de adoção defendendo os direitos e promovendo o superior interesse da criança.

ANOTAÇÃO

1. Conexões normativas externas: Lei 68/2019, de 27/08 (EMP), arts. 1º, 4º, nºs 1 *alínea i)* e 3 e 9º *alínea d)*; CRP, art. 219º.

2. O artigo aqui em análise inicia a secção do RJPA dedicada à intervenção do Ministério Público no processo de adoção, o que acontece sempre em defesa dos direitos da criança e na promoção do seu melhor interesse.

De notar que, logo no nº 2, alínea *c)* do art. 1º, se consigna o Ministério Público como uma das entidades competentes em matéria de adoção, com intervenção nos processos desta natureza.

3. A estrutura, funções e regime de intervenção do Ministério Público encontram-se, atualmente, plasmadas na Lei nº 68/2019, de 27 de agosto, que aprovou o seu Estatuto (EMP).

No nº 1 alínea *i)* do art. 4º, da mencionada lei, define-se como uma das atribuições do Ministério Público, "*Assumir, nos termos da lei, a defesa e a promoção dos direitos e interesses das crianças, jovens, idosos, adultos com capacidade diminuída, bem como de outras pessoas especialmente vulneráveis*", estabelecendo o nº 3 do mesmo preceito que, para cumprimento desta sua competência, "*deve o Ministério Público ser notificado das decisões finais proferidas por todos os tribunais*".

Estabelece ainda o seu art. 9º alínea *d)* que, sempre que em causa está a defesa e a promoção dos direitos e interesse da criança, o Ministério Público tem intervenção principal nos processos.

Tal como decorre do nº 1 do art. 219º da nossa Lei Fundamental, princípio constitucional concretizado no art. 1º do EMP, para além de outras, constitui atribuição do Ministério Público "*a defesa dos interesses que a lei determinar*". Certo é, porém, que apenas no atual estatuto se faz alusão expressa à defesa dos direitos e interesses da criança, o que no diploma anterior apenas encontrava acolhimento numa alínea que genericamente se referia ao exercício de funções que lhe eram conferidas por lei, de modo a abranger todas as situações que, embora com previsão legal, não se encontravam enunciadas explicitamente no artigo (art. 3º nº 1 alínea *p)* da Lei nº 47/86, de 15 de outubro).

A expressa menção assumida agora no novo estatuto apresentava-se como um imperativo, atenta a importância e relevância da intervenção que ocorre em sede de representação e defesa dos interesses das crianças.

O artigo aqui em anotação é, pois, uma decorrência do princípio constitucional e dos preceitos do EMP a que aludimos, encontrando-se a sua concretização corporizada no artigo seguinte, no qual se particulariza a atuação do Ministério Público nas várias fases do processo de adoção.

4. Para além das específicas competências enunciadas no art. 27º, para cujas anotações se remete, cabe ao Ministério Público, no processo judicial de adoção, uma ampla intervenção em todos os seus termos, o que provem da sua posição de interveniente principal na ação, à luz da qual pode e deve requer e propor tudo o que se mostrar necessário para a defesa dos interesses das crianças envolvidas.

Esta anotação foi redigida seguindo a grafia resultante do Acordo Ortográfico de 1990

ANA TERESA LEAL

ARTIGO 27º
Competências

Compete, em especial, ao Ministério Público:

a) Pronunciar-se sobre os recursos interpostos pelos candidatos à adoção das decisões de rejeição de candidaturas;

b) Pronunciar-se sobre a conformidade da confiança administrativa com o interesse da criança, na pendência de processo de promoção e proteção ou tutelar cível;

c) Receber as comunicações dos organismos de segurança social das decisões relativas a confiança administrativa;

d) Promover as iniciativas processuais cíveis ou de proteção na sequência de comunicação do organismo de segurança social, nos casos de não atribuição de confiança administrativa;

e) Requerer a prestação de consentimento prévio para a adoção;

f) Requerer a curadoria provisória, no caso de os adotantes o não terem feito, no prazo de 30 dias após a decisão de confiança administrativa;

g) Emitir parecer na fase final do processo de adoção;

h) Representar a criança no incidente de revisão da adoção;

i) Pronunciar-se sobre pedidos de consulta que hajam sido formulados nos termos do nº 3 do artigo 4º, ou requerer ao tribunal a respetiva autorização;

j) Requerer a averiguação dos pressupostos da dispensa do consentimento dos pais do adotando ou das pessoas que o devam prestar em sua substituição, nos termos do artigo 1981º do Código Civil, bem como pronunciar-se sobre o requerimento nesse sentido apresentado pelo adotante;

k) Informar o adotado, a requerimento deste, do direito de acesso ao conhecimento das suas origens e respetivo exercício, prestando-lhe os esclarecimentos relevantes e o apoio técnico necessário, bem como, sendo caso disso, solicitando a quaisquer entidades informações e antecedentes sobre o adotado, os seus progenitores, tutores ou detentores da guarda de facto, desencadeando os procedimentos no sentido da sua obtenção;

l) Requerer ao tribunal ou pronunciar-se, caso não seja o requerente, sobre a concessão de autorização para acesso a elementos da história pessoal do adotado;

m) **Requerer ao tribunal a cessação dos contactos pessoais entre o adotado e elementos da família biológica autorizados na sentença de adoção, ao abrigo do nº 3 do artigo 1986º do Código Civil.**

ANOTAÇÃO

1. Conexões normativas externas: CC, arts. 1981º, 1982º, 1886º. 1990º e 1990º-A; CPC, art. 696º.

2. Define o presente dispositivo as particulares competência do Ministério Público no âmbito do processo de adoção.

Este processo comporta três estádios, definidos nas alíneas do art. 40º e aí designadas como fase preparatória (arts. 41º a 47º), fase de ajustamento (arts. 48º a 51º) e fase final (arts. 52º a 59º), comportando as duas primeiras, na sua essencialidade, procedimentos de natureza administrativa e a última procedimentos de natureza jurisdicional.

3. A intervenção do Ministério Público tem lugar em qualquer uma destas fases e encontra-se especificada nas diversas alíneas neste dispositivo, que passamos a analisar individualmente:

*

Alínea *a)* " *Pronunciar-se sobre os recursos interpostos pelos candidatos à adoção das decisões de rejeição de candidaturas*"

A materialização desta intervenção encontra-se no nº 4, do art. 46º, onde se dilucida que o parecer do Ministério Público precede sempre a decisão judicial.

Contextualizando a mesma, temos que a fase preparatória, no que a quem pretende adotar respeita, tal como regulado no art. 43º, inicia-se com o procedimento de candidatura junto de uma das equipas de adoção do organismo da segurança social ou instituição particular autorizada. Se essa candidatura não for liminarmente rejeitada, segue-se-lhe um conjunto de procedimentos de "*preparação, avaliação e seleção*", que culminam numa decisão fundamentada a aceitar ou a rejeitar a candidatura apresentada.

Estamos aqui perante um procedimento administrativo destinado a avaliar se determinada pessoa dispõe ou não condições para adotar uma criança.

Por força do estatuído no nº 1, do art. 46º, a decisão de rejeição da candidatura admite recurso para o tribunal com competência em matéria de família e crianças e que se situe na área da sede do organismo da segurança social ou da instituição particular autorizada que a proferiu.

A este propósito questiona-se se a decisão de indeferimento liminar da candidatura admite ou não recurso. Tem sido entendido que, por aplicação analógica do preceito em exame, tal recurso é também de admitir, opinião que igualmente partilhamos.

A entidade que proferiu a decisão recorrida pode reparar a mesma e se o não fizer remete o processo ao tribunal. O juiz pode ordenar as diligências que tiver por convenientes para a sua decisão mas antes de a proferir tem, necessariamente, que dar vista no processo ao Ministério Público para que este se pronuncie, nos exatos termos do nº 4 do art. 46º.

A decisão proferida pelo tribunal é definitiva, não admitindo recurso para o Tribunal da Relação, tal como dispõe o nº 5 do art. 46º.

Proferido que seja o parecer do Ministério Público, deve o mesmo ser notificado aos recorrentes para que, querendo, sobre ele se possam pronunciar.

A propósito desta última circunstância, na vigência da anterior norma, que tinha uma redação em tudo semelhante ao atual nº 5, do art. 46º, pronunciou-se o Tribunal Constitucional (Acórdão nº 582/2000, publicado no DR nº 37/2001, Série II de 2001-02-13), no sentido de "*Julgar inconstitucional, por violação do direito a um processo equitativo, consagrado no artigo 20º, nº 4, da Constituição, a norma constante do nº 3 do artigo 8º do Decreto-Lei nº 185/93, de 22 de Maio, quando interpretada no sentido de que, no recurso judicial da decisão do organismo de segurança social que rejeite a candidatura a adoptante, não é necessária a notificação ao recorrente do parecer que o Ministério Público emita, sendo esse parecer desfavorável ao recorrente e versando sobre matéria relativamente à qual o recorrente ainda não tenha tido oportunidade de se pronunciar*".

*

Alínea *b*) "*Pronunciar-se sobre a conformidade da confiança administrativa com o interesse da criança, na pendência de processo de promoção e proteção ou tutelar cível*".

A corporificação desta intervenção encontra-se no nº 6, do art. 36º onde se consagra a necessidade de o tribunal, ouvido que seja o Ministério Público, pronunciar-se sobre se a confiança administrativa de uma criança corresponde, no caso concreto, ao seu superior interesse.

Este segmento do preceito tem uma redação muito semelhante à do nº 4, do revogado art. 8º do DL 185/93, de 22 de maio, na redação da Lei 31/2003, de 22 de agosto.

A confiança administrativa, tal como dispõe o nº 2 do art. 34º, só é agora possível em duas circunstâncias (i) quando tenha havido consentimento prévio para a adoção (ii) ou quando seja confirmada a permanência da criança a cargo do candidato à adoção, desde que o mesmo sobre ela exerça já as responsabilidades parentais. Nesta última situação, os pressupostos da decisão de confiança administrativa encontram-se enunciados no nº 8, do art. 36º.

Os nºs 1 a 7 deste último normativo estabelecem os diversos procedimentos para a atribuição da confiança administrativa e concretamente os seus nºs 6 e 7 preveem a situação em que a criança, cuja adoção está em apreciação, tenha a correr termos outros processos de promoção e proteção ou tutelar cível.

Perante um quadro em que a mesma criança tem pendentes outros processos, pretendeu o legislador assegurar que a decisão do organismo da segurança social ao decretar a confiança administrativa não é contraproducente ou desfavorável aos interesses da mesma, ponderados que sejam os fatores em causa nos outros processos a correr termos.

Por tal razão, sempre que ocorra esta situação, o organismo da segurança social, por requerimento dirigido ao tribunal, suscita uma decisão sobre a conformidade da confiança administrativa com os interesse da criança, a proferir nos termos do art. 29º alínea *c)*.

Prévia a esta decisão tem sempre lugar a audição do Ministério Público, consagrada nesta alínea, que emite o seu parecer sobre se a decisão de confiança administrativa salvaguarda ou não o interesse daquela criança.

*

Alínea *c)* *"Receber as comunicações dos organismos da segurança social das decisões relativas a confiança administrativa".*

A concretização desta comunicação encontra-se plasmada na alínea *d)* do nº 1, do art. 37º e é dirigida ao Ministério Público junto do tribunal competente territorialmente segundo as regras estabelecidas no art. 30º.

Esta comunicação não deve ser encarada como uma mera formalidade, cabendo ao magistrado a quem ela é dirigida tomar o devido conhecimento sobre o seu conteúdo e respetivos fundamentos, diligenciando de seguida pelo que se mostrar necessário relativamente à mesma, motivo pelo qual a comunicação em causa deve dar lugar à abertura de um dossiê administrativo de acompanhamento.

O Ministério Público não tem por função supervisionar ou fiscalizar a atuação do organismo da segurança social mas, na defesa do interesse da criança, deve sempre tomar as iniciativas que considere ajustadas em face da decisão de que lhe é dado conhecimento, de modo a que as etapas ulteriores do processo decorram por forma a atingir-se o objetivo final que é o decretamento da adoção. A instauração deste dossiê vai possibilitar ao Ministério Público acompanhar as etapas subsequentes do processo, assegurando-se, designadamente, do cumprimento do diversos prazos previstos na lei, como seja o estabelecido para ser requerida a atribuição da curadoria provisória – substituindo-se ao adotante no caso de este o não fazer no prazo de 30 dias, tal como dispõe o art. 51º nº 3 –, o do período de pré-adoção, o da elaboração do respetivo relatório e o da instauração do competente processo judicial.

*

Alínea *d) "Promover as iniciativas processuais cíveis ou de proteção na sequência de comunicação do organismo de segurança social, nos casos de não atribuição de confiança administrativa".*

A substancialização desta competência do Ministério Público encontra-se vertida no nº 5 do art. 36º.

Em face do estabelecido no nº 2 do art. 34º e como já foi referido anteriormente, a confiança administrativa só é possível nos casos em que tenha ocorrido um consentimento prévio para a adoção ou a criança esteja já a cargo do candidato à adoção e este exerça as responsabilidades parentais. Ora, nestas situações, a não atribuição da confiança administrativa pode implicar a necessidade de instauração de providência tutelar cível ou processo de promoção e proteção, de modo a salvaguardar o bem estar da criança em causa, tudo dependendo das razões que estiveram subjacentes à recusa da sua confiança administrativa à pessoa a cargo de quem se encontra.

Cabe, pois, ao Ministério Público avaliar as circunstâncias concretas em que a criança se encontra e promover as ações necessárias à proteção dos seus interesses.

*

Alínea *e) "Requerer a prestação de consentimento prévio para a adoção".*

A iniciativa processual do Ministério Público para requerer o consentimento prévio para a adoção encontra-se plasmada no nº 1 do art. 35º, preceito que, a par do art. 1982º do CC, regula os termos e a forma de ser prestado tal consentimento.

Esta iniciativa do Ministério Público deve ter lugar logo após chegar ao seu conhecimento que um progenitor manifestou a vontade de que o seu filho seja encaminhado para a adoção, desde que se mostre decorrido o período de seis semanas previsto no nº 3 do mencionado art. 1982º do CC, quando se trate da mãe, ou no imediato nos casos restantes. Por força do estabelecido no nº 3 do art. 30º, o requerimento pode dar entrada em qualquer tribunal do país, seja no juízo de família e menores, no juízo de competência genérica ou no juízo local cível.

*

Alínea *f) "Requerer a curadoria provisória, no caso de os adotantes não o terem feito, no prazo de 30 dias após a decisão de confiança administrativa".*

Como a propósito da alínea *c)* referimos, o dossiê administrativo de acompanhamento aberto após a comunicação da decisão de confiança administrativa tem como um dos seus objetivos garantir que à criança seja nomeado como curador provisório a pessoa a quem foi entregue na sequência da decisão de confiança administrativa, devendo o Ministério Público elaborar requerimento nesse sentido sempre que o adotante não o faça no prazo de 30 dias, tal como decorre do estabelecido nos nºs 2 e 3 do art. 51º.

*

Alínea *g) "Emitir parecer na fase final do processo de adoção".*

Esta competência especial do Ministério Público encontra a sua materialização no nº 1 do art. 56º.

Como vimos, a propósito do art. 26º, o Ministério Público tem intervenção principal nos processos de adoção e, nesta medida, é notificado de todos os atos e decisões – deste modo acompanhando todos os termos do processo –, está presente em todas as diligências e pode requerer tudo o que se afigure como necessário ao bom andamento do processo e à defesa dos interesses da criança.

É neste quadro que a presente alínea deve ser compreendida. Previamente à prolação da sentença, ao Ministério Publico cabe pronunciar-se, expressando, em forma de parecer, o seu entendimento, devidamente fundamentado de facto e de direito, sobre qual deva ser a decisão final a proferir.

*

Alínea *h) "Representar a criança no incidente de revisão da adoção".*

A concretização desta alínea mostra-se expressa nos nºs 1 e 2 do art. 57º, intervindo o Ministério Público no incidente em representação da criança, no âmbito do qual é citado para contestar o pedido.

Este incidente encontra a sua previsão no art. 1990º do CC, sendo que a sentença de adoção é ainda suscetível de ser colocada em causa através do recurso extraordinário de revisão, previsto nos arts. 696º e ss. do CPC, tal como expressamente resulta no nº 1 do mencionado art. 1990º.

De notar que, no que ao recurso de revisão diz respeito, não se encontra prevista qualquer cláusula de salvaguarda dos interesses do adotado, à semelhança do que acontece no incidente de revisão, conforme o disposto no nº 3 do mencionado art. 1990º, o que suscita uma enorme perplexidade dadas consequências devastadoras que podem advir para a criança.

*

Alínea *i) "Pronunciar-se sobre os pedidos de consulta que hajam sido formulados nos termos do nº 3 do art. 4º, ou requerer ao tribunal a respetiva autorização".*

Por força do disposto no art. 4º, o processo de adoção reveste caráter secreto, mas o preceito consagra algumas exceções, sendo possível a sua consulta por parte de quem revele legítimo interesse na mesma, desde que os motivos subjacente ao pedido se revelem "*ponderosos*".

O Ministério Público, em representação daqueles a quem a mesma é devida por força do seu estatuto e da lei, pode ser requerente da consulta em causa.

Quando o Ministério Público não for o requerente, a decisão sobre o respetivo pedido é antecedida de parecer do Ministério Público, no qual, de modo fundamentado, se pronuncia pelo deferimento ou não do requerido.

*

Alínea *j) "Requerer a averiguação dos pressupostos da dispensa do consentimento dos pais do adotando ou das pessoas que o devam prestar em sua substituição, nos termos do artigo 1981º do Código Civil, bem como pronunciar-se sobre o requerimento nesse sentido apresentado pelo adotante".*

A corporificação desta alínea encontra-se no art. 55º.

Os consentimentos necessários para que possa ser decretada a adoção, salvo se tiver sido aplicada à criança a medida de promoção e proteção de confiança com vista à futura adoção, acham-se enunciados no nºs 1 e 2 do art. 1981º do CC, sendo que, porém, tais consentimentos podem ser dispensados pelo tribunal nas situações previstas no nº 3 do mesmo preceito.

Esta dispensa de consentimento constitui um incidente que corre termos no próprio processo de adoção, tendo o Ministério Público iniciativa processual para o suscitar. Na circunstância de este incidente não ter sido desencadeado pelo Ministério Público, cabe-lhe sempre pronunciar-se sobre o mesmo antes da decisão, emitindo, para o efeito, parecer devidamente fundamentado.

*

Alínea *k) "Informar o adotado, a requerimento deste, do direito de acesso ao conhecimento das suas origens e respetivo exercício, prestando-lhe os esclarecimentos relevantes e o apoio técnico necessário, bem como, sendo caso disso, solicitando a quaisquer entidades informações e antecedentes sobre o adotado, os seus progenitores, tutores ou detentores da guarda de facto, desencadeando os procedimentos no sentido da sua obtenção".*

Este item da norma prende-se com o direito do adotado a conhecer as suas origens e quanto à intervenção do Ministério Público encontra a sua concretização no nº 4 do art. 6º.

Por força do disposto no art. 1990º-A do CC, qualquer pessoa que tenha sido adotada tem o direito de saber a sua origem biológica e no art. 6º encontra-se previsto o modo e os termos em como o pode fazer.

Para os maiores de 18 anos, a regra geral é a do acesso ilimitado e incondicional às informações necessárias ao conhecimento das suas origens, que estejam na posse do organismo da segurança social ou de outras entidades públicas ou privadas. Se o adotado tiver menos de 18 mas mais de 16 anos, este acesso encontra-se condicionado pela autorização dos pais adotivos ou do seu representante legal e o apoio técnico apresenta-se como obrigatório.

Por força do disposto no nº 4 do art. 6º, o Ministério Público, sempre que tal lhe seja requerido, tem por dever prestar todas as informações essenciais acerca do direito ao conhecimento das origens bem como o modo de proceder para a sua concretização, tomando as iniciativas necessárias à obtenção dos respetivos elementos junto das entidades que deles disponham e prestando todo o apoio técnico que se mostre necessário.

Diversamente, sempre que o adotado seja menor de 16 anos, o acesso aos elementos que possibilitem o conhecimento das suas origens genéticas é excecional e só se apresenta como possível mediante decisão do tribunal. Esta autorização do tribunal tem sempre que estar alicerçada em razões relevantes, designadamente motivos de saúde.

Neste quadro e tal como resulta da alínea em anotação, relativamente ao adotado que pretenda ter acesso a elementos que lhe permitam conhecer a sua origem biológica e genética, incumbe ao Ministério Público (i) prestar as informações que se mostrem pertinentes (ii) dar o apoio técnico necessário (iii) desencadear diretamente os procedimentos adequados a obter de outras entidades as informações pertinentes a alcançar aquele objetivo.

*

Alínea *l)* "*Requerer ao tribunal ou pronunciar-se, caso não seja o requerente, sobre a concessão de autorização para acesso a elementos da história pessoal do adotado".*

A materialização desta alínea encontra assento nos nºs 6 e 7 do art. 6º.

Na sequência do que se deixou dito a propósito da alínea anterior, o Ministério Público tem iniciativa processual para desencadear o pedido de autorização do acesso aos elementos da história pessoal do adotado menor que não tenha completado 18 anos, mas apenas quando as designadas "*razões ponderosas*" se prendam com motivos de saúde, tal como decorre do nº 7 do art. 6º.

A questão que se coloca é a de saber se o Ministério Público pode formular este pedido mesmo contra a vontade dos pais, o que se nos afigura ter resposta afirmativa já que o mesmo é efetuado na salvaguarda dos interesses das crianças e jovens que lhe cabe defender em termos legais e estatutários.

Por seu turno, os progenitores de adotado menor de 16 anos podem suscitar a intervenção do tribunal no sentido de ser autorizado o acesso aos elementos da história pessoal daquele, com base em "*razões ponderosas*", designadamente por motivos de saúde, sendo aqui o leque de possibilidades mais alargado do que para o Ministério Público.

Quando não seja o Ministério Público a desencadear o respetivo procedimento, cabe-lhe pronunciar-se sobre o pedido, na forma de parecer, tal como previsto no nº 6 do mencionado art. 6º.

*

Alínea *m) "Requerer ao tribunal a cessação dos contactos pessoais entre o adotado e elementos da família biológica autorizados na sentença de adoção, ao abrigo do nº 3 do artigo 1986º do Código Civil."*

A norma contida no nº 3 do art. 1986º veio, com caráter de excecionalidade, possibilitar a manutenção dos contactos com elementos da família biológica, quer por parte do adotado quer da própria família adotiva, exigindo-se, no entanto, o consentimento dos adotantes, sendo na sentença do processo de adoção que o tribunal apreciará da manutenção ou não desses contactos, tal como resulta do disposto na alínea *f)* do art. 29º e nº 5 do art. 56º.

Na mencionada alínea *f)* do art. 29º consta, de igual modo, ser competência do tribunal em matéria de adoção, fazer cessar os contactos que tenham sido estabelecidos na sentença.

Da alínea aqui em anotação decorre que o Ministério Público tem iniciativa processual para requerer a cessação dos contactos em causa, devendo fazê-lo sempre que os mesmos se apresentem perniciosos para o próprio adotado bem como para sua relação com a família adotiva.

4. Bibliografia: Gago, Lucília – *O que pode mudar no regime da adopção em Portugal* – I Congresso de Direito da Família e das Crianças, Coordenação: Paulo Guerra, Lisboa: Almedina, 2016, p. 171-196.

5. Jurisprudência: Ac. TC nº 582/2000 de 13.02.2001, publicado no DR nº 37/2001, Série II de 2001-02-13.

Esta anotação foi redigida seguindo a grafia resultante do Acordo Ortográfico de 1990

ANA TERESA LEAL

SECÇÃO IV
Intervenção do tribunal

ARTIGO 28º
Natureza

Os tribunais exercem no processo de adoção as funções que a Constituição lhes confere, garantindo o cumprimento da lei, assegurando a promoção e defesa dos direitos das crianças e fazendo prevalecer o seu superior interesse, sem prejuízo da consideração devida aos interesses legítimos das famílias biológicas e dos adotantes ou candidatos à adoção.

ANOTAÇÃO

1. Conexões normativas externas: artigos 8º, nº 2, 16º, 205º, nº 2, 206º, da Constituição da República Portuguesa; artigos 3º, 20º, 21º, da Convenção dos Direitos da Criança; artigos 1974º, 1973º, do Código Civil, artigos 986º a 988º, do Código de Processo Civil, artigo 24º, da Lei de Organização do Sistema Judiciário.

2. Introdução.

O presente artigo estabelece a natureza da intervenção judicial, enquanto entidade competente em matéria de adopção (al. d), nº 2, do art. 1º, RJPA), no processo de adopção e princípios que o regem em razão dos principais interesses a promover e salvaguardar, correspondendo à concretização *infra-constitucional* do nº 7, art. 36º, da Constituição, e regulação prevista em lei especial no nº 2, art. 1973º, do Código Civil.

3. Função de soberania: jurisdicional.

Os tribunais estão sujeitos à lei (artigo 206º, da Constituição), devendo esta ser compreendia num sentido amplo que não se restringe à lei positiva concretizada no RJPA e no Código Civil, antes à realização metódica da conformação com os direitos fundamentais visados no processo de adopção em realização dos princípios e normas constitucionais e direito internacional público (artigo 8º, nº 2 e 16º, da Constituição), em especial, a Convenção dos direitos da Criança, nomeadamente, nos artigos 3º, nº 1, 20º, 21º). Cabe aos tribunais assegurar a «defesa dos direitos e interesses legalmente protegidos dos cidadãos» (artigo 205º, nº 2, da Constituição), não apenas «ao serviço da defesa de direitos fundamentais» mas também vinculados a estes direitos. A vinculação concretiza-se «(1) através do *processo* aplicado no exercício da função jurisdicional ou (2) através da *determinação e direcção das decisões jurisdicionais* pelos direitos fundamentais materiais» (Canotilho, 2003, p. 586).

Enquanto titulares da função de soberania de administração da justiça, as decisões assumem força vinculativa e estão sujeitas a exigências de fundamentação inerentes a quaisquer decisões judiciais (artigo 24º, LOSJ).

4. Método do direito.

A este aspecto orgânico-soberano inerente à função do tribunal acopla-se os critérios processuais e substantivos que vinculam a intervenção jurisdicional (mas não só, sendo antes estruturais e fundacionais de todo a intervenção entre os seus múltiplos operadores, em especial as als. a) e f), do art. 3º, do RJPA).

À necessária vinculação à lei positiva inerente à qualidade e função do tribunal integra-se por meio de um sistema jurídico de base principal. A indispensável funcionalização da intervenção em razão dos interesses prevalentes no instituto da adopção e relações conexas é demonstrativo da natureza híbrida do processo que não é puramente instrumental às disposições do direito substantivo e aos fins que o mesmo pretende alcançar.

Ainda que decorrente do primeiro critério de vinculação do tribunal à lei, a ordenação enunciada, em termos literais, não pospõe a hierarquia de interesses subjacentes ao instituto cujo processo a regular e intervenção jurisdicional visa promover e salvaguardar: garantir o interesse superior da criança. A construção do sistema parte da instrumentalização jurisdicional para a realização do interesse superior da criança enquanto elemento catalisador dos direitos fundamentais daquela e consequente imperativo imposto ao Estado enquanto obrigação positiva e negativa emergente da Convenção dos Direitos da Criança (nº 2, art. 8º, da Constituição) e concretizador dos direitos fundamentais, em particular, os direitos, liberdades e garantias.

A norma incorpora, enquanto meio de reforço da hierarquização dos interesses, o princípio interpretativo que subjaz a partir do nº 1, art. 3º da Convenção sobre os Direitos da Criança e a sua força conformativa e, se necessário, abrogante da lei positiva. Daí que, apesar de figurar em primeiro lugar, o respeito à lei incorpora um sentido mais amplo do que a lei positiva e perspectiva uma vinculação do tribunal à sua função charneira de promoção dos direitos da criança a partir da realização dos direitos e interesses emergentes dos procedimentos e processos tendentes à constituição do vínculo de adopção.

Enquanto norma principal a mesma contrabalança os critérios a ater na concretização interpretativa da lei na tarefa jurisdicional de concordância prática entre os interesses confluentes. Não só para salvaguardar das tentações hiper-maximalistas da compreensão e eventual força abrogante a atribuir ao princípio do interesse superior da criança, como para concretizar a confluência de interesses relevantes e a ter em consideração nos diferentes estádios processuais. Falamos da materialização do conceito de «coerência narrativa» do sistema jurídico. "O princípio da unidade, como princípio de decisão, dirige-se aos juízes e a todas as autoridades encarregadas de aplicar as regras e princípios jurídicos, no sentido de as «lerem» e «compreenderem», na medida do possível, como se fossem obras de um só autor, exprimindo uma concepção correcta do direito e da justiça (DWORKIN)" (Canotilho, 2003, p. 192). Esta operação visa obstar à verificação material de contradições de princípios ao tornar meramente aparente o conflito de direitos e interesses ao pressupor soluções de compromisso em respeito pela hierarquia de valores prevalecentes, *in casu*, o interesse superior da criança.

5. Os direitos e interesses em exercício de concordância.

O principal destinatário do processo de adopção é a criança a promoção e defesa dos seus direitos tais como se encontram concretizados infra-constitucionalmente no artigo 1974º, nº 1, do Código Civil.

Não se pode, contudo, descurar os interesses dos outros intervenientes, temperados com a natureza do processo de adopção, em especial quanto à referência das "famílias biológicas".

Estes reportam-se em particular às soluções de adopção aberta em que se prevê a manutenção de contactos com a criança e a sua eventual revisão.

Quanto aos interesses dos adoptantes e dos candidatos à adopção, os mesmos reportam-se à sua qualidade de sujeito processual. Os primeiros, no âmbito das fases do processo tendente à efectivação do projecto adoptivo (fases preparatória, de ajustamento e final, art. 40º, do RJPA), aqui se incluindo também o acesso aos serviços de pós-adopção (art. 60º, do RJPA). Já quanto aos candidatos, o mesmo reporta-se à sua posição procedimental inerente ao processo de selecção e à sua integração na lista e período de espera quanto à promoção e defesa dos direitos das crianças e fazendo prevalecer o seu superior interesse, sem prejuízo da consideração devida aos interesses legítimos das famílias biológicas e dos adoptantes ou candidatos à adopção.

6. A natureza processual do processo de adopção como imperativo à sua funcionalização em razão dos interesses dos seus sujeitos: jurisdição voluntária.

A funcionalização do processo de adopção concretiza-se através da remissão para a forma do processo de jurisdição voluntária (arts. 4º, 31º e 32º, do RJPA) nos termos previstos nos arts. 986º a 988º, do Código de Processo Civil. Esta forma de processo confere plasticidade à modelação e adequação do processo aos interesses a promover e que comprometem o tribunal com uma função administrativa de salvaguarda dos interesses eleitos pelo RJPA. Para isso, dota-se o tribunal de poderes inquisitórios e da possibilidade de tomada de decisão por recurso a critérios de oportunidade. Todavia, tal possibilidade não tolhe as regras processuais e requisitos legais do processo de adopção quando necessários a salvaguardar a estabilidade e segurança do vínculo de adopção que se configura como fim para o qual se preordena o «processo de adopção» e que deve ser um processo célere, sem prejuízo da necessária segurança e tanto quanto for possível (ac. TRG de 13-07-2021, processo nº 838/21.5T8BCL.G1, relatora: Elisabete Alves, disponível http://www.dgsi.pt/).

7. Bibliografia: Gomes Canotilho, Direito Constitucional. 6ª ed. (Coimbra: Almedina, 2003); Antunes Varela/Miguel Bezerra/Sampaio e Nora. Manual do Processo Civil. 2ª ed. (Coimbra: Coimbra editora, 1985); Capelo de Sousa. A adopção, Boletim da Faculdade de Direito, Coimbra, 1971; Dulce Rocha. Adopção – um direito para algumas crianças. *in* Revista do Ministério Público. 1997. pp. 125-130; Código Civil anotado. Livro IV: Direito da Família. Coord. Clara Sottomayor (Coimbra: Almedina, 2020); Código Civil anotado. Vol. II (artigos 1251º a 2334º). Coord. Ana Prata (Coimbra: Almedina, 2019); Guilherme de Oliveira. Manual de Direito da Família. Colab. Moura Ramos (Coimbra: Almedina, 2020); João de Castro Mendes/Miguel Teixeira de Sousa. Manual de processo civil. Vol. II (Lisboa: AAFDL, 2022); Jorge Duarte Pinheiro. O Direito da Família Contemporâneo. 5ª ed. (Coimbra: Almedina, 2016); Helena Bolieiro/Paulo Guerra. A Criança e a Família – uma questão de direitos. 2ª ed. (Coimbra: Coimbra Editora, 2014); Maria Clara Sottomayor.

Quem são os "verdadeiros" pais? Adopção plena de menor e oposição dos pais biológicos. *in* Direito e Justiça, Vol. XVI, 2002, Tomo 1. pp. 191-241; Pereira Coelho/Guilherme Oliveira. Direito da Família, Adopção e Apadrinhamento civil (Coimbra: Imprensa da Universidade, 2017) e Pires de Lima/Antunes Varela. Código Civil Anotado. Vol. V (Coimbra: Coimbra Editora, 1995).

8. Jurisprudência: – Kearns c. França. req. no. 35991/04, TEDH de 10-01-2008, disponível https://hudoc.echr.coe.int/ (ECLI:CE:ECHR:2008:0110JUD003599104); – ac. TRG de 13-07-2021, processo nº 838/21.5T8BCL.G1, relatora: Elisabete Alves, disponível http://www.dgsi.pt/ (ECLI:PT:TRG:2021:838.21.5T8BCL.G1.67) e – ac. nº 533/2021 do Tribunal Constitucional de 15-02-2022 (Relator: José António Teles Pereira), disponível https://www.tribunalconstitucional.pt.

Esta anotação foi redigida seguindo a grafia anterior ao Acordo Ortográfico de 1990

Geraldo da Rocha Ribeiro

ARTIGO 29º
Competências

Compete, em especial, ao tribunal em matéria de adoção:

a) **Presidir à prestação do consentimento prévio para a adoção;**

b) **Apreciar e decidir os recursos das decisões de rejeição de candidatura a adoção proferidas pelos organismos de segurança social ou pelas instituições particulares autorizadas;**

c) **Estando pendente processo de promoção e proteção ou tutelar cível, decidir sobre a conformidade da confiança administrativa com o interesse da criança;**

d) **Nomear curador provisório logo que decretada a confiança com vista à adoção ou decidida a confiança administrativa e, bem assim, proceder à transferência da curadoria provisória para o candidato a adotante logo que identificado;**

e) **Decretar a adoção e decidir sobre a composição do nome da criança adotada;**

f) **Autorizar excecionalmente a manutenção de contactos pessoais entre o adotado e elementos da família biológica, nos termos previstos no nº 3 do artigo 1986º do Código Civil, bem como determinar a sua cessação;**

g) **Decidir do incidente de revisão da adoção;**
h) **Conceder autorização para acesso a elementos da história pessoal do adotado nos termos previstos nos nºs 6 e 7 do artigo 6º.**

ANOTAÇÃO

1. Conexões normativas externas: artigos 26º, nº 1, 36º, nº 7, da Constituição da República Portuguesa; artigos 70º, nº 1, 1974º, 1978º-A, 1979º, 1980º, 1981º, 1982º, 1983º, 1984º, 1985º, 1986º, 1987º, 1988º, 1989º, 1990º, 1990º-A, 1991º, do Código Civil, artigos 9º, 11º do Regime Geral do Processo Tutelar Cível; artigos 79º, 80º, da Lei de Protecção de Crianças e Jovens em Perigo.

2. Introdução.

Estabelece-se um catálogo a partir da construção de tipo aberto em redor do conceito de «matéria adopção» descrevendo as matérias submetidas ao âmbito *rationae materiae* do presente regulamento. Material adstrito ao regime processual prescrito no RJPA.

3. Competência material (*ratione materiae*).

Em termos materiais a competência é distribuída em razão de três momentos temporais conexos com o instituto substantivo da adopção que a lei concretiza sobre o conceito de «processo de adopção» na alínea h), do art. 2º, RJPA, e que se encontram definidos no art. 40º RJPA com epigrafe «etapas do processo»: fase preparatória (al. a)), fase de ajustamento (al. b)) e fase final (al. c)). Na primeira cabe os antecedentes e condições para o decretamento da adopção e que se reportam aos sujeitos: progenitores (prestação de consentimento prédio, al. a)), candidatos à adopção (sindicância à decisão do procedimento administrativo de selecção, al. b)), bem com caracterização e preparação da criança (art. 42º RJPA); e a verificação e execução das medidas de confiança, a primeira para verificação dos pressupostos de confiança administrativa (al. b)), esta enquanto condição de adoptabilidade (al. c), do art. 2º RJPA), a nomeação de curador e transferência de curadoria para o candidato (al. d)). Por fim, os decorrentes com o decretamento da adopção (al. e)), da manutenção da mesma (revisão) e do lastro conducente à identificação da historicidade pessoal do adoptado. Fixa-se como competência exclusiva dupla, quer em razão da matéria, quer na vinculação à forma do processo regulado no RJPA.

A construção do sistema de promoção e direitos das crianças português assenta na autonomia do processo de adopção (resultado da imposição constitucional prevista no art. 36º, nº 7, da Constituição) enquanto instrumento de concretização do projecto de vida adoptivo, com excepção das decisões respeitantes a medidas de confiança administrativa. Esta é a única decisão de adoptabilidade a tomar em sede do processo de adopção e beneficia da sinergia das regras de competência por conexão do tribunais (arts. 79º, 80º, LPCJP e arts. 9º e 11º, RGPTC).

Vejamos cada uma das alíneas.

4. Presidir à prestação do consentimento prévio para a adopção (al. a)).

Reporta-se à prestação do consentimento prévio para adopção previsto no art. 1982º, do Código Civil, que pode ser prestado independente da instauração do processo de adopção ou processo de promoção e protecção e perante juiz. Em termos de tempo, o mesmo terá que ser prestado em condição que permita a decisão de adoptabilidade da criança (nºs 2 e 3, art. 1980º, do Código Civil) e decorridas seis semanas após o parto pela progenitora (nº 3, art. 1982º, do Código Civil).

Com a prestação do consentimento, deve o tribunal comunicar ao organismo da segurança social com vista à adopção de providências (nº 1, art. 39º RJPA).

5. Apreciar e decidir os recursos das decisões de rejeição de candidatura a adopção proferidas pelos organismos de segurança social ou pelas instituições particulares autorizadas.

A impugnação da decisão de rejeição de candidatura em sede de recurso (art. 46º, RJPA), cuja forma e prazo deve ser comunicada ao candidato pela entidade competente (nº 7, art. 44º, RJPA).

6. Estando pendente processo de promoção e protecção ou tutelar cível, decidir sobre a conformidade da confiança administrativa com o interesse da criança.

Determina a competência material para verificar os pressupostos da confiança administrativa elencados no art. 36º, RJPA, com os efeitos previstos no arts. 1979º, nº 3, 1980º, nº 1, alínea a), 1983º, nº 2, do Código Civil.

7. Nomear curador provisório logo que decretada a confiança com vista à adopção ou decidida a confiança administrativa e, bem assim, proceder à transferência da curadoria provisória para o candidato a adoptante logo que identificado.

Enquanto medida de suprimento do exercício das responsabilidades parentais (art. 51º, RJPA), art. 86º, nº 3, RJPA, 87º, nº 2 RJPA, em face dos efeitos da medida de confiança com vista a futura adopção (art. 1978º-A, do Código Civil).

8. Decretar a adopção e decidir sobre a composição do nome da criança adoptada.

A sentença é o facto constitutivo do vínculo de adopção (art. 1973º, nº 1, do Código Civil). Mediante a verificação dos pressupostos (art. 34º, RJPA) e em conjunto com os requisitos substantivos previstos nos arts. 1974º, 1979º, 1981º, do Código Civil, e cumprido os requisitos de audição obrigatória (art. 1984º, do Código Civil).

Os efeitos previstos nos arts. 1985º, 1986º, nºs 1 e 2 (os contactos com a família biológica são considerados em sede de competência autónomo, na al. f)) e 1987º, do Código Civil, acrescidos dos efeitos sobre o nome e apelido da criança, conforme o art. 1988º, do Código Civil.

9. Autorizar excepcionalmente a manutenção de contactos pessoais entre o adoptado e elementos da família biológica, nos termos previstos no nº 3 do artigo 1986º do Código Civil, bem como determinar a sua cessação.

Com a revogação do instituto da adopção restrita e da recompreensão do interesse da criança e das relações e vínculos pré-existentes ao novo projecto de vida que constitui a adopção mantém-se o lastro do vínculo de adopção como efeito a apreciar e decidir pelo tribunal competente em matéria de adopção. Tal decisão reflecte-se na distribuição da competência territorial ao fazer prevalecer a conexão com a residência da criança (art. 30º, nº 1, al. a) do RJPA).

Compete ao tribunal nos termos do processo de adopção a apreciação à luz dos princípios estatuídos processual-substantivamente (art. 28º, do RJPA) e em conjunto com critérios estatuídos no nº 3, do art. 1986º, do Código Civil, determinar em que medida devem ser mantidos e promovidos contactos com a família biológica, bem como a sua cessação à luz de uma concepção de adopção aberta (por oposição à adopção fechada enquanto modelo matriz estatuído no art. 1985º, do Código Civil).

10. Decidir do incidente de revisão da adopção.

Determina a lei que a adopção apesar de resultar da manifestação de uma vontade dos interessados na sua constituição é irrevogável, art. 1989º, do Código Civil. Contudo poderá ser objecto de revisão atento os pressupostos do art. 1990º, e no prazo e legitimidade estatuídos no art. 1991º, ambos do Código Civil, cabendo ao tribunal, nos termos do RJPA a competência para tal decisão, obstando ao efeito de caso julgado produzido pela sentença que decretou a adopção.

11. Conceder autorização para acesso a elementos da história pessoal do adoptado nos termos previstos nos nºs 6 e 7 do artigo 6º.

A legitimidade do acesso ao conhecimento encontra-se consagrada no art. 1990º-A, do Código Civil, e deve ser articulado com os pressupostos e critérios estatuídos nºs 6 e 7, art. 6º RJPA, em conjunto com o art. 70º, nº 1, do Código Civil, e art. 26º, nº 1, da Constituição.

12. Bibliografia: ANTUNES VARELA/MIGUEL BEZERRA/SAMPAIO E NORA. Manual do Processo Civil. 2ª ed. (Coimbra: Coimbra editora, 1985); CAPELO DE SOUSA. A adopção, Boletim da Faculdade de Direito, Coimbra, 1971; DULCE ROCHA. Adopção – um direito para algumas crianças. *in* Revista do Ministério Público. 1997. pp. 125-130; Código Civil anotado. Livro IV: Direito da Família. Coord. Clara Sottomayor (Coimbra: Almedina, 2020); Código Civil anotado. Vol. II (artigos 1251º a 2334º). Coord. Ana Prata (Coimbra: Almedina, 2019); GUILHERME DE OLIVEIRA. Manual de Direito da Família. Colab. Moura Ramos (Coimbra: Almedina, 2020); JOANA MARQUES VIDAL. Adopção – confiança administrativa e confiança judicial. *in* Revista do Ministério Público. 75. 1998. pp. 167-172; JOÃO DE CASTRO MENDES/MIGUEL TEIXEIRA DE SOUSA. Manual de processo civil. Vol. II (Lisboa: AAFDL, 2022); JORGE DUARTE PINHEIRO. O Direito da Família Contemporâneo. 5ª ed. (Coimbra: Almedina, 2016); HELENA BOLIEIRO/PAULO GUERRA. A Criança e a Família – uma questão de direitos. 2ª ed. (Coimbra: Coimbra Editora, 2014); MARIA CLARA SOTTOMAYOR. Quem são os "verdadeiros" pais? Adopção plena de menor e oposição dos pais biológicos. *in* Direito e Justiça, Vol. XVI, 2002, Tomo 1. pp. 191-241; PAULO GUERRA. Lei de Proteção de Crianças e Jovens em Perigo Anotada (Coimbra: Almedina, 2016); PEREIRA COELHO/GUILHERME OLIVEIRA. Direito da Família, Adopção e Apadrinhamento civil (Coimbra: Imprensa da Universidade, 2017) e PIRES DE LIMA/ANTUNES VARELA. Código Civil Anotado. Vol. V (Coimbra: Coimbra Editora, 1995).

Esta anotação foi redigida seguindo a grafia anterior ao Acordo Ortográfico de 1990

GERALDO ROCHA RIBEIRO

ARTIGO 30º
Competência territorial

1 – Sem prejuízo do disposto no nº 3, as competências do tribunal em matéria de adoção são exercidas pelas secções de família e menores da instância central, de acordo com as seguintes regras:

a) **Para conhecer das matérias a que se referem as alíneas c) a f) e h) do artigo anterior é competente o tribunal da residência da**

criança, nos termos previstos na Lei de Proteção de Crianças e Jovens em Perigo, aprovada pela Lei nº 147/99, de 1 de setembro, alterada pelas Leis n.os 31/2003, de 22 de agosto, e 142/2015, de 8 de setembro, e no Regime Geral do Processo Tutelar Cível, aprovado pela Lei nº 141/2015, de 8 de setembro;

b) **Para conhecer da matéria a que se refere a alínea b) do artigo anterior é competente o tribunal da área da sede do organismo de segurança social ou da instituição particular autorizada;**

c) **Para conhecer da matéria a que se refere a alínea g) do artigo anterior é competente o tribunal que decretou a adoção.**

2 – Nas áreas não abrangidas pela jurisdição das secções de família e menores cabe às secções da instância local ou, em caso de não ocorrer desdobramento, às secções de competência genérica da instância local, conhecer das matérias elencadas no número anterior.

3 – Para efeito de prestação de consentimento prévio para a adoção é competente qualquer secção de família e menores da instância central ou qualquer secção de competência genérica ou cível da instância local, independentemente da residência da criança ou das pessoas que o pretendam prestar.

ANOTAÇÃO

1. Conexões normativas externas: artigos 79º, da Lei de Protecção e Crianças e Jovens em Perigo; artigo 11º, do Regime Jurídico do Processo Tutelar Cível; artigos 38º, 80º, 81º, 123º, 125º, 130º, da Lei de Organização do Sistema Judiciário, artigo 5º, 13º, do regulamento da Lei de Organização do Sistema Judiciário; artigo 20º, Código do Processo dos Tribunais Administrativos.

2. Introdução.

Este artigo concretiza a distribuição da competência em razão da matéria em termos de organização do sistema judiciário. Parte do pressuposto que a natureza especial destina o conhecimento dos processos de adopção por juízos de família e menores, com a excepção da prestação de consentimento prévio para adopção. Na falta de juízos de família e menores, prevê o nº 3 deste artigo a previsão da regra estatuída no art. 130º LOSJ, ao atribuir aos juízos locais cíveis ou de competência genérica, enquanto competência residual.

3. Competência especializada e residual.

O princípio da especialização dos tribunais que perpassou a reforma de 2013, através da Lei nº 62/2013, de 26-08, encontra a distribuição da competência material como decorrência natural da competência atribuída aos Tribunais de comarca (arts. 79º, 80º e 81º, LOSJ) – encontra-se previsto o desdobramento com a possibilidade de previsão de juízo de família e menores, no artigo 81º, nº 3, al. g) LOSJ, sendo de funcionamento de juiz singular (art. 125º, nº 1, LOSJ).

A previsão de competência em razão da matéria terá que ser articulada entre o disposto no RJPA, sendo esta norma complementar da lei de organização do sistema judiciário, na medida em que especifica a competência além das situações previstas no nº 1, alínea c), e nº 2, alínea c), do art. 123º, LOSJ, e que integram o processo de adopção. Na falta de juízos de competência especializada, a competência cabe ao juízo local cível (a existir) ou juízo de competência genérica (artigo 130º, nº 1, LOSJ).

4. A distribuição territorial em matéria de competência especializada encontra-se prevista no regulamento da LOSJ, aprovado pelo Decreto-Lei nº 49/2014, de 27-03, com as alterações decorrentes do Decreto-Lei nº 86/2016, de 27-12: nomeadamente, os arts. 5º e 13º (estes ter-se-á em consideração as Portaria nº 185/2019, de 17-06 e Portaria nº 132/2020, de 28-05), 68º (Comarca de Aveiro), 70º (Comarca de Beja); 71º (Comarca de Braga), 73º (Comarca de Bragança), 74º (Comarca de Castelo Branco), 75º (Comarca de Coimbra), 77º (Comarca de Évora), 79º (Comarca de Faro), 81º (Comarca da Guarda), 82º (Comarca de Leiria), 84º (Comarca de Lisboa), 86º (Comarca de Lisboa Norte), 88º (Comarca de Lisboa Oeste), 90º (Comarca da Madeira), 92º (Comarca de Portalegre), 93º (Comarca do Porto), 95º (Comarca do Porto Este), 96º (Comarca de Santarém), 97º (Comarca de Setúbal), 99º (Comarca de Viana do Castelo), 100º (Comarca de Vila Real), 101º (Comarca de Viseu).

Em termos de concretização da área de jurisdição territorial ter-se-á que observar o anexo, do Mapa III do Decreto-Lei nº 49/2014, de 27-03 (últ. alt. Lei nº 77/2021, de 23/11.

5. Critério de distribuição da competência territorial.

A distribuição territorial de competência atende aos interesses subjacentes à concreta matéria em conexão com a sede do tribunal (*ratione loci*). «A competência territorial resulta da conjunção de dois elementos: a circunscrição territorial correspondente ao tribunal, de um lado; o factor decisivo de conexão de cada tipo de acções, do outro» (ANTUNES VARELA et al., p. 216).

Assim, a distribuição de competência é feita atendendo ao interesse da criança nas matérias que bulem com a verificação do projecto de vida da criança e verificação da condição de adoptabilidade necessária ao decretamento da adopção, finalidade primária do processo de adopção, por oposição ao interesse dos adoptantes e dos candidatos a adopção. Os primeiros, na qualidade que assumem no processo de adopção e nos processos tendentes à concretização do processo de adopção encontram-se subordinados ao interesse da criança (ainda que possa, a partir do período de pré-adopção coincidir em face da colocação da criança). Os segundos tem o interesse mediado pela localização da entidade responsável pela sua avaliação e selecção.

Já no caso do processo relativo à prestação do consentimento prévio para a adopção há uma absoluta flexibilidade na competência ao se consagrar o princípio do acesso ao tribunal, independentemente da competência especializada e da conexão emergente da residência. Basta-se com uma conexão decorrente da mera apresentação do interessado, servindo-se da plasticidade da competência territorial ao se prescindir de uma conexão objectiva para conferir um foro oportuno e adequado aos interesses de quem se predispõe a prestar o consentimento.

6. Da competência territorial.

6.1. Para conhecer das matérias a que se referem as alíneas c) a f) e h) do artigo 29º:

O RJPA remete para o art. 79º, nomeadamente, os seus nºs 1, 2, 4, 5 e 7, LPCJP, sem prejuízo da possibilidade de apensação de processos (arts. 80º e 81º, LPCJP). O que determina a consideração, como resulta de forma expressa da norma, o art. 9º, do RGPTC, bem com a consideração da competência por conexão, o art. 11º RJPTC. Daqui decorre que a competência para o processo de adopção no que se reporta às matérias elencadas nas alíneas c) a f) e h), do art. 29º RJPA, é subordinada aos processos de promoção e protecção e tutelar cível e sujeitos ao princípio da individualidade: organização num único processo por cada criança de todas as suas esferas de interesse independentemente da natureza e processos.

A conexão relevante é, assim, a residência da criança reportada temporalmente ao momento em que é instaurado o processo judicial de promoção e protecção. Pressupõe-se que a residência seja o local onde a criança tenha o seu centro estável de vida que incorpora um elemento objectivo de permanência e continuidade no tempo por oposição a uma presença ocasional ou fortuita (ac. STJ, de 12-10-2007, processo nº 06B2410, relator Oliveira

Barros). Para isso deve-se ter em consideração elementos como a inscrição em unidade pré-escolar ou escolar, residência do cuidador, idade da criança, entre outros, com vista a verificar qual o ponto de contacto espacial que revela uma integração social actual e duradoura, que pode ou não ser independente de uma vontade da criança ou do seu cuidador.

É em razão da actualidade e, subjacente, a proximidade do foro, que se admite a transferência de competência nos casos em que ocorram alterações de residência na pendência do processo nos termos do nº 4, art. 79º, LPCJP. Adopta-se um modelo mitigado de cristalização da situação de facto, para efeitos de apreciação de competência, tal como se consagra enquanto princípio geral o art. 38º, LOSJ.

Em termos temporais, o factor de conexão deve ser determinado no momento em que a questão é apresentada ao tribunal, ou seja, os procedimentos são instituídos com o objectivo de resolver o problema, pelo que a adequação da competência é aferida ao momento em que se suscita a questão em face do elemento de conexão territorial então materializado.

6.2. Para conhecer da matéria a que se refere a alínea b) do artigo 29º:

Estando subjacente a impugnação de acto administrativo, o critério é estabelecido em relação à área da sede do organismo de segurança social ou da instituição particular autorizada, em correspondência com o critério previsto no processo administrativo (nº 1, art. 20º, CPTA).

6.3. Para conhecer da matéria a que se refere a alínea g) do artigo 29º:

É em face da natureza do processo que se estabelece a competência por conexão ao tribunal de origem (o que decretou a adopção), independentemente da residência da criança e que constitui o critério de conexão primário estabelecido na al. a), nº 1, art. 30º RJPA. O legislador opta pela regra *perpetuo fori*, para a qual é irrelevante as posteriores alterações da residência da criança e subsequentes conexões previstas na LPCJP e RGPTC.

6.4. Para presidir a prestação de consentimento prévio para adopção – alínea a):

Em razão dos interesses de assegurar um tribunal acessível ao progenitor que pretende prestar o seu consentimento prévio, não basta da mera presença do tribunal, como não se impõe que o mesmo ocorra em tribunal de competência especializada. Basta que compareça perante juízo de família e menores ou juízo de competência genérica ou local cível para que ocorra processo de adopção para prestação de consentimento prévio.

7. Bibliografia: Antunes Varela/Miguel Bezerra/Sampaio e Nora. Manual do Processo Civil. 2ª ed. (Coimbra: Coimbra Editora, 1985); Capelo

de Sousa. A adopção, Boletim da Faculdade de Direito, Coimbra, 1971; Cristina Araújo Dias/Nuno Barros/Rossana Cruz. Regime Geral do Processo Tutelar Cível Anotado Leis Anotadas (Coimbra: Almedina, 2021); Dulce Rocha. Adopção – um direito para algumas crianças. *in* Revista do Ministério Público. 1997. pp. 125-130; Código Civil anotado. Livro IV: Direito da Família. Coord. Clara Sottomayor (Coimbra: Almedina, 2020); Guilherme de Oliveira. Manual de Direito da Família. Colab. Moura Ramos (Coimbra: Almedina, 2020); João de Castro Mendes/Miguel Teixeira de Sousa. Manual de processo civil. Vol. II (Lisboa: AAFDL, 2022); Jorge Duarte Pinheiro. O Direito da Família Contemporâneo. 5ª ed. (Coimbra: Almedina, 2016); Helena Bolieiro/Paulo Guerra. A Criança e a Família – uma questão de direitos. 2ª ed. (Coimbra: Coimbra Editora, 2014); Maria Clara Sottomayor. Quem são os "verdadeiros" pais? Adopção plena de menor e oposição dos pais biológicos. *in* Direito e Justiça, Vol. XVI, 2002, Tomo 1. pp. 191-241; Paulo Guerra. Lei de Proteção de Crianças e Jovens em Perigo Anotada (Coimbra: Almedina, 2016); Pereira Coelho/Guilherme Oliveira. Direito da Família, Adopção e Apadrinhamento civil (Coimbra: Imprensa da Universidade, 2017) e Pires De Lima/Antunes Varela. Código Civil Anotado. Vol. V (Coimbra: Coimbra Editora, 1995).

8. Jurisprudência: – ac. STJ 12-10-2007, processo nº 06B2410, relator: Oliveira Barros, disponível no sítio http://www.dgsi.pt/ (ECLI:PT:STJ:2006:06B2410.68).

Esta anotação foi redigida seguindo a grafia anterior ao Acordo Ortográfico de 1990

Geraldo Rocha Ribeiro

CAPÍTULO II
Processo de adoção

ARTIGO 31º
Jurisdição voluntária

A fase final do processo de adoção, regulada na subsecção III do presente capítulo, tem natureza de jurisdição voluntária, sendo-lhe aplicáveis as correspondentes normas do Código do Processo Civil.

ANOTAÇÃO

1. Conexões normativas externas – 3º, nº 1 e 21º CDC; 36º, nº 7 CRP; 1586º, 1973º a 1991º CC; 292º a 295º e 986º a 988º CPC, 35º, nºs 1, alínea g), 2 e 3, 38º, 38º-A, 62º-A e 100º a 126º LPCJP, aprovada pela Lei nº 147/99, de 1 de setembro, alterada pelas Leis nºs 31/2003, de 22 de agosto, 142/2015, de 8 de setembro, 23/2017, de 23 de maio e 26/2018, de 5 de julho.

2. Conforme disposição expressa constante do seu art. 1º, nº 1, este Regime Jurídico do Processo de Adopção, doravante RJPA, regula os processos de adopção nacional e de adopção internacional, bem como a intervenção nesses processos das entidades competentes.

O propósito norteador dos trabalhos da Comissão de revisão, superiormente dirigida pela Drª Lucília Gago, actual Procuradora-Geral da República, foi o de concentrar num único diploma o acervo normativo referente ao processo de adopção, deixando para a lei civil a regulação dos aspectos substantivos referentes ao instituto.

Conforme opinou Lucília Gago, «ainda que se reconheça a existência de escassos desvios pontuais à regra enunciada, os quais não se lograram eliminar, pelas dificuldades que, na harmonia do novo diploma, resultaria do seu absoluto acolhimento, parece-nos incontornável o avanço que representa a opção seguida e o resultado que se logrou alcançar» (Cf. Gago, *et al.*, 2016, pp. 171 e ss).

O RJPA reuniu, assim, num único diploma toda a regulação procedimental da adopção que anteriormente se encontrava dispersa essencialmente pela OTM, pelo DL nº 185/93, de 22 de maio (e respectivas actualizações) e pelo Decreto Regulamentar nº 17/98, de 14 de agosto.

Este RJPA define o processo de adopção como sendo «o conjunto de procedimentos de natureza administrativa e judicial, integrando designadamente atos de preparação e atos avaliativos, tendo em vista a prolação da decisão judicial constitutiva do vínculo da adoção, a qual ocorre na sequência de uma decisão de adotabilidade ou de avaliação favorável da pretensão de adoção de filho do cônjuge» [artigo 2º, nº 1, alínea h), e não c), como por lapso surge no texto da norma do artigo 40º].

Ora, tal processo de adopção é constituído pelas fases descritas no artigo 40º, para cuja anotação se remete.

O que vem estatuir este artigo que ora se anota é que a fase final do processo – a única jurisdicional – tem natureza de jurisdição voluntária, aplicando-se-lhe as regras normativas dos arts. 986º (que remete para os arts.

292º a 295º), 987º e 988º do CPC, codificação subsidiária deste Regime, até por força do estatuído no artigo 6º da Lei nº 143/2015, de 8/9, que o aprovou (aí se deixa escrito que, nos casos omissos, são de observar, com as necessárias adaptações, as regras de processo civil que não contrariem esta jurisdição de Família e Crianças).

Contudo, entendo que toda a intervenção judiciária no processo de adopção se deve nortear pelos princípios da jurisdição voluntária, abrangendo-se aqui, não só a tramitação da dita fase final, mas também todas as competências explanadas na letra do art. 29º deste Regime e a tramitação do processo de promoção e protecção onde venha a ser aplicada a medida de adoptabilidade prevista no art. 35º, nº 1, alínea g) LPCJP (até por força do seu artigo 100º).

De facto, a circunstância de este normativo apenas prever a natureza de jurisdição voluntária para a fase final do processo – a fase judicial por eleição –, não significa que os demais procedimentos judiciais que não se incluam nesta fase não partilhem também dessa natureza.

Marta Lobo San-Bento, membro da Comissão que elaborou esta revisão, e também co-autora nesta Lei anotada, considera, e nós com ela, que, quanto aos processos de prestação de consentimento, aos recursos de decisão de rejeição de candidatura pelos OSS e aos processos que visem nomear curador provisório à criança adoptanda, eles gozam, efectivamente, desta natureza, sendo-lhes possível aplicar esta norma por forma extensiva, justificando-se tal aplicação extensiva por motivos de unidade do sistema jurídico e pelo facto de, nalguns destes processos, o legislador ter acolhido soluções próximas da jurisdição voluntária.

O mesmo se diga, pois, relativamente a todos os procedimentos referidos no artigo 29º do RJPA.

3. Estamos no domínio da chamada «jurisdição voluntária», entendida como «*uma das formas de exercício da atividade jurisdicional, na qual o órgão que a exerce, fazendo uso da iniciativa probatória que considere necessária e com recurso a critérios de conveniência e de oportunidade, tutela interesses privados, com vista à constituição, formação, eficácia, validade ou extinção de uma relação ou situação jurídica ou, em determinados casos e perante circunstâncias supervenientes que o justifiquem, alterar essa relação ou situação jurídica*» (Fialho, 2017).

Esta fase final do processo de adopção deve, assim, prosseguir objectivos de economia, simplificação e informalidade, bem característicos dos processos de jurisdição voluntária, em que o tribunal – mais do que decidir um litígio segundo critérios estritamente jurídicos – profere um juízo de oportunidade ou conveniência sobre os interesses em causa (cf. Rego, 2004).

Nestes processos, o tribunal tem todos os poderes investigatórios, não estando sujeito à iniciativa das ditas «partes».

Também não vigora o princípio do ónus da alegação e prova, conhecendo o Tribunal de todos os factos que apure, mesmo dos que não tenham sido alegados pelas mesmas «partes».

Além disso, aqui o tribunal não está sujeito a critérios de legalidade estrita, devendo adoptar a solução que julgar mais conveniente e oportuna para cada caso – Cf. artigos 986º, nº 2 e 987º do CPC.

Também Manuel de Andrade exemplarmente opina sobre as caraterísticas da jurisdição voluntária – define como tal os processos taxativamente previstos e regulados no livro III, titulo IV, cap. XVII do CPC, exprimindo sobre eles que "*Não há neles, em princípio, um conflito de interesses a compor, mas um só interesse a regular, embora podendo haver um conflito de opiniões ou representações acerca do mesmo interesse*" (Andrade,...)

Os princípios fundamentais que lhes são aplicáveis, também na palavra avisada de Manuel de Andrade, são o do *inquisitório* por oposição ao do dispositivo, o da *equidade* predominando sobre o da legalidade, o da *livre modificabilidade* em contraste com a inalterabilidade das decisões de jurisdição contenciosa e, finalmente, o da *inadmissibilidade* de recurso para o Supremo.

Depois, colando-se à lição de Alberto dos Reis (Reis, 1982) fez acrescer um outro de cariz mais formal, a saber, a *dispensa de forma articulada.*

Sintetizando:

«Nos processos de jurisdição contenciosa, que constituem a regra, há um conflito de interesses entre as partes [...] que ao tribunal incumbe dirimir, de acordo com os critérios estabelecidos no direito substantivo.

Nos processos de jurisdição voluntária há um interesse fundamental tutelado pelo direito (acerca do qual podem formar-se posições divergentes), que ao juiz cumpre regular nos termos mais convenientes.

Nos processos de jurisdição contenciosa, o tribunal é chamado a exercer a função (jurisdicional) própria dos órgãos judiciários, elaborando e formulando a solução concreta que decorre do direito substantivo aplicável (ius dicendum).

Nos processos de jurisdição voluntária [...], a função exercida pelo juiz não é tanto de intérprete e aplicante da lei, como de verdadeiro gestor de negócios – negócios que a lei coloca sob a fiscalização do Estado através do poder judicial (essencial é que nos casos em que exista controvérsia entre os interessados – como, por exemplo, a propósito da solução do problema relativo à guarda ou educação do menor – haja um interesse fundamental tutelado pela lei e ao juiz, em nome do Estado, se tenha atribuído o poder de escolher a melhor forma de o gerir ou de fiscalizar o modo como se pretende satisfazê-lo).

Assim é que, havendo controvérsia entre os pais acerca de determinadas providências relativas aos filhos, [a lei] manda o juiz resolver de harmonia com os interesses do menor» (v. VARELA, et al....)

A finalizar, é ainda característica específica dos processos de jurisdição voluntária a possibilidade de revisão das decisões com fundamento em circunstâncias supervenientes que justifiquem a alteração, quer a superveniência seja objectiva, isto é, tenham os factos ocorrido posteriormente à decisão, quer seja subjectiva, ou seja, quando os factos são anteriores à decisão mas não tenham sido alegados por não serem conhecidos por quem tinha interesse na alegação, ou por outro motivo ponderoso – Cf. nº 1 do artº 988º do CPC.

4. Bibliografia: FIALHO, António José, *Conteúdo e Limites do Princípio Inquisitório na Jurisdição Voluntária*, Petrony, 2017; REGO, Lopes do, *Comentários ao Código de Processo Civil*, vol. II, 2ª ed., Almedina, 2004; ANDRADE, Manuel de, *Noçoes Elementares de Processo Civil*, Coimbra Editora, 1979; REIS, Alberto dos, *Processos Especiais*, Coimbra Editora, reimpressão, 1982; VARELA, Antunes, BEZERRA, Miguel e NORA, Sampaio e, *Manual de Processo Civil*, Coimbra Editora, 1985; BOLIEIRO, Helena e GUERRA, Paulo, *A criança e a família: uma questão de direito(s): visão prática dos principais institutos do direito da família e das crianças e jovens* – 2ª edição actualizada, Coimbra Editora, 2014; GUERRA, Paulo, *Lei de Protecção de Crianças e Jovens em Perigo anotada*, 5ª edição, Almedina, 2021; GUERRA, Paulo (Coordenação) – *I CONGRESSO DE DIREITO DA FAMÍLIA E DAS CRIANÇAS – o colo da lei: as causas não se medem aos palmos*; Almedina, 2016; LIMA, Pires de, VARELA, Antunes, *Código Civil anotado*, Vol. V, Coímbra Editora, 1995; SAN-BENTO, MARTA, *Família e Crianças: As novas Leis – Resolução de Questões práticas*, E-book do Centro de Estudos Judiciários, 2017, disponível em: http://www.cej.mj.pt/cej/recursos/ebooks/familia/eb_familia_criancas_as_novas_leis_resolucao_questoes_praticas.pdf [cons. a 19.7.2021).

5. Jurisprudência:

1º- Ac. STJ, de 14/7/2016 (Pº 8605/13.3TBCSC.L1.S1; Relator: António da Silva Gaspar, disponível em www dgsi.pt):

«I – Através da medida de confiança a instituição com vista a futura adoção procura-se encaminhar a criança para uma desejável adoção – a futura adoção é o essencial fim desta medida – sem que os passos a dar neste sentido possam ser estorvados pela inoportuna e inconsistente rejeição da anuência dos pais.

II – Se é certo que a "futura adoção" preconizada para a criança tem de assentar no preclaro abandono dos progenitores, ou seja, no rompimento dos laços de filiação biológica por parte dos pais – como se induz da al. c) do nº 1 do art. 1878º do CC –, também é verdade que só quando tivermos a certeza de que esta relação parental se esvaziou de forma absoluta é que se poderá encetar o caminho destinado à procura de saber se a adoção é a melhor medida para a criança, assim desmerecida pelos seus pais.

III – A opção, preferente e concretamente tomada pela Relação, no sentido de que estão verificados os pressupostos de aplicação aos menores da medida de acolhimento prolongado em instituição, porque se integra numa realidade de conveniência, tomada segundo critérios de oportunidade, está de fora da apreciação deste Supremo Tribunal, nos termos do disposto no art. 1411º, nº 2, do CPC» *(hoje, arts. 988º, nº 2 do actual CPC, nota do anotador).*

2º- Ac. TRG, de 21/6/2018 (Pº 425/17.2T8FAF-A.G1; Relator: Fernando Freitas).

«I. São características específicas dos processos de jurisdição voluntária: a) o Tribunal dispõe dos mais amplos poderes investigatórios, não estando sujeito à iniciativa das partes; b) não vigora o princípio do ónus da alegação e prova, conhecendo o Tribunal de todos os factos que apure, mesmo dos que não tenham sido alegados pelas Partes; c) o Tribunal não está sujeito a critérios de legalidade estrita, devendo adoptar a solução que julgar mais conveniente e oportuna para cada caso; d) as decisões podem sempre ser revistas se ocorrerem circunstâncias supervenientes que justifiquem a alteração, quer a superveniência seja objectiva, isto é, tenham os factos ocorrido posteriormente à decisão, quer seja subjectiva, ou seja, quando os factos são anteriores à decisão mas não tenham sido alegados por não serem conhecidos por quem tinha interesse na alegação, ou por outro motivo ponderoso».

Esta anotação foi redigida segundo a grafia anterior ao novo Acordo Ortográfico.

PAULO GUERRA

ARTIGO 32º
Caráter urgente

O procedimento relativo à prestação do consentimento prévio para a adoção, bem como a tramitação judicial do processo de adoção, têm caráter urgente.

ANOTAÇÃO

1. Conexões normativas externas – 1586º, 1973º a 1991º CC; 35º, nºs 1, alínea g), 2 e 3, 38º, 38º-A, 62º-A e 100º a 126º LPCJP, aprovada pela Lei nº 147/99, de 1 de setembro, alterada pelas Leis nºs 31/2003, de 22 de agosto, 142/2015, de 8 de setembro, 23/2017, de 23 de maio e 26/2018, de 5 de julho.

2. Estatui esta norma que revestem sempre natureza urgente os seguintes procedimentos atinentes à adopção:

- O procedimento relativo à prestação do consentimento prévio para a adopção, previsto nos artigos 1982º, nº 2 CC e 29º, alínea a) e 35º deste RJPA, sendo que, se for o caso de mãe biológica, o tribunal nunca poderá receber este consentimento antes de passadas seis semanas após o parto (Cf. artigo 1982º, nº 3 CC);
- A tramitação judicial do processo de adopção, ou seja, todas aquelas fases descritas no artigo 29º.

Como tal, não é só a fase final do processo de adopção prevista no artigo 40º, alínea c) – depois tramitada nos termos dos artigos 52º a 59º – que está sujeita a esta urgência, mas antes toda e qualquer intervenção jurisdicional no âmbito de uma adopção, incluindo também, a nosso ver, a fase de pós-adopção prevista no artigo 60º.

Esta urgência resulta automatica e inexoravelmente da lei e não está sujeita ao juízo casuístico de cada julgador exigido, por exemplo, no texto do artigo 13º RGPTC (o tribunal só deve declarar a urgência de um processo tutelar cível sempre que considere que a demora na adopção de uma determinada providência é susceptível de "causar prejuízo aos interesses da criança").

3. Esta urgência também resulta do texto da LPCJP, nomeadamente do seu artigo 102º, incluindo-se aqui também, como é óbvio, a fase do decretamento judicial da adoptabilidade de uma criança, hoje restrita à previsão do artigo 35º, nº 1, alínea g) desse diploma [e também referida no artigo 34º, nº 1, alínea a) deste diploma que ora se anota], fase esta olvidada do texto do artigo 29º para não se repetir a tramitação específica do processo da LPCJP.

4. Esta urgência processual tem como consequências:

- a tramitação do processo em período de férias judiciais, ou seja, durante os dias 22 de dezembro a 3 de janeiro, durante o domingo de Ramos à segunda-feira de Páscoa e de 16 de julho a 31 de agosto de cada ano (Cf. artigo 28º LOSJ);
- a não suspensão dos prazos durante as férias judiciais (artigo 138º CPC *ex vi* artigo 6º da Lei nº 143/2015, de 8 de setembro).

Desta forma, estes actos processuais gozam de absoluta precedência relativamente a qualquer outro serviço judicial não urgente.

5. Esta urgência manifesta-se no procedimento relativo à prestação do consentimento prévio que estabelece que, sendo a mesma requerida, deverá ser imediatamente designada hora para a sua prestação, que deverá ocorrer no próprio dia, a menos que isso não seja possível.

Nesta situação, a lei estabelece que, ainda assim, a prestação do consentimento prévio deve ocorrer no mais curto espaço de tempo possível (artigo 35º, nº 2).

Nos outros procedimentos judiciais atinentes à adopção, esta urgência dever-se-á manifestar numa cuidada e célere tramitação, sempre tendo em consideração o tempo da criança que flui muito mais depressa que o tempo do adulto – bastará atentar no limite etário dos 15 anos (Cf. artigo 1980º CC) como regra para a possibilidade de adopção de uma criança para se perceber o quão rápido deverá o tribunal agir.

Neste particular, pergunto-me até quando permaneceremos no limite legal etário dos 15 anos como sendo a idade máxima normal para a adopção de uma criança, quando é certo e manifesto que existem inúmeras situações reais que reclamariam uma sua subida, havendo o sério risco de, seguindo a actual norma, ficarem desprotegidas muitas vivências afectivas que, podendo, já o sabemos, ser cobertas por outro instituto jurídico, se subsumiriam de forma mais adequada ao desenho de uma verdadeira relação adoptiva de direito (e não só de facto).

6. Sobre a questão da urgência referenciada às fases administrativas do instituto [Cf. artigo 40º, alíneas a) e b)], leia-se «O superior interesse da criança no processo de adoção nacional» – Relatório de Estágio realizado na secção de Família e Menores da Comarca de Lisboa, com vista à obtenção do grau de Mestre na especialidade de Direito Forense e Arbitragem, setembro de 2020, de Catarina Tiago, a pp. 80:

«Levanta-se, agora, a questão de saber se a primeira parte do processo – a fase administrativa – não seria ela também harmonizável com a urgência. Em suma, a

fase administrativa resume-se a uma série de procedimentos de preparação, avaliação e construção do vínculo afetivo, que exigem pela sua natureza, o decurso do tempo. A aferição da idoneidade de um candidato a adotante, a sua preparação, ou a criação de um vínculo afetivo não vão ocorrer de um dia para o outro, precisam de tempo para que sejam levadas a cabo com (...) rigor (...). Assim sendo, não consideramos fazer sentido haver urgência quanto a estes procedimentos, devendo os mesmos centrar-se, sim, numa realização adequada à produção dos seus efeitos».

6. Bibliografia: BOLIEIRO, Helena e GUERRA, Paulo, *A criança e a família: uma questão de direito(s): visão prática dos principais institutos do direito da família e das crianças e jovens* – 2ª edição actualizada, Coimbra Editora, 2014; GUERRA, Paulo, *Lei de Protecção de Crianças e Jovens em Perigo anotada*, 5ª edição, Almedina, 2021; TIAGO, Catarina, «O superior interesse da criança no processo de adoção nacional» – Relatório de Estágio realizado na secção de Família e Menores da Comarca de Lisboa, com vista à obtenção do grau de Mestre na especialidade de Direito Forense e Arbitragem, setembro de 2020 (consultável em https://run.unl.pt/bitstream/10362/111192/1/Tiago_2020.pdf – cons. a 19.7.2021).

Esta anotação foi redigida segundo a grafia anterior ao novo Acordo Ortográfico.

PAULO GUERRA

SECÇÃO I
Preliminares

ARTIGO 33º
Comunicações obrigatórias

1 – Quem tiver criança a seu cargo em situação de poder vir a ser adotada deve dar conhecimento da situação ao organismo de segurança social da área da sua residência, que avalia a situação.

2 – O organismo de segurança social deve dar conhecimento imediato ao magistrado do Ministério Público junto do tribunal competente das comunicações recebidas nos termos do número anterior e informar, em prazo não superior a três meses, do resultado dos estudos que realizar e das providências que tomar.

ANOTAÇÃO

1. Conexões normativas externas: Artigos 1978º, nº 1, 1980º, n.ºs 1, al. a), e 3, CC.

2. A norma em análise, de cariz eminentemente procedimental, corresponde ao artº 3º, n.ºs 3 e 4, do Decreto-lei nº 185/93, de 22 de maio, com a redação que lhe foi dada pela Lei nº 31/2003, de 22 de agosto, e tem em vista a rápida concretização do direito da criança desprovida de um meio familiar normal ao integral e harmonioso desenvolvimento da sua personalidade, tal como lhe é reconhecido na Declaração dos Direitos da Criança e na Convenção sobre os Direitos da Criança, ou seja, em ambiente familiar securizante, numa atmosfera de felicidade, amor e compreensão.

Almejando, pois, a agilização do início do processo de adoção, relativamente a crianças que se encontrem em situação de poderem vir a ser adotadas, o preceito sob anotação impõe a quem as tenha a seu cargo a comunicação dessa situação ao organismo de segurança social da área da sua residência, que deverá avaliar a situação.

Por seu turno, sobre o organismo de segurança social recai o dever de transmitir as comunicações recebidas ao Ministério Público junto do tribunal competente, a quem deverá prestar informações periódicas sobre os estudos que realizar e as providências que tomar.

Segue-se, portanto, o *sistema de colaboração* introduzido pelo Decreto-lei nº 185/93, de 22 de maio, impondo esta norma uma cooperação – que se pretende ativa, dialogante e coordenada – entre cidadãos, famílias, organismos, instituições particulares ou oficiais, que tenham a seu cargo crianças desprovidas de um meio familiar normal e os organismos de segurança social e demais entidades com competência em matéria de adoção, em ligação estreita com o Ministério Público [Armando Leandro, *O Novo Regime Jurídico do Processo de Adoção*, Centro de Estudos Judiciários, Textos, 1991-92/1992-93, pp. 265 e ss.].

3. O dever de comunicação previsto na norma em análise traduz-se, no fundo, na obrigação de informar o competente organismo de segurança social da situação de facto vivenciada por determinada criança, cujos contornos tornam plausível a concretização de um projeto adotivo.

Impõe-se, pois, começar por identificar, com a precisão possível, os casos em que se pode dizer que uma criança se encontra em situação de poder vir a ser adotada, dependendo da verificação da correspondente situação de facto o nascimento, na esfera jurídica de alguém, do mencionado dever de comunicação.

A norma em análise não indica, sequer a título exemplificativo, quais as situações concretas que deverão ser alvo de comunicação, deixado, assim, à doutrina e à jurisprudência a respetiva definição, o que se impõe face aos princípios da certeza e da segurança jurídicas.

Assim, afigura-se que deverá ser comunicada ao organismo de segurança social competente a situação de crianças relativamente às quais se mostre verosímil a inexistência ou sério comprometimento dos vínculos afetivos próprios da filiação (crianças desprovidas de um ambiente familiar normal), face à verificação de alguma das situações de facto que, nos termos do artº 1978º, nº 1, CC, permitem a aplicação da medida de confiança com vista a futura adoção (situação das crianças: ***i.*** filhas de pais incógnitos ou falecidos; ***ii.*** cujos pais mostram vontade de prestar o consentimento prévio para a adoção – se já prestaram este consentimento, o dever de comunicar recai, não sobre a pessoa que tem a criança a cargo, mas sobre o Tribunal perante o qual o consentimento foi prestado, nos termos do artigo 39º, nº 1; ***iii.*** abandonadas pelos seus pais; ***iv.*** cujos pais, por ação ou omissão, mesmo que por manifesta incapacidade devida a razões de doença mental, puserem em perigo grave a sua segurança, saúde, formação, educação ou o seu desenvolvimento; ***v.*** acolhidas por um particular, por uma instituição ou por família de acolhimento cujos pais tiverem revelado manifesto desinteresse pela sua situação, em termos de comprometer seriamente a qualidade e a continuidade daqueles vínculos).

A definição do âmbito de aplicação da norma em análise não prescinde, por outro lado, da consideração dos conceitos operativos de *adotabilidade* e de *criança*, introduzidos pelo artº 2º, als. c) e d), para efeitos de aplicação do Regime Jurídico do Processo de Adoção.

Donde, tal dever aplica-se relativamente a todas as crianças que, encontrando-se na situação de facto acima referida, possam vir a beneficiar de uma decisão judicial ou administrativa que as coloque em situação de adotabilidade (*cf.* art.os 3º, al. c) e 1980º, nº 1, al. a), CC), aqui se integrando todas aquelas relativamente às quais seja de esperar que, desencadeados os procedimentos com vista à sua adoção após aquela comunicação, possam vir a ser confiadas aos adotantes ou a um deles com idade não superior a 15 anos (*cf.* artº 1980º, nº 3, CC).

Nos termos da norma em análise, ficam sujeitos ao dever de comunicação as pessoas que tenham a seu cargo criança em situação de poder vir a ser adotada.

Ao utilizar a expressão *"tiver criança a cargo"*, a norma em apreço abstrai da juridicidade dessa situação; o cumprimento deste dever impõe-se, pois, a todas as pessoas que estejam, de facto, cometidas do encargo de cuidar de uma criança, aqui se integrando: – os pais, outros titulares das responsabilidades parentais e, em geral, o representante legal da criança; – os detentores da guarda de facto da criança, nos termos descritos no artigo 2º, alínea i); e – em geral, quaisquer pessoas que se encontrem na situação de facto descrita (cometidas do encargo de cuidar de uma criança), ainda que sem a nota da continuidade necessária para que de guarda de facto se possa falar (pense-se na ama onde a criança foi deixada, abandonada, pelos pais).

4. Recebida tal comunicação, sobre o organismo de segurança social recai o dever de a transmitir ao Ministério Público e de avaliar a situação.

Esta avaliação da situação passa pela reunião de elementos que permitam a tomada de uma decisão sobre a viabilidade do início do processo de adoção da criança visada, o que impõe uma análise do seu contexto vivencial, de forma a aferir se a mesma poderá vir a ser adotada, tomando aqui como guião o elenco das situações de facto descritas no citado artº 1978º, nº 1, CC, nos sobreditos termos, e aferindo se, por força da verificação de alguma dessas situações, não existem ou se encontram seriamente comprometidos os vínculos afetivos próprios da filiação.

Concluindo que a criança se encontra numa situação de facto que a coloca em condições de poder vir a beneficiar de uma decisão judicial ou administrativa de confiança com vista à adoção (*cf.* artº 3º, al. c), o organismo de segurança social deverá ajuizar, também, da viabilidade do início do processo de adoção, aferindo se, face ao tempo normalmente requerido para aquele efeito, é expectável que a mesma possa ser confiada aos adotantes ou a um deles antes de completar os 15 anos de idade (*cf.* artº 1980º, nº 3, CC).

Assim, ressalvadas as situações excecionais que *infra* serão analisadas (*vd.* artº 34º e respetiva anotação), considera-se à partida inviável o início de um processo de adoção relativamente a crianças que não possam ser confiadas aos adotantes ou a um deles com idade não superior a 15 anos, mostrando-se preferível, nestes casos, o seu encaminhamento para soluções alternativas, como o apadrinhamento civil. De outra forma, poder-se-ão criar falsas expetativas na criança sobre a concretização de um projeto adotivo cuja frustração será necessariamente fonte de desilusão e sofrimento.

Fazendo um juízo de prognose positivo sobre a adoção da criança cuja situação lhe foi comunicada, o organismo de segurança social deverá, ainda, tomar as providências adequadas à concretização do projeto adotivo, que estejam ao seu alcance (*vd.* artº 8º e respetiva anotação).

Periodicamente, o organismo de segurança social deverá prestar informação ao Ministério Público sobre os estudos que realizar, no quadro da avaliação da situação da criança, e sobre as providências que tomar.

5. Sobre o Ministério Público recai, por seu turno, o dever de acompanhar as ações desenvolvidas pelo organismo de Segurança Social, tendo em vista a concretização da adoção da criança cuja situação lhe foi comunicada.

No âmbito deste acompanhamento, deverá o Ministério Público desencadear, no quadro das competências que lhe estão deferidas pelo artº 27º, as ações adequadas ao início formal do processo de adoção, *v.g.*, requerendo a prestação de consentimento prévio para a adoção (se a situação de facto comunicada respeitar a criança cujos pais manifestem vontade de o prestar), devendo igualmente, quando não for possível a obtenção de consentimento prévio ara a adoção, indagar de imediato sobre a verificação dos pressupostos de dispensa do consentimento dos pais do adotando ou das pessoas que o devam prestar em sua substituição, nos termos do artº 1981º, do CC (*cf.* als. e) e j) do citado artº 27º).

Questão que se poderá colocar neste âmbito prende-se com a definição do caminho a seguir quando as situações comunicadas habilitarem, desde logo, o Ministério Público a agir judicialmente, em representação dos interesses da criança visada, seja a nível tutelar cível seja no quadro de um processo de promoção e proteção.

Ora, nos termos do artº 36º, nº 5, nos casos em que não seja atribuída a confiança administrativa, o Ministério Público promove as iniciativas processuais cíveis ou de proteção adequadas ao caso, na sequência da correspondente comunicação do organismo de segurança social.

Da referida norma resulta, portanto, *a contrario*, que, sendo atribuída a confiança administrativa, o Ministério deverá abster-se de qualquer iniciativa processual.

Assim, afigura-se que, quando lhe sejam transmitidas as comunicações recebidas pelo organismo de segurança social relativas a crianças em situação de poderem vir a ser adotadas, o Ministério Público deverá aguardar pelo resultado da avaliação daquele organismo, de forma a aquilatar-se da viabilidade do início do processo de adoção.

Concluindo-se que a adoção da criança que foi alvo da comunicação é viável, será o organismo de segurança social quem primeiramente definirá as providências a tomar, afigurando-se que, só no caso de não ser atribuída a confiança administrativa, o Ministério Público poderá promover o início dos processos tutelares cíveis ou de promoção e proteção adequados ao caso.

Poderá, porém, suceder que a iniciativa processual do Ministério Público se mostre necessária para garantir o sucesso do processo de adoção, entretanto iniciado pelo organismo de segurança social.

Pense-se, por exemplo, nos casos em que o organismo de segurança social atribuiu a confiança administrativa da criança, através da confirmação da sua permanência a cargo do candidato a adotante que sobre ela exerce já as responsabilidades parentais (*vd.* artº 34º, nº 2, al. b) e respetiva anotação).

Como infra se explanará (*vd.* artº 34º, nº 2, al. b) e respetiva anotação), esta modalidade de confiança administrativa não depende da prestação de consentimento prévio para a adoção, pelos pais do adotando, o qual, não sendo dispensado, será necessário para que a adoção possa vir a ser decretada (*cf.* artº 1981º, nº 1, al. c), CC).

Assim, sendo-lhe comunicada a atribuição de confiança administrativa na modalidade referida e constatando que os pais do adotando não prestaram o necessário consentimento nem se verificam os pressupostos para a respetiva dispensa, poderá o Ministério Público equacionar a possibilidade de instauração de uma ação de inibição das responsabilidades parentais, nos termos e com a legitimidade que lhe é conferida pelo artigo 52º, RGPTC (*vd.* também, artº 1915º, nº 1, CC), com o que, sendo a ação julgada procedente e não sendo requerido o levantamento da inibição nos 18 meses seguintes, obterá fundamento para pedir a dispensa do consentimento dos pais do adotando (*cf.* artº 1981º, nº 3, al. c), CC).

Mais, constatando que a situação de facto que justificou a atribuição de confiança administrativa, nesta modalidade, é suscetível de integrar a hipótese prevista no artigo 3º, nº 2, alínea d), LPCJP (nos termos do qual se considera numa situação de perigo a criança ao jovem que *está aos cuidados de terceiros, durante período de tempo em que se observou o estabelecimento com estes de forte relação de vinculação e em simultâneo com o não exercício pelos pais das suas funções parentais*), deverá o Ministério Público instaurar o competente processo de promoção e proteção, o qual, sendo pedida a aplicação da medida de promoção e proteção de confiança com vista a futura adoção, prevista nos art.os 35º, nº 1, alínea g), e 38º-A, LPCJP, corre necessariamente no Tribunal (*cf.* art.os 11º, nº 1, al. a), 38º e 65º, nº 2, LPCJP). Aplicada a referida medida de promoção e proteção, ficam os pais inibidos do exercício das responsabilidades parentais (*cf.* artº 1978º-A, CC), sendo desnecessário o seu consentimento para a adoção (*cf.* artº 1981º, nº 1, al. c), *in fine*, CC; *vd.*, infra, artº 34º e respetiva anotação).

Em conclusão, entende-se que, sendo atribuída a confiança administrativa, o Ministério se deverá abster apenas de iniciativas processuais que contrariem a concretização do projeto adotivo delineado pela entidade competente em matéria de adoção ou que se revelem desnecessárias face à confiança administrativa já atribuída, devendo promover todas as iniciativas que, de alguma forma, possam garantir o sucesso da adoção.

6. Como acima se deixou dito, a norma em apreço coloca sobre quem tiver a seu cargo uma criança em condições de poder vir a ser adotada, o dever de comunicar tal situação ao organismo de segurança social da área da sua residência.

Trata-se, portanto, de uma ordem, um comando, uma injunção dirigida à inteligência e à vontade dos indivíduos que se encontrem na descrita situação de facto, ou seja, que tiverem a seu cargo uma criança em condições de poder vir a ser adotada.

Assim, mais do que que uma advertência ou mera exortação, a norma em análise cria um verdadeiro *dever jurídico*, configurando aquela obrigação de comunicação uma *necessidade imposta pelo direito (objetivo) a uma pessoa de observar determinado comportamento* [Antunes Varela, *Das Obrigações em Geral*, Vol. I, 8ª ed., Almedina, Coimbra, 1994, pp. 51 e ss].

A criação de tal dever jurídico, funcionalizada que está à agilização do início do processo de adoção, nos sobreditos termos, mostra-se amplamente justificada pelo direito da criança, reconhecido e tutelado pela Ordem Jurídica, ao integral e harmonioso desenvolvimento da sua personalidade, consubstanciando a sua violação (traduzida na omissão do cumprimento daquele dever) um comportamento ilícito, enquanto *infração de norma destinada a proteger aquele interesse* da criança [Antunes Varela, *op. cit.* pp. 543 e ss].

Tratando-se de um dever jurídico, a exigência da conduta imposta pela norma em apreço (comunicação ao organismo de segurança social competente da situação de criança em condições de poder vir a ser adotada) não pode deixar de estar amparada pela coercitividade própria da disciplina jurídica, pelo que a sua violação, consubstanciando um comportamento ilícito, haverá de ter uma sanção.

Ora, salvo melhor opinião, tal sanção deverá ser encontrada por referência ao artº 483º, CC, pelo que, verificados que estejam os demais pressupostos da responsabilidade civil aqui previstos, a omissão do referido dever de comunicação fará incorrer o infrator na obrigação de indemnizar a criança, cujo interesse é acautelado pelo preceito em apreço, pelos danos resultantes dessa omissão (cobrindo tal indemnização os danos decorrentes do comprometimento da adoção, verificado que esteja o necessário nexo causal entre estes danos e a descrita conduta ilícita).

7. Bibliografia: ALFAIATE, Ana Rita, *«A responsabilidade das Comissões de Proteção de Crianças e Jovens na verificação atempada da insuficiência do cuidado prestado pela família biológica»*, in Cuidado e Responsabilidade, 1ª ed., São Paulo, Brasil, Editora Atlas S. A., 2011; CAPELO DE SOUSA, Rabindranath Valentino A., *«A Adoção – Constituição da Relação Adotiva»*, Separata do Volume XIX do Suplemento do Boletim da Faculdade de Direito da Universidade de Coimbra, Coimbra, 1973; COELHO, Francisco Pereira/OLIVEIRA, Guilherme de, *Curso de Direito da Família*, vol. II, Tomo I, Centro de Direito da Família, Coimbra Editora, 2006; GUERRA, Paulo, *«A adoção – o segundo nascimento do ser humano»*, Revista do Centro de Estudos Judiciários, 1º semestre 2018, nº 1; Idem, *Lei de Proteção de Crianças e Jovens em Perigo Anotada*, 4ª ed. revista e atualizada, Almedina, Coimbra, 2019. LEANDRO, Armando, *«O Novo Regime Jurídico do Processo de Adoção»*, Centro de Estudos Judiciários, Textos, 1991-92/1992-93, pp. 265 e ss.; PINHEIRO, Jorge Duarte, *O Direito da Família Contemporâneo*, 5ª ed., Almedina, Coimbra, 2016; Idem, *«Estudos de Direito da Família e das Crianças»*, AAFDL Ed., Lisboa, 2015; RAMIÃO, Tomé d'Almeida, *a Adoção – Regime Jurídico Atual*, Quid Iuris, Lisboa, 2015; SAN-BENTO, Marta, E-book CEJ, *«Família e Crianças: As novas Leis – Resolução de questões práticas»*, janeiro de 2017, disponível em http://www.cej.mj.pt ; VARELA, João de Matos Antunes, *Das Obrigações em Geral*, Vol. I, 8ª ed., Almedina, Coimbra, 1994.

Esta anotação foi redigida seguindo a grafia resultante do Acordo Ortográfico de 1990

PEDRO RAPOSO DE FIGUEIREDO

ARTIGO 34º
Pressupostos

1 – A prolação da decisão judicial constitutiva do vínculo da adoção depende de:

a) **Prévia declaração de adotabilidade decidida no âmbito de processo judicial de promoção e proteção, mediante decretamento**

de medida de confiança a que alude a alínea g) do nº 1 do artigo 35º da Lei de Proteção de Crianças e Jovens em Perigo, aprovada pela Lei nº 147/99, de 1 de setembro, alterada pelas Leis n.os 31/2003, de 22 de agosto, e 142/2015, de 8 de setembro;

b) **Prévia decisão de confiança administrativa, reunidos que se mostrem os necessários requisitos;**

c) **Prévia avaliação favorável da pretensão expressa pelo candidato a adotante relativamente à adoção do filho do cônjuge, tendo em conta o superior interesse da criança.**

2 – A confiança administrativa resulta de decisão do organismo de segurança social:

a) **Que proceda à entrega de criança, relativamente à qual haja sido prestado consentimento prévio para a adoção, ao candidato a adotante; ou**

b) **Que confirme a permanência de criança a cargo do candidato a adotante que sobre ela exerça já as responsabilidades parentais, nos termos previstos na alínea a) do nº 8 do artigo 36º**

3 – A avaliação a que alude a alínea c) do nº 1 tem lugar na sequência de um período de pré-adoção, não superior a três meses, o qual tem início imediatamente após a formulação da pretensão pelo candidato a adotante.

ANOTAÇÃO

1. Conexões normativas externas: Artigos 1978º, 1979º e 1980º, CC; Artigos 3º, 35º, nº 1, al. g), e 38º-A, LPCJP; Artigos 3º, 12º, nº 1, CDC; Artigo 7º, da Lei nº 7/2001, de 11 de maio.

2. Tendo como fonte o artº 8º, do Decreto-lei nº 185/93, de 22 de maio, com a redação que lhe foi dada pela Lei nº 31/2003, de 22 de agosto, a norma em análise define o quadro em que a adoção pode ser decretada em Portugal, limitando-o, à semelhança do que sucede no artº 1980º, nº 1, CC, a crianças que beneficiem de uma medida de promoção e proteção de confiança com vista a futura adoção ou que tenham sido administrativamente confiadas ao candidato a adotante (que se encontrem, nos termos do artº 2º, al. c), em situação jurídica de adotabilidade), bem como a crianças filhas do cônjuge do candidato a adotante, cujo projeto adotivo tenha sido favoravelmente avaliado, em vista do seu superior interesse, pelo organismo de segurança social.

3. Com a eliminação da providência tutelar cível de confiança judicial, justificada por razões de clareza e de coerência do sistema [Lucília Gago, «*O que muda no regime da adoção em Portugal*», Revista do Centro de Estudos Judiciários, II, 2015, pp. 83 e ss.], a aquisição por via judicial do estatuto jurídico de adotabilidade apenas pode ser conseguida no âmbito de um processo de promoção e proteção, através da aplicação da medida de confiança com vista a futura adoção, a qual pode consistir na colocação da criança ou do jovem sob a guarda de candidato selecionado para a adoção pelo competente organismo de segurança social ou na colocação da criança ou do jovem sob a guarda de família de acolhimento ou de instituição com vista a futura adoção (*cf.* art.os 35º, nº 1, al. g), e 38º-A, LPCJP).

A aplicação de tal medida depende, antes de mais, da existência de uma situação de perigo que, nos termos do artº 3º, LPCJP, legitime a intervenção protetiva do Estado no quadro de um processo de promoção e proteção.

Assim, consubstanciando esta intervenção uma compressão dos direitos constitucionalmente garantidos à família da criança ou jovem, designadamente, o direito à reserva da intimidade da vida privada e familiar, bem como o direito de educação e manutenção dos filhos e à inseparabilidade entre pais e filhos (*cf.*, respetivamente, art.os 26º, nº 1, e 36º, n.os 5 e 6, CRP), o seu quadro legitimador assentará forçosamente na necessidade de promoção dos direitos e proteção dessa criança ou jovem, face à sua exposição a uma situação de perigo atual para a sua segurança, saúde, formação, educação ou desenvolvimento, resultante de ação de omissão dos seus pais, representante legal ou de quem tenha a sua guarda de facto ou de ação ou omissão de terceiros ou da própria criança ou do jovem a que aqueles não se oponham de modo adequado a removê-lo [Paulo Guerra, *Lei de Proteção de Crianças e Jovens em Perigo Anotada*, 4ª ed. revista e atualizada, Almedina, Coimbra, 2019, pp. 25 e ss.; *vd.* Ac. STJ 05/04/2018, Procº nº 17/14.8T8FAR.E1.S2, 2ª Secção, Relatora Rosa Ribeiro Coelho; Acs. TEDH: – de 26/02/2002, Kutzner c. Alemanha, nº 46544/99, § 56, CEDH 2002-I; – de 29/11/2005, Kriz c. República Checa (dec.), nº 26634/03; e – de 10/04/2012, Pontes c. Portugal, nº 19554/09, § 67].

Ademais, sendo a medida de confiança com vista a futura adoção a que maior constrição representa para aqueles direitos constitucionalmente protegidos, na medida em dura até ser decretada a adoção e não está sujeita a revisão, acarretando inelutavelmente a inibição dos progenitores do exercício das responsabilidades parentais e um corte, tendencialmente absoluto, da ligação da criança à sua família biológica (*cf.* art.os 62º-A, n.os 1, 6 e 7, LPCJP, 1978º-A, CC), a sua aplicação não se basta com a verificação de uma situação de perigo, exigindo-se, ainda, que, sendo proporcional e adequada ao perigo que pretende debelar, subsistente no momento em que a decisão é tomada, tal medida se revele estritamente necessária, em vista do superior interesse da criança ou do jovem, a essa finalidade, dependendo a formulação deste juízo de necessidade, imposto pelo princípio da proporcionalidade que orienta toda a intervenção protetiva (*cf.* artº 4º, al. e), LPCJP), da verificação dos requisitos previstos no artº 1978º, nº 1, CC, ou seja, da constatação da inexistência ou sério comprometimento dos vínculos afetivos próprios da filiação, forçosamente revelada pela verificação objetiva de qualquer uma das situações de facto descritas nesta norma [Paulo Guerra, *Lei de Proteção de Crianças e Jovens em Perigo Anotada*, 4ª ed. revista e atualizada, Almedina, Coimbra, 2019, pp. 119 e ss.].

Estes *"vínculos afetivos próprios da filiação"* não se reduzem, por seu turno, à mera afeição, mas *devem ter um suporte factual consistente na interação dinâmica entre pais e filhos, assente numa parentalidade responsável ("próprios da filiação")*; não basta, portanto, que haja relação afetiva entre pais e filhos, antes sendo necessário demonstrar um amor próprio da filiação, em que o afeto é acompanhado da capacidade e vontade de *cuidar dos filhos no dia-a-dia, da sua segurança, saúde física e bem-estar emocional, assumindo na íntegra essa responsabilidade* [Ac. TRC de 24/07/2017, Procº nº 268/12.0TBMGL.C2, Relator Jorge Arcanjo; Ac. TRP de 27/04/2019. Procº nº 2545/16.1T8PRD.P1, Relatora Maria Cecília Agante].

Será, pois, sob este prisma que as situações objetivas descritas no artº 1978º, nº 1, CC, deverão ser analisadas, procurando-se o justo equilíbrio entre os interesses concorrentes – os da criança, os dos dois pais e os da ordem pública -, tendo em conta, todavia, que o interesse superior da criança deverá constituir a consideração primacial e, de acordo com a sua natureza e a sua gravidade, prevalecer sobre o dos pais [*cf.* artigo 1978º-A, nº 2, CC; *vd.* Acs. TEDH: – de 6/12/2007, Maumousseau e Washington c. França, nº 39388/05, § 62, CEDH 2007-XIII; – de 19/09/2000, Gnahoré c. França, nº 40031/98, §50, CEDH IX; – de 08/07/2003, Sahin c. Alemanha [GC], nº 30943/96, § 66, CEDH 2003-VIII; e – de 13/07/2000, Scozzari e Giunta c. Itália, [GC], nºs 39221/98 e 41963/98, § 148, CEDH 2000-VIII].

Decretada a medida de confiança com vista a futura adoção, fica definitivamente resolvido o problema – fulcral no instituto da adoção – do consentimento dos pais, que não será necessário no âmbito do subsequente processo de adoção (*cf.* artº 1981º, nº 1, al. c), CC), onde se apreciará apenas a natureza, caraterísticas e qualidade da relação afetiva criada, no decurso do período de pré-adoção, entre a criança e os adotantes, fundamento da constituição do vínculo de adoção, nos termos dos art.os 1973º e 1974º, CC [JOANA MARQUES VIDAL, «*Adopção – Confiança Administrativa e Confiança Judicial*», Revista do Ministério Público, Ano 19º, 1998, nº 175, p. 169].

Esta medida permite, assim, que o subsequente período de pré-adoção se processe de forma segura e serena, favorecendo o investimento afetivo e educacional necessário ao estabelecimento de um vínculo semelhante ao da filiação (*cf.* artº 1974º, nº 1, CC), sem incertezas prejudiciais ao êxito do processo de integração da criança na sua nova família [ARMANDO LEANDRO, «*O Novo Regime Jurídico do Processo de Adoção*», Centro de Estudos Judiciários, Textos, 1991-92/1992-93, p. 273].

4. A decisão de confiança administrativa constitui, a par da medida de promoção e proteção de confiança com vista a futura adoção, uma forma de atribuir à criança o estatuto jurídico de adotabilidade (*cf.* art.os 2º, al. c), 1980º, nº 1, al. a), CC).

Tal como sucedia no regime pregresso (*cf.* artº 3º, nº 2, do Decreto-lei nº 185/93, de 22 de maio), a decisão de confiança administrativa pode consistir na entrega da criança ao candidato a adotante ou na confirmação da sua permanência a cargo deste [JOANA MARQUES VIDAL, *op. cit.* p. 168].

A nova configuração dada à confiança administrativa apresenta, todavia, algumas modificações de relevo que importa registar.

Assim, a confiança administrativa na modalidade de entrega da criança ao candidato a adotante, assentando num juízo de prognose favorável relativamente à compatibilização entre as necessidades da criança e as capacidades do candidato (*vd.* artº 36º, nº 3, e respetiva anotação), passa a estar dependente da prestação de consentimento prévio para a adoção (*cf.* nº 2 al. a) da norma em análise).

Na verdade, se é certo que no regime anterior esta modalidade de confiança administrativa já dependia da não oposição dos pais, de quem exercesse as responsabilidades parentais ou do tutor, a verificação dessa situação e obtenção do correspondente acordo ocorria, todavia, em sede não judicial, não se tratando do consentimento prévio prestado perante o juiz nos termos dos art.os 1982º e 1983º, CC. Por essa razão, os pais mantinham a titularidade das responsabilidades parentais e podiam a qualquer momento retirar o seu acordo ou opor-se à confiança administrativa já instituída; por outro lado, instaurado o processo de adoção e não sendo caso de dispensa, tinham de ser ouvidos, em vista da prestação do seu consentimento [JOANA MARQUES VIDAL, *op. cit.* p. 168].

O regime atual, pretendendo imprimir maior segurança e estabilidade à confiança administrativa, nesta modalidade, restringe a sua aplicação aos casos em que tenha havido prestação de consentimento prévio para a adoção (*cf.* artº 35º; *cf.*, também, artº 1982º, CC), o qual, sendo irrevogável e não estando sujeito a caducidade (*cf.* artº 1983º/1, CC), permite que a entrega da criança ao candidato se mantenha até ser decretada a adoção, viabilizando a criação de vínculos e o fortalecimento dos laços e da relação afetiva entre ambos.

Relativamente à confiança administrativa na modalidade de confirmação da permanência da criança a cargo do candidato a adotante, impõe-se assinalar que a mesma passa a ser alcançável apenas por quem exercer já sobre ela as responsabilidades parentais, pressupondo: *i.* que o exercício das responsabilidades parentais relativas à esfera pessoal da criança tenha sido previamente atribuído ao candidato, no âmbito de providência tutelar cível; *ii.* a prévia avaliação favorável da pretensão expressa pelo candidato a adotante relativamente à criança a cargo, tendo em conta o superior interesse desta (cf. nº 2, al. b) da norma em análise; *vd.*, também, artº 36º, nº 8, e respetiva anotação).

A exigência de prévia decisão de atribuição do exercício das responsabilidades parentais ao candidato a adotante encerra um claro reforço de cautelas face ao regime anterior, considerando-se que essa decisão, proferida no âmbito da correspondente providência tutelar cível, constitui um meio suficientemente idóneo para legitimar aquela concreta aproximação traduzida na permanência da criança a cargo daquele [LUCÍLIA GAGO, *op. cit.*, p. 84].

Diferentemente do que sucede na modalidade anterior, a decisão de confiança administrativa pode ser aqui proferida mesmo quando o representante legal da criança, o detentor da guarda de direito ou de facto se oponham a uma tal decisão, apenas se exigindo a sua audição, mas não já o seu acordo ou, sequer, ausência de oposição (*vd.* artº 36º, n.os 2 e 4, e respetiva anotação).

Assim, a eventual oposição do representante legal da criança ou do detentor da guarda de direito ou de facto, podendo fundamentar uma decisão de não atribuição (*vd.* artº 36º, nº 4, e respetiva anotação), não tem, por si só, a virtualidade de impedir a atribuição da confiança administrativa nesta modalidade, exigindo-se apenas que esta repouse sobre um juízo de prognose favorável relativamente à compatibilização entre as necessidades da criança e as capacidades do candidato e não receba oposição da criança maior de 12 anos ou, não tendo atingido tal faixa etária, com maturidade e discernimento bastantes para se pronunciar sobre tal questão (*vd.* artº 36º, nº 3, e respetiva anotação).

Sem embargo, constatando a anuência dos pais da criança à atribuição da confiança administrativa nesta modalidade e subsequente adoção, o organismo de segurança social deverá diligenciar de imediato pela prestação de consentimento prévio para a adoção, instaurando o competente procedimento com a legitimidade que lhe é conferida pelo artº 35º, o mesmo devendo fazer o Ministério Público na sequência das comunicações eventualmente recebidas do organismo de segurança social (*vd.* artº 33º e respetiva anotação).

Como se teve já oportunidade de referir (*vd.* artº 33º e respetiva anotação), a atribuição da confiança administrativa nesta modalidade não constitui obstáculo à aplicação da medida de promoção e proteção de confiança com vista a futura adoção, no âmbito do competente processo de promoção e proteção, razão pela qual se propugna a instauração de tal processo sempre que não seja obtido o consentimento prévio para a adoção e haja oposição de quem de direito à atribuição da confiança administrativa na modalidade em análise [neste sentido, Paulo Guerra, «*A adoção – o segundo nascimento do ser humano*», Revista do Centro de Estudos Judiciários, 1º semestre 2018, nº 1, p. 229].

Na verdade, não se levantando aqui questões sobre a capacidade do candidato a adotante para dar adequada satisfação às necessidades da criança, que já lhe foi entregue no quadro de uma medida tutelar cível, o certo é que o artigo 3º, nº 2 alínea d), LPCJP, na redação dada pela Lei nº 142/2015, de 8 de setembro, passou a considerar em perigo a criança que se encontra *"aos cuidados de terceiros, durante período de tempo em que se observou o estabelecimento com estes de forte relação de vinculação e em simultâneo com o não exercício pelos pais das suas funções parentais"*.

Ou seja, não existindo um perigo para a segurança, saúde, formação, educação e sustento da criança (cujas necessidades estão devidamente asseguradas pelo candidato que sobre ela exerce as responsabilidades parentais), o legislador considerou que a indefinição da situação parental da criança constitui uma fonte de perigo autónoma, que legitima a intervenção protetiva do Estado e pode fundamentar, verificados que estejam os requisitos do artº

1978º, CC, nos sobreditos termos, a aplicação da medida de confiança com vista a futura adoção (*vd.* ponto 2 da presente anotação).

Mantém, por isso, inteira pertinência nesta situação o entendimento do Tribunal da Relação de Lisboa, vertido no Acórdão de 7/12/1995 [*CJ*, 1995, Tomo 5, p. 134], segundo o qual *«a existência de confiança administrativa não tolhe, pois, a possibilidade de ser requerida e estabelecida a confiança judicial* – hoje a medida de promoção e proteção de confiança com vista a futura adoção –, *a qual pode introduzir na situação níveis de segurança e de confiança facilitadores ou conciliadores do processo de investimento afetivo e de integração no período de pré-adoção e pode, ainda, garantir mais respeito dos direitos e maior equilíbrio dos interesses do triângulo adotivo»* [*vd.*, também, Almiro Rodrigues, *«O Novo Regime Jurídico de Adoção»*, Revista Infância e Juventude, 1/94, p. 25, cit. por Joana Marques Vidal, *op. cit.*, p. 170].

Finalmente, no âmbito das alterações introduzidas pelo novo regime à disciplina da confiança administrativa, impõe-se assinalar a circunstância de esta estar agora dependente da não oposição da criança a que respeita, conforme inequivocamente resulta do nº 1 do artigo 36º, desde que possua idade igual ou superior a 12 anos ou, caso não haja atingido essa faixa etária, disponha de grau de maturidade e discernimento que a habilitem a pronunciar-se [*vd.* artº 36º e respetiva anotação].

Trata-se de um claro afloramento do *princípio de participação*, que orienta a intervenção em matéria de adoção, segundo o qual a criança tem o direito a participar nas decisões relativas à concretização do projeto adotivo [*vd.* artº 3º, al. d), e respetiva anotação] e uma expressiva manifestação do *princípio do respeito pela opinião da criança*, a qual, nos termos do artº 12º, nº 1, CDC, tem o direito de exprimir livremente a sua opinião sobre as questões que lhe respeitem, sendo devidamente tomadas em consideração as suas opiniões, de acordo com a sua idade e maturidade.

Relativamente a crianças que não hajam atingido a faixa etária dos 12 anos, a ponderação acerca da sua maturidade e discernimento terá de ser devidamente fundamentada, só estando dispensada a justificação para a sua eventual não audição quando for notório que a sua baixa idade não a permite ou aconselha [*vd.* Ac. STJ de 14-12-2016, Procº nº 268/12.0TBMGL.C1.S1, 7ª Secção, Relatora Maria dos Prazeres Pizarro Beleza].

5. A última situação abrangida pela norma em análise contende com a adoção de filho de cônjuge, estabelecendo-se como seu pressuposto a prévia avaliação favorável da pretensão de adoção expressa pelo candidato a

adotante relativamente a essa adoção, tendo em conta o superior interesse da criança.

O processo de adoção não depende, aqui, da prévia aquisição do estatuto de adotabilidade por parte da criança adotanda, sendo antes espoletado pela comunicação da intenção de adotar por parte do cônjuge do seu progenitor, a que imediatamente se segue o período de pré-adoção, não superior a 3 meses (*cf.* nº 3 da norma em análise), pressupondo naturalmente que aquele tenha sido alvo de um processo de seleção como candidato a adotante, em cujo âmbito o organismo competente aferiu a sua idoneidade, nos termos gerais (*vd.* art.ºs 43º a 47º e respetiva anotação).

Findo o período de pré-adoção, o organismo competente procederá à avaliação da pretensão do candidato à adoção, tomando como guia, critério e limite o superior interesse da criança (*cf.* artº 3º, CDC).

Este interesse superior da criança, sendo um conceito indeterminado, será concretizado em relação a cada criança individualmente considerada e em função das suas caraterísticas e necessidades específicas, tomando como farol o sistema de referências vigente em cada momento, em cada sociedade, sobre a pessoa da criança, sobre as suas necessidades, as condições adequadas ao seu bom desenvolvimento e ao seu bem-estar cultural e moral [Rui Epifânio/António Farinha, *Organização Tutelar de Menores Anotada e Comentada*, Coimbra, Almedina, 1997, p. 326].

Em termos gerais, o interesse superior da criança ou jovem deve ser entendido como o direito ao seu integral e harmonioso desenvolvimento físico, intelectual e moral, num ambiente capaz de lhe proporcionar estabilidade de condições de vida, das suas relações afetivas, e do seu ambiente físico e social.

A avaliação favorável da pretensão do candidato a adotante dependerá, assim, da circunstância de se concluir que a almejada adoção realiza o superior interesse da criança adotanda, em todas as apontadas dimensões, salvaguardando-lhe a fruição plena e efetiva de todos os direitos reconhecidos na Convenção e potenciando o seu desenvolvimento global [*vd.* Comentário Geral nº 14 (2013) do Comité sobre os Direitos da Criança].

Finalmente, estando em causa a concretização do superior interesse da criança, que é, nos termos do artº 3º alínea a), um princípio orientador da intervenção em matéria de adoção, não poderá ser desconsiderada a feição procedimental que o Comité sobre os Direitos da Criança lhe tem assinalado, pelo que a tomada de uma decisão deverá aqui incluir uma avaliação do seu possível impacto (positivo ou negativo) sobre a criança envolvida, não podendo deixar de levar em consideração a vontade por ela manifestada [*vd.* Comentário Geral nº 14 (2013) do Comité sobre os Direitos da Criança].

Assim, mesmo que não seja necessário o seu consentimento para a adoção (nos termos do artº 1981º, nº 1, essa necessidade apenas se verifica relativamente a maiores de 12 anos), a criança que disponha de maturidade e discernimento que a habilitem a pronunciar-se deverá ser ouvida, sendo devidamente considerada a sua opinião sobre a pretensão do cônjuge do seu progenitor.

Apesar de a norma se referir a *"filho de cônjuge"*, à semelhança do que sucede no artº 1980º, nº 2, alínea b), CC, o pressuposto em análise aplica-se também ao filho do *unido de facto*, a quem é reconhecido o direito de adoção em condições análogas às previstas no artº 1979º, CC (*cf.* artº 7º, da Lei nº 7/2001, de 11 de maio – Proteção das Uniões de Facto).

Na génese desta modalidade de adoção encontra-se, pois, a celebração do casamento (*cf.* artº 1577º, CC) ou a vivência em condições análogas às dos cônjuges por mais de dois anos (condição temporal da sua relevância jurídica – *cf.* artº 1º, nº 2, da Lei nº 7/2001, de 11 de maio) pelo progenitor da criança, o que propiciou o desenvolvimento de um vínculo semelhante ao da filiação entre a criança e o cônjuge ou o unido de facto daquele, sufragando-se aqui o entendimento de que, em vista da rápida e plena integração do filho na família reconstituída pelo seu progenitor, não será de exigir que tal casamento ou união de facto tenham duração superior a quatro anos [neste sentido, Ac. TRL de 17/05/2018, Procº nº 258/18.9T8CSC.L1-2, Relator Arlindo Crua].

A possibilidade de adoção de filho de cônjuge (ou unido de facto) serve particularmente a situação das crianças cuja maternidade ou paternidade permaneçam omissas ou que sejam filhas de progenitor falecido, mas pode igualmente ser usada nos casos em que ao divórcio ou dissociação familiar se segue o abandono da criança por um dos seus progenitores ou nas hipóteses de conceção sem coabitação, em que um dos progenitores se demite das suas funções parentais [Clara Sottomayor, Parecer, *«Adopção plena do filho do cônjuge»* (Processo nº 526/09.OTMMTS), in Temas de Direito das Crianças, Coimbra, Almedina, 2014, pp. 321-350, cit. por Ana Rita Alfaiate, *«ANOTAÇÃO ao artigo 1980º, CC»*, in Código Civil Anotado, Livro IV, Direito da Família, Clara Sottomayor (Coord.), Almedida, 2020, pp. 1019-1020].

Nestes últimos casos, porém, não basta a manifestação ou verbalização da vontade de adotar por parte do cônjuge ou unido de facto do progenitor, impondo o princípio da inseparabilidade entre pais e filhos (*cf.* art.os 9º, n.os 1 e 3, CDC, 36º, nº 6, CRP) que a concretização do projeto adotivo favoravelmente avaliado em vista do superior interesse da criança assente na prestação do consentimento por parte do progenitor biológico [neste sentido, Ac. TRG, de 19/09/2019, Procº nº 1066/19.5T8BRG.G1, Relator Paulo Reis; considerando que a decisão que decretou a adoção pelo marido da mãe, sem consentimento do progenitor biológico não viola o art. 8º da CEDH, *vd.*, porém, o Ac. TEDH de 29/10/1998, caso Söderbäck v. Sweden, nº 24484/94 (1998), ECHR, 103, sendo de salientar que foi aqui considerada a ausência de contactos entre a criança pelo progenitor biológico e a criação de uma relação afetiva em tudo idêntica à parental entre aquela e o seu padrasto].

Donde, demonstrando o progenitor biológico vontade nesse sentido, deverá a entidade competente diligenciar de imediato pela prestação de consentimento prévio para a adoção, instaurando o competente procedimento com a legitimidade que lhe é conferida pelo artº 35º, idêntica iniciativa se impondo ao Ministério Público na sequência das comunicações recebidas daquela entidade.

Não sendo prestado tal consentimento, deverá ser indagada a possibilidade de obter a respetiva dispensa, a qual, com a revogação da al. b) do nº 3 do artº 1981º, CC (operada pelo artº 9º, da Lei nº 143/2015, de 08/09), apenas será alcançável no caso de o progenitor biológico se encontrar privado do uso das faculdades mentais ou se houver, por qualquer outra razão, grave dificuldade em o ouvir (*cf.* artº 1981º, nº 3, al. a), CC) ou se tiver sido inibido do exercício das responsabilidades parentais, nos termos e nas condições previstas no artº 1981º, nº 3, al. c), CC [não se acompanha, portanto, a proposta apresentada por Maria Perquilhas, «*Anotação ao artigo 1981º, CC*», in Código Civil Anotado, Livro IV, Direito da Família, Clara Sottomayor (Coord.), Almedina, 2020, p.1030, no sentido de se utilizar o mecanismo previsto no nº 2 do artº 1981º CC para ultrapassar a situação de falta de consentimento do progenitor que pratica os factos que integram a previsão das alíneas *c), d)* e *e)* do artº 1978º, nº 1, por se entender que a situação descrita naquele preceito, quando se refere aos ascendentes, se encontra reservada para as situações em que o adotando se encontra a viver com os avós e não com um dos progenitores; neste sentido, *vd.*, infra, anotação ao artº 55º].

Não se afasta, porém, a possibilidade de a recusa de um progenitor em dar o consentimento para a adoção do seu filho pelo cônjuge do outro progenitor poder ser ultrapassada através da aplicação da medida de confiança com vista a futura adoção, prevista no artº 35º, nº 1, al. g), LPCJP, sempre que se verifiquem em relação àquele os pressupostos do artº 1978º, nº 1, CC.

Na verdade, não existindo um perigo para a segurança, saúde, formação, educação e sustento da criança (cujas necessidades estão devidamente asseguradas pelo progenitor com quem reside), entende-se que o abandono por um dos seus progenitores, pelo impacto que tem sobre a sua personalidade em formação, convocando sentimentos de rejeição, desproteção, desamor e desconsideração, é suscetível de pôr em perigo o seu harmonioso desenvolvimento.

Se a este abandono se acrescentar a, injustificada, oposição à viabilização do projeto adotivo pelo cônjuge do outro progenitor, privando a criança da possibilidade de ultrapassar o abandono a que foi votada pela constituição de uma nova, gratificante e securizante relação parental, concluir-se-á, sem grande dificuldade, que a mesma se encontra exposta a uma situação de perigo, nos termos em que este é definido no art. 3º, nº 1, LPCJP, sendo irrelevante a circunstância de a descrita situação não se encontrar expressamente contemplada no nº 2 desta norma, atento o seu caráter meramente exemplificativo.

Legitimada, pela verificação de tal perigo, a intervenção da justiça de promoção e proteção e constatando-se a inexistência ou sério comprometimento dos vínculos afetivos próprios da filiação, relativamente àquele progenitor, face à verificação objetiva de alguma das situações previstas no artº 1978º, nº 1, CC, poderá ser decretada a confiança da criança ao candidato a adotante, cônjuge do seu progenitor, com vista a futura adoção, importando tal decisão a inibição do progenitor abandonante do exercício das responsabilidades parentais (*cf.* artº 1978º-A, CC, que, aplicado com as necessárias adaptações, deixará incólume a situação do progenitor com quem a criança reside) e a desnecessidade do seu consentimento para a adoção do filho que abandonou (*cf.* artº 1981º, nº 1, alínea c), CC).

6. Questão que não pode ser desligada dos prossupostos de prolação de uma decisão judicial constitutiva do vínculo da adoção, definidos na norma em análise, prende-se com a idade da criança adotanda.

O estabelecimento de um limite máximo de idade para efeitos de condicionar a possibilidade da adoção mostra-se amplamente justificado pela atual configuração do instituto da adoção, que, longe dos tempos em que se centrava na pessoa do adotante e ao serviço do seu interesse em ver assegurada a perpetuação da família e a transmissão do nome e do património, visa hoje proporcionar um ambiente familiar normal às crianças que, por qualquer razão, dele foram privadas, procurando que o adotante assuma perante o adotando as funções tradicional e naturalmente associadas aos pais de filhos menores [Ana Rita Alfaiate, *op. cit.*, p. 1020; Francisco Pereira Coelho e Guilherme de Oliveira, *Curso de Direito da Família*, Vol. II, Tomo I, Coimbra, 2006, p. 263].

Assim, nos termos do artº 1980º, nº 2, CC, o adotando deve ter menos de 15 anos à data do requerimento de adoção, admitindo, porém, o nº 3 da norma citada a adoção de quem, à data do requerimento, tenha menos de 18 anos e não se encontre emancipado quando, desde idade não superior a 15 anos, tenha sido confiado aos adotantes ou a um deles ou quando for filho do cônjuge do adotante.

Concordantemente, ao definir o conceito *operativo* de criança para efeitos do Regime Jurídico do Processo de Adoção, o artº 2º, al. d), restringe o seu âmbito a pessoas com idade inferior a 15 anos ou inferior a 18 anos, nos casos previstos no artº 1980º, nº 3, CC.

Relativamente à adoção de filho de cônjuge, a sua concretização dependerá, pois, da circunstância de o mesmo ter menos de 18 anos de idade à data do requerimento de adoção [*vd.*, porém, o Ac. do TC de 15/02/2022, Procº nº 533/2021, 1ª Secção, Relator José António Teles Pereira, que julgou *inconstitucional a norma contida no nº 3 do artigo 1980º do Código Civil, interpretado no sentido segundo o qual se exclui a possibilidade de adoção de um jovem com idade superior a 18 anos à data de entrada do requerimento do adotante no tribunal, quando se trate de filho do cônjuge do requerente, tratado pelo adotante como filho desde a infância, tendo-se estabelecido entre ambos uma relação de afeto, cuidado e assistência idêntica às que habitualmente se estabelecem entre pai e filho, quando aplicado aos casos em que, à data em que o candidato a adotante apresentou o requerimento inicial junto do organismo de Segurança Social, o adotando fosse menor e não emancipado, atingindo a maioridade no decurso da fase administrativa do processo de adoção*].

Nas restantes situações, a criança deverá ter menos de 15 anos de idade à data do requerimento de adoção, admitindo-se excecionalmente a sua adoção se, tendo menos de 18 anos e não se encontrando emancipada à data da entrada em juízo daquele requerimento, tiver sido confiada aos adotantes ou a um deles com menos de 15 anos de idade.

A *confiança aos adotantes ou a um deles* referida no citado artº 1980º, nº 3, CC, será, por princípio, a confiança referida na al. a) do nº 1 da norma, ou seja, a confiança que, nos termos do preceito ora em análise, deixa a criança em situação jurídica de adotabilidade: a confiança administrativa ou a medida de promoção e proteção de confiança com vista a futura adoção [entendendo que aquela confiança terá necessariamente de passar por uma destas medidas, *vd.* Ac. TRE de 09/03/2017, Procº nº 3939/16.8T8STB.E2, Relator Bernardo Domingos; Ac. TRC de 25/01/2021, Procº nº 3733/20.1T8CBR.C1, Relator Emídio Santos].

Neste particular, cumpre começar por significar que a natureza de jurisdição voluntária assinalada à fase final do processo de adoção [*vd.* artº 31º e respetiva anotação] não pode permitir que os juízos de oportunidade e conveniência que a caraterizam (*cf.* artº 987º, CPC) se sobreponham às normas imperativas aplicáveis ao caso: o critério de julgamento será preferencialmente o da equidade, em detrimento da legalidade estrita; mas, a justiça do caso haverá de ser encontrada dentro do quadro normativo permitido pela Ordem Jurídica [*vd.* Antunes Varela, J. Miguel Bezerra e Sampaio e Nora, *Manual de Processo Civil*, 2ª ed. Revista e atualizada, Coimbra Editora, 1985, página 67, nota 2].

Não será, portanto, por apego à natureza voluntária da jurisdição que o âmbito de aplicação do artº 1980º, nº 3, CC, poderá ser alargado.

Todavia, o caráter excecional desta norma, obstando à sua aplicação analógica, não impede a sua interpretação extensiva (*cf.* artº 11º, CC), admitindo-se que, por esta via, se possa integrar na hipótese ali prevista a situação, excecional, de crianças menores de 18 anos e que só beneficiaram de confiança administrativa ou de medida de promoção e proteção de confiança com vista a futura adoção, pressuposto do decretamento da sua adoção, depois de perfazerem os 15 anos de idade.

Na verdade, como se teve oportunidade de referir na sentença (não publicada) de 2 de março de 2015, do Juízo de Família e Menores de Pombal da Comarca de Leiria (J2), proferida no Procº nº 531/15.8T8PBL, quando se trate de interpretar o artº 1980º, nº 3, CC, não se pode perder de vista que, nos termos do artº 9º, nº 1, do mesmo diploma legal, a interpretação não deve cingir-se à letra da lei, mas reconstituir a partir dos textos o pensamento legislativo, tendo sobretudo em conta a unidade do sistema jurídico, as circunstâncias em que a lei foi elaborada e as condições específicas do tempo em que é aplicada.

Assim, apesar de se exigir que o sentido encontrado pelo intérprete tenha na letra da lei um mínimo de correspondência verbal, ainda que imperfeitamente expresso (*cf.* artº 9º, nº 2, CC), o elemento literal não é o preponderante na tarefa interpretativa, como sucedia sob os cânones do positivismo legalista, sendo certo que a boa interpretação da lei não é aquela que determina corretamente o sentido textual da norma, mas antes aquela que utiliza bem a norma como critério de decisão do problema concreto [Castanheira Neves, «*Metodologia Jurídica – Problemas Fundamentais*», in Boletim da Faculdade de Direito da Universidade de Coimbra, reimpressão, Coimbra Editora, 2013, pp. 17 e ss.].

Por outro lado, na tarefa de interpretação do artº 1980º, nº 3, CC, não se poderá olvidar que o postulado máximo subjacente à apreciação dos requisitos aí enunciados é, evidentemente, a tutela dos direitos e do superior interesse da criança, a cuja realização o instituto da adoção está vinculado (*cf.* artº 1974º, nº 1, CC).

A própria CRP consagra, no seu artº 69º, n.os 1 e 2, o direito de todas as crianças à proteção da sociedade e do Estado, com vista ao seu integral desenvolvimento, especialmente contra todas as formas de abandono, de discriminação e de opressão, bem como contra o exercício abusivo de autoridade na família e demais instituições, vinculando-se ainda o Estado a garantir uma particular proteção às crianças órfãs, abandonadas ou por qualquer forma privadas de um saudável ambiente familiar.

A CDC dispõe, por seu turno, no seu artº 3º, nº 1, que todas as decisões concernentes a crianças, tomadas por instituições públicas ou privadas de proteção social, por tribunais, autoridades administrativas ou órgãos legislativos, terão primacialmente em conta o seu interesse superior, impondo o artº 20º, do mesmo diploma, aos Estados Partes a obrigação de assegurarem uma proteção especial à criança privada de um ambiente familiar normal e de zelarem para que ela possa beneficiar de cuidados alternativos adequados, os quais podem passar pela sua adoção.

Sendo o interesse da criança o critério essencial a atender no decretamento da sua adoção, importa reafirmar que se trata aqui de um conceito fluído, que reclama uma materialização face às particularidades e especiais necessidades de cada criança em concreto [*vd.*, *supra*, ponto 4 da presente anotação].

Por outro lado, como tem sido salientado pelo Comité sobre os Direitos da Criança, o princípio do superior interesse da criança encerra também uma vertente fundamentalmente interpretativa, impondo – como princípio jurídico de interpretação – que, perante uma disposição jurídica aberta a mais do que um sentido, o intérprete opte por aquele que efetivamente melhor realize no caso concreto aquele interesse superior [Comentário Geral nº 14 (2013) do Comité sobre os Direitos da Criança].

Ora, procurando reconstituir o pensamento legislativo a partir do teor literal do citado artº 1980º, nº 3, CC, afigura-se que a preocupação do legislador aos estabelecer os referidos limites à idade do adotando foi, claramente, a de garantir que, através da adoção, sejam efetivamente criados os vínculos próprios da filiação, entendendo-se que, tendo o adotando mais do que quinze anos de idade à data em que é confiado aos adotantes, as memórias dos seus ascendentes biológicos e das suas pregressas experiências de parentalidade constituirão um forte entrave a que o mesmo possa estabelecer com aqueles vínculos semelhantes aos que habitualmente ligam os filhos aos pais.

Por outro lado, parte-se do pressuposto de que só perante uma criança em situação jurídica de adotabilidade (ou seja, entregue aos adotantes através de confiança administrativa ou de medida de promoção e proteção de confiança com vista a futura adoção), a questão da sua ligação à família biológica se encontra definitivamente resolvida, pretendendo-se que a adoção seja decretada num quadro já pacificado e que ofereça reais garantias de estabelecimento de vínculos semelhantes ao da filiação entre a criança e o adotante, sem retrocessos nem tergiversações.

Neste seguimento, afigura-se existir identidade de razões entre as situações previstas no citado artº 1980º, nº 3, CC (em que, com menos de quinze anos de idade, a criança é confiada administrativamente ao adotante ou é beneficiária de medida de promoção e proteção de confiança com vista a futura adoção), e, por exemplo, a situação de confiança (*judicial*) ao abrigo do artº 1907º, CC, ou ao abrigo de medida de promoção e proteção de apoio junto de outro familiar ou de confiança a pessoa idónea (*cf.* artº 35º, nº 1, als. b) e c), LPCJP), concretizada antes de a criança completar os quinze anos de idade e a que se tenha seguido a quebra da ligação afetiva aos seus progenitores.

E a identidade referida verifica-se por não se encontrar qualquer razão atendível que justifique a exclusão do âmbito de proteção da norma das situações em que, com idade inferior a quinze anos, a criança tenha sido confiada aos adotantes, conquanto a confiança aplicada, ainda que distinta das legalmente previstas, tenha propiciado a criação de ligações profundas da criança com quem dela efetivamente cuidou, permitindo que os laços da filiação afetiva frutificassem naquele que era o campo árido da filiação biológica.

Para contrariar a solução que aqui se propugna, poder-se-á invocar o elemento histórico, sustentando-se que a alteração do artº 1980º, nº 2, CC (que corresponde ao atual nº 3), operada pelo artº 1º, do Decreto-Lei nº 185/93, de 22/05, deixou clara a opção do legislador por não dar relevância à mera situação de facto estabelecida entre o adotante e o adotando, reservando a possibilidade de adoção, salvo nos casos de adoção de filho do cônjuge do adotante, às crianças que tivessem sido confiadas ao adotante por decisão judicial ou decisão administrativa (na versão anterior ao Decreto-Lei nº 185/93, de 22/05, introduzida pelo artº 119º, do Decreto-Lei nº 496/77, de 22 de novembro, a norma consentia a adoção de crianças com menos de 14 anos de idade que há mais de um ano residissem com o adotante e estivessem a seu cargo e a adoção de menor de dezoito anos não emancipado, quando desde idade não superior a 14 tivesse estado ao cuidado de facto dos adotantes ou de um deles).

Tal opção legislativa foi mantida nas subsequentes alterações legislativas operadas pelo Decreto-Lei nº 120/98, de 08/05, retificado pela Rect. nº 11-C/98, de 30/06, pela Lei nº 31/2003, de 22/08, e pela presente Lei, as quais deixaram intocado o teor literal da referida norma.

O argumento é impressivo, mas, salvo melhor opinião, não decisivo.

Na verdade, a referida alteração legislativa não pode ser desligada daquele que foi um dos propósitos que animou a reforma do instituto da adoção operada pelo Decreto-Lei nº 185/93, de 22/05 e que consistiu em erradicar a possibilidade de se instaurar e decidir um processo de adoção sem previamente ter existido procedimento preliminar de confiança administrativa ou judicial [JOANA MARQUES VIDAL, *op. cit.*, p. 167].

A razão de tal opção legislativa encontra-se no artº 2º, al. b), da Lei nº 2/93, de 6/01 (que autorizou o Governo a modificar o regime da adoção através do referido Decreto-Lei nº 185/93), da qual resulta ter sido intenção do legislador rever as condições em que se podia ser adotado, passando a exigir-se como pressuposto necessário da adoção, exceto em relação a filho do cônjuge do adotante, a confiança judicial ou administrativa do menor, de modo a *tornar mais seguro todo o processo.*

Ora, se a situação de facto da criança (necessariamente titulada por uma medida tutelar cível ou de promoção e proteção que passe pela sua confiança a terceira pessoa) se cristalizou de forma a conferir-lhe a necessária segurança, quer perante os progenitores biológicos quer perante os adotantes, nos termos acima referidos, e se a essa situação de facto se seguiu a aquisição do estatuto jurídico de adotabilidade, através da atribuição da sua confiança administrativa aos adotantes ou a um deles ou da aplicação de medida de promoção e proteção de confiança com vista a futura adoção, não será, salvo melhor opinião, o facto de tal estatuto só lhe ter sido conferido depois de completar os 15 anos de idade que deverá impedir a concretização da sua adoção [neste sentido, Ac. STJ de 09/02/2021, Procº nº 211/20.2T8STC.E1.S1, 1ª Secção, Relatora Maria Clara Sottomayor].

7. Bibliografia: ALFAIATE, Ana Rita, *«A responsabilidade das Comissões de Proteção de Crianças e Jovens na verificação atempada da insuficiência do cuidado prestado pela família biológica»*, in Cuidado e Responsabilidade, 1ª ed., São Paulo, Brasil, Editora Atlas S. A., 2011; *idem*, *«ANOTAÇÃO ao artigo 1980º, CC»*, in Código Civil Anotado, Livro IV, Direito da Família, CLARA SOTTOMAYOR (Coord.), Almedida, 2020, pp. 1017 e ss; CAPELO DE SOUSA, Rabindranath Valentino A., *«A Adoção – Constituição da Relação Adotiva»*, Separata do Volume XIX do Suplemento do Boletim da Faculdade de Direito da Universidade de Coimbra, Coimbra, 1973; COELHO, Francisco Pereira/OLIVEIRA, Guilherme de, *Curso de Direito da Família*, vol. II, Tomo I, Centro de Direito da Família, Coimbra Editora, 2006; EPIFÂNIO, Rui/ FARINHA, António, *Organização Tutelar de Menores Anotada e Comentada*, Coimbra, Almedina, 1997; GAGO, Lucília *"O que muda no regime da adoção em Portugal"*, Revista do CEJ, II, 2015, pp. 69 e ss.; GUERRA, Paulo, *«A adoção – o segundo nascimento do ser humano»*, Revista do Centro de Estudos Judiciários, 1º semestre 2018, nº 1; Idem, *Lei de Proteção de Crianças e Jovens em Perigo Anotada*, 4ª ed. revista e atualizada, Almedina, Coimbra, 2019. LEANDRO, Armando, *«O Novo Regime Jurídico do Processo de Adoção»*, Centro de Estudos Judiciários, Textos, 1991-92/1992-93, pp. 265 e ss.; NEVES, Castanheira, *«Metodologia Jurídica – Problemas Fundamentais»*, in Boletim da Faculdade de Direito da Universidade de Coimbra, reimpressão, Coimbra Editora, 2013; PINHEIRO, Jorge Duarte, *O Direito da Família Contemporâneo*, 5ª ed., Almedina, Coimbra, 2016; Idem, *«Estudos de Direito da Família e das Crianças»*, AAFDL Ed., Lisboa, 2015; RAMIÃO, Tomé d'Almeida, *a Adoção – Regime Jurídico Atual*, Quid Iuris, Lisboa, 2015; SAN-BENTO, Marta, E-book CEJ, *«Família e Crianças: As novas Leis – Resolução de questões práticas»*, janeiro de 2017, disponível em http://www.cej.mj.pt; VARELA, Antunes/BEZERRA, J. Miguel/NORA, Sampaio e, *Manual de Processo Civil*, 2ª ed. Revista e atualizada, Coimbra Editora, 1985.

8. Jurisprudência: Ac. TC de 15/02/2022, Procº nº 533/2021, 1ª Secção, Relator José António Teles Pereira; Acs. STJ: – de 05/04/2018, Procº

nº 17/14.8T8FAR.E1.S2, 2ª Secção, Relatora Rosa Ribeiro Coelho; – de 14-12-2016, Procº nº 268/12.0TBMGL.C1.S1, 7ª Secção, Relatora Maria dos Prazeres Pizarro Beleza: – de 09/02/2021, Procº nº 211/20.2T8STC.E1.S1, 1ª Secção, Relatora Maria Clara Sottomayor; Ac. TRG, de 19/09)2019, Procº nº 1066/19.5T8BRG.G1, Relator Paulo Reis; Acs. TRC: de 24/07/2017, Procº nº 268/12.0TBMGL.C2, Relator Jorge Arcanjo; e – de 25/01/2021, Procº nº 3733/20.1T8CBR.C1, Relator Emídio Santos; Ac. TRP de 27/04/2019. Procº nº 2545/16.1T8PRD.P1, Relatora Maria Cecília Agante; Acs. TRL: – de 07/12/1995, nº Convencional JTRL00023379, Relator Ribeiro Coelho, *CJ*, 1995, Tomo 5; – de 17/05/2018, Procº nº 258/18.9T8CSC.L1-2, Relator Arlindo Crua; Ac. TRE de 09/03/2017, Procº nº 3939/16.8T8STB.E2, Relator Bernardo Domingos; Acs. TEDH: – de 26/02/2002, Kutzner c. Alemanha, nº 46544/99, § 56, CEDH 2002-I; – de 29/11/2005, Kriz c. República Checa (dec.), nº 26634/03; – de 10/04/2012, Pontes c. Portugal, nº 19554/09, § 67; – de 6/12/2007, Maumousseau e Washington c. França, nº 39388/05, § 62, CEDH 2007-XIII; – 19/09/2000, Gnahoré c. França, nº 40031/98, §50, CEDH IX; – de 08/07/2003, Sahin c. Alemanha [GC], nº 30943/96, § 66, CEDH 2003-VIII; – de 29/10/1998, caso Söderbäck c. Sweden, nº 24484/94 (1998), ECHR, 103.

Esta anotação foi redigida seguindo a grafia resultante do Acordo Ortográfico de 1990

PEDRO RAPOSO DE FIGUEIREDO

ARTIGO 35º
Consentimento prévio

1 – Sem prejuízo do disposto no nº 3 do artigo 1982º do Código Civil, a prestação do consentimento prévio pode ser requerida pelas pessoas que o devam prestar, pelo Ministério Público ou pelos organismos de segurança social.

2 – Recebido o requerimento, o juiz designa imediatamente hora para prestação do consentimento, a qual tem lugar no próprio dia ou, caso tal não se revele possível, no mais curto prazo, na presença das pessoas que o devam prestar e do Ministério Público.

3 – A prestação de consentimento prévio por quem tenha idade igual ou superior a 16 anos é válida, não carecendo de autorização dos pais ou do representante legal.

4 – Da prestação de consentimento é lavrado auto assinado pelo próprio.

5 – Requerida a adoção, o incidente é apensado ao respetivo processo.

6 – O recurso interposto das decisões proferidas em processos relativos ao consentimento prévio para a adoção tem efeito suspensivo.

ANOTAÇÃO

1. Conexões normativas externas: Arts. 7º, nº 1, 8º, 9º, nºs 1 e 2, 16º, 18º, nº 1, 20º, 21º, al. a), e 27º, nºs 1 e 2, CDC; 7º, 23º, nº 1, 33º, nº 1, e 47º, § 2º, CDFUE; 6º, nº 1, 2ª parte, e 8º, CEDH; 12º e 16º, nº 3, DUDH; 7º CEEDC; 5º, nº 4, da Convenção Europeia em Matéria de Adopção de Crianças; 1º, 8º, nºs 2 e 4, 13º, 20º, nº 4, 26º, nº 1, e 36º, nºs 3, 5, 6 e 7, CRP; 123º, nºs 1, al. c), e 2, al. f), LOSJ; 162º, 173º-B e 173º-D, OTM; 122º, 127º, 129º, 130º, 240º a 257º, 328º a 333º, 1576º, 1578º, 1580º, 1586º, 1796º, 1797º, 1850º, 1874º, nº 1, 1877º, 1878º, 1882º, 1885º, nº 1, 1886º, 1973º, 1982º, 1983º, 1986º, nº 1, 1987º, 1989º e 1990º, nº 1, CC; 9º-A, 160º, nºs 1 a 5, 163º, nº 1, 164º, nº 1, 627º, 638º, nº 1, 644º, nº 1, al. a), 645º, nº 1, al. a), e 647º, nº 1, CPC; 35º, nº 1, al. g), LPCJP; 9º, nº 1, RGPTC; 1º, nº 1, als. b), c) e q), CRC; 4º, nº 1, al. i), e 9º, nº 1, al. d), EMP.

2. A fonte do preceito analisando, concretamente dos seus nºs 1, 2 e 5, é o art. 162º OTM (DL nº 314/78, de 27/10, na redacção operada pela Lei nº 31/2003, de 22/08, sendo que esta norma havia sido alterada pelo DL nº 120/98, de 08/05), que consagrava o processo atinente à prestação do consentimento prévio para a adopção, em linha com a preocupação expressa pelo legislador no nº 4 do Preâmbulo, de conformar o diploma "com as modificações recentemente introduzidas ao Código Civil. Assim, em matéria de adopção, regulamentou-se a ...recolha do consentimento prévio pelos pais do menor, com vista a futura adopção. Acentuou-se ainda a natureza secreta do processo, em concordância com o disposto no Código Civil".

3. No que respeita ao pressuposto processual da competência, a lei deferiu-o exclusivamente ao Tribunal (arts. 1982º, nº 1, CC, e 35º, nº 2); em razão da matéria para a constituição do vínculo adoptivo e seus incidentes – como é o caso –, reconduz-se ao Tribunal de Família (art. 123º, nºs 1, al. c), e 2, al. f), LOSJ), se existir; já a opção de política legislativa quanto à competência territorial, no tocante especificamente à prestação de consentimento prévio, foi a de desligá-la do critério da residência habitual, tanto da criança (solução perfilhada pelo art. 9º, nº 1, RGPTC), como da pessoa que o vai prestar,

e dar-lhe uma vocação *universalizante*, ao atribui-la a "...qualquer secção de família e menores da instância central ou qualquer secção de competência genérica ou cível da instância local" (art. 30º, nº 3, claramente importado do art. 162º, nº 1, OTM), em vista do interesse público que lhe subjaz, do superior interesse da criança e do carácter célere que a definição do seu projecto vivencial sempre reclama.

4. Retira-se dos arts. 1576º e 1586º CC que o parentesco e a adopção são fonte de relações jurídicas familiares, com estruturação diversa.

A prestação do consentimento prévio para a adopção mais não é do que uma declaração de vontade unilateral e esclarecida, emanada pelo(s) progenitor(es), que levará à fractura da relação parento-filial em linha recta e em primeiro grau que os une.

Com efeito, estabelecida a filiação, os progenitores são *ope legis* e em idêntica medida, investidos na titularidade das responsabilidades parentais, legalmente indisponíveis e irrenunciáveis, com excepção feita ao instituto da adopção, *lato sensu* considerado como abrangendo a prestação de consentimento prévio, cuja competência está reservada ao Tribunal (Recomendação R (84) 4, do Comité de Ministros do Conselho da Europa sobre responsabilidades parentais, de 28/02/1984; Princípios 6º e 7º, 2º §, *in fine*, DDC; Princípios de Direito Europeu da Família relativos às Responsabilidades Parentais (CEFL) 3:1, 3:8, 3:11, 3:30, nº 1, al. c), e 3:35, nº 1; arts. 7º, nº 1, 8º, 9º, nº 1, 16º, 18º, nº 1, 20º, 21º, al. a), e 27º, nºs 1 e 2, CDC; 7º, 23º, nº 1, e 33º, nº 1, CDFUE; 8º CEDH; 12º e 16º, nº 3, DUDH; 1º, 8º, nºs 2 e 4, 13º, 26º, nº 1, e 36º, nºs 3, 5 e 6, CRP, e 1578º, 1580º, 1796º, 1797º, 1874º, nº 1, 1877º, 1878º, nº 1, 1882º, 1885º, nº 1, 1986º, nº 1, 1987º e 1989º CC).

5. A par dos MP e progenitor(es), o nº 1 deste normativo confere legitimidade activa para desencadear o procedimento tendente à prestação do consentimento prévio, aos OSS – consabido que são entidades com competência em matéria de adopção [art. 1º, nº 2, al. a)], e nomeados no art. 7º –, atento o teor do art. 33º, e acaso estes não assumam a qualidade de requerentes, o Tribunal comunicar-lhes-á essa prestação, como decorre do art. 39º, nº 1, e com o escopo aí melhor explicitado.

Simplesmente o facto de se ser requerente não equivale automaticamente à possibilidade legal de assistir à diligência, como se dilucidará *infra*.

6. Da leitura da disposição aqui em análise com os arts. 1982º e 1983º CC, extraem-se algumas características deste procedimento:

a) a sua judicialização e formalização, como garante da sua validade, com a diligência a ser presidida por juiz [cf. arts. 28º e 29º, al. a), da Lei anotanda, e 160º, nºs 1 e 2, CPC)];
b) a obrigatoriedade de informação, o que inculca a centralidade dos deveres funcionais do juiz de, por um lado, fornecer informação completa e perceptível sobre o acto e as suas implicações presentes e futuras, garantindo do mesmo passo que a mesma foi integral e substancialmente compreendida pelo seu destinatário (cf. art. 9º-A CPC), e do outro, que a exteriorização de vontade da pessoa não está inquinada por falta ou vícios da vontade (arts. 21º, al. a), CDC, *ex vi* 8º, nº 2, CRP, e 240º a 257º CC), susceptíveis de fundar uma instância recursiva (arts. 57º do presente diploma, e 1990º, nº 1, CC);
c) a não sujeição ao regime da caducidade (arts. 328º a 333º do CC);
d) a independência por reporte ao processo adoptivo, ainda que se vier a ser intentada a acção adoptiva, este incidente lhe seja apensado, numa clara demonstração do princípio da conexão processual, no segmento da atracção do incidente por parte daquela que se constitui como a acção principal.
e) acresce que do nº 2, em conjugação com os arts. 4º, nº 1, e 32º (decalcados dos arts. 173º-D e 173º-B, ambos OTM), emerge a natureza urgente e secreta do procedimento; esta primeira, em consonância com a justiça constitucional (art. 36º, nº 7, CRP), o ditame geral do art. 7º da CEEDC, e as Directrizes sobre a Justiça Amiga das Crianças, na parcela da protecção da vida privada e familiar, e a segunda a ser lida por referência aos arts. 163º, nº 1, e 164º, nº 1, ambos CPC, na decorrência do art. 6º, nº 1, 2ª parte, CEDH, sublinhando-se que Portugal está adstrito a estes instrumentos internacionais *ex vi* art. 8º CRP.

7. Não obstante as naturezas urgente e secreta, não é lícito postergar o princípio basilar do processo equitativo (art. 47º, § 2º, CDFUE), na vertente do exercício do princípio do contraditório (inscrito naquele art. 6º, nº 1, no art. 9º, nºs 1 e 2, CDC, e com previsão constitucional no art. 20º, nº 4), o que implica, em princípio, o direito dos sujeitos processuais tomarem conhecimento de todos os elementos ou observações apresentados ao Tribunal e de os discutirem, como salientado, por unanimidade, precisamente numa situação de adopção, em que se reconhece aqui a exigência de uma "particular celeridade", pelo Ac. TEDH, Novo e Silva *v.* Portugal, *maxime* nºs 44 e 46 a 54 (na esteira dos seus anteriores Acs. Lobo Moutinho e Ferreira

Alves, ambos *v.* Portugal, com prolação por unanimidade, respectivamente de 20/02/1996, e de 21/06/2007).

Por conseguinte, por regra, só estará (também) presente na diligência, para além de quem vai prestar o consentimento – progenitor eventualmente assistido por advogado –, obrigatoriamente o magistrado do MP, na sua veste de principal defensor e promotor dos direitos e interesses da criança e entidade que detém competência para requerer essa prestação de consentimento, segundo vertem os arts. 26º e 27º, al. e), por remissão para os arts. 4º, nº 1, al. i), e 9º, nº 1, al. d), estes EMP.

8. Na medida em que o consentimento não caduca, é a especial conformação da qualidade substantiva e adjectiva do MP que legitima que, se a criança relativamente à qual foi prestado o consentimento, não for adoptada (arts. 1973º e ss. CC), confiada administrativamente (arts. 27º, al. d), 34º e 36º), nem beneficiária de medida protectiva de confiança com vista a futura adopção (art. 35º, nº 1, al. g), LPCJP), faça impender sobre si a propositura das iniciativas processuais cíveis ou protectivas que repute pertinentes, em nome e a bem da salvaguarda do seu melhor interesse, para um desenho expedito do seu projecto de vida.

9. Quatro notas sobre a manifestação de vontade da pessoa que irá prestar o consentimento prévio para adopção: é pessoalíssima e autovinculante, o que se reflecte com a assinatura obrigatória do próprio aposta no respectivo auto (art. 160º, nºs 3 a 5, CPC, reafirmado neste nº 4); é inequívoca, isto é, é uma declaração expressa, sem margem para condições, ambiguidades ou hesitações; é irrevogável ou definitiva, e, por último, obedece a um imperativo temporal inicial, acaso provenha da mãe.

O superior interesse da criança, a dignidade da pessoa humana, a dimensão ética e a inexorabilidade associada a esta declaração fizeram com que o legislador se rodeasse de especiais cautelas quando é a (recém-)mãe, a declarante.

Ressalta dos arts. 35º, nº 1, e 1982º, nº 3, este CC, que a mãe, tendo legitimidade para requerer a prestação do consentimento, só pode validamente assentir transcorridas que estejam seis semanas computadas da data do parto.

Esta aparente limitação não traduz qualquer violação do princípio da igualdade, nem um tratamento discriminatório de género, mas vai ao encontro de um aspecto específico que carece de uma abordagem distinta e de uma protecção adicional, encontrando-se devidamente esteada nos contributos das ciências sociais que coadjuvam e complementam o direito.

Destas, veio a constatação das alterações fisiológicas sentidas pelo organismo materno como efeito da gravidez, e o puerpério é precisamente o período temporal pós-parto em que há a regressão das alterações hormonais, físicas e emocionais que ocorreram durante a mesma.

Destarte, o prazo de seis semanas corresponde à duração temporal mínima tida por ajustada ao (re)equilíbrio pessoal da mãe, para que, sem comprometimentos, nem impulsos, tenha condições seguras para o passo que se propõe dar, avaliando conscientemente as consequências do seu acto.

Esta janela temporal é, também, a acolhida no art. 5º, nº 4, CEMAC, que vigora na ordem jurídica nacional desde 24-07-1990 (por meio da Resolução da AR nº 4/90, *in* DR I, nº 26, de 31-01-1990).

10. No que tange à capacidade para prestar o consentimento prévio por parte de quem seja menor de idade, mas tenha já idade igual ou superior a 16 anos, o nº 3 segue a orientação civilística que reconhece a progressiva autonomia, grau de discernimento e maturidade dos jovens com idade compreendida entre os 16 (muito à semelhança do que sucede com a liberdade religiosa como atesta o art. 1886º, *a contrario*, CC) e os 18 anos de idade, termo *ad quem* da menoridade (arts. 122º, 129º e 130º, todos CC), sendo por isso válida, sem estar dependente de autorização dos respectivos progenitores ou representantes legais.

A capacidade para a prática deste acto pessoal configura, pois, uma das excepções – a par das contidas no art. 127º CC –, expressamente previstas à incapacidade genérica para o exercício de direitos materializada no art. 123º CC.

Deflui do art. 1850º CC a regra da capacidade para perfilhar de quem tenha mais de 16 anos de idade, ali se acrescentando que os jovens até aos 18 anos de idade não necessitam de autorização dos pais ou tutores.

Ora, se aos 16 anos de idade um jovem pode, desacompanhado, proceder ao reconhecimento voluntário da paternidade, por intermédio da perfilhação, e *ipso facto tornando a criança seu filho*, por identidade de razões, nessa faixa etária também pode, sozinho, consentir na adopção deste, *deixando a criança de ser seu filho*.

11. O sistema do registo civil português baseia-se na obrigatoriedade do registo dos factos elencados no art. 1º CRC, estando a filiação, e os factos que a extinguem – como acontece com o consentimento prévio –, e a adopção, sujeitos ao mesmo (art. 1º, nº 1, als. b), c) e q), CRC).

12. O nº 6 deste dispositivo reporta-se à possibilidade de sindicar, através de uma instância recursiva, a decisão emitida em processos relativos ao consentimento prévio, indicando que tem efeito suspensivo, sendo um desvio à regra geral do art. 647º, nº 1, CPC, do efeito meramente devolutivo; esta solução impõe-se pela essencialidade dos direitos e interesses em apreço.

Trata-se de um recurso ordinário, de apelação, de decisão final a interpor no prazo de 15 dias, posto que é um procedimento urgente, com subida imediata e nos próprios autos (arts. 627º, 638º, nº 1, 644º, nº 1, al. a), e 645º, nº 1, al. a), todos CPC).

13. Bibliografia: CAPELO DE SOUSA, Rabindranath, A adopção – Constituição da relação adoptiva, Coimbra, 1973, separata do Suplemento do Boletim da Faculdade de Direito da Universidade de Coimbra, vol. 19.

14. Jurisprudência: Acs. TEDH, Novo e Silva *v.* Portugal, de 25/09/2012 (Processo: 53615/08 – 2ª Secção), Lobo Moutinho *v.* Portugal de 20/02/1996 (Processo: 15764/89 – GC), e Ferreira Alves *v.* Portugal, de 21/06/2007 (Processo: 25053/05 (nº 3) – 2ª Secção), todos disponíveis em https://gddc.ministeriopublico.pt/faq/acordaos-relativos-portugal, Ac. STJ, de 12/11/2013 (Processo: 8730/12.8TBCSC.L1.S1 – 1ª Secção, Relator: Paulo Sá), disponível em http://www.dgsi.pt/jstj.nsf/-/140A8BEDF8BD6164802 57C21005C41A4.

Esta anotação foi redigida seguindo a grafia anterior ao Acordo Ortográfico de 1990

CHANDRA GRACIAS

ARTIGO 36º
Requisitos da confiança administrativa

1 – A confiança administrativa só pode ser atribuída se, após audição da criança de idade superior a 12 anos, ou de idade inferior, em atenção ao seu grau de maturidade e discernimento, resultar, inequivocamente, que aquela não se opõe a tal decisão.

2 – A atribuição da confiança administrativa pressupõe ainda, sendo caso disso, a audição do representante legal, de quem tiver a guarda de direito e de quem tiver a guarda de facto da criança.

3 – A confiança administrativa só pode ter lugar quando for possível formular um juízo de prognose favorável relativamente à compatibilização entre as necessidades da criança e as capacidades do candidato.

4 – A oposição manifestada por alguma das pessoas referidas no nº 2 pode também fundamentar a não atribuição de confiança administrativa.

5 – Nos casos em que não seja atribuída a confiança administrativa, o Ministério Público promove as iniciativas processuais cíveis ou de proteção adequadas ao caso, na sequência da correspondente comunicação do organismo de segurança social.

6 – Estando pendente processo judicial de promoção e proteção ou tutelar cível, é também necessário que o tribunal, a requerimento do organismo de segurança social, ouvido o Ministério Público, considere que a confiança administrativa corresponde ao superior interesse da criança.

7 – A apreciação do tribunal reveste caráter urgente, devendo ter lugar no prazo máximo de 15 dias após a entrada do requerimento apresentado pelo organismo de segurança social.

8 – A decisão de confiança administrativa na modalidade de confirmação da permanência da criança a cargo do candidato a adotante pressupõe:

a) **Que o exercício das responsabilidades parentais relativas à esfera pessoal da criança lhe haja sido previamente atribuído, no âmbito de providência tutelar cível;**

b) **Prévia avaliação da pretensão expressa pelo candidato a adotante relativamente à criança a cargo, tendo em conta o seu superior interesse.**

ANOTAÇÃO

1. Conexões normativas externas: Arts. 3º, nº 1, e 12º, CDC, 24º, nºs 1 e 2, da CDFUE; 1º, nºs 2 e 3, e 3º a 7º, CEEDC; 8º, nºs 2 e 4, CRP; 4º, al. g), LPCJP; 4º, nºs 1, al. c), e 2, e 5º, RGPTC.

2. Esta disposição corporiza os princípios orientadores transversais à intervenção adoptiva, enumerados no art. 3º, como sejam o superior interesse da criança; a obrigatoriedade de informação precisa e clara, à criança e aos candidatos à adopção, dos seus direitos, do modo como se irá processar a intervenção e sobre as possíveis consequências de qualquer decisão que venha a ser tomada no âmbito do processo; a audição obrigatória da criança, se tiver idade, grau de maturidade e capacidade de compreensão; a partici-

pação de todos nas decisões relativas à concretização do projecto adoptivo; a cooperação séria e madura de todos os envolvidos para a boa decisão do processo, e o primado da continuidade das relações psicológicas profundas – na senda do art. 4º, al. g), LPCJP –, segundo o qual se deve respeitar o direito da criança à preservação das relações afectivas estruturantes de grande significado e de referência para o seu saudável e harmónico desenvolvimento, devendo prevalecer as medidas que garantam a continuidade de uma vinculação securizante.

3. Esta norma pressupõe uma leitura sistémica com os arts. 1980º, nº 1, al. a), 1981º, nº 1, al. a), e 1982º, todos CC, e 2º, als. c), d), g), e h), 34º, 35º e 37º, todos do presente diploma legal – e para cujas anotações aqui expressamente se remete para melhor enquadramento –, verificando-se que a decisão da confiança administrativa é um acto da competência exclusiva dos OSS [arts. 8º, al. g), 16º, nº 1, e 34º, nº 2, als. a) e b)], que:

– proceda à entrega da criança relativamente à qual tenha sido prestado consentimento prévio para a adopção, ao candidato a adoptante, daqui se inferindo já ter sido efectuado o juízo de compatibilidade entre aquelas que são as necessidades da *criança envolvida* e as capacidades e competências deste;

ou

– confirme a permanência de criança a cargo do candidato a adoptante que sobre ela já exerça as responsabilidades parentais, mormente através de decisão obtida em providência tutelar cível (art. 3º RGPTC), tendo obtido prévia avaliação favorável da sua pretensão (nº 8).

Este regime é diverso do vigente anteriormente, na parcela relativa ao exercício das responsabilidades parentais, detectando-se um claro propósito legislativo de acrescentar cautelas a esta modalidade de confiança administrativa (Gago, 2015, p. 84).

É de realçar que, em qualquer destas modalidades, preponderante é o interesse superior da criança em questão, e a avaliação dos impactos que tal decisão possa ter na sua esfera pessoal (arts. 3º, al. a), e 34º, nºs 1, al. b), e 2).

4. A atribuição da confiança administrativa implica o direito de audição da criança, do seu representante legal, guardião de direito ou de facto, com a seguinte nuance:

– no primeiro caso (criança com idade superior a 12 anos ou idade inferior, atento o seu grau de maturidade e discernimento), a mesma não pode deduzir oposição a essa pretensão, o que terá de ser inequívoco, sob pena de a inviabilizar.

Se à criança que não tenha perfeito os 12 anos de idade não for dada a oportunidade da audição, os tribunais têm vincado que esta decisão tem que ser justificada e motivada, por ser obrigatória a análise da sua maturidade e discernimento, excepto quando a própria (menor) idade o impeça (Ac. STJ, de 14/12/2016).

– no segundo caso (representante legal, guardião de direito ou de facto), se for deduzida oposição, esta *poderá* fundamentar (apenas) uma decisão de não atribuição de confiança administrativa (nºs 1, 2 e 4).

O conceito de guarda de facto encontra-se no art. 2º, al. i), como sendo a «relação que se estabelece entre a criança e a pessoa que com ela vem assumindo, continuadamente, as funções essenciais próprias de quem tem responsabilidades parentais».

Isto dito, é ostensiva a dissociação que a lei fez entre o direito substantivo e procedimental de audição e a imperatividade da concordância ou aceitação da decisão de confiança administrativa.

Nestes termos, se o sentido destas duas audições for divergente, isto é, mantendo-se a anuência expressa da criança e a objecção dos demais, nada impede que o OSS decida consonantemente com a criança (Guerra, 2018, p. 222).

Para além de ser conforme com o superior interesse da criança e do sentido que tenha tomado a sua audição, o pano de fundo é também dado pelo juízo de prognose favorável relativamente ao correcto e completo entrosamento das suas necessidades, com as capacidades do candidato (nº 3).

Na realidade, reitera-se que só é possível a formulação deste juízo positivo acaso realize o superior interesse da *concreta* criança, aqui se tomando em consideração a sua opinião e vontade oportunamente veiculadas – Comentário Geral nº 14 (2013) do Comité de Direitos da Criança das Nações Unidas.

Pode, assim, afirmar-se sem dubieza que não há realidades estanques, nem desgarradas, quando se trata do delicado e complexo processo de construção do projecto de vida de uma criança.

5. A mudança de paradigma para a criança como um pleno sujeito de direitos, impõe que se lhe confira o direito a exprimir livremente a sua opinião sobre as questões que lhe digam directamente respeito, e a que sejam devidamente tomadas em consideração (ponderadas, mas não obrigatoriamente seguidas), as suas opiniões, de acordo com a sua idade e maturidade – arts. 12º CDC, 24º, nº 1, da CDFUE, 1º, nºs 2 e 3, e 3º a 6º CEEDC (e seu Relatório Explicativo, mormente quanto ao art. 6º), 4º, nºs 1, al. c), e 2, e 5º,

RGPTC, Comentário Geral nº 12 (2009) do Comité de Direitos da Criança das Nações Unidas (51ª sessão, de 25 de maio a 12 de junho de 2009), Directrizes do Comité de Ministros do Conselho da Europa sobre a justiça adaptada às crianças, adoptadas pelo Comité de Ministros do Conselho da Europa em 17/11/2010, Recomendação sobre a participação das crianças e jovens menores de 18 anos – Recomendação CM/Rec (2012) 2 –, Ponto 5.6. da Resolução 2079 (2015) da Assembleia Parlamentar do Conselho da Europa, Princípio de Direito Europeu da Família relativo às Responsabilidades Parentais (CEFL) 3:6, Princípio 3º da Recomendação R (84) 4, do Comité de Ministros do Conselho da Europa sobre responsabilidades parentais, de 28/02/1984, Pareceres da Agência dos Direitos Fundamentais da União Europeia, sobre a audição e maturidade da criança, e o Parecer da Comissão das Liberdades Cívicas, da Justiça e dos Assuntos Internos, sobre o diálogo com os cidadãos e a participação dos cidadãos no processo de tomada de decisão da EU (2020/2201 (INI)), de 27/05/2021, e Acs. STJ, de 14/12/2016, e TRL, de 06/06/2019 e de 12/07/2021, e Parecer da Ordem dos Advogados nº 29/PP/2018-G.

6. Os nºs 6 e 7 afirmam que se estiver a correr temos uma acção tutelar cível ou protectiva, sob pedido do OSS, e após parecer do MP, é incumbência do tribunal, no prazo de 15 dias, pronunciar-se sobre se essa confiança administrativa vai ao encontro do superior interesse da criança, reafirmando-se a natureza urgente de todos os actos praticados na fase judicial do processo de adopção [arts. 4º, nº 1, 27º, al. b), 29º, al. c), e 32º].

Daqui emerge que se o processo estiver findo ou não pender em Tribunal (*v.g.*, na CPCJ), não haverá lugar a decisão judicial.

7. O princípio do superior interesse é transversal a todo o ordenamento jurídico, tem de ser respeitado independentemente de se tratar de um procedimento administrativo, político, judiciário ou judicial, é uma norma interpretativa, e um direito substantivo, com repercussão processual obrigatória.

Em termos judiciários implica que o tribunal valore os interesses da criança, quando vários interesses estejam presentes, e pretende propiciar a fruição plena e efectiva de todos os direitos reconhecidos na Convenção e o desenvolvimento global da criança, apontado pelo Comité sobre os Direitos da Criança, no seu Comentário Geral nº 14 (2013) – cf. arts. 3º, nº 1, CDC, 24º, nº 2, CDFUE, e 7º da CEEDC, todos instrumentos jurídicos vinculativos para o Estado português, *ex vi* art. 8º/2 e 4, CRP; cf, também, a Resolução do Parlamento Europeu sobre o impacto da violência doméstica e do direito de custódia nas mulheres e crianças (2019/2166(INI)), de 06/10/2021, que recorda o direito de audição da criança, insiste na definição do seu superior interesse, e reafirma a necessidade da manutenção de contactos directos quando separada de um ou ambos os progenitores, excepto se for contrário ao seu interesse.

8. No nº 5 previne-se a situação de não ser atribuída a confiança administrativa, competindo ao MP promover as iniciativas processuais cíveis ou de protecção tidas por ajustadas ao caso, na sequência da correspondente comunicação dos OSS, como consta do elenco das suas atribuições [art. 27º, al. d)], o que remete para o campo de aplicação do RGPTC e da LPCJP – cf. ainda a anotação nº 8 ao art. 35º.

9. Bibliografia: Gago, Lucília, O que muda no regime da adoção, Revista do Centro de Estudos Judiciários, 2015, II, pp. 83 e ss.; Guerra, Paulo, A adopção – o segundo nascimento do ser humano, Revista do Centro de Estudos Judiciários, 2018, nº 1; Recomendação R (84) 4, do Comité de Ministros do Conselho da Europa sobre responsabilidades parentais, de 28-02-1984, disponível em https://rm.coe.int/CoERMPublicCommonSearchServices/DisplayDCTMContent?documentId=09000016804de2e4); Relatório Explicativo da CEEDC, disponível em, https://rm.coe.int/CoERMPublicCommonSearchServices/DisplayDCTMContent?documentId=09000016800cb5ee), Parecer da Ordem dos Advogados nº 29/PP/2018-G, em https://portal.oa.pt/media/128231/29-pp-2018-g-versao-final.pdf, e Resolução do Parlamento Europeu 2019/2166(INI)), de 06/10/2021, disponível em https://www.europarl.europa.eu/doceo/document/TA-9-2021-0406_PT.html.

10. Jurisprudência: Ac. STJ, de 14/12/2016 (Processo: 268/12.0TBMGL.C1.S1, Relatora: Maria dos Prazeres Beleza), Acs. TRL, de 06/06/2019 (Processo: 3573/14.7T8FNC-C.L1, Relatora: Gabriela Marques), e de 12/07/2021 (Processo: 14658/17.8T8LSB.L1, Relator: Borges Carneiro), disponíveis em http://www.dgsi.pt.

Esta anotação foi redigida seguindo a grafia anterior ao Acordo Ortográfico de 1990

Chandra Gracias

ARTIGO 37º

Deveres específicos dos organismos de segurança social

1 – No âmbito da confiança administrativa o organismo de segurança social deve:

_a)_ Iniciar as diligências com vista à tomada de decisão, logo que receba comunicação da prestação de consentimento prévio para a adoção;

_b)_ Solicitar ao tribunal que se pronuncie nos termos do nº 6 do artigo anterior;

_c)_ Apresentar ao Conselho, no prazo máximo de 30 dias, proposta de encaminhamento com vista a uma confiança administrativa;

_d)_ Comunicar, em cinco dias, ao Ministério Público junto do tribunal competente, nos termos dos artigos 29º e 30º, a decisão final relativa à confiança administrativa e os respetivos fundamentos, incluindo os que, nos termos do artigo anterior, hajam impedido a confiança;

_e)_ Efetuar as comunicações necessárias à conservatória do registo civil onde estiver lavrado o assento de nascimento da criança para efeitos de preservação do segredo de identidade previsto no artigo 1985º do Código Civil;

_f)_ Emitir e entregar ao candidato a adotante certificado da data em que a criança lhe foi confiada.

2 – O prazo referido na alínea _c)_ do número anterior pode ser prorrogado, por igual período, em casos excecionais devidamente justificados.

ANOTAÇÃO

1. Conexões normativas externas: arts. 1915º, 1980º, 1981º, 1982º, 1985º CC; art. 3º LPCJP; arts. 52º a 57º RGPTC; art. 214º CRC.

2. O preceito em causa elenca os deveres específicos dos OSS no âmbito da confiança administrativa, os quais já resultavam, genericamente, do corpo do art. 8º do DL. nº 185/93, de 22.05, com as alterações introduzidas pelo DL nº 120/98, de 08/05 e pelas Leis nº 31/2003, de 22/08 e nº 28/2007, de 02/08 e introduz, na alínea c), uma nova obrigação decorrente da criação do Conselho Nacional para a Adoção.

3. A confiança administrativa resulta de decisão da competência exclusiva do OSS [arts. 8º, al. *g)*; 16º, nº 1 e 34º, nº 2, als. *a)* e *b)*] que: *i)* proceda

à entrega da criança ao candidato à adoção depois de ter havido consentimento prévio para a adoção, ou *ii)* confirme a permanência da criança a cargo do candidato à adoção que sobre ela exerça já as responsabilidades parentais e que obteve, previamente, a avaliação favorável da sua pretensão (art. 36º, nº 8).

No caso de o candidato a adotante ser o cônjuge do progenitor do adotando não há lugar à confiança administrativa embora seja sempre necessário comunicar aos serviços competentes a intenção de adotar, com vista a que se inicie o período de pré-adoção (art. 34º, nº 1, al. *c)* e nº 3 e art. 50º).

A confiança administrativa pressupõe a audição, por parte do OSS, da criança de idade superior a 12 anos ou idade inferior, em atenção ao seu grau de maturidade e discernimento; a audição do representante legal, guardião de direito ou de facto e um juízo de prognose favorável de compatibilização entre as capacidades do candidato e as necessidades da criança (art. 36º, nºs 1, 2, 3 e 4).

De notar que a eventual oposição do representante legal ou do titular da guarda de direito ou da guarda de facto não condiciona, necessariamente, o sentido da decisão do OSS relativamente à atribuição da confiança administrativa. Se, apesar de tal oposição, a criança de idade superior a 12 anos ou idade inferior, em atenção ao seu nível de maturidade e discernimento, manifestar inequivocamente a não oposição à confiança administrativa nada obsta a que o OSS decida neste sentido, posto que exista o juízo de prognose favorável relativamente à compatibilização entre as necessidades da criança e as capacidades do candidato à adoção (Guerra, 2018, p. 222).

4. Do elenco dos deveres específicos do OSS no âmbito da confiança administrativa cabe realçar o seguinte:

a) Uma vez recebida a comunicação por parte do tribunal de que foi prestado o consentimento prévio para a adoção (art. 1982º CC e arts. 35º e 39º, nº 1) o OSS dá início à fase preparatória do processo de adoção (arts. 40º, al. *a)* e 41º a 47º) com o estudo e caracterização da criança, o qual incide sobre as suas especificas necessidades nas várias vertentes do seu crescimento, saúde, desenvolvimento e comportamento, vinculação, adaptação, integração, aprendizagem e identidade adotiva, bem como sobre a sua situação familiar e jurídica, devendo ser, desde logo, identificadas as capacidades requeridas aos futuros adotantes para responder às necessidades da criança (art. 12º Regulamento do Processo de Adoção).

Com tal comunicação judicial deverá também o OSS encetar as diligências necessárias à preservação do segredo de identidade dos pais do adotando, verificados os pressupostos enunciados no art. 1985º, nº 2 CC (art. 39º, nº 3).

Decorridos três meses sobre a comunicação judicial de que foi prestado o consentimento prévio para a adoção o OSS deverá informar o tribunal, de forma fundamentada, do resultado das diligências já efetuadas com vista à concretização do projeto de adoção, informação essa que deverá ser atualizada trimestralmente e, em qualquer caso, sempre que surjam factos supervenientes relevantes que devam ser do conhecimento do tribunal (arts. 8º, al. *h)* e 42º).

b) Previamente à decisão de confiança administrativa da criança o OSS deverá solicitar ao tribunal de família e menores (nas áreas não abrangidas, à instância local cível ou, não havendo desdobramento, às sessões de competência genérica) da área da residência da criança (arts. 29º, al. *c)*; 30º, nº 1, al. *a)* e nº 2) que se pronuncie sobre a conformidade da confiança administrativa com o interesse da criança, caso aí se encontre pendente processo judicial de promoção e proteção ou processo tutelar cível. A apreciação judicial não terá lugar se tais processos já se encontrarem findos (arts. 29º, al. *c)* e 36º, nº 6) ou se o eventual processo de promoção e proteção se encontrar a correr termos na CPCJ.

O requerimento apresentado a juízo pelo OSS deverá fazer-se acompanhar de todos os elementos relevantes com vista à sua apreciação por parte do tribunal, designadamente, a não oposição da criança de idade superior a 12 anos de idade, ou idade inferior tendo em atenção o seu grau de maturidade e discernimento; o auto de audição do representante legal, do guardião de direito e do guardião de facto da criança e o juízo de prognose favorável emitido pelo OSS (art. 36º, nºs 1, 2, 3 e 4).

O requerimento apresentado pelo OSS reveste caráter urgente e sobre ele será ouvido o Ministério Público (arts. 27º, al. *b)* e 36º, nº 6) devendo o juiz pronunciar-se no prazo máximo de 15 dias.

Particular atenção deve merecer a situação de confiança administrativa na modalidade de confiança a cargo do candidato a adotante uma vez que a mesma não dispensa o consentimento dos progenitores, podendo os mesmos, já no âmbito do processo de adoção, recusar o consentimento à adoção do seu filho. Daí que, ainda que estejam presentes os pressupostos da confiança administrativa, não se verificando nenhuma das situações que permitem ao tribunal vir a dispensar o consentimento (art. 1981º, nº 2 CC) se deva privilegiar a instauração de processo de promoção e proteção (nos termos da al. *d)*, do nº 2, do art. 3º LPCJP) ou ação de inibição do exercício das responsabilidades parentais (arts. 1915º CC e 52º a 57º RGPTC), acautelando-se a eventual recusa do consentimento por parte dos progenitores (Guerra, 2018, p. 228).

c) A confirmação da concreta proposta de encaminhamento de uma criança para a família adotante (resultante de decisão participada e consensualizada entre a equipa que procedeu ao estudo da criança e das suas específicas necessidades e aquela que efetuou a preparação, avaliação e seleção dos candidatos) cabe ao Conselho Nacional para a Adoção (art. 11º), cujas composição e atribuições se encontram enumeradas no art. 12º.

Verificados os pressupostos para a confiança administrativa deve o OSS, no prazo máximo de 30 dias a contar do conhecimento da situação (prorrogável, excecionalmente, por igual período, em situações devidamente justificadas, de acordo com o nº 2 do preceito em anotação), apresentar ao Conselho Nacional para a Adoção a proposta de encaminhamento da criança com vista à sua confiança administrativa, o qual terá que sobre ela se pronunciar no prazo máximo de 15 dias (art. 13º, nº 3). Da decisão de confirmação será lavrada a correspondente certidão (art. 12º, nº 4).

d) A decisão final relativa à confiança administrativa, devidamente fundamentada, deverá ser comunicada, em cinco dias, ao Ministério Público em funções junto dos juízos de família e menores ou, nas áreas não abrangidas pelos juízos de família e menores, junto do juízo local cível ou, não havendo desdobramento, junto do juízo de competência genérica da área da residência da criança (arts. 27º, al. *c)* e 30º, nº 1, al. *a)* e nº 2).

Se a decisão do OSS tiver sido no sentido de não atribuir a confiança administrativa o Ministério Público deverá desencadear as providências necessárias e adequadas ao caso, seja no âmbito tutelar cível, seja em sede de promoção e proteção, instaurando as ações pertinentes ou sinalizando às entidades para tanto competentes (arts. 27º, al. *d)* e 36º, nº 5).

Sendo atribuída a confiança administrativa a comunicação efetuada pelo OSS permitirá ao Ministério Público requerer a curadoria provisória caso verifique que o adotante não o fez no prazo de 30 dias após a decisão de confiança, incidente esse que virá a ser apensado ao processo de adoção (arts. 27º, al. *f)* e 51º, nºs 2, 3 e 4). Sobre a curadoria provisória v. anot. ao art. 51º.

e) O dever de preservar o segredo de identidade vincula todas as entidades públicas e privadas (art. 5º), sendo o processo de adoção, incluindo a fase administrativa, dotado de caráter sigiloso (art. 4º). Cabe ao OSS comunicar a decisão de confiança administrativa à Conservatória do Registo Civil onde se encontrar lavrado o assento de nascimento da criança para os efeitos de preservação de identidade do adotante e dos pais naturais (art. 214º, nº 4 CRC).

As entidades competentes em matéria de adoção têm o dever de "conservar as informações sobre a identidade, as origens e os antecedentes do adotado, durante pelo menos 50 anos após a data do trânsito em julgado da sentença constitutiva do vínculo da adoção" (art. 6º, nº 3).

De acordo com o nº 2, do art. 16º, da Lei nº 7/2007, de 05/02, na redação dada pela Lei nº 61/2021, de 19/08 "A adoção implica a atribuição ao adotado de novos números de identificação civil, de identificação fiscal, de utente dos serviços de saúde e de identificação da segurança social, de modo a garantir o segredo de identidade previsto no artigo 1985º do Código Civil".

f) A decisão de confiança administrativa aporta, como natural consequência, a entrega da criança ao candidato a adotante ou a confirmação da permanência a seu cargo [art. 36º, nº 2, als. *a)* e *b)*]. A data efetiva em que a criança lhe foi confiada, ou a sua confirmação, deverá constar de documento devidamente certificado pelo OSS. Tal releva, desde logo, para efeitos de atribuição de curadoria provisória (art. 51º, nºs 2 e 3) e para o julgador aferir, em sede do processo judicial de adoção, se a criança reúne os requisitos necessários à adoção, designadamente nas situações enunciadas no art. 1980º, nº 3 CC. Sobre a discussão em torno do termo "confiança" constante deste preceito veja-se a jurisprudência infra indicada.

5. Bibliografia: Coelho, Francisco Pereira / Oliveira, Guilherme de, Curso de Direito a Família, vol. II, Tomo I, Centro de Direito da Família,

Coimbra Editora, 2006; GUERRA, Paulo, A adoção – o segundo nascimento do ser humano, Revista do Centro de Estudos Judiciários, 1º semestre 2018, nº 1; SAN-BENTO, Marta, E-book CEJ, Família e Crianças: As novas Leis – Resolução de questões práticas, Janeiro de 2017, disponível em http://www.cej.mj.pt/cej/recursos/ebooks/familia/eb_familia_criancas_as_novas_leis_resolucao_questoes_praticas.pdf.

6. Jurisprudência: Ac. TRC 25/01/2021(Processo: 3733/20.1T8CBR.C1, Relator: Emídio Santos); Ac. STJ 09/02/2021 (Processo: 211/20.2T8STC.E1.S1, Relator: Maria Clara Sottomayor), ambos disponíveis em http://www.dgsi.pt.

Esta anotação foi redigida seguindo a grafia resultante do Acordo Ortográfico de 1990

MARIA OLIVEIRA MENDES

ARTIGO 38º
Prejudicialidade e suspensão

1 – Os procedimentos legais visando a averiguação e a investigação da maternidade ou paternidade não revestem caráter de prejudicialidade face ao processo de adoção.

2 – A aplicação de medida de promoção e proteção de confiança com vista a futura adoção suspende o processo de averiguação oficiosa da maternidade e da paternidade.

3 – Sem prejuízo do disposto no número anterior, serão ultimados os atos de instrução já ordenados e a prova produzida poderá ser aproveitada em ação de investigação da maternidade ou paternidade.

4 – O disposto no número anterior não poderá prejudicar o segredo inerente ao processo de adoção e seus preliminares, bem como à identidade dos adotantes.

ANOTAÇÃO

1. Conexões normativas externas: artigos 1808º a 1813º, 1814º a 1825º, 1847º e 1848º, 1864º a 1868º e 1985º do CC; Lei nº 147/99, de 01/09, na redação da Lei nº 26/2018, de 05/07.

2. Enquadramento e antecedentes.

Resulta, deste artigo, que a averiguação e o estabelecimento da maternidade e paternidade não constituem um pressuposto dos procedimentos da adopção. Já assim era na Organização Tutelar de Menores, depois de a Lei nº 31/2003, de 22 de agosto, ter alterado o seu artigo 173º-F, que passou a dispor, no seu nº 1, que *"os procedimentos legais visando a averiguação e a investigação da maternidade ou paternidade não revestem carácter de prejudicialidade face ao processo de adopção e respectivos procedimentos preliminares, bem como face ao processo de promoção e protecção"*, determinando o seu nº 2 que *"a decisão de confiança judicial e a aplicação de medida de promoção e protecção de confiança a pessoa seleccionada para a adopção ou a instituição com vista a futura adopção suspendem o processo de averiguação oficiosa da maternidade e da paternidade"*.

3. Sentido do afastamento da prejudicialidade.

A adoção pode ser, portanto, decretada sem que os vínculos biológicos se encontrem estabelecidos, visando a inexistência de prejudicialidade da averiguação e investigação da maternidade ou paternidade, notoriamente, acelerar os procedimentos da adopção, facilitando a rutura com a família biológica.

De igual modo, por força do nº 2, a aplicação de medida de promoção e proteção de confiança com vista a futura adoção suspende o processo de averiguação oficiosa da maternidade e da paternidade.

Tal como Mónica Jardim, que qualifica a solução adotada como *"a mais equilibrada e razoável"*[45], Maria Clara Sottomayor aplaude o regime[46], referindo que *"desapareceu, assim, uma causa de adiamento dos processos e da definição da situação da criança, tomando-se possível uma adopção mais rápida de crianças de tenra idade"*, afirmando ainda que *"o direito da criança a ter uma família prevalece relativamente aos direitos de um pretenso pai que não reconheceu voluntariamente a criança, através de perfilhação, ainda que o não reconhecimento se deva a falta de informação sobre a paternidade"*[47].

Pensamos, porém, que a solução legal, sobretudo no que respeita à suspensão da averiguação oficiosa, pode ser gravemente limitadora do direito do adoptado ao conhecimento da sua família biológica, na medida em que a paralisação dessa averiguação ocorrerá numa fase em que a recolha de elementos que poderiam levar à identificação dos progenitores biológicos está mais facilitada.

[45] Jardim, Mónica, "Breve análise da nova lei da adopção", *in* Direito da Infância, da Juventude e do Envelhecimento, Centro de Direito da Família, FDUC, Coimbra, 2005, p. 154.

[46] Reportando-se, ambas as autoras, ao regime resultante da Organização Tutelar de Menores, na redação da Lei nº 31/2003, de 22 de agosto.

[47] Sottomayor, Maria Clara, "A nova lei da adopção", *in* "Direito e Justiça", Lisboa, 2004, p. 252.

Por isso mesmo, o nº 3 procura trazer algum equilíbrio ao regime, tendo em conta todos os interesses em jogo e a necessidade de acautelar o eventual exercício futuro, pelo adotado, do seu *direito ao conhecimento das origens genéticas*.

O legislador, ao esclarecer que devem ser ultimados os atos de instrução já ordenados e ao determinar que a prova produzida poderá ser aproveitada em ação de investigação da maternidade ou paternidade, contribui fortemente para a guarda avançada desse direito, sem descurar a importância de assegurar, na fase inicial da adoção, a importante rutura com a história recente da criança, em favor da sua integração na nova família.

O nº 4, todavia, destina-se a frear ímpetos instrutórios exagerados e que pudessem colocar em crise o segredo em torno do processo de adoção e o regime que resulta do artigo 1985º do Código Civil.

3. Bibliografia: Jardim, Mónica, "Breve análise da nova lei da adopção", *in* Direito da Infância, da Juventude e do Envelhecimento, Centro de Direito da Família, FDUC, Coimbra, 2005, pp. 129-164; Reis, Rafael Vale e, *O Direito ao Conhecimento das Origens Genéticas*, Coimbra Editora, 2008; Sottomayor, Maria Clara, "A nova lei da adopção", *in* "Direito e Justiça", Lisboa, 2004; pp. 241-258.

Esta anotação foi redigida seguindo a grafia resultante do Acordo Ortográfico de 1990

Rafael Vale e Reis

ARTIGO 39º
Iniciativas do tribunal

1 – O tribunal deve comunicar ao organismo de segurança social o consentimento prévio para a adoção, logo que prestado.

2 – Deve igualmente remeter ao organismo de segurança social ou instituição particular autorizada, consoante os casos, cópias das sentenças proferidas nos processos de promoção e proteção, com nota do respetivo trânsito em julgado, quando aplicada medida de confiança com vista a futura adoção.

3 – Recebida alguma das comunicações referidas nos números anteriores, o organismo de segurança social ou instituição particular autorizada, consoante os casos, adota as providências necessárias para a preservação do segredo de identidade a que se refere o nº 2 do artigo 1985º do Código Civil.

ANOTAÇÃO

1. Conexões normativas externas: Arts. 8º CEDH; 7º, nº 1, 8º, nº 1, 9º, nº 1, 19º, 20º, 21º, al. a), e 25º, CDC; 24º, nº 1, 1ª parte, e 3, e 33º, nº 1, CDFUE; 1º, 8º, nºs 2 e 4, 13º, 26º, 36º, nºs 3, 5 e 6, e 207º, nº 2, CRP; 123º, nº 1, al. g), e 125º, nº 2, LOSJ; 1808º, 1864º, 1920º-B, al. d), 1ª parte, 1973º, nº 1, 1978º, 1978º-A, 1982º, 1983º e 1985º, CC; 3º, 4º, als. f), h), e i), 34º, 35º, nºs 1, al. g), 2 e 3, 37º, nº 1, 38º, 38º-A, 59º, nº 2, 62º, 62º-A, nºs 3 a 5, 63º, 88º, nºs 1 e 8, 110º, nº 1, al. c), e 115º, LPCJP; 152º, nºs 2 e 3, 627º, nº 2, 628º e 1990º-A, CPC; 3º, e 60º a 64º, RGPTC; 1º, nº 1, al. g), 69º, nºs 1, als. d) e f), 3 e 5, e 78º, nºs 1 e 2, CRC; 2º, als. c), d), g) e h), 40º a 47º, e 48º a 51º, e 12º do Regulamento do Processo de Adopção.

2. O nº 1 deve ser lido em sintonia com o art. 35º que rege sobre as condições adjectivas de prestação do consentimento prévio para a adopção (as substantivas encontram-se plasmadas nos arts. 1982º e 1983º CC), e para cuja anotação se remete; ainda assim, repete-se, mediante a prestação válida de consentimento, cessa unilateral e voluntariamente a filiação biológica, extinguindo-se o conjunto de poderes-deveres associados à titularidade das responsabilidades parentais.

a) Flui do art. 35º, nº 1, que o OSS detém legitimidade activa para requerer a prestação do consentimento prévio para a adopção, mas não sendo o seu requerente, acabará por dele tomar conhecimento por ordem do Tribunal (nº 1), já que é um acto obrigatoriamente aí praticado [arts. 21º, al. a), CDC *ex vi* 8º, nº 2, CRP, e 29º, al. a)], e, se for no âmbito da confiança administrativa, nos moldes dos arts. 34º, nº 2, al. a), e 37º, nº 1, al. a).

3. Explana o art. 1º, nºs 2, al. a), e 3, al. a), que os OSS, identificados no art. 7º, são entidades com competência em matéria de adopção, e, no que concerne à adopção nacional – conceito lido na acepção do art. 2º, als. b) e h) –, nela podem também intervir as instituições particulares de solidariedade social e equiparadas e outras entidades de reconhecido interesse público, sem carácter lucrativo, e genericamente designadas neste diploma, por “instituições particulares autorizadas”, como o faz o nº 2 deste preceito.

4. Cotejados os nºs 1 e 2, colhe-se que a letra da lei é clara ao limitar a comunicação, por parte do Tribunal, da prestação de consentimento para futura adopção, ao OSS não requerente daquela, dela excluindo as instituições particulares autorizadas, o que bem se compreende pelo modo como este diploma legal as conforma, à sua concreta esfera de actuação e respectivos poderes.

Respiga-se do confronto dos arts. 1º, nºs 2, e 3, al. a), 15º, 8º, al. g), *ex vi* 16º, nº 1, e 17º, entre o mais, que as mesmas não são directamente entidades competentes em matéria de adopção, mas, precedendo autorização, têm a faculdade legal de intervirem em processo de adopção, se bem que limitado à adopção nacional, em que as crianças a adoptar e os candidatos à adopção residem habitualmente em território nacional, de onde se alcança a excepcionalidade da sua intervenção.

A prossecução da sua actividade é objecto de fiscalização, é colaborativa, em estreita articulação com o, e sob supervisão do, OSS territorialmente competente, o que se depreende dos arts. 22º e 24º.

5. A intervenção protectiva só é legítima e, bem assim, a aplicação de qualquer medida de promoção de direitos e de protecção das crianças e jovens, quando se destine a remover o perigo em que os mesmos se encontrem, proteger a sua segurança, saúde, formação, educação, bem-estar e desenvolvimento integral, e assegurar a sua recuperação física e psicológica de qualquer forma de exploração ou abuso – cf. arts. 3º e 34º, ambos LPCJP.

6. Sob a epígrafe das «Iniciativas do tribunal», estatui o nº 2 que este tem o ónus do envio veloz – reitera-se que se está perante processo com natureza urgente *ope legis* (arts. 4º, nº 1, e 32º) –, ao OSS ou à instituição particular autorizada, de cópia das *sentenças* em que tenha sido aplicada a medida protectiva (definitiva) de "...confiança a pessoa selecionada para a adoção, a família de acolhimento ou a instituição com vista à adoção...".

Em termos de rigor terminológico, efectivamente do que se trata é da prolação de *acórdão* no termo do Debate Judicial, por parte do Tribunal misto –, dado que é composto por um juiz presidente e dois juízes sociais –, isto é, uma decisão colegial, e não uma sentença, assinalado pelos arts. 207º, nº 2, CRP, 123º, nº 1, al. g), e 125º, nº 2, ambos LOSJ, 110º, nº 1, al. c), e 115º, ambos LPCJP, e 152º, nºs 2 e 3, CPC.

7. Essa decisão – após ter sido notificada sob a égide do art. 122º-A LPCJP, aditado na sequência da condenação do Estado Português pelo Ac. TEDH, Assunção Chaves *v.* Portugal (com interesse, Acs. TEDH, de 10/04/2012, 13/02/2018, e de 11/02/2020, todos contra o Estado Português) –, deve conter a menção à data do seu trânsito em julgado, com o significado do art. 628º CPC, ou seja, quando estiver esgotado o prazo para, ou a interposição de recurso ordinário (de apelação ou de revista, segundo o art. 627º, nº 2, CPC), ou a dedução de reclamação.

8. Do rol das medidas de promoção e protecção insertas no art. 35º, nº 1, LPCJP, escolheu-se apenas a da confiança a pessoa seleccionada para a adopção, a família de acolhimento ou a instituição com vista à adopção.

Por fracturar irremediável e definitivamente a ligação parento-filial, é a única insusceptível de aplicação a título cautelar, e a inibição do exercício das responsabilidades parentais que lhe é ínsita, é um facto obrigatória e oficiosamente a levar ao registo civil (arts. 36º, nºs 3, 5 e 6, CRP, 1978º, 1978º-A e 1920º-B, al. d), 1ª parte, CC, 35º, nºs 1, al. g), e 2, e 37º, nº 1, *a contrario*, LPCJP, e 1º, nº 1, al. g), 69º, nºs 1, al. f), e 3, e 78º, nºs 1 e 2, CRC).

Realça-se que nesta situação particular "... é um processo complexo não apenas em razão das questões jurídicas que é chamado a dirimir mas também pelas consequências extremamente graves e delicadas que dele decorrem tanto para a criança como para os pais" – citado Ac. do TEDH, nº 82.

Nesta senda, em face da intensidade da ingerência e do desmembramento da unidade familiar, dos bens jurídicos constitucionalmente tutelados, e do melhor interesse da(s) criança(s) envolvida(s), a imposição desta medida é a única que, por comando constitucional, está restrita ao Tribunal, a quem se deferiu a densificação dos conceitos utilizados, a par da ponderação muito exigente na verificação dos pressupostos contidos no art. 36º, nº 6, CRP, desenvolvido na legislação ordinária no art. 1978º CC (cf. arts. 8º CEDH, 7º, nº 1, 8º, nº 1, 9º, nº 1, 19º, 20º e 21º, al. a), CDC, 24º, nº 1, 1ª parte, e 3, e 33º, nº 1, CDFUE, ambos *ex vi* 8º, nºs 2 e 4, CRP, e 4º, als. f), h), e i), e 38º LPCJP).

Após ser proferida, a sua execução é dirigida e materialmente controlada pelo Tribunal (art. 59º, nº 2, LPCJP).

9. Esta medida de promoção é executada no meio natural de vida (1ª hipótese), ou em regime de colocação (2ª e 3ª hipóteses), anuncia o art. 35º, nºs 1, al. g), 2 e 3, LPCJP, operacionalizando-as o art. 38º-A LPCJP, ao remeter a 1ª realidade para a colocação da criança ou do jovem sob a guarda de candidato seleccionado para a adopção por parte do OSS, e as duas últimas, para a colocação da criança ou do jovem sob a guarda de família de acolhimento ou de instituição com vista a futura adopção.

Em qualquer dos casos sob o olhar atento do curador provisório, nomeado pelo tribunal aquando da prolação do acórdão, e que exercerá funções até ser decretada a adopção ou instituída outra providência tutelar cível (arts. 29º, al. d), 1ª parte, 62º-A, nºs 3 a 5, e 63º LPCJP, e 3º RGPTC).

Em regra, a medida não está sujeita a revisão e irá durar até nascer o vínculo adoptivo (arts. 25º CDC, *ex vi* 8º, nº 2, CRP, e 62º, 62º-A, e 63º, nº 1, al. c), LPCJP).

10. Decretada a medida protectiva de confiança com vista a futura adopção, isso aporta para a criança a situação jurídica da adoptabilidade, pressuposto *sine qua non* de posterior sentença constitutiva do vínculo da adopção, no dizer dos arts. 1973º, nº 1, CC, 29º, al. e), parte inicial, e 34º, nº 1, al. a).

Nestes termos, a correcta compreensão do nº 2 convoca igualmente a noção de adoptabilidade, que, no dizer do art. 2º, als. c) e d), é a situação jurídica da criança, normalmente com idade inferior aos 15 anos, ou excepcionalmente até aos 18 anos de idade (mas deve levar-se em linha de conta o recente Ac. TC nº 132/2022), beneficiária de uma decisão judicial ou administrativa de confiança com vista à adopção.

De acordo com o art. 10º, nº 1, as crianças em situação de adoptabilidade passam obrigatoriamente a integrar listas nacionais, cujo registo e permanente actualização cabem ao OSS.

11. A propósito dos nºs 1 e 2, há que chamar à colação outras incumbências do OSS: efectuar o estudo de caracterização das crianças em situação de adoptabilidade e o levantamento diagnóstico das suas necessidades, para o que dispõe do prazo máximo de 30 dias (art. 41º, nº 1), para num momento subsequente as preparar para integrarem famílias adoptivas, procurar eventuais correspondências entre as necessidades assim detectadas e as capacidades dos candidatos seleccionados, constantes de listas nacionais (art. 10º, nº 1), por forma a poder apresentar propostas concretas de encaminhamento, de harmonia com o art. 11º, nº 1, proceder à confiança administrativa, ou, por último, decretada a adoptabilidade ou recebida comunicação do tribunal relativa à prestação de consentimento prévio para a adopção, informar trimestralmente o tribunal (art. 42º) sobre as diligências encetadas para promover o efectivo encaminhamento da criança para o candidato seleccionado [als. a), e), g), e h)] – cf. fases preparatória e de ajustamento do processo de adopção (cf. arts. 2º, als. c), d), g) e h), 40º a 47º, e 48º a 51º, e 12º do RPA).

12. A redacção do nº 3 compreende uma das facetas da natureza secreta dos procedimentos judiciais e administrativos que integram o processo de adopção, incluindo os seus preliminares, sob cominação penal – cf. art. 4º, nºs 1 e 5.

A exacta apreensão dos seus contornos precisa, desde logo, da imagem global sobre a continuidade, agilização e interligação procedimental, a três níveis:

a) a acção protectiva é de natureza reservada, mas com a aplicação da medida de confiança com vista a futura adopção transmuta-se em "secreta", ou melhor, demanda o segredo de identidade quanto ao(s) adoptante(s) e aos pais do(s) adoptando(s), e comporta a regra da não notificação destes para os termos do processo posteriores ao trânsito em julgado da decisão que a aplicou – arts. 1985º CC, 4º, 5º e 56º, nºs 2, 3 e 4 –, ao abrigo do art. 88º, nºs 1 e 8, LPCJP;

b) se nesta acção tiver sido aplicada medida de promoção de confiança com vista a futura adopção, a mesma será apensada à adoptiva, com observância dos arts. 4º e 5º, segundo espelha o art. 58º.

c) a despeito da aplicação desta medida de protecção suspender os trâmites da providência tutelar cível de averiguação oficiosa (de maternidade ou paternidade – arts. 1808º e ss. e 1864º e ss. CC, e 3º, al. i), e 60º a 64º RGPTC, e igualmente um processo secreto), ainda que a prova produzida possa ser aproveitada em subsequente e respectiva acção de investigação, tal não poderá afectar o segredo inerente ao processo de adopção e seus preliminares, bem como a identidade dos adoptantes, o que se retira do art. 38º, nºs 2 a 4.

13. Estipula-se neste nº 3 que com a recepção das peças processuais (auto de prestação de consentimento prévio e/ou decisão judicial que aplique a medida de confiança tendente a futura adopção), recai sobre o OSS (e no segundo caso também sobre a instituição particular autorizada) diligenciar pela preservação do segredo de identidade, com o enfoque singular do art. 1985º, nº 2, CC, a saber, a não revelação da identidade dos pais (*biológicos*) do(s) adoptando(s), ao(s) adoptante(s), se expressamente tiverem objectado a tanto.

Assim sendo, a óptica do legislador reduziu-se à relação entre os progenitores do(s) adoptando(s) e o(s) adoptante(s), criando a regra de que, nada sendo transmitido de modo expresso por parte daqueles, a sua identidade será conhecida por este(s), o que acarreta como pressuposto que os mesmos tenham sido informados que são detentores do direito de manterem secreta a sua identidade, o que não parece ser frequente na prática.

a) Na realidade, o segredo de identidade decompõe-se em duas modalidades, ambas com assento no art. 1985º CC, tratando-se a outra da não revelação da identidade do(s) adoptante(s), aos pais do(s) adoptando(s), excepto se expressamente tiver(em) declarado que não se opõe(m) a essa revelação – nº 1.

A opção legislativa desta especial cautela capta-se bem na medida em que é o próprio sucesso do projecto adoptivo que pode ser gorado se a família biológica souber a identidade do(s) adoptante(s), pois pode querer assumir-se enquanto tal, ter a criança de volta no seu agregado familiar, obter informações sobre o seu estado vivencial, ser tentada a encetar contactos, desestabilizar e desenraizar a criança, causar perturbações múltiplas no relacionamento intrafamiliar ...

b) De todo o modo e ainda que aqui esteja em causa apenas um vector do sigilo de identidade [na perspectiva dos pais do(s) adoptando(s)], o certo é que estão adstritos à manutenção *in toto* do segredo de identidade, todos os entes públicos e privados, designadamente aquando do acesso ao conhecimento das origens genéticas, na consulta dos autos (principais e apensos), nas peças processuais e nas notificações quer na acção adoptiva, como nos seus preliminares, incluindo os de natureza administrativa, devendo a entidade responsável providenciar e certificar-se da eliminação de quaisquer elementos identificativos – cf. arts. 7º, nº 1, 8º, nº 1, ambos CDC, *ex vi* art. 8º, nº 2, CRP, 1º, 13º e 26º, nº 1, CRP, 1990º-A, CPC, 88º, nºs 1 e 8, LPCJP, e 4º, 5º, 6º, nº 5, 38º, nºs 2, 3 e 4, 56º (concertado com o art. 69º, nºs 1, al. d), e 5, CRC), e 58º.

14. Bibliografia: GUERRA, Paulo, A Adopção – O segundo nascimento do ser humano, Revista do CEJ, nº 1, 2018.

15. Jurisprudência: Acs. TEDH, Assunção Chaves *v.* Portugal, de 31/01/2012 (Processo: 61226/08 – 2ª Secção), de 10/04/2012 (Processo: 19554/09 – 2ª Secção), de 13/02/2018 (Processo: 57789/17 – 4ª Secção), e de 11/02/2020 (Processo: 29073/15 – 3ª Secção), todos contra o Estado Português, disponíveis em https://gddc.ministeriopublico.pt/faq/acordaos-relativos-portugal, Ac. STJ, de 12/11/2013 (Processo: 8730/12.8TBCSC.L1.S1 – 1ª Secção, Relator: Paulo Sá), disponível em http://www.dgsi.pt/jstj.nsf/-/140A8BEDF8BD616480257C21005C41A4, e Ac. TC, nº 132/2022, de 15/02/2022 (Processo: 533/2021 – 1ª Secção, Relator: Teles Pereira), disponível em https://www.tribunalconstitucional.pt/tc/acordaos/20220132.html.

Esta anotação foi redigida seguindo a grafia anterior ao Acordo Ortográfico de 1990

CHANDRA GRACIAS

SECÇÃO II
Tramitação

ARTIGO 40º
Etapas do processo

O processo de adoção, nos termos em que é definido na alínea c) do artigo 2º, é constituído pelas seguintes fases:

- **Fase preparatória, que integra as atividades desenvolvidas pelos organismos de segurança social ou pelas instituições particulares autorizadas, no que respeita ao estudo de caracterização da criança com decisão de adotabilidade e à preparação, avaliação e seleção de candidatos a adotantes;**
- **Fase de ajustamento entre crianças e candidatos, que integra as atividades desenvolvidas pelos organismos de segurança social ou pelas instituições particulares autorizadas, para aferição da correspondência entre as necessidades da criança e as capacidades dos candidatos, organização do período de transição e acompanhamento e avaliação do período de pré-adoção;**
- **Fase final, que integra a tramitação judicial do processo de adoção com vista à prolação de sentença que decida da constituição do vínculo.**

ANOTAÇÃO

1. Conexões normativas externas – 1586º e 1973º a 1991º CC.
2. O processo de adopção é definido pela letra do artigo 2º, alínea h) – e não, alínea c), como por lapso decorre desta norma que ora se anota – como «o conjunto de procedimentos de natureza administrativa e judicial, integrando designadamente atos de preparação e atos avaliativos, tendo em vista a prolação da decisão judicial constitutiva do vínculo da adoção, a qual ocorre na sequência de uma decisão de adotabilidade ou de avaliação favorável da pretensão de adoção de filho do cônjuge».

Rigorosamente, este processo abrange as fases explicitadas neste normativo, ou seja:

- a fase preparatória, que integra as actividades desenvolvidas pelos organismos de segurança social ou pelas instituições particulares autorizadas, no que respeita ao estudo de caracterização da criança com decisão de adoptabilidade e à preparação, avaliação e selecção de candidatos a adoptantes (fase essa mais pormenorizadamente tramitada nos artigos 41º a 47º);

- a fase de ajustamento entre crianças e candidatos, que integra as actividades desenvolvidas pelos organismos de segurança social ou pelas instituições particulares autorizadas, para aferição da correspondência entre as necessidades da criança e as capacidades dos candidatos, organização do período de transição e acompanhamento e avaliação do período de pré-adopção (fase essa mais pormenorizadamente tramitada nos artigos 48º a 51º, decompondo-se em três momentos: o da correspondência entre as crianças adoptáveis e os candidatos – *matching* –, o do período de transição e o do período de pré-adopção);
- a fase final, que integra a tramitação judicial do processo de adopção com vista à prolação de sentença que decida da constituição do vínculo (fase essa mais pormenorizadamente tramitada nos artigos 52º a 59º).

3. No entanto, teremos sempre de considerar como fazendo parte do instituto da adopção em sentido amplo as suas fases preliminares referenciadas nos artigos 33º a 39º:

- as comunicações obrigatórias;
- os deveres específicos dos organismos de segurança social;
- o decretamento da adoptabilidade de uma criança, por via judicial ou administrativa e
- o consentimento prévio para a adopção.

4. Note-se, não obstante, que este artigo 40º já pressupõe como decidida a adoptabilidade de uma criança por via judicial [unicamente pela medida prevista no artigo 35º, nº 1, alínea g) da LPCJP] ou por via administrativa [Cf. artigos 34º, nº 1, alínea b) e 36º] – por isso, são considerados por este RJPA como «preliminares» desse processo de adopção.

Depois dos preliminares, surgem as três fases previstas no artigo 40º, às quais se segue um procedimento de pós-adopção previsto no artigo 60º (fase não obrigatória que ocorre após o estabelecimento da adopção mediante solicitação dos destinatários, cujo objectivo é a prestação de "aconselhamento e apoio na superação das dificuldades decorrentes da filiação e parentalidade adotivas" por parte dos organismos de segurança social ou das instituições particulares autorizadas).

Veja-se, assim, que quer os preliminares, quer o procedimento de pós-adopção, estão incluídos no Capítulo II desta RJPA dedicado ao «Processo de Adopção» – como tal, a noção de processo de adopção pressuposta por este Capítulo II é necessariamente mais ampla do que a definição encontrada na alínea h) do artigo 2º, abrangendo os preliminares e a fase pós-adopção.

4. Bibliografia: BOLIEIRO, Helena e GUERRA, Paulo, *A criança e a família: uma questão de direito(s): visão prática dos principais institutos do direito da família e das crianças e jovens* – 2ª edição actualizada, Coimbra Editora, 2014; GUERRA, Paulo, *Lei de Protecção de Crianças e Jovens em Perigo anotada,* 5ª edição, Almedina, 2021; TIAGO, Catarina, «O superior interesse da criança no processo de adoção nacional» – Relatório de Estágio realizado na secção de Família e Menores da Comarca de Lisboa, com vista à obtenção do grau de Mestre na especialidade de Direito Forense e Arbitragem, setembro de 2020 (consultável emhttps://run.unl.pt/bitstream/10362/111192/1/Tiago_2020.pdf – cons. a 19.7.2021).

Esta anotação foi redigida seguindo a grafia anterior ao Acordo Ortográfico de 1990

PAULO GUERRA

SUBSECÇÃO I
Fase preparatória

ARTIGO 41º
Estudo de caracterização e preparação da criança

1 – Recebida alguma das comunicações previstas no artigo 39º, o organismo de segurança social ou instituição particular autorizada procede, no prazo máximo de 30 dias, ao estudo de caracterização da criança, o qual incide sobre as suas específicas necessidades, nos diversos domínios relevantes do crescimento e desenvolvimento, bem como sobre a sua situação familiar e jurídica.

2 – O estudo de caracterização é necessariamente instruído com o parecer da equipa técnica da instituição, caso a criança se encontre acolhida.

3 – As crianças com medida de adotabilidade aplicada são inscritas na lista nacional a que se refere o artigo 10º, sendo-lhes obrigatoriamente proporcionada, de acordo com programa próprio, intervenção técnica adequada à concretização do projeto adotivo.

ANOTAÇÃO

1. O nº 1 refere o estudo de caraterização da criança, incidindo sobre a identificação das suas necessidades específicas, nos diversos domínios relevantes do seu crescimento, saúde, desenvolvimento, comportamento, vinculação, adaptação, integração, aprendizagem e identidade adotiva, bem como a caraterização da sua situação familiar e jurídica. Esta caraterização deve ser feita até 30 dias após a comunicação da decisão de adotabilidade, com recurso aos seguintes métodos/técnicas: observação da criança, consulta de relatórios sobre a criança, reunião(ões) com a(s) equipa(s) técnica(s) que acompanham a criança; receção de parecer técnico da instituição de enquadramento do acolhimento; elaboração de relatório de caraterização (vide Manual da Intervenção dos Organismos da Segurança Social na Adoção de Crianças; Conselho Nacional para a Adoção [CNA], 2017, pp. 46/47).

Para além do previsto no nº 1 do artigo, consideramos que o estudo da criança deveria incluir a descrição das suas caraterísticas comportamentais e de temperamento, bem como as suas potencialidades e competências, vulnerabilidades, interesses, preferências, medos e expectativas, a fim de proporcionar uma caracterização mais aprofundada e precisa da criança em situação da adotabilidade. Pois, na caracterização da situação familiar é essencial incluir a descrição da história de vida da criança, com identificação de pessoas significativas (mesmo que exteriores à família), separações, perdas, experiências de adversidade precoce bem como o impacto destas experiências de trauma no seu desenvolvimento e comportamento (Vide Brodzinsky, Gunnar & Palacios, 2021).

Pelo que, sugere-se que os métodos e técnicas a utilizar na caraterização da criança incluam igualmente: a) a entrevista à criança, a fim de lhe dar voz, em resposta ao direito à Participação; b) a audição do cuidador de referência da casa de acolhimento ou do acolhedor responsável no acolhimento familiar, como adultos com maior proximidade e conhecimento da criança.

Relativamente ao nº 2 parece-nos importante que se contemplasse a possibilidade de a criança estar acolhida, quer em casa de acolhimento, quer em família de acolhimento.

O programa de intervenção técnica adequado à concretização do projeto adotivo, a que se refere o nº 3 deste artigo, visa a preparação da criança para a adoção, tendo como objetivos gerais apoiar a criança na apropriação do seu projeto de adoção, ajudá-la a reconstruir e (re)significar a sua história de vida, integrando o passado e o presente, com vista à construção de uma identidade coerente e, finalmente, preparar a criança para uma abertura à aceitação da nova família e construção de relações de vinculação seguras (artigo 13º, nº 1 do Regulamento do Processo de Adoção; Conselho Nacional para a Adoção [CNA], 2016). A intervenção técnica para a concretização do projeto adotivo fundamenta-se em programa próprio devidamente sistematizado e estruturado. O Programa de Preparação da Criança para a Adoção (PPCA; Henriques et al., 2017) é um desses programas.

Relativamente à intervenção técnica referida no nº 3, o artigo 13º, nº 2 do Regulamento do Processo de Adoção (Conselho Nacional para a Adoção, 2016), refere que esta intervenção é orientada pelo psicólogo responsável pelo processo de acolhimento, parecendo-nos pertinente que o mesmo deva estar devidamente habilitado para a aplicação de um programa de preparação da criança para a adoção. Este trabalho com a criança envolve a comunicação de informação particularmente sensível, a necessidade de ter uma linguagem neutralizada, isto é, desprovida de juízos de valor, em relação ao seu passado e família de origem, bem como intervenção centrada no luto e resolução de perdas, os quais exigem uma formação específica por parte do psicólogo que acompanha este processo (Brodzinsky, 2011; Soares et al, 2019).

2. Bibliografia: Brodzinsky, D. M. (2011). Children's understanding of adoption: Developmental and clinical implications. *Professional Psychology: Research and Practice, 42*(2), 200–207. http://dx.doi.org/10.1037/a0022415; Brodzinsky, D., Gunnar, M., & Palacios, J. (2021). Adoption and trauma: Risks, recovery, and the lived experience of adoption. *Child Abuse & Neglect, 130*(Pt 2), 105309. https://doi.org/10.1016/j.chiabu.2021.105309; Conselho Nacional para a Adoção (CNA, 2016). *Regulamento do Processo de Adoção.* Instituto de Segurança Social, Instituto Público. Disponível em: https://www.seg-social.pt/documents/10152/63638/Regulamento+do+Processo+de+Ado%C3%A7%C3%A3o/b3442a36-c484-4c03-b8ca-8b3f5dbdba5b; Conselho Nacional para a Adoção (CNA, 2017). *Manual da Intervenção dos Organismos da Segurança Social na Adoção de Criança.* Instituto de Segurança Social, Instituto Público; Henriques, M., Domingues, M., Teixeira, D., & Silva, S. (2017). *Programa de Preparação da Criança para a Adoção* – Manual. Coisas de Ler; Soares, J., Ralha, S., Barbosa-Ducharne, M., & Palacios (2019). Adoption-related gains, losses and difficulties: The adopted child's perspective. *Child and Adolescent Social Work Journal, 36,* 259–268 (2019). https://doi.

org/10.1007/s10560-018-0582-0; Spaulding for Children (s.d.). *Academy for Family Support and Preservation.* https://spaulding.org/.-

Esta anotação foi redigida seguindo a grafia resultante do Acordo Ortográfico de 1990

MARIA BARBOSA-DUCHARNE, JOANA SOARES e HUGO TEIXEIRA

ARTIGO 42º
Informação ao tribunal

1 – Decorridos três meses sobre a decisão de adotabilidade, a equipa de adoção comunica oficiosa e fundamentadamente ao tribunal o resultado das diligências já efetuadas com vista à concretização do projeto de adoção.

2 – A informação é atualizada trimestralmente e, em qualquer caso, sempre que ocorram factos supervenientes relevantes.

ANOTAÇÃO

1. O nº 1 prevê a transmissão ao tribunal das diligências efetuadas pela equipa de adoção responsável pela concretização do projeto de vida (atualmente designado projeto de promoção e proteção, Cf. art. 9º Decreto-Lei nº 164/2019) da criança, tendo em vista a identificação da candidatura que melhor se ajusta às caraterísticas e necessidades da criança em situação de adotabilidade. Estas diligências envolvem:

a) envio de email, por esta equipa, a todas as equipas responsáveis pela preparação, avaliação e seleção de candidatos(as) à adoção, incluindo a Autoridade Central para a Adoção Internacional/ Serviços Centrais do ISS, IP, para pesquisa de candidatos portugueses e estrangeiros residentes em Portugal e portugueses residentes no estrangeiro com os relatórios da criança, solicitando o envio no prazo de 6 dias úteis de relatórios de duas candidaturas adequadas às necessidades das crianças (vide Manual da Intervenção dos Organismos da Segurança Social na Adoção de Criança; CNA, 2017, pp. 55);

b) recebido este pedido/email, cada equipa de preparação, avaliação e seleção de candidatos(as) à adoção efetua obrigatoriamente pesquisa na base de dados nacional e identifica e envia as duas candidaturas que, por ordem de antiguidade, considera mais adequadas, tendo em conta a correspondência entre as capacidades dos(as) candidatos(as) e as necessidades da criança, assegurando-se previamente que a caraterização das candidaturas se mantém atual. Acresce que, caso uma equipa de preparação, avaliação e seleção de candidatos(as) à adoção pretenda enviar candidaturas mais recentes que outras disponíveis na base nacional tem que justificar o não envio das candidaturas mais antigas pelo preenchimento da Ficha de Justificação dos Resultados da Pesquisa Nacional e, caso não tenha nenhuma candidatura que corresponda às necessidades da criança, deve informar, fundamentadamente, disso mesmo.

O estabelecimento do supracitado prazo de 6 dias úteis para pesquisa de candidaturas na base nacional parece-nos razoável e respondendo ao superior interesse da criança. Contudo, existem dois procedimentos que merecem a nossa melhor reflexão:

i. uma criança em situação de adotabilidade é "mais do que um conjunto de necessidades", sendo essencial que a pesquisa da candidatura seja orientada também pelas suas caraterísticas individuais, interesses, expectativas (tal como citado na anotação ao nº 1 do art. 41º);

ii. a recomendação repetida de seleção de candidaturas por ordem de antiguidade parece-nos contrária ao superior interesse da criança. Pois, consideramos que o primeiro critério para a pesquisa diz respeito à adequação das caraterísticas da candidatura ao perfil da criança nos termos anteriormente descritos. Esta insistência na antiguidade das candidaturas poderá desvirtuar a essencialidade do processo de pesquisa. Ao exposto, acresce ainda que a probabilidade das candidaturas mais antigas se referirem a candidatos mais velhos é grande e introduz uma condição de risco (Orsi, 2015), uma vez que poderá levar ao aumento da diferença de idades entre candidatos e criança, mesmo se dentro do limite máximo de 50 anos, previsto pela lei (nº 3 do artigo 1979º, Código Civil).

c) A equipa responsável pela concretização do projeto de vida (projeto de promoção e proteção) da criança analisa as candidaturas recebidas, começando pelas mais antigas, terminando a análise quando apura três candidaturas adequadas, submetendo-as ao CNA, num prazo máximo de 10 dias úteis. Estas propostas são analisadas pelo Gabinete de Apoio Técnico (GAT) do CNA.

Relativamente a esta diligência, nota-se novamente a insistência no critério da antiguidade da candidatura, tomando este como prioritário, pelo que também aqui será de reforçar que tal procedimento nos parece oposto ao superior interesse da criança, conforme supra melhor descrito.

d) Cabe ao GAT analisar e instruir os processos a submeter ao CNA com o resultado da sua análise das três propostas. Estas propostas são enviadas, posteriormente, aos representados do CNA e aprovadas (ou não) em reunião quinzenal do CNA.

Relativamente a esta diligência, cumpre-nos apontar que a mesma não é isenta de riscos, na medida em que introduz um terceiro/novo ator no processo, o GAT, o qual não tem conhecimento direto, nem da criança em situação de adotabilidade, nem das candidaturas selecionadas. Pelo que, e sem pôr em questão a qualidade técnica dos elementos do GAT, pensamos que uma análise partilhada entre as equipas de preparação, avaliação e seleção de candidatos à adoção que apresentam as candidaturas e a equipa responsável pela concretização do projeto de vida (projeto de promoção e proteção) da criança em situação de adotabilidade, poderá propiciar uma melhor e mais efetiva correspondência entre o perfil da criança em situação de adotabilidade e cada uma das candidaturas em apreço. Pelo que, e face ao exposto, se sugere que deverá caber à equipa responsável pela concretização do projeto de vida (projeto de promoção e proteção) da criança em situação de adotabilidade, o papel de reunir com a/as equipa/s de preparação, avaliação e seleção de candidatos à adoção que apresentam a/as candidatura/s para identificação de fatores de risco e proteção em cada uma das potenciais correspondências. E, na sequência destas reuniões deveria competir à equipa responsável pela concretização do projeto de vida (projeto de promoção e proteção) da criança em situação de adotabilidade, a ordenação das respetivas candidaturas e fazer a proposta ao CNA, para aprovação na reunião quinzenal.

e) Caso a equipa responsável pela concretização do projeto de vida (projeto de promoção e proteção) da criança em situação de adotabilidade não receba qualquer candidatura adequada ao perfil da criança, esta é identificada como criança com Necessidades Adotivas Particulares (NAP, Manual da Intervenção dos Organismos da Segurança Social na Adoção de Criança; CNA, 2017, pp. 55) e encaminhada para a adoção internacional.

Ora, relativamente a esta diligência, cumpre-nos anotar que a aplicação direta do princípio da subsidiariedade da adoção internacional, não corresponde ao superior interesse da criança. Porquanto, relembra-se que a adoção enquanto medida de proteção infantil pressupõe a identificação da candidatura que melhor corresponde ao perfil da criança em situação de adotabilidade. Por conseguinte, o encaminhamento das crianças referidas como NAP para a adoção internacional não só não assegura essa pesquisa da "melhor candidatura" como acrescenta dois fatores de risco essenciais, a saber, (1) a distância inerente à adoção internacional, interrompendo e inviabilizando o acompanhamento da equipa responsável pela concretização do projeto de vida (projeto de promoção e proteção) da criança em situação de adotabilidade, com a qual a criança já teve oportunidade de estabelecer relação e (2) as especificidades da adoção internacional relativas à língua e à cultura.

Somos de parecer que exatamente para as crianças referidas como NAP, o sucesso do processo adotivo requer maior exigência técnica, maior proximidade do acompanhamento e um processo de recrutamento focado na criança (*child-focused recruitment;* Cf. https://www.childwelfare.gov/news-events/adoptiontriad/editions/apr2020/). A investigação tem evidenciado que o recrutamento focado na criança é três vezes mais eficaz para dar resposta a crianças de difícil encaminhamento (cf. Wendy's Wonderful Kids https://www.davethomasfoundation.org/our-programs/wendys-wonderful-kids/).

Deste modo, recomenda-se que o artigo 40º relativo às etapas do processo, na alínea a) atinente à fase preparatória, no âmbito da preparação, avaliação e seleção de candidatos a adotantes faça referência a procedimentos de recrutamento focado na criança.

2. Bibliografia: Child Welfare Government (2020). *Recruitment of adoptive families for older youth.* https://www.childwelfare.gov/news-events/adoptiontriad/editions/apr2020/; Conselho Nacional para a Adoção (CNA, 2017). *Manual da Intervenção dos Organismos da Segurança Social na Adoção de Criança.* Instituto de Segurança Social, Instituto Público; Dave Thomas Foundation for Adoption (s.d.). *Wendy's Wonderful Kids. Child-focused recruitment model.* https://www.davethomasfoundation.org/our-programs/wendys-wonderful-kids/; Decreto-Lei nº 164/2019, de 25 de outubro; Orsi, R. (2015). Predicting re-involvement for children adopted out of a public child welfare system. *Child Abuse & Neglect, 39,* 175–184. https://doi.org/10.1016/j.chiabu.2014.10.005.

Esta anotação foi redigida seguindo a grafia resultante do Acordo Ortográfico de 1990

MARIA BARBOSA-DUCHARNE, JOANA SOARES e HUGO TEIXEIRA

ARTIGO 43º
Candidatura à adoção

1 – Quem pretender adotar deve manifestar essa intenção, pessoalmente ou por via eletrónica, junto de qualquer equipa de adoção dos organismos de segurança social ou instituição particular autorizada.

2 – Recebida a comunicação prevista no número anterior, a equipa de adoção presta, no prazo máximo de 30 dias, toda a informação necessária ao conhecimento do processo de adoção e à formalização da candidatura.

3 – A formalização da candidatura só se concretiza mediante o preenchimento e entrega de requerimento próprio acompanhado de:

a) **Documentos comprovativos da residência, idade, estado civil, situação económica, saúde e idoneidade;**

b) **Declaração relativa à disponibilidade para participar no processo de preparação, avaliação e seleção para a adoção.**

4 – Para efeitos de aferição preliminar do estado de saúde e idoneidade, o interessado deve juntar declaração médica e certificado do registo criminal, respetivamente.

5 – O organismo de segurança social ou instituição particular autorizada indefere liminarmente a candidatura sempre que da mera apreciação documental resulte manifesta a não verificação dos pressupostos substanciais previstos no Código Civil.

6 – O organismo de segurança social ou instituição particular autorizada emite e entrega ao candidato a adotante certificado da formalização da candidatura do qual conste a data da respetiva admissão.

ANOTAÇÃO

1. Para formalizar a sua candidatura os candidatos devem apresentar:

a) certificado comprovativo da frequência da sessão A;

b) requerimento próprio da candidatura;

c) questionário individual devidamente preenchido;

d) declaração médica com referência à capacidade para o exercício da parentalidade adotiva;*

e) cartão de cidadão ou outro documento de identificação;

f) certidão de nascimento do próprios e dos filhos caso existam;

g) documento comprovativo da união de facto (se aplicável);
h) certificado do registo criminal dos candidatos e de todos os coabitantes com mais de 16 anos;
i) declaração de IRS;
j) documento comprovativo de residência;
k) declaração relativa à disponibilidade para participar no processo de preparação, avaliação e seleção de candidatos.

*No caso da declaração médica esta deve ser feita preenchendo impresso próprio (Impresso 1 do Manual da Intervenção dos Organismos da Segurança Social na Adoção de Criança; CNA, 2017, pp. 124 a 126).

É deixado à consideração de cada médico assistente se a situação de saúde e/ou o prognóstico da situação de saúde dos candidatos se adequa à parentalidade adotiva.

Ora, pensamos que seria importante a definição de critérios/linhas orientadoras para a tomada desta decisão com base em evidência científica, evitando ou pelo menos restringindo, o livre arbítrio do médico que a vai tomar. Por outro lado, nada é referido acerca do prazo de validade da declaração médica, o qual deveria ser também objeto de definição. Por último, refira-se ainda, a pertinência de prever a necessidade de existir um contacto direto entre a equipa de adoção e o médico assistente dos(as) candidatos(as) para esclarecimento de eventuais dúvidas de admissibilidade da candidatura.

2. Bibliografia: Conselho Nacional para a Adoção (CNA, 2017). *Manual da Intervenção dos Organismos da Segurança Social na Adoção de Criança.* Instituto de Segurança Social, Instituto Público.

Esta anotação foi redigida seguindo a grafia resultante do Acordo Ortográfico de 1990

MARIA BARBOSA-DUCHARNE, JOANA SOARES e HUGO TEIXEIRA

ARTIGO 44º
Preparação, avaliação e seleção

1 – Logo após a formalização da candidatura, o organismo de segurança social ou a instituição particular autorizada dá início ao conjunto de procedimentos de preparação, avaliação e seleção, o qual deve estar concluído no prazo máximo de seis meses.

2 – O conjunto de procedimentos de preparação, avaliação e seleção é composto por sessões formativas, entrevistas psicossociais e aplica-

ção de outros instrumentos de avaliação técnica complementar, designadamente de avaliação psicológica, tendo em vista a capacitação do candidato e a emissão de parecer sobre a pretensão.

3 – A avaliação da pretensão do candidato a adotante e o correspondente parecer devem incidir, nomeadamente, sobre a personalidade, a saúde, a idoneidade para criar e educar a criança, a situação familiar e económica do candidato a adotante e as razões determinantes do pedido.

4 – Em caso de parecer desfavorável, é obrigatória a audiência dos interessados em momento prévio ao da decisão da rejeição da candidatura, nos termos previstos no Código do Procedimento Administrativo.

5 – Concluídos os procedimentos, o organismo de segurança social ou a instituição particular autorizada profere decisão fundamentada e notifica-a ao candidato.

6 – Em caso de aceitação da candidatura, é emitido certificado de seleção, sendo os candidatos selecionados obrigatoriamente inscritos na lista nacional, nos termos do artigo 10º

7 – Em caso de rejeição da candidatura, a notificação da decisão deve incluir referência à possibilidade de recurso, menção do prazo e identificação do tribunal competente para o efeito.

ANOTAÇÃO

1. A preparação dos candidatos a que aludem os nºs 1 e 2 é feita através da participação no Plano de Formação para a Adoção que tem como objetivo primordial a construção de projetos de adoção realistas e capazes de dar resposta às necessidades das crianças em situação de adoptabilidade, sendo composto por três fases:

a) Fase A, é composta por uma sessão prévia à formalização da candidatura, com objetivo de:

1. clarificar o conceito e os objetivos da adoção;
2. conhecer percursos de vida e necessidades das crianças em situação de adotabilidade;
3. identificar capacidades necessárias para os adultos responderem às necessidades das crianças;
4. conhecer os trâmites legais e as fases dos processos de adoção nacional e internacional;

b) Fase B, composta por uma sessão, em pequeno grupo, de carater obrigatório para candidatos à adoção, que já formalizaram a sua candidatura e se encontram em fase de avaliação, tem como objetivo:

1. refletir sobre as diferentes motivações para a adoção e sobre as crenças acerca da adoção;
2. refletir sobre o impacto que a história de vida da criança em situação de adotabilidade tem no adulto e ajustar a autoavaliação de competências do adotante ao perfil da criança que se sente capaz de adotar;
3. sensibilizar para a importância da capacidade de identificar a necessidade de ajuda e ser capaz de implementar estratégias para obter suporte (formal, informal, na família, na comunidade, nos profissionais dos serviços de adoção, outros profissionais especializados em adoção).

c) Fase C, constituída por cinco sessões, com periodicidade mínima quinzenal, destinando-se a candidatos à adoção já selecionados, com o objetivo geral de preparar para a parentalidade adotiva, com especial ênfase na construção de uma relação de vinculação segura, na comunicação sobre o passado e a adoção da criança, bem como o acesso ao conhecimento das origens, no desenvolvimento de competências parentais de sensibilidade, responsividade e sintonia afetiva, bem como estratégias educativas adequadas à história de vida da criança e preparação para a chegada da criança.

Assim, reconhecendo e reforçando a importância da formação para a adoção, que deve ser proporcionada aos candidatos a adotantes, consideramos que o PFA (elaborado em 2009) carece de uma revisão e atualização à luz da recente evidência científica, bem como uma renovação/modernização dos materiais do programa de formação.

Em relação ao nº 3, a avaliação tem como principais objetivos avaliar a idoneidade dos/das candidatos(as) à adoção e o contexto de vida onde se irá integrar e desenvolver uma criança, bem como avaliar as capacidades dos(as) candidatos(as) para responder adequadamente aos desafios inerentes ao exercício da parentalidade adotiva.

Trata-se de um processo de avaliação compreensiva que recorre a múltiplos métodos e a múltiplas fontes de informação, integrando entrevistas, instrumentos de avaliação social, instrumentos de avaliação psicológica, observação, análise de documentos, nomeadamente da ficha relativa às caraterísticas da criança pretendida.

Nesta avaliação são considerados os seguintes domínios:

a) Características pessoais;
b) História, funcionamento e composição do agregado familiar;
c) Características do sistema familiar;
d) Capacidade parental;
e) Projeto e motivação para a adoção;
f) Expectativas sobre a adoção;
g) Perfil da criança desejada;
h) Habitação e meio social;
i) Situação económica;
j) Apoio social;
k) Aceitação da intervenção profissional e postura colaborativa.

Para cada domínio de avaliação, o Manual da Intervenção dos Organismos da Segurança Social na Adoção de Criança (CNA, 2017, pp. 21-22) define os conteúdos específicos em apreciação.

Parece-nos realmente importante a adoção de procedimentos de avaliação compreensiva, recorrendo a múltiplos métodos de avaliação e múltiplas fontes de informação. A listagem dos conteúdos referidos no manual é bastante abrangente, incluindo tópicos de grande pertinência. Contudo, a investigação recente tem vindo a apontar como essenciais, para o sucesso da adoção, características de funcionamento parental não consideradas nestes procedimentos de avaliação, pelo que se recomenda que durante a avaliação dos candidatos seja também recolhida informação sobre: o funcionamento reflexivo; sensibilidade ao trauma; responsividade, flexibilidade, resiliência e autocuidado (Cf. https://spaulding.org/; Malcorps et al, 2021).

Finalmente, refira-se que o Regulamento do Processo de Adoção (artigo 9º, CNA, 2016) propõe que a avaliação da candidatura abranja todos os elementos do agregado familiar e recorra a peritagem exterior, sempre que necessário.

Relativamente aos nºs 4 a 7, o Regulamento do Processo de Adoção (artigo 11º, CNA, 2016) define como critérios de aferição da capacidade para adotar os seguintes:

a) História de vida com trajetórias pessoais estáveis ou com demonstração de capacidade de resolução de problemas, crises ou experiências de vida negativas;
b) Saúde física e mental para responder às necessidades atuais e até à autonomia do adotado;

c) Capacidade económica para responder às necessidades familiares atuais e depois da integração da criança adotada;
d) Habitação confortável, limpa e segura onde os seus habitantes usufruam de espaços e tempos de privacidade, mas também de comunhão;
e) Estilo de vida saudável, com tempo e disponibilidade para a família;
f) Relacionamentos afetivos positivos com capacidade de investimento emocional e de expressão de afetos, capacidade de aceitação de perdas e de assumir compromissos e responsabilidades duradouras;
g) Relação conjugal estável e harmoniosa com indicadores de relacionamento gratificante;
h) Relacionamentos sociais positivos e capacidade de mobilização de recursos pessoais, da comunidade, bem como de apoio técnico especializado;
i) Projeto adotivo focado nas necessidades da criança;
j) Motivação centrada fundamentalmente no projeto de parentalidade;
k) Expectativas razoáveis e realistas quanto às características das crianças a adotar e quanto às suas próprias capacidades para enfrentar os desafios da parentalidade adotiva;
l) Capacidades educativas relacionadas com a adoção:
    i. Compreensão das necessidades da criança no geral bem como das que resultam da situação que levou à aplicação da medida de adotabilidade;
    ii. Reconhecimento das necessidades relacionadas com a identidade adotiva e a necessidade de comunicação sobre a adoção e sobre a história pessoal do adotado;
    iii. Capacidade de estabelecer regras e limites de forma adequada ao bem-estar da criança.

A este respeito, parece-nos pertinente salientar a importância de o certificado de seleção discriminar o perfil/as características da(s) criança(s) para as quais a candidatura apresenta capacidade para adotar (Beesley, 2010). Recomenda-se que este certificado, configurando o "certificado de seleção específico", seja suficientemente detalhado, e fundamentado, contendo campos específicos de informação suscetíveis de serem registados na base de candidaturas inscritas na lista nacional, nos termos do artigo 10º.

Esta não é uma prática atualmente existente, mas sem dúvida que a sua implementação será promotora de correspondências de melhor qualidade e promotoras de sucesso na adoção, devendo os/as candidatos/as ser informados/as deste parecer específico na notificação da decisão.

2. Bibliografia: Beesley, P. (2010). *Making good assessments: A practical resource guide.* British Association for Adoption and Fostering (BAAF); Conselho Nacional para a Adoção (CNA, 2016). *Regulamento do Processo de Adoção.* Instituto de Segurança Social, Instituto Público. Disponível em: https://www.seg-social.pt/documents/10152/63638/Regulamento+do+Processo+de+Ado%C3%A7%C3%A3o/b3442a36-c484-4c03-b8ca-8b3f5dbdba5b; Conselho Nacional para a Adoção (CNA, 2017). *Manual da Intervenção dos Organismos da Segurança Social na Adoção de Criança.* Instituto de Segurança Social, Instituto Público; Malcorps, S., Vliegen, N., Nijssens, L., Tang, E., Casalin, S., Slade, A., & Luyten, P. (2021). Assessing reflective functioning in prospective adoptive parents. *PLoS ONE, 16*(1), Article e0245852. https://doi.org/10.1371/journal.pone.0245852; Spaulding for Children (s.d.). *Academy for Family Support and Preservation.* https://spaulding.org/.

Esta anotação foi redigida seguindo a grafia resultante do Acordo Ortográfico de 1990

MARIA BARBOSA-DUCHARNE, JOANA SOARES e HUGO TEIXEIRA

ARTIGO 45º
Validade e renovação do certificado de seleção

1 – O certificado de seleção tem uma validade de três anos, podendo ser renovado por sucessivos e idênticos períodos a pedido expresso do candidato, antes que ocorra a respetiva caducidade.

2 – A renovação do certificado de seleção pressupõe a reapreciação da candidatura, aplicando-se, com as necessárias adaptações, o disposto no artigo 43º

3 – O candidato selecionado deve comunicar ao organismo de segurança social ou instituição particular autorizada que admitiu a sua candidatura qualquer facto superveniente suscetível de ter impacto no projeto de adoção, nomeadamente mudança de residência e alteração da situação familiar.

4 – A comunicação referida no número anterior determina a reavaliação da situação e eventual revisão da decisão proferida.

ANOTAÇÃO

O artº 45º atende à validade e renovação do certificado de seleção, apontando 3 anos como prazo limite de validade e remetendo ao(s)/à(s) candidato/a(s) a responsabilidade de solicitar a reavaliação da candidatura para a manutenção do registo na lista nacional.

De referir que esta reavaliação supõe a repetição do processo inicial, com atualização dos documentos apresentados e das entrevistas e visita domiciliária. O mesmo procedimento ocorre quando a candidatura é reavaliada por alteração da situação pessoal ou familiar (e.g., separação ou divórcio, nascimento de um filho, morte, desemprego, doença, etc) do/a(s) candidato/a(s). Quando perante situações de doença crónica cujo agravamento possa comprometer o exercício da parentalidade adotiva, os/as candidatos/as devem apresentar certificado médico, anualmente.

Esta anotação foi redigida seguindo a grafia resultante do Acordo Ortográfico de 1990

MARIA BARBOSA-DUCHARNE, JOANA SOARES e HUGO TEIXEIRA

ARTIGO 46º
Recurso da decisão de rejeição da candidatura

1 – Da decisão que rejeite a candidatura apenas cabe recurso, a interpor no prazo de 30 dias, para o tribunal competente em matéria de família e menores da área da sede do organismo da segurança social ou da instituição particular autorizada.

2 – O requerimento, acompanhado das respetivas alegações, é apresentado à entidade que proferiu a decisão, que pode repará-la.

3 – Caso a entidade que proferir a decisão não a repare, deve remeter, no prazo máximo de 15 dias, o processo ao tribunal com as observações que entender convenientes, sendo o recorrente notificado da respetiva remessa.

4 – Recebido o recurso, o juiz ordena as diligências que julgue necessárias e, dada vista ao Ministério Público, profere decisão no prazo de 15 dias.

5 – A decisão a que se refere o número anterior não admite recurso.

ANOTAÇÃO

O artº 46º explicita como devem reagir os candidatos que vejam a sua candidatura à adoção rejeitada, e quais os trâmites legais que devem ser seguidos. Face à situação de uma decisão de rejeição da candidatura e a eventualidade de, em recurso, o Tribunal ser de opinião contrária, considera-se necessário que se proceda a nova avaliação da mesma candidatura por outra equipa/serviço de adoções.

Esta anotação foi redigida seguindo a grafia resultante do Acordo Ortográfico de 1990

MARIA BARBOSA-DUCHARNE, JOANA SOARES e HUGO TEIXEIRA

ARTIGO 47º
Preparação complementar

Sempre que o competente organismo de segurança social ou instituição particular autorizada considere essencial à boa integração da criança em situação de adotabilidade a frequência pelos candidatos selecionados de ações de preparação complementar, são estas disponibilizadas, revestindo caráter obrigatório.

ANOTAÇÃO

Este artigo alude à necessidade dos/as candidatos/as participarem em sessões complementares de formação para a parentalidade adotiva, sempre que o sucesso da integração da criança assim o exigir. Salienta-se, contudo, a fragilidade do caracter de exceção/complemento desta formação. É nosso parecer que, proactivamente a equipa de preparação, avaliação e seleção de candidaturas deverá organizar e implementar formações sobre temáticas específicas, relevantes para grupos específicos de adoções (que partilhem características comuns, e.g., filhos adolescentes, filhos com comportamentos particularmente desafiantes, questões relativas ao acesso às origens, etc). Esta formação complementar deverá, por conseguinte, poder ocorrer na fase de pré-adoção (previamente à sentença de adoção) ou após a adoção ter sido decretada.

No nosso entendimento seria ainda interessante que no seio de cada equipa de adoção com suficiente dimensão fosse constituída uma subequipa com competências específicas para esta função (equipa de formação contínua), a qual seria ainda responsável pela avaliação/monitorização do processo formativo, numa perspetiva de intervenção baseada na evidência.

Esta anotação foi redigida seguindo a grafia resultante do Acordo Ortográfico de 1990

MARIA BARBOSA-DUCHARNE, JOANA SOARES e HUGO TEIXEIRA

SUBSECÇÃO II
Fase de ajustamento

ARTIGO 48º
Aferição de correspondência entre necessidades e capacidades

1 – O organismo de segurança social ou a instituição particular autorizada responsável pelo diagnóstico das necessidades da criança em situação de adotabilidade, procede a pesquisa, nas listas nacionais, dos candidatos relativamente aos quais seja legítimo efetuar um juízo de prognose favorável de compatibilização entre as suas capacidades e as necessidades da criança.

2 – O resultado da pesquisa é comunicado à equipa técnica que efetuou a preparação, avaliação e seleção dos candidatos, nos termos e para os efeitos previstos nos artigos 11º e 12º.

3 – Obtida a decisão do Conselho, o organismo de segurança social ou instituição particular autorizada apresenta ao concreto candidato identificado a proposta de adoção.

ANOTAÇÃO

1. O artº 48º descreve as diligências a efetuar pelo organismo de segurança social ou pela instituição particular autorizada, responsável pelo diagnóstico das necessidades da criança em situação de adotabilidade, atribuindo-lhe a responsabilidade da pesquisa nas listas nacionais, dos candidatos relativamente aos quais seja legítimo efetuar um juízo de prognose favorável de compatibilização entre as suas capacidades e as necessidades da criança.

Parece-nos importante salientar que tal como se descreve na anotação ao artº 42º, a prática proposta no Manual de intervenção dos organismos de segurança social na adoção de crianças (CNA, 2017) não segue as indicações proferidas no citado artigo 48º, na medida em que remete às equipas responsáveis pela preparação, avaliação e seleção a responsabilidade da pesquisa, ao contrário do que poderá decorrer da redação do artigo 48º que atribui essa responsabilidade à equipa responsável pelo diagnóstico das necessidades da criança em situação de adotabilidade (atrás referida como equipa responsável pela concretização do projeto de vida/projeto de promoção e proteção da criança em situação de adotabilidade).

Entendemos ainda que, salvo melhor opinião, a prática (tal como atrás descrita e com as alterações que recomendamos, Cf. anotação ao artº 42º) nos parece mais adequada ao sucesso de adoção. Como a investigação tem vindo a mostrar a proximidade dos técnicos quer à criança, quer aos candidatos, é fator protetor do sucesso da adoção (Barbosa-Ducharne & Marinho, 2019; Palacios, Rolock et al., 2019).

Assim, recomenda-se uma revisão do citado artº 48º, de modo a melhor corresponder aos procedimentos recomendados e em certa medida já colocados em prática através das recomendações do Manual de Intervenção dos organismos de segurança social na adoção de crianças (CNA, 2017).

O processo de compatibilização entre as capacidades dos candidatos e as necessidades da criança, a que se refere o nº 1, é baseado no modelo teórico Necessidades-Capacidades proposto por Palacios (2007). Com base no referido modelo (Palacios, 2007), o Regulamento do Processo de Adoção (CNA, 2016) define que esta correspondência é determinada de acordo com os seguintes elementos:

a) Necessidades relacionadas com as características da criança a adotar:

i. Correspondência entre as características da criança e a pretensão (e, como se recomenda, perfil de capacidade para adotar) registado pela candidatura (e, como recomendamos na anotação ao artº 44º, de acordo com o certificado de seleção específico), no que respeita a idade da criança, sexo, etnia, situação de saúde e antecedentes (às quais se recomenda que sejam acrescentados os domínios de caracterização da criança em situação de adotabilidade, tal como proposto na anotação ao artº 41º);

ii. Para a adoção de fratrias devem privilegiar-se os candidatos que revelaram ter capacidade para ajudar a superar, mas também detetar e resolver comportamentos difíceis, gerir conflitos em simultâneo e distribuir a atenção.

iii. Para a adoção de crianças de outra etnia devem escolher-se candidaturas que revelaram ter capacidade para lidar com o preconceito e para defender a criança do estigma familiar e social, bem como para converter as diferenças físicas num motivo de orgulho e reforço da autoestima da criança e integrar e lidar com a herança cultural.

b) Necessidades relacionadas com antecedentes familiares e percursos de vida da criança:

i. Para a adoção de crianças com antecedentes relacionados com problemas de saúde mental na família de origem, doenças infectocontagiosas, alcoolismo, toxicodependência, antecedentes judiciais graves ou ausência de informação sobre os antecedentes familiares devem privilegiar-se candidaturas que tenham revelado capacidades para aceitar antecedentes biológicos problemáticos ou desconhecidos (e que revelem um bom domínio de competências orientadas pela parentalidade sensível ao trauma, tal como se recomenda na anotação dos artigos 44º e 47º);

ii. Para a adoção de crianças com antecedentes de violência doméstica, abandono, maus-tratos físicos e psicológicos, abuso sexual e incesto devem privilegiar-se famílias que tenham revelado capacidade para aceitar histórias de maus-tratos, abandono, abusos e negligência (e que revelem um bom domínio de competências orientadas pela parentalidade sensível ao trauma, tal como se recomenda na anotação dos artigos 44º e 47º).

iii. Para a adoção de crianças após um acolhimento prolongado ou com uma história de fracasso em prévia adoção devem escolher-se famílias que tenham revelado possuir capacidade para assumir histórias de acolhimento prolongado e disrupções familiares (e que revelem um bom domínio de competências orientadas pela parentalidade sensível ao trauma, tal como se recomenda na anotação dos artigos 44º e 47º).

c) Necessidades relacionadas com problemas de desenvolvimento e aprendizagem e com problemas de comportamento ou emocionais:

i. Para a adoção de crianças com atrasos globais de desenvolvimento, limitação intelectual, atraso de linguagem, dificuldades de aprendizagem e/ou necessidades de estimulação especializada devem ser indicadas as candidaturas que revelaram capacidade para estimular o desenvolvimento cognitivo e linguístico e capacidade para aceitar problemas de aprendizagem;

ii. Para a adoção de crianças com problemas de sono e terrores noturnos, desobediência acentuada, comportamentos de oposição, dificuldade em aceitar regras e limites, comportamento sexualizado, roubo e agressividade, hiperatividade, dificuldade de exprimir emoções e em receber afeto, tendência para o isolamento, perturbação alimentar ou depressão deverão ser identificados candidaturas com capacidades de empatia e sensibilidade, capacidade para compreender as reações e sentimentos das crianças, bem como para facilitar a relação entre pares e trabalhar com outros profissionais;

iii. Para a adoção de crianças com necessidades de ajuda psicológica profissional devem ser selecionados candidaturas com recursos disponíveis para fazer face a essas necessidades e proporcionar o devido apoio.

iv. Necessidades resultantes de problemas de saúde: As crianças com prematuridade e baixo peso, com doenças respiratórias, digestivas, problemas de visão, audição, com necessidade de controlo médico regular ou de eventuais intervenções cirúrgicas, bem como afetadas por doença infeciosa ou com deficiência mental ou física devem ser encaminhadas para candidaturas que tenham revelado possuir capacidade para aceitar problemas de saúde relevantes, capacidade para suportar tratamentos médicos ou cuidados específicos necessários bem como recursos pessoais ou do meio envolvente para fazer face a problemas de saúde.

2. Bibliografia: Barbosa-Ducharne, M., & Marinho, S. (2019). Beyond the child's age at placement: Risk and protective factors in preadoption breakdown in Portugal. *Research on Social Work Practice, 29*(2), 143–152. https://doi.org/10.1177/1049731518783855; Conselho Nacional para a Adoção (CNA; 2016). *Regulamento do Processo de Adoção.* Instituto de Segurança Social, Instituto Público. Disponível em: https://www.seg-social.pt/documents/10152/63638/Regulamento+do+Processo+de+Ado%C3%A7%C3%A3o/b3442a36-c484-4c03¬-b8ca-8b3f5dbdba5b; Conselho Nacional para a Adoção (CNA, 2017). *Manual da Intervenção dos Organismos da Segurança Social na Adoção de Criança.* Instituto de Segurança Social, Instituto Público; Palacios, J. (2007). *Intervenciones profesionales en adopción internacional: Valoración de idoneidad, asignación de menores a familias y seguimiento posadoptivo.* Ministerio de Educación, Política social y Deporte; Palacios, J., Rolock, N., Selwyn, J., & Barbosa-Ducharne, M. (2019). Adoption breakdown: Concept,

research, and implications. *Research on Social Work Practice, 29*(2), 130-142. https://doi.org/10.1177/1049731518783852.

Esta anotação foi redigida seguindo a grafia resultante do Acordo Ortográfico de 1990

MARIA BARBOSA-DUCHARNE, JOANA SOARES e HUGO TEIXEIRA

ARTIGO 49º
Período de transição

1 – Aceite a proposta de adoção, inicia-se um período de transição em que se promove o conhecimento mútuo, com vista à aferição da existência de indícios favoráveis à vinculação afetiva entre o adotando e o candidato a adotante.

2 – Durante o período de transição são promovidos encontros, devidamente preparados e observados pela equipa de adoção do organismo de segurança social ou instituição particular autorizada, conjuntamente, consoante os casos, com a equipa técnica da instituição onde a criança se encontra acolhida ou com a equipa técnica da instituição de enquadramento da família de acolhimento que tenha a criança a seu cargo.

3 – Quando considerado necessário, a equipa técnica que efetuou a seleção dos candidatos pode ser chamada a participar nas atividades a que se refere o número anterior.

4 – O período de transição decorre pelo tempo mais curto e estritamente necessário ao cumprimento dos seus objetivos, tendo uma duração variável, em função das características da criança e da família adotante, não devendo exceder 15 dias.

5 – Findo o período de transição, considerando-se não existir qualquer facto que obste à continuidade do processo, inicia-se o período de pré-adoção.

6 – Sempre que a avaliação técnica aponte para a inexistência de indícios favoráveis à vinculação afetiva entre a criança e o candidato a adotante, deve ocorrer a imediata cessação do período de transição, com a correspondente comunicação obrigatória ao Conselho.

ANOTAÇÃO

1. O artº 49º descreve o processo de transição de uma criança em situação de adotabilidade para a família adotante selecionada para a referida criança. No nº 1 é definido o objetivo deste processo, a saber, aferição da existência de indícios favoráveis à construção de uma relação pais-filho entre o candidato a adotante e o adotando.

O nº 2 pretende identificar as equipas técnicas que intervêm no processo. Não é, contudo, claro na referência à equipa de adoção, na medida em que não distingue se se trata da equipa responsável pela preparação, avaliação e seleção dos /as candidatos/as ou a equipa responsável pela concretização do projeto de vida/projeto de promoção e proteção da criança em situação de adotabilidade. Um esclarecimento é prestado no nº 3, quando se refere que, quando considerado necessário, a equipa técnica que efetuou a seleção dos candidatos pode ser chamada a participar nas atividades, subentendo que, no nº 2, se refere à equipa responsável pelo processo adotivo da criança.

O Manual da intervenção dos organismos da segurança social na adoção de crianças identifica, a este propósito duas situações diferentes:

a) Quando se prevê a deslocação da criança para o distrito de residência dos/as candidatos/as: a equipa que intervém é a equipa para o estudo e concretização do projeto adotivo da criança do distrito de origem, em conjunto com um membro da equipa responsável pela preparação, avaliação e seleção de candidatos/as e um membro da equipa para o estudo e concretização do projeto adotivo da criança de destino futuro da criança.
b) Quando se prevê que a criança permaneça a residir no seu distrito de origem: a equipa que intervém é a equipa para o estudo e concretização do projeto adotivo da criança do distrito de origem da mesma que acompanha o processo.

Não nos parece haver muita consistência nestas recomendações. O período de transição é um período particularmente exigente do ponto de vista emocional para a criança em situação de adotabilidade e para os candidatos à adoção. Por outro lado, é um período favorável ao estabelecimento de uma relação de proximidade entre a equipa técnica que acompanha o processo e os elementos da família em construção (criança e adotantes). É altamente recomendável que nestes momentos críticos a criança esteja acompanhada por um adulto de referência, fonte de confiança e refúgio a quem possa recorrer para buscar conforto, caso vivencie níveis demasiado elevados de tensão e stress. No que diz respeito aos adotantes é igualmente importante que os mesmos se façam acompanhar da equipa que seguiu o seu processo de candidatura, com a qual tiveram oportunidade de estreitar laços e que, do mesmo modo, poderá servir de fonte de apoio e segurança. Estes técnicos são elementos essenciais ao sucesso do processo de transição.

Quer se trate de um caso onde há deslocação da criança, quer se trate de um caso em que a criança permanece no mesmo distrito, a equipa técnica que posteriormente for acompanhar o processo de pré-adoção, deve do mesmo modo estar presente durante a transição, a fim de iniciar (ou eventualmente continuar) uma relação com a família agora em construção, simultaneamente com a criança e com os adotantes.

No que se refere ao nº 4 do artº 49º, o legislador propõe que o período de transição decorra pelo tempo mais curto e estritamente necessário ao cumprimento dos seus objetivos, tendo uma duração variável, em função das características da criança e da família adotante, não devendo exceder 15 dias. Ora, como atrás mencionado as exigências deste período não são compatíveis com definições arbitrárias de prazos. O essencial é que se trate de um processo devidamente refletido e planeado de forma colaborativa, desencadeado, através de ações concebidas para aliviar o trauma para a criança, para manter relações pré-estabelecidas, e para facilitar a ligação com um/uns novo(s) cuidador(es) e uma mudança bem-sucedida.

Uma transição planeada implica que todos os responsáveis pelo bem-estar da criança trabalham em conjunto para assegurar que a sua transição seja vivida da forma mais positiva possível. Cada plano de transição deve ser individualizado para cada criança, considerando especificamente as suas caraterísticas únicas, a fase de desenvolvimento em que se encontra, as suas necessidades psicológicas, de segurança e vinculação. As necessidades da criança são priorizadas, enquanto as necessidades dos adultos adotantes são consideradas como apoio a um plano bem-sucedido. As transições planeadas incorporam tanta normalidade quanto possível, incluindo o envolvimento de pessoas significativas para a criança e atividades importantes para a criança, bem como o acesso aos brinquedos favoritos, ou outros artigos pessoais (Cf. http://www.dcfs.louisiana.gov/assets/docs/searchable/QPI/Plaful%20Transitions%20Practice%20Guide.pdf).

De acordo com o artº 19º do Regulamento do Processo de Adoção (CNA, 2016) é essencial que o processo de transição da criança para a família adotante, seja alvo de preparação com objetivo de ajudar a criança a ajustar as suas expectativas por forma a aproximar-se de uma representação real da família, de acordo com as características da família já identificada para a adotar. O mesmo artigo refere que a família adotante se apresenta à criança através de um álbum. Reciprocamente, a criança envolve-se na sua apresentação à família mediante a preparação, a título de exemplo de um desenho ou uma mensagem que, de acordo com a sua idade, pode ser elaborado pela própria criança, para além de um álbum de apresentação contendo fotografias da criança e uma síntese das suas principais características, gostos e interesses.

Finalmente, o artigo refere que as estratégias a utilizar são as seguintes:

a. Dar à criança informações detalhadas sobre a nova família numa linguagem adaptada ao seu nível de compreensão, recorrendo ao álbum ou a outros materiais preparados pela família;
b. Levar a criança a colocar questões e dúvidas que possa ter sobre a nova família e a pensar e expressar aquilo que sente;
c. Explicar à criança que a família adotiva tem informação sobre a sua história de vida;
d. Ajudar a criança a pensar e identificar o que gostaria de levar com ela para a nova família;
e. Informar a criança como se prevê que se irá processar o conhecimento da nova família e o processo de integração.

2. Bibliografia: Conselho Nacional para a Adoção (CNA, 2016). *Regulamento do Processo de Adoção.* Instituto de Segurança Social, Instituto Público. Disponível em: https://www.seg-social.pt/documents/10152/63638/Regulamento+do+Processo+de+Ado%C3%A7%C3%A3o/b3442a36-c484-4c03-b8ca-8b3f5dbdba5b; Department of Children & Family Services – Louisiana Government (s.d.). *Planful Transition: Practice Guide.* https://www.dcfs.louisiana.gov/assets/docs/searchable/QPI/Planful%20Transitions%20Practice%20Guide.pdf.

Esta anotação foi redigida seguindo a grafia resultante do Acordo Ortográfico de 1990

Maria Barbosa-Ducharne, Joana Soares e Hugo Teixeira

ARTIGO 50º
Período de pré-adoção

1 – O organismo de segurança social ou instituição particular autorizada acompanha a integração da criança na família adotante, avaliando a viabilidade do estabelecimento da relação parental, num período de pré-adoção não superior a seis meses.

2 – Durante este período, o organismo de segurança social ou instituição particular autorizada presta todo o apoio e desencadeia as ações necessárias a um acompanhamento efetivo tendo em vista a construção e a consolidação do vínculo familiar.

3 – Para os efeitos previstos nos números anteriores, quando, em virtude de deslocalização da criança, a equipa a quem incumba o acompanhamento da pré-adoção seja diversa da que procedeu à aferição da correspondência entre as necessidades da criança e as capacidades do candidato, deve privilegiar-se o acompanhamento por parte desta última.

4 – Decorrido o período a que se refere o nº 1 ou logo que verificadas as condições para ser requerida a adoção, o organismo de segurança social ou a instituição particular autorizada elabora, em 30 dias, relatório incidindo sobre as matérias a que se refere a alínea i) do artigo 8º, concluindo com parecer relativo à concretização do projeto adotivo.

5 – Excecionalmente, e em situações devidamente fundamentadas, o prazo referido no nº 1 pode ser alargado por um período máximo de três meses, devendo esse facto ser comunicado ao Ministério Público.

6 – O organismo de segurança social ou instituição particular autorizada notifica o adotante do teor integral do relatório referido no nº 4.

7 – Pode, a todo o tempo, ser decidida a cessação do período de pré-adoção, com fundamento na defesa do superior interesse da criança.

8 – Quer a decisão de cessação do período de pré-adoção, quer o parecer desfavorável à prossecução do projeto adotivo, são obrigatória e fundamentadamente comunicados ao tribunal que decretou a curadoria provisória e ao Conselho.

ANOTAÇÃO

1. O artº 50º refere-se ao período de pré-adoção.

No nº 1 do citado artigo não é clara a identificação de qual das equipas, a de preparação, avaliação e seleção de candidatos/as ou a de concretização do projeto adotivo da criança, é definida como a equipa que acompanha a pré-adoção. Tal como se refere na anotação do artº 49º recomenda-se que a equipa técnica que acompanha a família durante a pré-adoção esteja presente no processo de transição.

O nº 2 é concretizado no Manual de Intervenção dos Organismos de Segurança Social na Adoção de Crianças (CNA, 2017), com uma ampla explanação dos objetivos e da metodologia que deve ser implementada na intervenção em período de pré-adoção. A este respeito identificam-se três vertentes na intervenção na pré-adoção, a saber:

1. Formativa, que partindo da identificação das dificuldades que a família esta a enfrentar incide nas capacidades parentais requeridas, mas ainda não adquiridas;
2. Suporte, que consiste no apoio fornecido às famílias durante esta fase do processo, e no reforço dos ganhos conquistados;
3. Avaliativa, supondo a recolha de informação suficiente para apreciar o estabelecimento dos laços e a adequação parental para compreender e dar resposta às necessidades especificas das crianças.

O nº 4 indica o organismo de segurança social ou a instituição particular autorizada, como a entidade responsável pela elaboração em 30 dias, do relatório incidindo sobre as matérias a que se refere a alínea i) do artº 8º, concluindo com parecer relativo à concretização do projeto adotivo. Este relatório descreve o acompanhamento do processo de adoção, incluindo elementos caracterizadores da criança e dos adotantes.

Contudo, parece-nos que este relatório deveria ser alargado a elementos caracterizadores da família e das dinâmicas familiares, com identificação de fatores de risco e de proteção que orientassem uma ação proativa da equipa técnica de acompanhamento mesmo após a sentença de adoção.

O nº 7 avança a possibilidade de ser decidida a cessação do período de pré-adoção, com fundamento na defesa do superior interesse da criança. A este respeito, cumpre nos anotar que a interrupção/rutura de um processo de pré-adoção é reconhecidamente uma experiência traumática para todos os envolvidos, em especial a criança, para quem esta vivência ativa memórias de experiências prévias, igualmente traumáticas de perdas e separações, rejeições e abandonos. Por outro lado, a investigação é clara em mostrar que uma rutura de um processo pré (ou pós) adotivo é um processo contínuo num crescente de instabilidade, cujos sinais deverão ser atempadamente identificados pela equipa de acompanhamento e eficazmente atendidos para evitar a escalada de dificuldades que inevitavelmente leva à rutura (Palacios, 2020).

2. Bibliografia: Conselho Nacional para a Adoção (CNA, 2017). *Manual da Intervenção dos Organismos da Segurança Social na Adoção de Criança*. Instituto de Segurança Social, Instituto Público; Palacios, J. (2020). Adoption instability, adoption breakdown. In G. M. Wrobel, E. Helder, & E. Marr (Eds), *The Routledge Handbook of Adoption* (417-432). Routledge.

Esta anotação foi redigida seguindo a grafia resultante do Acordo Ortográfico de 1990

MARIA BARBOSA-DUCHARNE, JOANA SOARES e HUGO TEIXEIRA

ARTIGO 51º
Suprimento do exercício das responsabilidades parentais

1 – O organismo de segurança social ou a instituição particular autorizada solicita a transferência da curadoria provisória da criança, instituída nos termos do nº 3 do artigo 62º-A da Lei de Proteção de Crianças e Jovens em Perigo, aprovada pela Lei nº 147/99, de 1 de setembro, alterada pelas Leis n.os 31/2003, de 22 de agosto, e 142/2015, de 8 de setembro, para o candidato a adotante logo que este seja identificado.

2 – O adotante que, mediante confiança administrativa, haja tomado a criança a seu cargo com vista a futura adoção deve requerer ao tribunal a sua nomeação como curador provisório até ser decretada a adoção ou instituída outra providência tutelar cível.

3 – A curadoria provisória é requerida pelo Ministério Público se, decorridos 30 dias sobre a decisão de confiança administrativa, o não tiver sido nos termos do número anterior.

4 – Nos casos previstos nos n.os 2 e 3, o incidente de nomeação de curador provisório é apensado ao processo judicial de adoção.

5 – O curador provisório tem os direitos e deveres do tutor.

ANOTAÇÃO

1. Conexões normativas externas: LPCJP, arts. 35,º, nº 1 *alínea g)*; 38º-A, 46ºe 62º-A; CC, arts. 1935º, 1937º, 1938,º 1943º, 1947º, 1978º-A; DL 139/2019, de 16 de setembro, art. 12º; DL 164/2019, de 25 de outubro, arts. 11º e 34º.

2. O presente normativo, no seu nº 1, regula a forma de se assegurar a transferência da curadoria provisória para o candidato à adoção, relativamente a uma criança a quem, no âmbito do processo de promoção e proteção, foi aplicada a medida de confiança com vista à adoção, prevista nos arts. 35º nº 1 al. *g)* e 38º-A da LPCJP.

Depois de o candidato ter sido selecionado na fase preparatória, se na fase de ajustamento vier a ser confirmada pelo Conselho Nacional para a Adoção a proposta de adoção de uma criança elegível para o efeito, nos termos do nº 2 al. *a)* do art. 12º, e se aquela for aceite, inicia-se o período de conhecimento mútuo do candidato com a criança, nos termos do art. 49º, a que se segue, sempre que o parecer técnico a tal seja favorável, o período de pré-adoção, previsto no art. 50º.

A transferência da curadoria provisória acontece logo que o candidato à adoção daquela concreta criança tenha sido determinado nos moldes referidos.

2.1. Tal como decorre do art. 1978º-A CC, o decretamento da medida de confiança com vista à adoção determina, necessária e automaticamente, a inibição do exercício das responsabilidades, o que importa a imediata cessação da representação legal da criança por parte dos pais.

Decorrente desta ausência de representação legal, impõe o nº 3 do art. 62º-A LPCJP que na sentença que aplica a medida de confiança com vista à adoção seja desde logo designado um curador provisório à criança, cuja função se mantém até ocorrer a transferência que no normativo aqui em análise se regula e que igualmente se encontra prevista no nº 5 *in fine*, do atrás mencionado artigo.

2.2. Sobre quem exerce as funções de curador provisório, regulam os nºs 4 e 5 do citado art. 62º-A.

A medida de confiança com vista à adoção tem três formulações possíveis, já que a entrega da criança pode acontecer relativamente a pessoa selecionada para a adoção, a família de acolhimento ou a instituição e cada uma delas importa critérios distintos na escolha de quem exerce a curadoria provisória.

Quando em causa está a entrega a pessoa selecionada para a adoção, que acontece em situações mais raras e é possível apenas quando a criança se encontra já aos cuidados e guarda do candidato à adoção, quer por força da aplicação anterior de uma medida de promoção e proteção, por exemplo a de confiança a pessoa idónea, quer na sequência de uma decisão tutelar cível, é esta pessoa que assume as funções de curador provisório, tal como decorre do mencionado nº 4 do art. 62º-A.

Se a confiança for atribuída a família de acolhimento ou a instituição, o critério para a escolha do curador provisório tem por base a relação mais próxima que a criança estabeleceu com um dos membros da família de acolhimento ou com um dos técnicos da instituição em que se encontra acolhida e que, deste modo, com ele tem um contacto mais direto e por quem sente maior apego.

A medida de acolhimento familiar encontra os termos da sua execução regulamentados no DL 139/2019, de 16 de setembro e, tal como resulta do seu art. 12º, bem como do nº 2, do art. 46º LPCJP, pode ser família de acolhimento uma pessoa singular; duas pessoas casadas entre si ou unidas de facto ou duas ou mais pessoas ligadas por laços de parentesco e que vivam em comunhão de mesa, cama e habitação.

Por força do estabelecido no art. 27º nºs 1 e 4 daquele diploma legal, a família de acolhimento exerce em relação à criança os poderes e deveres decorrentes da confiança que foi decretada e pode ser-lhe concedido o exercício das responsabilidades parentais. Se a família de acolhimento for composta por mais do que uma pessoa o exercício da curadoria provisória caberá àquela que se apresenta mais próxima da criança.

A medida de acolhimento residencial encontra os termos da sua execução regulamentados no DL 164/2019, de 25 de outubro, em cujo art. 11º se estabelece que este acolhimento tem lugar em casas de acolhimento que disponham de recursos materiais e humanos adequados. Certo é, porém, que as condições de instalação, organização e funcionamento destas casas ainda não se encontram regulamentadas, aguardando-se ainda a publicação da respetiva portaria, a que alude o art. 34º do mencionado diploma, o que, segundo este dispositivo, deveria ter acontecido até janeiro de 2020. Deste modo e presentemente há que encontrar, de entre os técnicos que na instituição mais proximidade têm com a criança, aquele que reúne as melhores condições para ser nomeado curador provisório.

Na prática judiciária o mais comum é a nomeação como curador provisório do Diretor Técnico da instituição em que a criança se encontra acolhida, tal como ocorreu, por mero exemplo, nas situações em análise no ac. do TRG, de 16/01/2020 (Processo: 2305/18.5T8VRL-A.G1, Relator: Alcides Rodrigues) e no ac. do TRE, de 30/01/2020, (Processo:1615/17.3T8STR.E1, Relator: Rui Machado e Moura), ambos disponíveis em www.dgsi.pt [Consultados em 23-02-2022].

2.3. O pedido de transferência da curadoria provisória é feito pelo OSS ou pela instituição particular autorizada, no decurso da fase de ajustamento, tal como atrás referido, e é dirigido ao tribunal, sendo apreciado no âmbito do processo de promoção e proteção em que foi aplicada a medida de confiança com vista à adoção, que continua pendente até ser proferida sentença sobre a constituição do vínculo adotivo. Esta necessária pendência do processo de promoção e proteção até ser determinada a adoção, decorre, para além do mais, do facto de, por força do disposto no nº 2 do art. 39º, logo que transitada a decisão que aplicou aquela medida, dever a mesma ser comunicada ao OSS e que este, atento o estabelecido na alínea *h)* do art. 8º, tem por obrigação informar trimestralmente o tribunal do andamento das diligências tendo em vista o encaminhamento da criança para o candidato à adoção. Doutro modo, por força do disposto no nº 8, do art. 50º, ao mesmo processo de promoção e proteção tem ainda que ser comunicada a apreciação realizada após o período de pré-adoção sobre se deve ou não prosseguir aquele concreto projeto adotivo.

Que este pedido de transferência da curadoria provisória acontece no âmbito do processo de promoção e proteção resulta ainda no nº 4 do preceito em análise que, como veremos, apenas se refere ao incidente autónomo para as situações em que houve confiança administrativa.

Coerentemente, se a curadoria provisória foi atribuída ao candidatado à adoção aquando do decretamento da medida de promoção e proteção e se este projeto adotivo se mantiver, não haverá necessidade de qualquer transferência da mesma.

3. O nº 2 do preceito em anotação rege a atribuição da curadoria provisória quando a criança é confiada administrativamente ao candidato à adoção, nos termos conjugados dos arts. 34º nº 1 al. *b)* e nº 2 e 36º, para cujas anotações se remete.

Neste quadro legal da criança em situação jurídica de adotabilidade por via de uma decisão administrativa, cabe ao adotante que tomou a seu cargo a criança com vista à sua futura adoção, requerer ao tribunal a sua nomeação como curador provisório.

A iniciativa para requerer a curadoria provisória pertence, assim e em primeira linha, à pessoa a quem a criança foi confiada administrativamente, que deve dirigir o pedido ao tribunal no prazo de 30 dias a contar da decisão de confiança, tal como decorre do nº 3 deste artigo.

A decisão que vier a ser proferida mantem-se até à prolação da decisão de adoção ou, no caso de esta não se vir a concretizar, até ser instituída qualquer outra providência tutelar cível.

4. A previsão do nº 3 do preceito vem salvaguardar as situações em que, no prazo de 30 dias, a pessoa a quem a criança foi entregue não tenha requerido a atribuição da curadoria provisória, de modo a impedir que a criança permaneça numa situação incerta quanto à sua representação legal.

Se tal ocorrer, cabe ao Ministério Público substituir-se ao candidato à adoção na formulação de tal requerimento, competência esta que igualmente decorre do estabelecido na alínea *f)* do art. 27º e para cuja anotação se remete.

5. Dispõe o nº 4 da norma que o incidente de nomeação de curador, quando em causa estão situações de confiança administrativa, é apensado ao processo judicial de adoção, o qual encontra a sua regulação nos arts. 52º e ss deste diploma e que constitui a etapa final do processo de adoção.

Da menção que aqui é feita à apensação deste incidente ao processo de adoção decorre que mesmo, até este momento, é instaurado e corre autonomamente.

6. O nº 5 da norma define quais sejam os direitos e deveres do curador provisório, igualando-os aos do tutor, cujo regime é, neste segmento, aqui aplicável, necessariamente com as adaptações devidas.

Os direitos e obrigações do tutor encontram-se plasmados nos arts. 1935º a 1947º, CC e destes normativos provem que lhe cabe os mesmos direitos e obrigações dos pais com as restrições previstas, mormente no que respeita à proibição da prática de determinados atos (art. 1937º CC) e à necessidade de autorização do tribunal para a prática de outros (art. 1938º CC).

Atenta a natureza da curadoria provisória, julgamos não fazer sentido equacionar-se a possibilidade de remuneração, que para o tutor encontra previsão no art. 1942º CC, e a prestação de contas com todas as suas consequência igualmente só faz sentido nas situações em que a adoção não vier a ser decretada e a criança deixar de estar a cargo e à responsabilidade de quem foi seu curador provisório.

Para esta última eventualidade, será aconselhado que, na remota possibilidade de o adotando possuir bens, o curador nomeado ser, desde logo, notificado para apresentar ao tribunal a respetiva relação dos bens, tal como estabelece o art. 1943º CC.

Esta anotação foi redigida seguindo a grafia resultante do Acordo Ortográfico de 1990

ANA TERESA LEAL

SUBSECÇÃO III
Fase final - Processo judicial de adoção

ARTIGO 52º
Iniciativa processual

1 - A fase final do processo de adoção inicia-se com o requerimento apresentado pelo adotante junto do tribunal competente.

2 - A adoção só pode ser requerida após a notificação prevista no nº 6 do artigo 50º ou decorrido o prazo de elaboração do relatório.

3 - Caso a adoção não seja requerida dentro do prazo de três meses, o organismo de segurança social ou a instituição particular autorizada reaprecia obrigatoriamente a situação, apurando as razões que o determinaram e toma as providências adequadas à salvaguarda do superior interesse da criança.

4 - Sem prejuízo do disposto no nº 1 do artigo 55º, os pais biológicos não são notificados para os termos do processo.

ANOTAÇÃO

1. Conexões normativas externas: Artigos 6º, nº 2, 30º, n.os 1 e 3, 105º, n.os 2 e 3, 316º, 590º, nº 2, al. a), e, CPC; Artigo 10º, RGPTC.

2. A norma em análise regula a matéria relativa à iniciativa processual da fase final do processo, a qual integra a tramitação judicial do processo de adoção em vista da prolação de sentença que decidirá da constituição do vínculo (*vd.* artº 40º, al. c), e respetiva anotação).

A apresentação do requerimento inicial tem importantes consequências ao nível da procedência da ação, fixando a data a que o Tribunal deverá atender para aquilatar da verificação dos requisitos da adoção relativos ao adotado (*cf.* artº 1981º, n.os 2 e 3, CC).

3. A legitimidade ativa está reservada no processo de adoção ao adotante, que é a pessoa que formula a pretensão de adoção, representando a norma em análise um caso evidente de indicação expressa da titularidade do interesse relevante para o efeito da legitimidade (*cf.* artº 30º, nº 3, CPC).

Ocorrendo necessariamente a adoção na sequência de uma decisão de adotabilidade ou de avaliação favorável da pretensão de adoção de filho do cônjuge, apenas poderá ser adotante, gozando de legitimidade ativa para a fase judicial do processo de adoção, aquele cuja pretensão de adoção do filho do cônjuge tenha sido favoravelmente avaliada, bem como a pessoa a quem a criança tenha sido confiada, administrativamente ou no âmbito de medida de promoção e proteção de confiança com vista a futura adoção.

Se se tratar de uma adoção conjunta (*cf.* artº 1979º, nº 1, CC), aquele interesse relevante é partilhado pelos dois adotantes, afigurando-se incongruente com todo o processado anterior (designadamente, com todas as ações desenvolvidas nas fases de preparatória e de ajustamento entre crianças e candidatos) a possibilidade de, perante um requerimento apresentado unicamente por um dos candidatos selecionados e visados no parecer final elaborado pela entidade competente em matéria de adoção (*cf.* artº 50º, nº 4), o Tribunal decretar, sem mais, a adoção em relação apenas a esse requerente (*cf.* artº 32º, nº 1, CPC).

Nessa medida, entende-se que, nestes casos, a falta de qualquer deles será, por princípio, motivo de ilegitimidade (*cf.* artº 33º, CPC, aplicável por força do artº 6º, da Lei 143/2015, de 08/09, que aprovou o RJPA), que justificará um convite ao respetivo suprimento através da dedução do competente incidente de intervenção provocada (*cf.* art.os 6º, nº 2, 590º, nº 2, al. a), e 316º, CPC, aplicáveis por força do artº 6º, da Lei 143/2015, de 08/09, que aprovou o RJPA).

Pode a ausência de um dos candidatos exteriorizar a sua desistência relativamente ao projeto adotivo anteriormente iniciado. Mas, se assim for, essa situação terá de ser avaliada pela entidade competente, que deverá reapreciar a situação ajuizando da vantagem da subsistência da adoção singular pelo candidato que mantém o propósito de adotar, em vista do superior interesse da criança (*cf.* nº 3 da norma em análise, aplicável por identidade de razões), admitindo-se, neste caso, em vista do aproveitamento dos atos já praticados (apresentação do requerimento inicial, com todos os efeitos daí decorrentes e *supra* referidos), que a instância possa ser suspensa pelo período necessário a tal avaliação e apresentação do subsequente parecer (*cf.* artº 272º, nº 1, in fine, CPC, aplicável por força do artº 6º, da Lei 143/2015, de 08/09, que aprovou o RJPA).

4. Caraterística do processo de adoção, na sua fase judicial, é a ausência de contraditório relativamente aos membros da família biológica da criança, estabelecendo o nº 5 da norma em análise que, fora da hipótese prevista no artº 55º, nº 1, os pais biológicos não são notificados para os termos do processo.

Nestes termos, ressalvados os casos em que haja de proceder-se no processo de adoção à averiguação dos pressupostos da dispensa do consentimento dos pais do adotando ou das pessoas que o devam prestar em sua substituição, ou seja, sempre que o processo de adoção não tiver sido precedido de aplicação de medida de confiança com vista a futura adoção, no âmbito de processo de promoção e proteção (*vd.* artº 55º, nº 1, e respetiva anotação), a fase judicial do processo destinar-se-á apenas a apreciar a natureza, caraterísticas e qualidade da relação afetiva criada, no decurso do período de pré-adoção, entre a criança e os adotantes, fundamento da constituição do vínculo de adoção, nos termos dos art.os 1973º e 1974º, CC [Joana Marques Vidal, «*Adopção – Confiança Administrativa e Confiança Judicial*», Revista do Ministério Público, Ano 19º, 1998, nº 175, p. 169].

A solução legal não encerra qualquer violação do direito a um processo equitativo (*cf.* art.os 20º, nº 4, CRP, e 6º, CEDH), na medida em que a ausência de contraditório abrange apenas os casos em que tenha havido prévia aplicação de medida de confiança com vista a futura adoção, no âmbito de processo de promoção e proteção.

Ora, o processo de promoção e proteção é consabidamente enformado pelo princípio do contraditório, sendo ali garantida aos pais biológicos da criança (ou seu representante legal ou detentor da respetiva guarda de facto) uma posição processual ativa, o que passa, desde logo, pela salvaguarda do princípio do contraditório (*cf.* art.os 104º, 117º e 119º, LPCJP), pela garantia de patrocínio judiciário (*cf.* artº 103º, nº 4, LPCJP) e pelo reconhecimento da sua legitimidade recursiva, na sequência da decisão final do processo (*cf.* art.os 122º-A e 123º, nº 2, LPCJP).

Nessa medida, uma vez que todas as questões relativas à quebra dos laços afetivos da filiação, pressuposto do decretamento da medida de confiança com vista a futura adoção, foram objeto de contraditório no processo de promoção e proteção, ficando, por isso, definitivamente resolvido o problema do consentimento dos pais para a adoção (que ficam inibidos, por efeito daquela medida, do exercício das responsabilidades parentais – *cf.* artº 1978º-A, CC), a sua ausência no processo de adoção mostra-se plenamente justificada.

Apesar de o artº 55º, nº 1, o não referir expressamente, afigura-se que os pais biológicos tampouco deverão ser notificados para os termos do processo de adoção nos casos de confiança administrativa subsequente à prestação de consentimento prévio para a adoção: tendo sido previamente prestado o consentimento, não se mostra necessário averiguar no processo de adoção os pressupostos da sua dispensa (*vd.* artº 55º e respetiva anotação).

5. Nos termos do nº 2 da norma em análise, a adoção só pode ser requerida após a notificação prevista no nº 6 do artigo 50º ou decorrido o prazo de elaboração do relatório referido nessa norma.

Sendo o processo de adoção um conjunto encadeado de procedimentos de natureza administrativa e judicial, integrando designadamente atos de preparação e atos avaliativos, bem se compreende que a sua fase judicial apenas possa ter início concluído que esteja o período de pré-adoção e perante um parecer favorável da entidade competente relativamente à concretização do projeto adotivo, que constará do relatório elaborado nos termos do artº 50º, quer se trate de adoção de criança em situação de adotabilidade quer se trate de adoção de filho de cônjuge.

Donde, só após a notificação deste relatório ou depois de já ter decorrido o prazo para a sua elaboração é que o adotante pode avançar para a instauração da fase judicial do processo de adoção, pelo que a elaboração do relatório previsto no artº 50º, nº 4 e a sua conclusão com parecer favorável à prossecução do projeto adotivo ou o decurso do prazo para a sua elaboração constitui um pressuposto processual inominado da dedução da fase judicial do processo de adoção [neste sentido, *vd.* Ac. TRP 25/03/2021, Procº nº 59/21.7T8VCD.P1, Relator Aristides Rodrigues de Almeida; Ac. TRG de 13/07/2021, Procº nº 838/21.5T8BCL.G1, Relatora Elisabete Alves].

Tratando-se de uma exceção, à partida, insuprível, o seu conhecimento no âmbito do despacho liminar conduzirá ao indeferimento liminar da petição inicial (*cf.* artº 590º, nº 1, CPC), solução que, para além do mais, não veda ao requerente a possibilidade de instaurar nova ação, cumprindo o formalismo devido (*cf.* art.ºˢ 279º, nº 1, 619º e 620º, CPC).

Quid iuris se, notificado nos termos do artº 590º, nº 2, al. c), CPC, o requerente não juntar tal relatório, mas comprovar ter, entretanto, dado início ao processo de adoção junto da entidade competente?

A hipótese versa, claramente, os casos cada vez mais frequentes de adoção de filho de cônjuge em que o adotante apresenta o seu requerimento diretamente no Tribunal, sem ter previamente manifestado a sua intenção junto da entidade competente em matéria de adoção e, consequentemente, sem que tenha decorrido o período de pré-adoção e sem o necessário parecer favorável daquela entidade.

Como acima se deixou dito, a apresentação do requerimento inicial tem um importante efeito ao nível dos pressupostos específicos da adoção, mormente, os que contendem com a idade do adotado (terá de ter menos de

18 anos de idade à data da apresentação daquele requerimento), pelo que um indeferimento liminar poderá significar aqui o irremediável comprometimento de um projeto adotivo que pode ser do superior interesse da criança visada.

Nessa medida, afigura-se que, sendo esse o caso, poderá ser ponderada uma suspensão da instância, face à ocorrência de motivo justificado, pelo período necessário à conclusão da fase administrativa do processo e elaboração do competente relatório (*cf.* artº 272º, nº 1, CPC): terminando tal fase administrativa com avaliação favorável da pretensão do requerente, estará o processo em condições de prosseguir, na sua fase judicial, tendo em vista o decretamento da requerida adoção; não sendo favoravelmente avaliada a pretensão do requerente, persistirá a falta que, nos termos acima referidos, conduzirá ao indeferimento liminar da petição inicial (o processo ficou suspenso na fase da gestão inicial do processo).

Finalmente, cabe referir que se a adoção não for requerida dentro do prazo de três meses, contados desde a notificação do relatório, a entidade competente em matéria de adoção deverá reapreciar obrigatoriamente a situação, apurando as razões que a determinaram e tomando as providências adequadas à salvaguarda do superior interesse da criança (nº 3 da norma em análise). Entende-se, pois, que se o Tribunal se aperceber, pela análise liminar do requerimento inicial, que este foi apresentado mais de três meses depois da notificação do relatório, deverá começar por solicitar àquela entidade que reavalie a situação e apresente informação complementar relativa à manutenção do parecer anteriormente formulado sobre a viabilidade do projeto adotivo.

6. O requerimento inicial deverá ser apresentado junto do Tribunal da residência da criança (*cf.* artº 30º, nº 1, al. a), por referência ao artº 29º, al. e), uma vez que o requerimento visa o decretamento da adoção). À apresentação de requerimento perante tribunal territorialmente incompetente aplica-se o artº 10º, RGPTC, para o qual remete o artº 30º, nº 1, al. a), sendo, por isso, de conhecimento oficioso; sendo a exceção julgada procedente, será o processo remetido para o tribunal competente, ficando definitivamente resolvida a questão da competência (*cf.* artº 105º, n.os 2 e 3, CPC, aplicável *ex vi* artº 6º da Lei nº 143/2015, 08/09).

7. Bibliografia: Alfaiate, Ana Rita, «*A responsabilidade das Comissões de Proteção de Crianças e Jovens na verificação atempada da insuficiência do cuidado prestado pela família biológica*», in Cuidado e Responsabilidade, 1ª ed., São Paulo,

Brasil, Editora Atlas S. A., 2011; *idem, «ANOTAÇÃO ao artigo 1980º, CC»*, in Código Civil Anotado, Livro IV, Direito da Família, Clara Sottomayor (Coord.), Almedida, 2020, pp. 1017 e ss; Coelho, Francisco Pereira/Oliveira, Guilherme de, *Curso de Direito da Família*, vol. II, Tomo I, Centro de Direito da Família, Coimbra Editora, 2006; Gago, Lucília *"O que muda no regime da adoção em Portugal"*, Revista do CEJ, II, 2015, pp. 69 e ss.; Guerra, Paulo, *«A adoção – o segundo nascimento do ser humano»*, Revista do Centro de Estudos Judiciários, 1º semestre 2018, nº 1; Idem, *Lei de Proteção de Crianças e Jovens em Perigo Anotada*, 4ª ed. revista e atualizada, Almedina, Coimbra, 2019; Pinheiro, Jorge Duarte, *O Direito da Família Contemporâneo*, 5ª ed., Almedina, Coimbra, 2016; Idem, *«Estudos de Direito da Família e das Crianças»*, AAFDL Ed., Lisboa, 2015; Varela, Antunes/Bezerra, J. Miguel/Nora, Sampaio e, *Manual de Processo Civil*, 2ª ed. Revista e atualizada, Coimbra Editora, Coimbra, 1985.

8. Jurisprudência: TRP 25/03/2021, Procº nº 59/21.7T8VCD.P1, Relator Aristides Rodrigues de Almeida; Ac. TRG de 13/07/2021, Procº nº 838/21.5T8BCL.G1, Relatora Elisabete Alves.

Esta anotação foi redigida seguindo a grafia resultante do Acordo Ortográfico de 1990

Pedro Raposo de Figueiredo

ARTIGO 53º
Requerimento inicial e relatório

1 – No requerimento inicial, o adotante deve alegar os factos tendentes a demonstrar os requisitos gerais previstos no nº 1 do artigo 1974º do Código Civil, bem como as demais condições necessárias à constituição do vínculo jurídico da adoção.

2 – Com o requerimento deve o adotante oferecer desde logo todos os meios de prova, nomeadamente certidões de cópia integral do registo de nascimento do adotando e do adotante, bem como certificado comprovativo da verificação de algum dos pressupostos enunciados no nº 1 do artigo 34º e o relatório previsto no nº 4 do artigo 50º.

3 – Caso o relatório não acompanhe o requerimento, o tribunal solicita-o ao organismo de segurança social competente ou à instituição particular autorizada que o deve remeter, no prazo máximo de 15 dias, prorrogável por igual período, em caso devidamente justificado.

ANOTAÇÃO

1. Conexões normativas externas: arts. 1875º; 1974º; 1979º; 1980º; 1981º; 1985º; 1988º CC; arts. 294º, 590º; 986º CPC; arts. 35º, al. g), 38º-A LPCJP; art. 12º CDC; art. 214º CRC.

2. Corresponde *grosso modo* ao art. 168º OTM (DL nº 314/78, de 27.10, na redação da Lei nº 31/2003, de 22/08) com as alterações necessárias motivadas pela aprovação do RJPA. Neste preceito enunciam-se os requisitos a que deve obedecer o requerimento inicial (denominado "petição inicial", no normativo correspondente da OTM) apresentado pelo adotante com vista à constituição do vínculo da adoção.

3. Após a notificação do relatório elaborado pelo OSS (art. 50º, nºs 4 e 6) ou findo o período para a sua elaboração (art. 52º, nº 2) o candidato à adoção deve apresentar no juízo de família e menores (nas áreas não abrangidas, na instância local cível ou, não havendo desdobramento, nos juízos de competência genérica) da área da residência do adotando [arts. 29º, al. *e)* e 30º, nº 1, al. *a)* e nº 2 RJPA e arts. 80º, 81º e 123º, nº 1, al. *c)* LOSJ] o requerimento com vista à constituição do vínculo jurídico da adoção, com o qual se inicia a fase judicial do processo de adoção (arts. 40º, al. *c)* e 52º a 59º).

No requerimento inicial, que não carece de ser articulado, o requerente deve alegar os factos concretos donde resulte a verificação dos requisitos gerais, enunciados no art. 1974º, nº 1; os requisitos de legalidades estrita, constantes dos arts. 1979º e 1980º e os consentimentos necessários ou os fundamentos para a sua dispensa, em conformidade com o art. 1981º, todos do CC.

3.1. A confiança da criança ao adotante, seja por via da confiança administrativa, seja por força da medida de confiança com vista a futura adoção decretada no âmbito de processo judicial de promoção e proteção (arts. 2º, al. *c)* e 34º, nº 1) surge como um requisito essencial da constituição do vínculo adotivo. Neste particular, porém, há que ressalvar a situação da adoção do filho do cônjuge caso em que, estando dispensada a confiança, o decretamento da adoção está dependente de prévia avaliação favorável da pretensão expressa pelo candidato a adotante, a levar a cabo pelo OSS ou instituição particular autorizada, e que tem lugar na sequência de um período de pré-adoção, não superior a três meses, o qual tem início imediatamente após a formulação de tal pretensão (arts. 8º, al. *d)*; 34º, nºs 1, al. *c)* e 3 e 43º).

3.2. A adoção, que de acordo com o art. 12º CDC e art. 1974º CC visa realizar o superior interesse da criança, apenas será decretada se se mostrarem preenchidos, cumulativamente, os seguintes requisitos gerais: *i)* apresentar reais vantagens para o adotando; *ii)* fundamentar-se em motivos legítimos; *iii)* não envolver sacrifício injusto para os outros filhos do requerente/adotante, caso os haja; *iv)* seja razoável supor que entre o adotante e o adotando se estabelecerá um vínculo semelhante ao da filiação e, *v)* ter o adotando estado durante um prazo razoável ou suficiente sob os cuidados do adotante por forma a ajuizar-se da conveniência da constituição de tal vínculo.

3.3. Para além destes requisitos gerais dever-se-ão verificar os requisitos de legalidade estrita: *i)* relativos ao adotante, no que respeita à idade e à duração do casamento ou união de facto, se se tratar de adoção conjunta (art. 1979º CC; arts. 1º e 7º da Lei nº 7/2001, de 11.05, na redação da Lei nº 71/2018, de 31/12 – proteção das uniões de facto; art. 3º da Lei nº 9/2010, de 31/05 – casamento civil entre pessoas do mesmo sexo; e art. 5º da Lei nº 2/2016, de 29/02 – norma transitória relativa à adoção por casais do mesmo sexo); *ii)* e relativos ao adotando, designadamente quanto à sua situação de adotabilidade e quanto à sua idade (art. 1980º CC; arts. 2º al. *c)* e 34º, nº 1).

Para mais desenvolvimentos sobre os requisitos gerais e especiais à constituição do vínculo da adoção v. anot. ao art. 56º.

3.4. Sobre os consentimentos necessários à constituição do vínculo da adoção ou sua dispensa (art. 1981º CC), v. anot. aos arts. 35º, 55º e 56º.

4. Cabe ao adotante alegar os factos concretos donde resulte a verificação dos requisitos supra enunciados, designadamente, os motivos determinantes do pedido de adoção; a natureza e a duração do vínculo que o liga ao adotando; o relacionamento do adotando com os outros filhos do adotante (caso existam) e com a sua família alargada; enumerar as vantagens para o adotando em termos de estabilidade e segurança futuras – quer no aspeto moral e afetivo, quer no aspeto material – na constituição do vínculo da adoção; esclarecer a posição dos pais do adotando ou a daqueles que em sua substituição deverão prestar o consentimento à adoção, entre outros.

4.1. Cabe, também, ao adotante, provar os factos que alega. Para tanto, deverá oferecer, com o requerimento inicial, todos os meios de prova, seja testemunhal (com o limite de cinco testemunhas – arts. 294º, nº 1 e 986º, nº 1 CPC, aplicáveis por força do disposto no art. 31º), seja documental, designadamente, certidões de cópia integral do seu registo de nascimento e do adotando; certidão do registo de casamento, se for o caso, e dos assentos de nascimento dos filhos, caso existam (são gratuitas as certidões requeridas para instrução de processo de adoção – art. 10º, nº 1, al. *x)* do DL nº 322-A/2001, de 14/12, na redação dada pelo DL nº 109-D/2021, de 09/12); certificado comprovativo da verificação de algum dos pressupostos enunciados no nº 1 do art. 34º (*v.g.*, consoante o caso, certidão da decisão que determinou a aplicação da medida de confiança com vista à adoção nos termos dos arts. 35º, al. *g)* e 38º-A LPCJP, ou certidão da decisão que determinou a confiança administrativa, nos termos do nº 2 do art. 34º, ou certidão da avaliação favorável por parte do OSS da pretensão do candidato relativamente à adoção do filho do cônjuge, em conformidade com o art. 34º, nºs 1, al. *c)* e 3), bem como o relatório do OSS a que se refere o nº 4 do art. 50º, relativo à personalidade, saúde, idoneidade, situação familiar e económica do adotante e as razões que determinaram o pedido de adoção, bem como os elementos pessoais, de personalidade e saúde do adotando.

A alegação e prova de tais factos deverão ser de molde a permitir ao julgador concluir, inequivocamente, das vantagens, para o adotando, da constituição do vínculo adotivo. Observe-se, contudo, que o juiz, no âmbito dos seus poderes inquisitórios, pode proceder às diligências que entender por convenientes (arts. 56º, nº 1 e 31º, bem como o art. 986º, nº 2 CPC), designadamente para aferir se a adoção requerida defende o superior interesse da criança.

4.2. A adoção tem como efeito a alteração do apelido do adotado, o qual perde os seus apelidos de origem, sendo o seu novo nome constituído com os apelidos do adotante (art. 29º, al. *e)*; art. 1875º, *ex vi* art. 1988º, nº 1 CC e art. 104º, al. *a)* CRC); daí que o requerente deva indicar também qual o apelido que pretende que seja atribuído ao adotando e, no caso em que é permitido alterar o seu nome próprio, qual o nome que pretende atribuir-lhe e os motivos concretos que o justificam, sendo que, só excecionalmente, nas condições enunciadas no art. 1988º, nº 2 CC a modificaçao do nome próprio é permitida (Pereira, Coelho /Oliveira, Guilherme de 2006, p. 299).

4.3. O art. 1985º, nº 1 CC consagra o regime-regra do segredo da identidade do adotante a qual só pode ser revelada aos pais se aquele expressamente não se opuser a essa revelação. É a garantia do respeito por "exigências compreensíveis de salvaguarda da intimidade e condições de serenidade no processo de integração e vivência da criança na família adoptiva" (Leandro, 1993, p. 227). Assim, deve o adotante declarar, se for caso disso, que não se opõe a que a sua identidade seja revelada aos pais do adotando já que, se nada disser, impera a regra da não revelação da sua identidade.

4.4. No processo de adoção não é obrigatória a constituição de advogado, salvo na fase de recurso (art. 986º, nº 4 CPC), dada a natureza de jurisdição voluntária (art. 31º). Se o adotante estiver patrocinado por mandatário a introdução em juízo do requerimento inicial e respetivos documentos será feita por via eletrónica (art. 144º, nº 1 CPC e Portaria nº 280/2013, de 26 de agosto, na redação dada pela Portaria nº 267/2018, de 20/09). O adotante que não esteja patrocinado por mandatário pode apresentar o requerimento inicial e documentos a juízo em suporte físico, seja diretamente na secretaria judicial, seja através de correio registado, por telecópia ou por via eletrónica (art. 144º, nº 7 CPC).

A apresentação de peças processuais e documentos em suporte físico implica a sua digitalização e inserção no sistema de informação pela secretaria do tribunal (art. 144º, nº 11 CPC e art. 12º-A Portaria nº 280/2013, de 26 de agosto, na redação dada pela Portaria nº 267/2018, de 20/09).

5. Só depois de notificado o relatório (art. 50º, nº 5) ou depois de já ter decorrido o prazo para a sua elaboração é que o adotante pode avançar para a instauração da fase judicial do processo de adoção (art. 52º, nº 2). A elaboração do relatório previsto no nº 4 do artigo 50º, com o parecer favorável à prossecução do projeto adotivo, ou o decurso do prazo para a sua elaboração, constitui um "pressuposto processual inominado da dedução da fase judicial do processo de adoção" (Ac. TRP 25/03/21, Processo: 59/21.7T8VCD.P1; Relator: Aristides Rodrigues de Almeida). A falta de junção do relatório com o requerimento inicial é suprível, nos termos do nº 3.

Naturalmente que o OSS ou a instituição particular autorizada só pode elaborar o relatório se tiver sido desencadeada e realizada a fase de pré-adoção (arts. 34º, nº 3 e 50º, nºs 1 e 5); caso esta não tenha sido impulsionada, designadamente porque o requerente não apresentou sequer a sua candidatura, aquelas entidades não podem elaborar o referido relatório e, portanto, aquele pressuposto processual não chega nunca a verificar-se, constituindo uma falta insanável na fase final do processo judicial de adoção.

A falta de um pressuposto processual da ação, inominado, não suprível, conduz à sua manifesta improcedência e, por consequência, ao indeferimento liminar do requerimento inicial (art. 590º, nº 1 CPC). Sobre a possibilidade de uma suspensão da instância neste contexto e em determinadas situações, veja-se a anotação ao art. 52º.

Não sendo a adoção requerida dentro do prazo de três meses contados desde a notificação do relatório elaborado pelo OSS ou pela instituição particular autorizada (art. 50º, nº 6) ou contados desde o *terminus* do prazo para a elaboração do relatório a situação da criança será reavaliada pelo OSS ou pela instituição particular autorizada (art. 52º, nº 3).

6. Bibliografia: Coelho, Francisco Pereira/Oliveira, Guilherme de, Curso de Direito da Família, volume I, 5ª, edição, Imprensa da Universidade de Coimbra, 2016, pp. 53-54; Coelho, Francisco Pereira/Oliveira, Guilherme de, Curso de Direito da Família – Volume II – Direito da Filiação – Tomo I, Coimbra, Coimbra Editora, 2006, p. 272; Guerra, Paulo, A Adopção – O segundo nascimento do ser humano, Revista do CEJ, nº 1, 2018; Gomes, Carla Amado, Filiação, adopção e protecção de menores – Quadro constitucional e notas de jurisprudência, Separata da Revista de Ciências Empresariais e Jurídicas, nº 13, ISCAP, 2008, pp. 44-45; Leandro, Armando, O novo Regime Jurídico da Adopção – D. L. nº 185/93, de 22/05, Lisboa, Cej, 1993; Lima, Pires de/Varela, Antunes, Código Civil Anotado, Vol. V, 3ª Ed. Coimbra Editora, 1995; Oliveira, Guilherme de, Adopção e Apadrinhamento Civil – Direito da Família, Petrony Editora, 2019, pp. 44-45; Pinheiro, Jorge Duarte, in Estudos de direito da família e das crianças, Lisboa, AAFDL, 2015, pp. 89-98; Ramião, Tomé D'Almeida, Guia Prático da Adoção, legislação complementar, Lisboa, Quid Juris, 2002, pp. 18, 45-46; Ramião, Tomé D'Almeida A Adoção – Regime Jurídico Actual, 2ª edição (revista e atualizada); Lisboa, Quid Iuris, 2007; Sottomayor, Clara (coord), Código Civil Anotado, Liv. IV – Direito da Família – Anotado, Edições Almedina, 2019; Sottomayor, Maria Clara, Quem são os «verdadeiros» pais? Adoção plena de menor e oposição dos pais biológicos, Direito e Justiça, 2002, vol. XVI, Tomo I; Sousa, Rabindranath Valentino A. Capelo de, A adopção – Constituição da relação adotiva, Coimbra, 1973, separata do Suplemento do Boletim da Faculdade de Direito da Universidade de Coimbra, vol. 19, pp. 140-148; Tiago, Catarina Alexandra Duarte, O superior interesse da criança no processo de adoção nacional, Relatório de estágio com vista à obtenção do grau de Mestre na especialidade de Direito Forense e Arbitragem, set.2020, URI: http://hdl.handle.net/10362/111192.

7. Jurisprudência: Ac. STJ, de 16/03/2017 (Processo: 1203/12.0TMPRT-B.P1.S1, Relatora: Maria dos Prazeres Beleza); Ac. TRL, de 06/11/2007 (Processo: 8155/2007-7, Relatora: Isabel Salgado); Ac. TRP, de 04/04/2011 (Processo: 14/11.5TBAMT.P1, Relator: Pinto Ferreira); Ac. STJ, de 20/10/2009 (Processo: 115/09.0TBPTL.S1, Relator: Sebastião Póvoas); Ac. TRC, de 25.01.2021 (Processo: 3733/20.1T8CBR.C1; Relator: Emidio Santos); Ac. STJ, de 9.02.2021 (Processo 211/20.2 T8STC.E1.S1, Relatora Maria Clara Sottomayor): Ac. STJ, de 29/04/2021 (Processo: 3733/20.1T8CBR.C1.S1; Relatora: Maria da Graça Trigo); Ac. TRP, de 25/03/2021 (Processo: 59/21.7T8VCD.P1, Relator: Aristides Rodrigues de Almeida), Ac. TRG,

de 13/07/2021 (Processo: 838/21.5T8BCL.G1; Relatora: Elisabete Alves), todos disponíveis em http://www.dgsi.pt e Ac. TC, de 13.07.2021 (Processo: 458/20; Relatora: Cons. Joana Fernandes Costa), disponível em http://www.tribunalconstitucional.pt/tc/acordaos.

Esta anotação foi redigida seguindo a grafia resultante do Acordo Ortográfico de 1990

MARIA OLIVEIRA MENDES

ARTIGO 54º
Diligências subsequentes

1 – Junto o relatório, o juiz, com a presença do Ministério Público, ouve obrigatoriamente:

a) **O adotante;**

b) **As pessoas cujo consentimento a lei exija e não haja sido previamente prestado ou dispensado;**

c) **O adotando, nos termos e com observância das regras previstas para a audição de crianças nos processos tutelares cíveis.**

2 – A audição das pessoas referidas no número anterior é feita separadamente e por forma a salvaguardar o segredo de identidade.

3 – O juiz esclarece as pessoas de cujo consentimento a adoção depende sobre o significado e os efeitos do ato e recolhe os consentimentos que forem prestados, de tudo se lavrando ata.

ANOTAÇÃO

1. Conexões normativas externas: arts. 1978º; 1981º; 1984º; 1985º; 1990º CC; arts. 4º e 5º RGPTC; art. 12º CDC; arts. 3º e 6º CEEDC.

2. Corresponde *grosso modo* ao art. 170º OTM (DL nº 314/78, de 27 de outubro, na redação da Lei nº 31/2003, de 22/08) com as alterações necessárias motivadas pela aprovação do RJPA. Neste preceito enunciam-se os termos em que deverão ser realizadas as audições obrigatórias, necessárias à constituição do vínculo da adoção.

3. Apresentado o requerimento inicial com os documentos referidos na anotação ao artigo antecedente e junto o relatório elaborado pelo OSS a que alude o art. 50º, nº 4, não sendo caso para indeferimento liminar (se o requerimento apresentar deficiências ou irregularidades o juiz pode convidar o requerente a completá-lo ou a aperfeiçoá-lo, nos termos gerais – art. 590º,

nº 2, al. *b)* e nº 3 CPC), o juiz designa data para a audição do requerente/adotante; das pessoas cujo consentimento seja exigido por lei; do adotando; dos filhos do adotante, maiores de doze anos, se os houver e, na adoção do filho do cônjuge do adotante, dos ascendentes ou, na sua falta, dos irmãos maiores do progenitor falecido, se o adotando tiver menos de doze anos de idade (arts. 1981º, nºs 1 e 2 e 1984º, CC).

A audição é feita separadamente, por forma a preservar o segredo de identidade (art. 1985º CC) e na presença do Ministério Público.

Para além de tomar declarações ao adotante sobre os factos alegados no requerimento inicial e outros esclarecimentos tidos por pertinentes à apreciação do requerido, tem o juiz que o informar do sentido e alcance da constituição do vínculo da adoção (nº 3) e recolher o respetivo consentimento (v. infra 3). Embora a apresentação do requerimento inicial traduza já a vontade do adotante de que entre ele e o adotando venha a ser constituído um vínculo jurídico semelhante ao da filiação, a lei exige agora, expressamente (art. 1981º, al. *e)* CC), que seja prestado o consentimento perante o juiz, enquanto manifestação de vontade livre e esclarecida, assim se afastando a ideia, edificada a partir da redação do art. 170º da OTM, de que bastava a mera audição do adotante.

O consentimento do adotante está, obviamente, subtraído ao mecanismo da dispensa por parte do tribunal por constituir "a verdadeira matriz da adoção" (Coelho/Pereira; Oliveira, Guilherme, 2006, p. 291). A sua falta ou a existência de consentimento com vícios será motivo de revisão da sentença que tenha decretado a adoção (art. 1990º, nº 1, al. *c)* CC).

O juiz tem também, obrigatoriamente, que ouvir as demais pessoas cujo consentimento a lei exige e que o não tenham prestado em sede de consentimento prévio previsto no art. 35º ou que não tenha sido dispensado, nos termos do artigo 55º. Caso tenham prestado o consentimento prévio já não terão de ser ouvidas nesta fase final do processo de adoção, tal como se extrai da alínea *b)* deste preceito legal.

Consoante as situações e de acordo com o art. 1981º CC, terão ainda que ser ouvidas nesta fase, por forma a recolher-se os respetivos consentimentos, as seguintes pessoas:

a) Cônjuge do adotante não separado judicialmente de pessoas e bens: o seu consentimento é sempre exigível nas situações de adoção singular por parte de um dos cônjuges, compreensível em virtude da inserção no seio familiar de um novo elemento, sendo certo que a lei não exclui as situações dos cônjuges separados de facto. No caso de adoção do filho do cônjuge confundem-se os consentimentos enquanto progenitor do adotando [al. *c)*] e cônjuge do adotante [al. *b)*]. O consentimento do cônjuge do adotante pode ser dispensado pelo tribunal, ouvido o Ministério Público (art. 26º) quando se verificar que está privado do uso das suas faculdades mentais ou se, por qualquer outro motivo, não for possível ou houver grave dificuldade em o ouvir, por ex. encontra-se em coma ou morte cerebral ou em paradeiro desconhecido (art. 1981º, nº 3, al. *a)* CC), sendo que a dispensa ocorre à margem do incidente previsto no art. 55º.

b) Pais do adotando, ainda que menores de idade (mas maiores de 16 anos, art. 35º, nº 3) e mesmo que não exerçam as responsabilidades parentais. No art. 1981º, nº s 1, al. *c)*, 2, e 3, als. *a)* e *c)*, CC, regulam-se as situações em que o consentimento dos pais do adotando não é necessário, exigível ou é dispensado. Note-se que a decisão da confiança administrativa na modalidade de confirmação de permanência a cargo [art. 34º, nº 2, al. *b)*] não dispensa o consentimento dos progenitores para a adoção da criança. O mesmo sucede com a prévia avaliação favorável da pretensão expressa pelo candidato a adotante relativamente à adoção do filho do cônjuge [art. 34º, nº 1, al. *c)*]. Sobre o incidente de dispensa de consentimento v. anot. art. 55º.

c) Ascendente, colateral até ao 3º grau ou tutor: o consentimento destas pessoas é necessário quando não beneficiando, obviamente, a criança de medida de confiança com vista a futura adoção, os seus pais tenham falecido e esteja a viver a cargo dessas pessoas (al. *d)*). A exigência de tais consentimentos fica, contudo, limitada às situações de consentimento prévio (art. 35º), uma vez que constituem um dos fundamentos ou da confiança com vista a futura adoção [art. 1978º, nº 1, al. *b)* CC], ou da confiança administrativa [art. 34º, nº 2, al. *a)*].

d) Parente ou tutor referido no art. 1981º, nº 2 CC, desde que a criança se encontre a seu cargo e se verifique alguma das situações previstas nas alíneas *c)*, *d)* e *e)* do nº 1, do art. 1978º CC: nestes casos é inexigível o consentimento dos pais, mas necessário o consentimento destas pessoas. Por força do nº 4 do art. 1978º CC a situação em apreço apenas se poderia reconduzir à confiança administrativa (art. 34º, nº 2), contudo, o consentimento aqui exigido acaba por não ter utilidade prática: na verdade, se estas pessoas não forem os candidatos à adoção ou deram o consentimento prévio ou então a criança não está em situação de adotabilidade, uma vez que se encontra a viver com o tal parente ou tutor e não com o candidato à adoção, se for o caso de confiança administrativa, ou com o candidato à adoção, família de acolhimento ou em instituição, nos casos de aplicação da medida protetiva de confiança com vista à adoção; se forem os candidatos à adoção então estão investidos numa dupla qualidade, a de candidato, cujo consentimento é exigido pelo art. 1981º, nº 1, al. *e)* CC e a de pessoa que poderia prestar o consentimento em substituição dos pais, o que parece subverter o sistema.

e) O consentimento do adotando é vinculativo para o tribunal se o mesmo tiver mais de doze anos (art. 1981º, al. *a)* CC) e não vinculativo se tiver idade inferior.

Sendo o consentimento um ato pessoalíssimo o adotando manifesta a sua vontade de querer ou não ser adotado, presumindo o legislador que, com 12 anos, a criança tem a capacidade e maturidade necessárias para praticar este ato.

Porém, se o juiz constatar que o adotando não possui essa capacidade ou maturidade ou que o consentimento prestado não é livre e esclarecido, não o pode julgar validamente prestado.

A falta do consentimento do adotando, quando necessário, será motivo de revisão da sentença que tenha decretado a adoção (art. 1990º, nº 1, al. *e)* CC).

O consentimento do adotando pode, contudo, ser dispensado pelo tribunal, ouvido o Ministério Público (art. 26º), quando se verificar que está privado do uso das suas faculdades mentais ou se, por qualquer outro motivo (p. ex. doença grave), houver grave dificuldade em o ouvir (art. 1981º, nº 3, al. *a)* CC), sendo que a dispensa de consentimento será apreciada fora do âmbito de aplicação do incidente previsto no art. 55º, como claramente resulta da sua leitura.

O adotando com idade inferior a 12 anos não presta consentimento, mas deve ser ouvido pelo tribunal no âmbito do exercício do seu direito de audição e participação nas decisões que lhe dizem respeito (art. 3º. al. *c)*; arts. 4º e 5º RGPTC; art. 12º CDC e arts. 3º e 6º *al. b)* CEEDC), uma vez apurado que tem capacidade e maturidade para o efeito. Apesar de não vincularem o tribunal, as declarações prestadas pelo adotando devem ser tomadas em consideração aquando da decisão (art. 6º, al. *c)* da CEEDC).

A audição do adotando deve ser realizada com observância dos princípios orientadores e das regras constantes dos arts. 4º e 5º RGPTC, o que significa, para além do mais, que a criança poderá ser assistida por técnico especializado.

4. O nº 3 impõe ao juiz o dever de esclarecer as pessoas cujo consentimento a lei exige sobre o significado, alcance e efeitos da constituição do vínculo da adoção (também assim o art. 1982º, nº 1 CC).

O consentimento reveste carácter solene e pessoalíssimo (Sousa, 1973, p. 148) daí a necessidade de comparência pessoal perante o juiz (arts. 35º e 54º) daqueles que o devem prestar, o qual se deverá assegurar que tal declaração corresponde a uma manifestação de vontade própria, livre, informada e esclarecida. Logo, ao contrário da perfilhação e do casamento (arts. 1849º e 1620º CC), o consentimento tem que ser prestado pelo próprio e não pode ser praticado por representante, ainda que com poderes especiais.

O consentimento deve, pois, ser informado: os pais do adotando ou aqueles de cujo consentimento a adoção depende devem ter plena consciência de que a declaração do consentimento para a adoção é irrevogável e ao prestarem o consentimento à adoção da criança ficam definitivamente cortados os laços familiares que os unem a ela; os adotantes de que o adotando passará a ser seu filho constituindo com ele um vínculo semelhante ao da filiação natural; e o adotando de que irá adquirir a situação de filho do adotante e irmão dos filhos deste, extinguindo-se as relações familiares que o ligam à sua família biológica (salvaguardando-se, contudo, os contactos que excecionalmente podem ser mantidos nos termos em que o prevê o art. 1886º, nº 2 CC), de tudo se lavrando a respetiva ata.

4.1. Questiona-se se a elaboração da ata dispensa os declarantes de assinarem o auto de consentimento. No que ao consentimento prévio respeita o art. 35º, nº 4 estipula que da prestação de consentimento é lavrado auto assinado pelo próprio. Tal exigência parece também resultar do disposto no artigo 4º, alínea ii), da Convenção Relativa à Proteção das Crianças e à Cooperação em Matéria de Adoção Internacional onde se impõe que o consentimento seja prestado na forma legalmente prevista e que este consentimento tenha sido manifestado ou seja comprovado por escrito.

5. Paralelamente à necessidade de prestação do consentimento por parte de determinadas pessoas o art. 1984º CC dispõe que o juiz deverá ouvir os filhos do adotante maiores de doze anos, caso existam, e os ascendentes ou, na sua falta, os irmãos maiores do progenitor falecido, se o adotando for filho do cônjuge do adotante e o seu consentimento não for necessário, salvo se estiverem privados das faculdades mentais ou se, por qualquer outra razão, houver grave dificuldade em os ouvir.

Esta audição não se confunde com a prestação do consentimento (não necessária), contudo reveste-se de particular importância para o juiz avaliar a conveniência da constituição do vínculo adotivo.

6. Bibliografia: COELHO, Francisco Pereira/OLIVEIRA, Guilherme de, Curso de Direito da Família, vol. II, TOMO I, Coimbra Editora, 2006; LIMA, Pires de/VARELA, Antunes, Código Civil Anotado, vol. V, 3ª Ed. Coimbra Editora, 1995; SOTTOMAYOR, Clara (coord), Código Civil Anotado, Liv. IV – Direito da Família – Anotado, Edições Almedina, 2019; SOUSA, Rabindranath Valentino A. Capelo de, A adopção – Constituição da relação adotiva, Coimbra, 1973, separata do Suplemento do Boletim da Faculdade de Direito da Universidade de Coimbra, vol. 19.

7. Jurisprudência: Ac. TRP, de 25/03/2021 (Processo: 59/21.7T8VCD.P1, Relator: Aristides Rodrigues de Almeida), disponível em http://www.dgsi.pt, e a indicada em anot. ao art. 55º.

Esta anotação foi redigida seguindo a grafia resultante do Acordo Ortográfico de 1990

MARIA OLIVEIRA MENDES

ARTIGO 55º

Averiguação dos pressupostos da dispensa do consentimento

1 – Sempre que o processo de adoção não tiver sido precedido de aplicação de medida de confiança com vista a futura adoção, no âmbito de processo de promoção e proteção, a averiguação dos pressupostos da dispensa do consentimento dos pais do adotando ou das pessoas que o devam prestar em sua substituição, nos termos do artigo 1981º do Código Civil, deve ser efetuada no próprio processo de adoção, oficiosamente ou a requerimento do Ministério Público, ou dos adotantes, ouvido o Ministério Público.

2 – Para efeitos do disposto no número anterior, o juiz ordena as diligências e assegura o contraditório relativamente às pessoas cujo consentimento pode ser dispensado, sem prejuízo da salvaguarda do segredo de identidade.

ANOTAÇÃO

1. Conexões normativas externas: arts. 1978º; 1981º; 1990º CC; arts. 986º e 988º CPC e arts. 35º, al. *g)* e 38º-A LPCJP.

2. Corresponde, com as necessárias adaptações, ao art. 171º OTM (DL nº 314/78, de 27 de outubro, na redação da Lei nº 31/2003, de 22/08).

Nesta norma regulam-se os procedimentos que o tribunal terá que seguir com vista à dispensa do consentimento dos pais do adotando ou das pessoas que o devam prestar em sua substituição.

3. A problemática da dispensa do consentimento dos pais do adotando (ou das pessoas que o devam prestar em sua substituição, nos termos do artigo 1981º CC), coloca-se apenas quando o adotando não beneficie de medida de confiança com vista a futura adoção, aplicada no âmbito de um processo de promoção e proteção ou quando não tenha havido consentimento prévio à adoção (art. 35º), o que conduz à conclusão de que o alcance do preceito se circunscreve às situações de confiança administrativa na modalidade de confirmação de permanência da criança a cargo do candidato a adotante [art. 34º, nºs 1, al. *c)* e 2, al. *b)*] e à adoção do filho do cônjuge (quanto ao consentimento do outro progenitor).

Em tais situações não pode o juiz deixar de proceder à averiguação dos pressupostos da dispensa do consentimento dos pais do adotando (ainda que menores e mesmo que não exerçam as responsabilidades parentais – art. 1981º, nº 1, al. *c)* CC) ou das pessoas que em sua substituição o devam prestar, enquanto condições necessárias para que o tribunal possa constituir o vínculo da adoção.

3.1. Sobre o consentimento das pessoas que, em substituição dos pais, o devam prestar (art. 1981º, nº 1, al. *d)* e nº 2 CC) veja-se a anotação ao art. 54º.

3.2. A prévia existência de medida de confiança com vista a futura adoção (arts. 35º, al. *g)* e 38º-A LPCJP) não dispensa, porém, os demais consentimentos exigidos pelo nº 1, do art. 1981º CC, designadamente os previstos nas als. *a)*, *b)* e *e)*, isto é, de todos aqueles que, não sendo os progenitores, não estão também em sua substituição. A sua dispensa poderá equacionar-se (exceto quanto aos adotantes), fora do quadro do incidente previsto no art. 55º, se, e quando, verificada alguma situação prevista no art. 1981º, nº 3, al. *a)* CC.

4. Sendo o consentimento dos pais do adotando a regra, a sua dispensa só tem lugar quando se verifiquem certas condições objetivas, exteriores ao próprio consentimento (Sousa, 1973, p. 201).

A possibilidade de tais consentimentos virem a ser dispensados pelo tribunal tem agora o seu alcance limitado ao elenco das situações enumeradas nas alíneas *a)* e *c)*, do nº 3, do art. 1981º CC.

Com efeito, o tribunal pode, excecionalmente, dispensar o consentimento das pessoas que o deveriam prestar (nºs 1 e 2 do art. 1981º CC), no caso de estarem privadas do uso das faculdades mentais ou se, por qualquer outra razão, houver grave dificuldade em as ouvir [al. *a)*] e pode dispensar o consentimento dos pais do adotando se estiverem inibidos do exercício das responsabilidades parentais, quando, passados 18 ou 6 meses, respetivamente, sobre o trânsito em julgado da sentença de inibição ou da que houver desatendido outro pedido, o Ministério Público ou aqueles não tenham solicitado o levantamento da inibição decretada pelo tribunal, nos termos do disposto no nº 2 do art. 1916º CC [al. *c)*].

Verificando-se que o consentimento dos pais do adotando não pode ser dispensado a coberto das situações supra enunciadas (v.g. porque um ou ambos os progenitores declararam expressamente no processo não prestar consentimento para a adoção) fica desde logo inviabilizada a adoção, não se justificando o prosseguimento do processo para realização das demais diligências legalmente previstas para a fase final do processo de adoção.

A falta do consentimento dos pais do adotando, quando necessário, ou a sua dispensa indevida, constitui fundamento de revisão da sentença que tiver decretado a adoção (art. 1990º, nº 1, als. *a)* e *b)* CC), o que permite qualificar a exigência de tal consentimento como um requisito legal imperativo, indispensável à constituição do vínculo da adoção.

5. Pelo art. 9º da Lei nº 143/2015, de 8 de setembro (diploma que aprovou o RJPA) foi revogada a al. *b)*, do nº 3, do art. 1981º CC, a qual estatuía que o tribunal podia dispensar o consentimento "Das pessoas referidas nas alíneas *c)* e *d)* do nº 1 e no nº 2, quando se verificar alguma das situações que, nos termos das alíneas *c)*, *d)* e *e)* do nº 1 e do nº 2 do artigo 1978º, permitiriam a confiança judicial". Até então, o tribunal podia dispensar o consentimento dos pais do adotando, ascendente, colateral até ao 3º grau ou tutor quando se verificasse alguma das situações de perigo que fundamentam a confiança com vista a futura adoção previstas no art. 1978º CC. A revogação da alínea *b)*, do nº 3, do art. 1981º CC veio aportar dificuldades acrescidas no decretamento da adoção nas situações da confiança administrativa titulada [art. 34º, nº 2, al. *b)*] e do filho do cônjuge, quando o progenitor (ausente, desinteressado, ou maltratante, ainda que por omissão), não dá o seu consentimento à adoção.

No que se refere à confiança administrativa na modalidade de confirmação de permanência a cargo, não estando verificados os pressupostos para a dispensa do consentimento do progenitor, a forma de ultrapassar a sua recusa em dar o consentimento à adoção será através da instauração de processo de promoção e proteção (com fundamento na alínea *d)*, do nº 2, do art. 3º, LPCJP), tendo em vista a eventual aplicação da medida de confiança com vista à futura adoção (arts 35º, al. *g)* e 38º-A, LPCJP e art. 1981º, nº 1, al *c)* CC), ou por via da ação de inibição do exercício das responsabilidades parentais. (GUERRA, 2018, p. 229).

Já no que se refere à adoção do filho do cônjuge, na doutrina há quem defenda, em alternativa, a utilização do mecanismo previsto no nº 2 do art. 1981º CC para ultrapassar a situação de falta de consentimento do progenitor que pratica os factos que integram a previsão das alíneas *c)*, *d)* e *e)* do art. 1978º, nº 1, CC (SOTTOMAYOR, coord, 2019, p. 1030), entendimento que não sufragamos já que, tal como referido no Ac. TRG, de 19.09.2019 (Processo: 1066/19.5T8BRG.G1; Relator: Paulo Reis) cremos que a situação descrita naquele preceito, quando se refere aos ascendentes, se encontra reservada para as situações em que o adotando se encontra a viver com os avós e não com um dos progenitores.

6. A verificação dos pressupostos da dispensa de consentimento dos pais do adotando, ou das pessoas que em sua substituição o devam prestar, terá lugar em incidente no próprio processo de adoção, oficiosamente, a requerimento do Ministério Público, ou dos adotantes.

No âmbito dos seus poderes e dada a natureza de jurisdição voluntária do processo (art. 31º RJPA e arts. 986º a 988º CPC), o juiz investiga livremente os factos necessários à decisão e recolhe as provas que entenda pertinentes com vista a apurar a verificação dos pressupostos enunciados no nº 3 do art. 1981º CC, devendo também assegurar o contraditório relativamente às pessoas cujo consentimento pode ser dispensado, sem prejuízo da salvaguarda do segredo de identidade (art. 5º, nº 2).

Nos casos em que a dispensa é requerida pelo adotante, o Ministério Público pronuncia-se sobre a verificação dos pressupostos da dispensa de consentimento (arts. 27º, al. *j)* e 55º, nº 1).

7. Bibliografia: GUERRA, Paulo, A Adopção – O segundo nascimento do ser humano, Revista do CEJ, nº 1, 2018; LIMA, Pires de/VARELA, Antunes, Código Civil Anotado, Vol. V, 3ª Ed. Coimbra Editora, 1995; RAMIÃO, Tomé de Almeida, Organização Tutelar de Menores, Anotada e Comentada, Quid Juris, 10ª ed., 2012; SOTTOMAYOR, Clara (coord), Código Civil, Livro

IV – Direito da Família Anotado, Almedina, 2019; SOUSA, Rabindranath Valentino A. Capelo de, A adopção – Constituição da relação adotiva, Coimbra, 1973, separata do Suplemento do Boletim da Faculdade de Direito da Universidade de Coimbra, vol. 19.

8. Jurisprudência: Ac. TRG, de 16/05/2019 (Processo: 2145/18.1T8VCT.G1, Relatora: Maria dos Anjos Nogueira); Ac. TRG, de 19/09/2019 (Processo: 1066/19.5T8BRG.G1; Relator: Paulo Reis); Ac. TRE, de 28/03/2019 (Processo: 127/18.2T8ORQ.E1, Relatora: Isabel Peixoto Imaginário); Ac. TRE, de 28/06/2018 (Processo: 1338/17.3T8PTG.E1, Relatora: Isabel Peixoto Imaginário); Ac. TRL, de 21/06/2007 (Processo: 867/2007-2, Relatora: Isabel Canadas), todos disponíveis em http://www.dgsi.pt/.

Esta anotação foi redigida seguindo a grafia resultante do Acordo Ortográfico de 1990

MARIA OLIVEIRA MENDES

ARTIGO 56º
Sentença

1 – Efetuadas as diligências requeridas e outras julgadas convenientes e ouvido o Ministério Público, é proferida sentença.

2 – A sentença de adoção não é, em caso algum, notificada aos pais biológicos.

3 – Sem prejuízo do disposto no número anterior, a extinção do vínculo da filiação biológica e a respetiva data, com salvaguarda do segredo de identidade, previsto no artigo 1985º do Código Civil, são comunicadas aos pais biológicos e, na falta destes, a outros ascendentes do adotado, preferindo os de grau mais próximo.

4 – A comunicação referida no número anterior terá lugar aquando do averbamento da adoção ao assento de nascimento do adotado, nos termos previstos no Código de Registo Civil, a efetuar com salvaguarda da identidade dos adotantes.

5 – Excecionalmente, a sentença pode estabelecer a manutenção de contactos pessoais entre o adotado e elementos da família biológica, verificadas as condições e os limites previstos no nº 3 do artigo 1986º do Código Civil.

ANOTAÇÃO

1. Conexões normativas externas: Artigos 1973º, nº 1, 1974º, 1979º, 1980º, 1981º, 1986º, nº 3, 1988º, CC; Artigo 6º, CEDC; Artigos 154º, 607º, 615º, nº 1, al. b), CPC; Artigo 205º, nº 1, CRP; Artigos 3º e 20º, CDC; Artigo 69º, nº 5, CRC.

2. Culminando a fase judicial do processo de adoção, a sentença materializa a génese da filiação adotiva, enquanto fonte de relações familiares (*cf.* artº 1586º, CC), sendo por meio dela que, nos termos do artº 1973º, nº 1, CC, se constitui o vínculo jurídico da adoção.

Como derradeiro momento do processo judicial de adoção, a sua prolação apenas tem lugar após a realização de todas as diligências requeridas e outras julgadas convenientes, tendo aqui plena aplicação o disposto no art. 6º, CEDC, nos termos do qual, nos processos que digam respeito a uma criança, a autoridade judicial antes de tomar uma decisão deverá, desde logo, verificar se dispõe de informação suficiente para tomar uma decisão no superior interesse da criança e, se necessário, obter mais informações.

A sentença é necessariamente precedida da emissão do parecer do Ministério Público (*vd.*, também, artº 27º, al. h) e respetiva anotação), conduzindo a omissão deste ato, porque passível de influir no exame ou na decisão da causa, a uma nulidade que determinará a anulação de todos os atos subsequentes, inquinando, por isso, a própria sentença final (*cf.* artº 195º, CPC).

Ao prazo para prolação da sentença aplica-se o regime especial constante do artº 59º, pelo que o juiz dispõe de 10 dias para esse efeito (*vd.* artº 59º e respetiva anotação).

No que tange à sua estrutura formal, sendo a norma em apreço totalmente omissa a esse respeito, deverá observar-se o preceituado no artº 607º, CPC (aplicável por força do artº 6º da Lei nº 143/2015, 08/09, que aprovou o RJPA), pelo que a sentença deverá começar por identificar as partes e o objeto do litígio, enunciando, de seguida, as questões que ao tribunal cumpre solucionar; seguir-se-ão os fundamentos, devendo o juiz discriminar os factos que considera provados e indicar, interpretar e aplicar as normas jurídicas correspondentes, rematando com o dispositivo ou decisão final.

3. A sentença haverá de discriminar os factos que se consideram provados e não provados e a respetiva fundamentação (*cf.* art. 607º, n.os 3 e 4, aplicável por força do artº 6º da Lei nº 143/2015, 08/09, que aprovou o RJPA).

Como é sabido, esta obrigação de especificação dos fundamentos de facto e de direito que justificam a decisão é reflexo do dever de fundamentação das decisões, que decorre do artº 205º, nº 1, CRP (*cf.*, ainda, art. 6º, CEDC) e se encontra desenvolvido pelo art. 154º, CPC.

O cumprimento deste dever de fundamentação serve, por seu turno, uma função de *"carácter subjetivo"*, de garantia do direito ao recurso e controlo da correção material e formal das decisões pelos seus destinatários, e uma função de *"carácter objetivo"*, de pacificação social, legitimidade e autocontrolo das decisoes [Jorge Miranda, Rui Medeiros, *Constituição da República Portuguesa Anotada*, Tomo III, Coimbra, Coimbra Editora, 2007, p. 70].

Esta exigência de fundamentação tem em vista, pois, a descrição do raciocínio lógico e argumentativo que esteve na base da decisão, permitindo que esta possa ser compreendida pelos seus destinatários.

Por essa razão, à luz do artº 607º, nº 4, CPC, tal fundamentação não deve limitar se à mera indicação dos meios de prova em que assentou o juízo probatório sobre cada facto, devendo revelar o itinerário cognoscitivo e valorativo seguido pelo juiz ao decidir como decidiu sobre todos os pontos da matéria de facto, de modo a dar a conhecer as razões por que se decidiu naquele sentido e não noutro.

O exame da prova deve ser, pois, um exame crítico, por meio do qual o julgador procede à análise ponderada, à luz de princípios lógicos e das regras da experiência, de todos os meios de prova realizados, da sua credibilidade, estabelecendo as ligações possíveis destes meios probatórios entre si, para poder formar e expressar a sua convicção e, consequentemente, decidir, assumindo com isso as responsabilidades inerentes ao caráter público da administração da justiça.

Assim, as decisões judiciais, sentenças ou despachos (que não sejam de mero expediente), têm de ser fundamentadas, de facto e de direito, cominando o art. 615º, nº 1, al. b), CPC, a sanção da nulidade para a omissão do cumprimento de tal dever (*cf.* art. 613º, nº 3, CPC).

Dito isto, também se impõe referir que aquela fundamentação, além de ser expressa, clara, coerente e suficiente, deve também ser adequada à importância e circunstância da decisão [Jorge Miranda, Rui Medeiros, *op. cit.*, pp. 72 e 73].

Por outro lado, a falta de fundamentação só acarretará a nulidade da decisão quando for total.

Nestes termos, a nulidade prevista no citado artº 615º, nº 1, al. b), CPC, só ocorrerá quando houver falta absoluta, total, dos fundamentos (de facto ou de direito) em que assenta a decisão ou quando a mesma, pela sua formulação, não permite apreender qual o processo lógico seguido pelo julgador na formação da sua convicção, não sendo possível aferir as razões que levaram a decidir de um determinado modo, colocando em crise a construção do silogismo judiciário.

Não integrará, pois, tal nulidade a decisão cuja fundamentação ou motivação seja apenas deficiente, insuficiente, medíocre ou até errada. Neste caso, poderá ficar irremediavelmente afetado o valor doutrinal da decisão, agravando-se o risco da sua revogação em recurso, mas tal erro ou desacerto não produzirá a sua nulidade [neste sentido, José Lebre de Freitas/Isabel Alexandre, *Código de Processo Civil Anotado*, Vol. 2º, 3ª ed., Coimbra, Almedina, 2017, pp. 735-736; Acs. STJ: – de 02/06/2016, Procº nº 781/11.6TBMTJ.L1.S1, Relatora Fernanda Isabel Pereira; e – de 15/05/2019, Procº nº 835/15.0T8LRA.C3.S1, Relator Ribeiro Cardoso; Ac. TRL de 08/03/2018, Procº nº 908/17.4T8FNC-B.L1, Relatora Teresa Prazeres Pais; Acs. TRC: – de 14/11/2017, Procº nº 3309/16.8T8VIS-A.C1, Relator Isaías Pádua; e – de 05/06/2018, Procº nº 4084/14.6T8CBR-D.C1, Relator Isaías Pádua; Acs. TRP: – de 14/03/2016, Procº nº 171/15.1T8AVR.P1, Relatora Paula Maria Roberto; e – de 11/01/2018, Procº nº 2685/15.4T8MTS.P1, Relator Filipe Caroço].

4. Concretizando este dever de fundamentação, impõe-se referir que a sentença de adoção deverá pronunciar-se, desde logo, sobre os requisitos gerais e especiais necessários à constituição do vínculo, sempre sob o prisma da realização, no caso, do superior interesse da criança (*cf.* art.os 3º e 20º, CDC, e 1974º, CC).

São requisitos gerais da adoção: *a)* apresentar reais vantagens para o adotando; *b)* fundamentar-se em motivos legítimos; *c)* não envolver sacrifício injusto para os outros filhos do requerente/adotante, caso os haja; *d)* seja razoável supor que entre o adotante e o adotando se estabelecerá um vínculo semelhante ao da filiação; *e)* ter o adotando estado durante um prazo razoável ou suficiente sob os cuidados do adotante por forma a ajuizar-se da conveniência da constituição de tal vínculo (*cf.* artº 1974º, CC).

Para além da verificação de tais requisitos gerais, a sentença haverá de apreciar se no caso estão também reunidos os requisitos especiais, relativos ao adotante e ao adotado, denominados de legalidade estrita; quanto ao adotante, tais requisitos contendem com a idade e a duração do casamento ou da união de facto, se se tratar de adoção conjunta (*cf.* artº 1979º, CC; art.ºs 1º e 7º, da Lei nº 7/2001, de 11.05, na redação da Lei nº 71/2018, de 31/12 – proteção das uniões de facto; artº 3º, da Lei nº 9/2010, de 31/05 – casamento civil entre pessoas do mesmo sexo; e artº 5º, da Lei nº 2/2016, de 29/02 – norma transitória relativa à adoção por casais do mesmo sexo); quanto ao adotando, a admissibilidade da sua adoção passará, especificamente, pela prévia aquisição do estatuto de adotabilidade e pela sua idade à data do requerimento de adoção ou da sua confiança ao adotante (*cf.* artº 1980º, CC; art.ºs 2º, al. *c)*, e 34º, nº 1).

A sentença haverá de verificar também a presença, no caso *sub iudice*, dos consentimentos necessários ao decretamento da adoção e/ou aferir se tais consentimentos foram validamente dispensados ou se, como sucede relativamente aos pais do adotando nos casos em que tenha havido medida de confiança com vista a futura adoção, são desnecessários (*cf.* artº 1981º, nº 1, CC). Verificada a falta de algum dos consentimentos necessários e inexistindo fundamento para a sua dispensa, a adoção não poderá ser decretada, conduzindo tal falta à improcedência da ação [*vd.* Ac. TRE de 28/03/2019, Procº nº 127/18.2T8ORQ.E1, Relatora Isabel Peixoto Imaginário; Ac. TRG de 16/05/2019, Procº nº 2145/18.1T8VCT.G1, Relatora Maria dos Anjos Nogueira].

Verificados os requisitos gerais e especiais para o decretamento da adoção e não se verificando qualquer falta ao nível dos consentimentos necessários, a última questão a resolver é a da constituição do nome da criança adotada, pois com a adoção o adotado perde os seus apelidos, passando a usar os apelidos dos adotantes ou de um só deles, em função da vontade manifestada no requerimento inicial (*cf.* art.ºs 1988º, nº 1, 1875º, CC). Sendo pedida a modificação do nome próprio da criança (*cf.* artº 1988º, nº 2), deverá ser ponderado o impacto que tal alteração poderá ter na vida da criança, passando a concretização do seu superior interesse pelo necessário equilíbrio entre a salvaguarda do seu direito à identidade pessoal e o favorecimento da sua integração na família adotiva.

5. A norma em análise acrescentou ao tradicional elenco de questões a decidir na sentença de adoção a apreciação da possibilidade de estabelecimento da manutenção de contactos pessoais entre o adotado e elementos da família biológica, verificadas as condições e os limites previstos no artº 1986º, nº 3, CC.

Constituindo um afloramento do princípio do primado da continuidade das relações psicológicas profundas, que deverá orientar a intervenção em matéria de adoção (*vd.* artº 3º, al. f), e respetiva anotação), a manutenção de contactos pessoais acautelada na norma em análise poderá consistir na salvaguarda de alguma forma de contacto pessoal entre a criança e algum elemento da sua família biológica ou, sendo caso disso, entre a criança e a respetiva família adotiva e algum elemento da família biológica, favorecendo-se especialmente o relacionamento entre irmãos (*cf.* artº 1986º, nº 3, CC), bem como a relação da criança com outras pessoas significativas, designadamente, avós, tios e primos [neste sentido, ANA RITA ALFAIATE, *«ANOTAÇÃO ao artigo 1986º, CC»*, in Código Civil Anotado, Livro IV, Direito da Família, CLARA SOTTOMAYOR (Coord.), Almedida, 2020, p. 1040].

Acompanha-se aqui o entendimento de que fica fora do âmbito de aplicação da norma a possibilidade de manutenção de contactos com os pais biológicos da criança [neste sentido, ANA RITA ALFAIATE, *op. cit.* p. 1040].

Na verdade, se, no interesse da criança, se verificar essa necessidade de manutenção de contactos pessoais com os seus pais biológicos, tal não pode deixar de significar que os vínculos afetivos próprios da filiação são efetivos e não se mostram comprometidos, razão pela qual a adoção não constitui o projeto de vida mais adequado à situação da criança, devendo antes ponderar-se soluções que, passando pela sua inserção numa nova família, respeitem o seu direito à preservação da ligação afetiva aos pais, aqui se enquadrando quer o apadrinhamento civil quer a eventual regulação das responsabilidades parentais, com entrega a terceira pessoa e definição de regime de convívios com os pais.

De todo o modo, não se poderá perder de vista o caráter excecional desta medida, dependendo sempre do assentimento da família adotiva, o que impõe à entidade competente em matéria de adoção um especial cuidado ao nível da aferição da correspondência entre as necessidades da criança e as capacidades do adotante, devendo limitar a apresentação de proposta de adoção de uma criança com necessidade de manutenção de contactos com elementos da sua família de origem a candidatos que tenham manifestado abertura para a preservação daqueles vínculos (*vd.* artº 48º e respetiva anotação).

Na apreciação desta questão, deverá ser especialmente concretizado o superior interesse da criança na manutenção daqueles contactos pessoais, afigurando-se que será contrária a esse interesse a preservação de contactos que ponham em causa o estabelecimento entre o adotante e o adotando de um vínculo semelhante ao da filiação.

6. O processo de adoção beneficia de uma isenção objetiva de custas, pelo que, independentemente do desfecho da ação, não haverá lugar a tributação (*cf.* artº 4º, nº 2, al. f), do RCP).

7. Sendo caraterística da fase judicial do processo de adoção a ausência de contraditório relativamente aos membros da família biológica da criança (*vd.* artº 52º e respetiva anotação), a sentença de adoção não é, em caso algum, notificada aos pais biológicos, sendo-lhes apenas comunicada (e, na sua falta, a outros ascendentes do adotado, preferindo os de grau mais próximo) a extinção do vínculo da filiação biológica e a respetiva data, com salvaguarda do segredo de identidade.

Tal comunicação não é feita pelo tribunal, mas pela Conservatória do Registo Civil do local de nascimento da criança adotada, ocorrendo a mesma aquando do averbamento da adoção ao assento de nascimento do adotado e sendo efetuada com preservação dos elementos de identificação dos adotantes, designadamente identidade, filiação, residência, número de documentos de identificação e do tribunal por onde correu o processo de adoção (*cf.* artº 69º, nº 5, do CRC).

8. Bibliografia: Sottomayor, Maria Clara (Coord.), *Código Civil Anotado*, Livro IV, Direito da Família, (*maxime*, anotações aos artigos 1973º, 1974º, 1979º, 1980º, 1981º e 1986º), Almedida, 2020; Coelho, Francisco Pereira/Oliveira, Guilherme de, *Curso de Direito da Família*, vol. II, Tomo I, Centro de Direito da Família, Coimbra Editora, 2006; Gago, Lucília *"O que muda no regime da adoção em Portugal"*, Revista do CEJ, II, 2015, pp. 69 e ss.; Freitas, José Lebre de/Alexandre, Isabel, *Código de Processo Civil Anotado*, Vol. 2º, 3ª ed., Coimbra, Almedina, 2017; Guerra, Paulo, *«A adoção – o segundo nascimento do ser humano»*, Revista do Centro de Estudos Judiciários, 1º semestre 2018, nº 1; Miranda, Jorge/Medeiros, Rui, *Constituição da República Portuguesa Anotada*, Tomo III, Coimbra, Coimbra Editora, 2007; Pinheiro, Jorge Duarte, *O Direito da Família Contemporâneo*, 5ª ed., Almedina, Coimbra, 2016; Idem, *«Estudos de Direito da Família e das Crianças»*, AAFDL Ed., Lisboa, 2015; Varela, Antunes/Bezerra, J. Miguel/Nora, Sampaio e, *Manual de Processo Civil*, 2ª ed. Revista e atualizada, Coimbra Editora, Coimbra, 1985.

9. Jurisprudência: Acs. STJ: – de 02/06/2016, Procº nº 781/11.6TBMTJ.L1.S1, Relatora Fernanda Isabel Pereira; e – de 15/05/2019, Procº nº 835/

15.0T8LRA.C3.S1, Relator Ribeiro Cardoso; Ac. TRL de 08/03/2018, Procº nº 908/17.4T8FNC-B.L1, Relatora Teresa Prazeres Pais; Acs. TRC: – de 14/11/2017, Procº nº 3309/16.8T8VIS-A.C1, Relator Isaías Pádua); e – de 05/06/2018, Procº nº 4084/14.6T8CBR-D.C1, Relator Isaías Pádua; Acs. TRP: – de 14/03/2016, Procº nº 171/15.1T8AVR.P1, Relatora Paula Maria Roberto; e – de 11/01/2018, Procº nº 2685/15.4T8MTS.P1, Relator Filipe Caroço; Ac. TRE de 28/03/2019, Procº nº 127/18.2T8ORQ.E1, Relatora Isabel Peixoto Imaginário; Ac. TRG de 16/05/2019, Procº nº 2145/18.1T8VCT.G1, Relatora Maria dos Anjos Nogueira.

Esta anotação foi redigida seguindo a grafia resultante do Acordo Ortográfico de 1990

PEDRO RAPOSO DE FIGUEIREDO

ARTIGO 57º
Revisão

1 – No incidente de revisão, bem como no recurso extraordinário de revisão, a criança é representada pelo Ministério Público.

2 – Apresentado o pedido no incidente de revisão da adoção, são citados os requeridos e o Ministério Público para contestar.

3 – Ao incidente, que corre por apenso ao processo de adoção, é aplicável, com as necessárias adaptações, o disposto nos artigos 54º a 56º do Regime Geral do Processo Tutelar Cível, aprovado pela Lei nº 141/2015, de 8 de setembro.

ANOTAÇÃO

1. Conexões normativas externas: Arts. 6º, nº 1, CEDH; 3º a 7º CEEDC; 7º, 24º, e 33º, nº 1, CDFUE; 12º CDC; 8º, nº 4, e 20º, nº 4, 26º, nºs 1 e 2, e 206º CRP; 122º, 123º, 129º, 130º, 132º, 133º, 247º, 251º, 255º, 256º, 352º, 353º, nº 1, 354º, al. b), 1576º, 1586º, 1600º, 1602º, 1603º, 1604º, 1974º, 1986º, nº 1, 1987º, 1981º, nº 1, als. a), e) e c), 1989º, 1990º e 1991º, CC; 21º, nº 1, 219º, nºs 1, 3 e 4, 226º, nº 1, 227º, 236º, 240º a 242º, 244º, 245º, 292º a 295º, 507º, nº 2, 511º, nºs 3 e 4, 552º, nº 6, 567º, 568º, al. c), 572º, al. d), 603º, nº 2, 604º, 606º, 627º, nº 2, 696º a 702º, e 986º a 988º, CPC; 3º, al. h), 4º, nºs 1, al. c), 2, 5º, 12º, 14º, 18º, 19º, 20º, nº 4, 21º, 25º, nºs 1 e 3, 29º a 33º, nº 1, e 54º a 56º, RGPTC; 4º, nº 1, al. b), e 9º, nº 1, al. c), EMP; 1º, nº 1, als. c), e q), 69º, nº 1, al. d), e 78º, nºs 1 e 2, CRC.

2. Este preceito aborda duas realidades, o pedido de revisão e o recurso extraordinário de revisão, com naturezas, regimes e tramitações perfeitamente cindíveis, mas não estanques.

No entanto, em ambas retoma-se o princípio geral que a promoção e a defesa do melhor interesse da criança são asseguradas pelo MP, consagrado nos arts. 4º, nº 1, al. b), e 9º, nº 1, al. c), ambos do EMP, 26º e 27º, al. h).

Porém, não se pode descurar a circunstância da representação da criança por parte do MP, que este nº 1 torna automática, dever atentar na sua faixa etária, porquanto a leitura combinadas dos arts. 1990º e 1991º CC abre a possibilidade da intervenção daquela, activa ou passiva, ocorrer quando já não seja incapaz (arts. 122º, 123º, 129º, 130º, 132º e 133º CC).

3. No que concerne à natureza, o pedido de revisão está sistematicamente inserido no Capítulo II, Subsecção III do Regime, e que abarca a fase final do processo de adopção (arts. 52º a 59º), pelo que tem natureza de jurisdição voluntária, conferida pelo art. 31º, por via da qual está subordinado aos critérios dos arts. 986º a 988º CPC.

É legalmente configurado como um incidente, razão por que não tem autonomia processual, sendo processado por apenso aos autos de adopção (nº 3).

É competente o tribunal (de 1ª instância) que tiver decretado a adopção, o que permite concluir que só haverá lugar a pedido de revisão se o vínculo da adopção tiver sido, de facto, constituído [arts. 29º, al. g), e 30º, nº 1, al. c)], o regime substantivo está prescrito nos arts. 1990º e 1991º, ambos CC, e o adjectivo, para além deste preceito, é feito por remissão para os arts. 54º a 56º RGPTC, aplicável com as necessárias adaptações.

a) A tramitação judicial do processo adoptivo está enformada de natureza urgente (art. 32º): mesmo se se concitarem dúvidas sobre a aplicação desta norma ao incidente, vista a sua literalidade e pelo facto da acção adoptiva ter findado, isso não pode obstaculizar ao seu merecido andamento célere, como advém do art. 7º CEEDC, *ex vi* art. 8º, nº 4, CRP.

4. Sem prejuízo da impugnação da sentença por meio do recurso extraordinário de revisão, a sentença adoptiva só é susceptível de revisão com base nos fundamentos taxativos, legitimidade e prazo adiante consignados (Ac. TRC, de 03/03/2015, e posterior Ac. STJ, de 29/10/2015, no mesmo processo):

– na falta de consentimento:

- do adoptante ou dos pais do adoptado, quando necessário e não dispensado, gozando a pessoa cujo consentimento faltou, do período temporal de seis meses computado da data do conhecimento da adopção, mas sempre com o limite deste pedido de revisão não poder ser intentado decorridos três anos sobre a data do trânsito em julgado da sentença que tiver decretado a adopção (arts. 1981º, nº 1, als. e) e c), respectivamente, 1990º, nº 1, al. a), e 1991º, nºs 1, al. a), e 2, CC);

- do adoptado, quando necessário (equivalente a dizer maior de 12 anos de idade), a suscitar pelo próprio, até seis meses a contar da data em que atingiu a maioridade ou foi emancipado (arts. 122º, 130º, 132º, 133º, 1981º, nº 1, al. a), 1990º, nº 1, al. e), e 1991º, nº 1, al. c), CC);

– na indevida dispensa do consentimento dos pais do adoptado, por não estarem reunidas as condições do art. 1981º, nº 3, beneficiando a pessoa cujo consentimento faltou, de idêntica duração temporal que se inicia a partir da data em que teve conhecimento da adopção, mas este pedido de revisão tem a baliza temporal de três anos decorridos sobre a data do trânsito em julgado da sentença que a tiver decretado (arts. 1990º, nº 1, al. b), e 1991º, nºs 1, al. a), e 2, CC);

– no consentimento do adoptante estar viciado por erro desculpável e essencial sobre a pessoa do adoptado, a ser arguido pela pessoa cujo consentimento foi viciado, nos seis meses sequentes à cessação do vício (arts. 247º, 251º, 1990º, nº 1, al. c), e 1991º, nº 1, al. b), CC).

Todavia, o que releva é que o erro só se considera essencial quando for de presumir que o conhecimento da realidade excluiria razoavelmente a vontade de adoptar (art. 1990º, nº 2, CC).

– no consentimento do adoptante ou dos pais do adoptado ter sido determinado por coacção moral – é a "...declaração negocial determinada pelo receio de um mal de que o declarante foi ilicitamente ameaçado com o fim de obter dele a declaração", sendo que "a ameaça tanto pode respeitar à pessoa como à honra ou fazenda do declarante ou de terceiro" –, contanto que seja grave o mal com que eles foram ilicitamente ameaçados e justificado o receio da sua consumação, devendo ser alegada pelas pessoas cujo consentimento foi viciado, igualmente dentro dos seis meses subsequentes à cessação do vício (arts. 255º, 256º, 1990º, nº 1, al. d), e 1991º, nº 1, al. b), CC).

5. Instaurado o pedido de revisão, com a petição inicial estribada nos fundamentos acima elencados, diz o nº 2 que se citam os requeridos e o MP para contestarem.

A partir deste momento devem observar-se, com as adaptações devidas, os arts. 54º a 56º RGPTC, isto é, os comandos referentes aos articulados, diligências e audiência de discussão e julgamento, e a sentença, todos da acção inibitória do exercício das responsabilidades parentais (nº 3).

Esta é qualificada como providência tutelar cível e *ipso facto*, tem natureza de jurisdição voluntária (arts. 3º, al. h), e 12º RGPTC), o que poderá fazer envolver – para além dos arts. 986º a 988º CPC, já de si directamente aplicáveis, como *supra* se expendeu –, para os casos omissos, o regime processual civil em si mesmo, *ex vi* art. 33º, nº 1, RGPTC.

a) A citação destina-se a chamar a pessoa interessada na causa, ao processo, e é oficiosa, alicerçando-se, *inter alia*, nos arts. 219º, nºs 1, 3 e 4, 226º, nº 1, e 227º CPC, por forma a que, na hipótese em apreço, o requerido possa, querendo e no prazo de 10 dias, contestar os factos articulados na petição inicial (art. 14º, nº 1, RGPTC).

Esta é uma verdadeira faculdade, por estar desprovida de efeito cominatório, à luz dos arts. 567º e 568º, al. c), CPC.

Do regime civil extrai-se que está vedada a confissão de factos no que toca a direitos indisponíveis, como promana dos arts. 352º, 353º, nº 1, e 354º, al. b), CC, e porque assim é, a vontade das partes é "ineficaz para produzir o efeito jurídico que pela ação se pretende obter" (art. 568º, al. c), CPC), concluindo-se que a revelia é inoperante.

Se não for possível efectivar a citação pessoal, far-se-á editalmente, e como o MP já está implicado na lide, posteriormente essa representação fica cumprida com a nomeação de um patrono oficioso (arts. 21º, nº 1, 236º, 240º a 242º, 244º e 245º CPC).

b) À semelhança da petição inicial, a contestação deve terminar com a apresentação do requerimento probatório (arts. 552º, nº 6, e 572º, al. d), CPC).

O citado pode arrolar testemunhas e/ou requerer a realização de diligências probatórias.

Caso haja rol de testemunhas:

aa) quanto ao número admissível, encontra-se definido no quadro dos incidentes da instância (arts. 292º a 295º *ex vi* 986º, nº 1, CPC): cinco testemunhas, considerando-se *não escritos* os nomes das testemunhas que, no rol, ultrapassem o limite legal (arts. 294º, nº 1, e 511º, nº 3, CPC).

É o equilíbrio difícil e possível entre um pendor marcadamente legalista e formalista da tradicional tramitação processual civil (que contenderia frontalmente com a essência e o propósito da jurisdição voluntária, em que perpassa a ampla liberdade investigatória, os critérios de conveniência e oportunidade, e a construção casuística da solução mais ajustada e promotora de pacificação intrafamiliar), com a necessidade de, mesmo assim, haver alguma contenção no rol de testemunhas e, por conseguinte, na duração expectável da Audiência de Discussão e Julgamento – arts. 986º, nº 2, e 987º CPC.

Sem embargo, o princípio do superior interesse da criança, a consecução da justiça material, a preponderância dos bens jurídicos em questão, a delicadeza da matéria trazida à apreciação do Tribunal e a sua repercussão fáctica depõem no sentido de se dever admitir a inquirição para além do número estipulado, se as circunstâncias concretas inequivocamente o apontarem.

Aliás, e em bom rigor, até na estrutura da jurisdição contenciosa o tribunal pode admitir a inquirição de testemunhas para além do número legal (art. 511º, nº 4, CPC).

bb) o arrolante tem que simultaneamente pedir a sua notificação ao Tribunal; não o fazendo aquando da dedução da contestação, não fica precludido o seu direito de defesa, sob o prisma do direito de audição dessas mesmas testemunhas, nessa eventualidade, fica é onerado com a sua apresentação em Audiência de Discussão e Julgamento (arts. 6º, nº 1, CEDH, *ex vi* art. 8º, nº 4, CRP, e 507º, nº 2, CPC); situação diversa é a de não ter apresentado, de todo, rol de testemunhas (Ac. TRE, de 09/07/2015).

cc) No que tange às diligências de prova (art. 54º, nº 2, *in fine*, RGPTC), para além das que forem requeridas pelos intervenientes processuais e tidas por pertinentes, há que adicionar as que o Tribunal, no âmbito dos poderes que a jurisdição voluntária lhe confere, repute essenciais para a boa resolução do pleito e cujo resultado deve constar dos autos antes da Audiência (arts. 986º, nº 2, CPC, e 55º, nº 1, RGPTC).

Em face da plasticidade possível das alegações susceptíveis de fundamentar o pedido de revisão, há que procurar concretizá-las, afigurando-se, entre tantas outras:

- certidões de nascimento, com todos os averbamentos em vigor;
- certidão de peças processuais, *v.g.*, de processos penais ou cíveis;
- elementos reportados ao paradeiro;
- certificados do registo criminal, na esteira das Leis nºs 37/2015, de 05/05, e 113/2009, de 17/09;
- autos de exame, relatórios ou avaliações médico-periciais psicológicos ou de saúde mental;
- relatórios sociais e de acompanhamento, elementos escolares, relacionais, comportamentais, etc.

Nesta fase instrutória e que se destina a habilitar o tribunal a emitir decisão, deve reter-se que as entidades externas têm o dever de colaborar com o Tribunal, disponibilizando a informação que lhes tenha sido solicitada, em 30 dias, e se for caso de ser elaborado relatório, este será realizado em 60 dias – art. 21º RGPTC.

dd) Como detalha o art. 25º, nºs 1 e 3, RGPTC, por referência à justiça constitucional (art. 20º, nº 4), o que for carreado aos autos está sujeito ao exercício do princípio do contraditório, dimensão integrante do princípio do processo equitativo, inscrito como direito fundamental no art. 6º, nº 1, CEDH, unindo-o ao princípio da igualdade de armas, um dos elementos do conceito mais amplo de processo equitativo, reclamando que «a cada parte deva ser dada uma oportunidade razoável para apresentar o seu caso em condições que a não coloquem numa situação de clara desvantagem em relação ao seu adversário» (neste sentido, Ac. TEDH 18/02/1997, Nideröst-Huber v. Suíça) – a propósito, cf. Acs. TEDH de 20/02/1996, de 21/06/2007, e de 25/09/2012, todos contra Portugal.

6. Findas as diligências, a audiência de discussão e julgamento é expeditamente agendada, no prazo máximo de 10 dias, seguindo os arts. 29º a 31º RGPTC, devendo ter-se em conta, subsidiariamente, o modelo processual civil do art. 604º, *ex vi* art. 33º, nº 1, RGPTC.

a) Esta causa é julgada por juiz singular, que preside à audiência (art. 19º RGPTC), está sujeita a gravação (art. 29º, nº 3, RGPTC), e é tendencialmente contínua (art. 31º, nºs 1, 2 e 3, RGPTC, como preceituado pelo art. 606º CPC).

b) Apesar da regra ser a da publicidade das audiências de discussão e julgamento, valor com assento constitucional, na decorrência da natureza secreta dos autos e dos direitos pessoais protegidos, é inegável a conclusão de que o acesso à audiência de discussão e julgamento deve ser limitado ao núcleo de pessoas a quem a decisão possa atingir (arts. 6º, nº 1, CEDH, 7º e 33º, nº 1, CDFUE, 26º, nºs 1 e 2, e 206º CRP, 606º, nº 1, CPC, e 4º, nº 1).

c) A audiência só pode ser adiada, mas apenas uma vez, se faltarem as *partes*, os seus advogados ou testemunhas (art. 29º, nº 4, RGPTC); se o adiamento for imputável ao tribunal, deve consignar-se o fundamento, e se se ficar a dever à realização de outra diligência, deve identificar-se esse processo (art. 29º, nºs 5 e 6, RGPTC, idêntico ao art. 603º, nº 2, CPC).

d) De notar que nas providências tutelares cíveis, não é obrigatória a constituição de advogado, a não ser para efeitos recursivos (art. 18º RGPTC, depondo no mesmo sentido, o art. 986º, nº 4, CPC).

e) Perante a natureza dos direitos em confronto, está vedada a conciliação, pelo que a produção de prova inicia-se com a tomada de declarações aos sujeitos processuais que estiverem presentes (art. 29º, nº 1, al. b), RGPTC), sem prejuízo de outra ordem que venha a ser definida pelo tribunal, segue-se a audição dos técnicos, havendo-os, os quais são dispensados logo que possível (art. 20º, nº 4, RGPTC), após o que serão inquiridas as testemunhas, as quais não poderão ausentar-se sem autorização do tribunal, que a não concede quando haja oposição (art. 31º, nº 4, RGPTC, conforme ao art. 606º, nº 5, CPC).

f) Terminada a produção de prova, concede-se a palavra para alegações ao MP e aos advogados, que dela usam, uma só vez e por tempo que não exceda 30 minutos, eventualmente prorrogável, em face da complexidade da causa (art. 29º, nºs 1, al. c), e 2, RGPTC).

Não há lugar a réplica, o que configura um caso em que não se pode chamar à colação o regime processual civil – cf. art. 604º, nºs 3, al. e), e 5, CPC –, na medida em que não há uma omissão que deva ser suprida com recurso ao art. 33º, nº 1, RGPTC, pois o art. 29º, nº 1, al. c), RGPTC, é assertivo ao afastar essa possibilidade (Gracias, 2021, pp. 458 e ss.).

O menor formalismo associado à jurisdição e o carácter procedimental expedito podem ajudar a explicar a solução legislativa.

7. Perante os contornos específicos de cada caso, pode revelar-se útil ou, até, imprescindível, a inquirição da *criança*.

O direito de audição e participação da criança, no exercício do direito fundamental de exprimir a opinião numa providência que lhe diga respeito, desde que a faixa etária e o grau de maturidade o permitam, é um princípio transversal do ordenamento jurídico (cf. arts. 12º CDC, 24º, nº 1, CDFUE, 1º, nºs 2 e 3, e 3º a 6º CEEDC (e seu Relatório Explicativo, mormente quanto ao art. 6º), 4º, nºs 1, al. c), e 2, e 5º, RGPTC, Comentário Geral nº 12 (2009) do Comité de Direitos da Criança das Nações Unidas (51ª sessão, de 25 de maio a 12 de junho de 2009), Directrizes do Comité de Ministros do Conselho da Europa sobre a justiça adaptada às crianças, adoptadas pelo Comité de Ministros do Conselho da Europa em 17/11/2010, Recomendação sobre a participação das crianças e jovens menores de 18 anos – Recomendação CM/Rec (2012) 2 –, Ponto 5.6. da Resolução 2079 (2015) da Assembleia Parlamentar do Conselho da Europa, Princípio de Direito Europeu da Família relativo às Responsabilidades Parentais (CEFL) 3:6, Princípio 3º da Recomendação R (84) 4, do Comité de Ministros do Conselho da Europa sobre responsabilidades parentais, de 28/02/1984, Pareceres da Agência dos Direitos Fundamentais da União Europeia, sobre a audição e maturidade da criança, e o Parecer da Comissão das Liberdades Cívicas, da Justiça e dos Assuntos Internos, sobre o diálogo com os cidadãos e a participação dos cidadãos no processo de tomada de decisão da EU (2020/2201 (INI)), de 27/05/2021, e Ac. STJ, de 14/12/2016, e do TRL, de 06/06/2019, e de 12-07--2021, e Parecer da Ordem dos Advogados nº 29/PP/2018-G).

Mas não se deve confundir o direito de audição, nesta modalidade de transmissão de um ponto de vista, com a prestação de declarações, como meio de prova no processo tutelar cível – citado Ac. TRL, de 06/06/2019.

8. Encerrada a Audiência, é o tempo da prolação de sentença, a que faz menção o art. 56º RGPTC, para o que a lei confere 15 dias, o que encontra arrimo nos arts. 12º RGPTC, e 986º, nº 3, CPC.

9. A lei impõe a condição do pedido de revisão, esteado em qualquer dos fundamentos do art. 1990º CC, não poder proceder "...quando os interesses do adoptado possam ser consideravelmente afectados, salvo se razões invocadas pelo adoptante imperiosamente o exigirem" (art. 1990º, nº 3, CC) – cf. Ac. STJ, de 29/10/2015.

A explicação é que pela adopção o adoptado adquire a situação de filho do adoptante, integra-se com os seus descendente na família deste, extinguindo-se as relações familiares de origem, não sendo possível estabelecer essa filiação, nem fazer prova dessa filiação fora do processo preliminar de casamento, e é irrevogável (arts. 1576º, 1586º, 1600º, 1602º, 1603º, 1604º, 1986º, nº 1, 1987º e 1989º CC).

Em suma, como o legislador visou o estabelecimento de um vínculo, em tudo decalcado sobre o biológico, estável e tendencialmente perpétuo, a que acresce o capital afectivo entretanto nascido, e sendo consabido que a sua quebra necessariamente comporta significativa afectação da vida do adoptado, impõe, para esse efeito, que as razões aduzidas pelo adoptante sejam absolutamente decisivas e evidentes (art. 1974º CC).

Contudo, se após uma cuidada ponderação dos interesses em jogo proceder a pretensão, esta terá efeitos retroactivos, e consubstanciando um facto sujeito a registo civil obrigatório, tem que ser comunicada para averbamento ao assento de nascimento, à respectiva Conservatória (arts. 1º, nº 1, als. c), e q), 69º, nº 1, al. d), e 78º, nºs 1 e 2, CRC).

10. Resulta do art. 32º RGPTC que a sentença é sindicável em recurso, com efeito devolutivo, a não ser que o tribunal lhe fixe outro efeito, a pro-

cessar e julgar como em matéria cível, sendo o prazo de alegações e de resposta de 15 dias, e tendo legitimidade para tanto, "... o Ministério Público e as partes, os pais, o representante legal e quem tiver a guarda de facto da criança".

a) Do art. 988º, nº 2, CPC alcança-se que há um grau de recurso (para o Tribunal da Relação), na impugnação de uma decisão proferida num processo de jurisdição voluntária, quanto aos critérios de oportunidade e conveniência, mas o acesso ao STJ é viabilizado para a apreciação da aplicação e interpretação dos critérios normativos pertinentes para a decisão, passível em sede de revista, circunscrita ao erro de direito – Acs. STJ de 06/06/2019, de 17/12/2019, e de 16/12/2020.

11. Ao invés, o recurso de revisão é legalmente enquadrado como um recurso extraordinário (arts. 627º, nº 2, e 696º a 702º CPC, mas esta última disposição não tem aqui qualquer aplicação), pressupondo naturalmente o trânsito em julgado da decisão originária, no que ora importa, uma sentença adoptiva.

Há uma óbvia compressão deste instituto em face da força de caso julgado e da certeza e segurança jurídicas que o rodeiam, por só circunstâncias verdadeiramente extremas e excepcionais permitirem destruir uma decisão jurídica que construiu o cenário vivencial dos intervenientes, sob pena do recurso extraordinário se transformar num recurso ordinário encapotado.

Sucede que a estabilização das relações jurídicas fruto do caso julgado, se bem que mereça ser preservada, não é um valor absoluto, e pode ceder em atenção a um interesse maior, o que equivale a dizer que os fundamentos recursórios são taxativos, de acordo com o art. 696º CPC.

a) A circunstância de se ter utilizado o incidente da revisão não impede que se interponha este recurso extraordinário (art. 1990º, nº 1, parte inicial, CC).

b) Tal como se exarou sob o nº 1 e para que se remete, a representação da criança compete ao MP.

c) Este recurso é interposto no Tribunal de 1ª instância que proferiu a decisão revidenda, processado por apenso à acção adoptiva, o seu prazo depende do concreto fundamento invocado, mas por regra 5 anos, e não sendo objecto de indeferimento, o requerido é notificado pessoalmente para responder, no prazo de 20 dias (arts. 696º a 699º CPC).

Seguidamente, diz o art. 700º CPC, que o tribunal conhecerá do fundamento da revisão, precedendo (nº 1) ou mandando proceder às diligências indispensáveis (nº 3), e podendo seguir-se os termos do processo comum declarativo (nº 2); finalmente, o art. 701º dispõe sobre uma eventual procedência do recurso, com a revogação da primitiva sentença, com contornos processuais distintos consoante o fundamento deduzido.

Em suma, da fase rescindente pode passar-se à fase rescisória, na eventualidade de ser provido.

12. Bibliografia: PERQUILHAS, Maria, "Regulação do Exercício das responsabilidades Parentais no Novo Regime Geral do Processo Tutelar Cível", *in E-book, Jornadas de Direito da Família – As Novas leis: desafios e respostas*, CEJ, Conselho Regional de Lisboa da Ordem dos Advogados, Lisboa, 2016, pp. 39 e ss., disponível em http://cdlisboa.org/2016/ebook_jornadas_direito_da_familia.pdf, GRACIAS, Chandra, Regime Geral do Processo Tutelar Cível Anotado, Coordenação Cristina Araújo Dias *et al.*, Almedina, 2021, pp. 458 a 476, Recomendação R (84) 4, do Comité de Ministros do Conselho da Europa sobre responsabilidades parentais, de 28-02-1984, disponível em https://rm.coe.int/CoERMPublicCommonSearchServices/DisplayDCTMContent?documentId=09000016804de2e4); Relatório Explicativo da CEEDC, disponível em, https://rm.coe.int/CoERMPublicCommonSearchServices/DisplayDCTMContent?documentId=09000016800cb5ee), Parecer da Ordem dos Advogados nº 29/PP/2018-G, em https://portal.oa.pt/media/128231/29-pp-2018-g-versao-final.pdf, e Resolução do Parlamento Europeu 2019/2166(INI)), de 06/10/2021, disponível em https://www.europarl.europa.eu/doceo/document/TA-9-2021-0406_PT.html.

13. Jurisprudência: Acs. TEDH, de 20/02/1996 (Processo: 15764/89 – GC), de 21/06/2007 (Processo: 25053/05 (nº 3) – 2ª Secção), e de 25/09/2012 (Processo: 53615/08 – 2ª Secção), todos contra Portugal, disponíveis em https://gddc.ministeriopublico.pt/faq/acordaos-relativos-portugal, Ac. TRC, de 03/03/2015 (Processo: 5928/12.2TBLRA-C.C1, Relator: Jorge Arcanjo), e subsequente Ac. STJ, de 29/10/2015 (Processo: 5928/12.2TBLRA-C.C1.S1, Relator: Lopes do Rego), Ac. TRE, de 09/07/2015 (Processo: 2449/13.0TBABF-A.E1, Relatora: Conceição Ferreira), Acs. STJ de 14/12/2016 (268/12.0TBMGL.C1.S1, Relatora: Maria dos Prazeres Beleza), de 06/06/2019 (2215/12.0TMLSB-B.L1.S1, Relatora: Maria dos Prazeres Beleza), de 17/12/2019 (4630/17.3T8FNC-A.L1.S1, Relatora: Maria João Vaz Tomé), e de 16/12/2020 (Processo: 1210/17.7T8CSC.L2.S1, Relatora: Catarina Serra), e Acs. TRL, de 06/06/2019 (Processo: 3573/14.7T8FNC-C.L1, Relatora: Gabriela Marques, e de 12/07/2021 (Processo: 14658/17.8T8LSB.

L1, Relator: Borges Carneiro), todos disponíveis em http://www.dgsi.pt, e Parecer da Ordem dos Advogados nº 29/PP/2018-G, disponível em https://portal.oa.pt/media/128231/29-pp-2018-g-versao-final.pdf.

Esta anotação foi redigida seguindo a grafia anterior ao Acordo Ortográfico de 1990

CHANDRA GRACIAS

ARTIGO 58º
Apensação

O processo de promoção e proteção é apensado ao de adoção quando nele tenha sido aplicada medida de confiança com vista a futura adoção, com observância do disposto nos artigos 4º e 5º.

ANOTAÇÃO

1. Conexões normativas externas: LPCJP, arts. 35º nº 1 *alínea g)* e 38º-A, 79º, 81º e 88º; CPC, art. 206º; CC 1586º, 1980º, 1985º, 1986º e 1987º; RGTPC, art. 11º.

2. Neste artigo consagra-se a apensação ao processo de adoção do processo de promoção e proteção sempre que no mesmo tenha sido aplicada a medida de confiança com vista à adoção, prevista nos arts. 35º nº 1 alínea *g)* e 38º-A da LPCJP.

Esta apensação tem lugar na fase final do processo de adoção, logo após ter sido instaurado o respetivo processo judicial.

3. Tal como decorre do nº 2 do art. 206º, CPC, são apensadas as causas que devam considerar-se dependentes entre si.

Como correntemente é apontado pela doutrina e pela jurisprudência, veja-se a este propósito e apenas para citar um dos mais recentes, o ac. da TRG, de 20/10/2020, (Processo: 4197/18.5T8VNF-C.G1, Relator: Afonso Cabral de Andrade), consultável em www.dgsi.pt [Consultado em 23-02-2022], a apensação de processo tem como objetivo a economia processual e a uniformização e coerência de julgamentos.

Correndo termos vários processos, a apensação permite a harmonização de decisões que o superior interesse da criança envolvida impõe, pois só deste modo o juiz tem uma visão global e completa de toda a problemática que lhe está subjacente.

Certo é que, em concreto, entre os processos de promoção e proteção e de adoção existe uma estreita interligação, pois imediatamente após o trânsito em julgado de decisão que aplica a medida de confiança com vista à adoção e nos termos do nº 2 do art. 39º, o tribunal remete ao organismo de segurança social ou instituição particular autorizada uma certidão da mesma, dando-se então início ao processo de adoção, por norma a sua fase preparatória, salvo se a medida for, desde logo, de confiança a candidato à adoção, tal como resulta do estabelecido no art. 41º, caso em que se mostram já ultrapassadas as etapas da candidatura, avaliação e seleção do candidato.

Doutro modo, tal como flui do disposto no nº 1, do art. 1980º, CC e do nº 1 do art. 34º, sempre que a adoção não diga respeito a filho do cônjuge ou não tenha havido confiança administrativa, só pode ser adotada uma criança a quem tenha sido aplicada a medida de promoção e proteção de confiança com vista à adoção.

Na verdade, como deriva da alínea *c)* do art. 2º, uma criança só se encontra na situação jurídica de adotabilidade se tiver sido "*beneficiária de uma decisão judicial ou administrativa de confiança com vista à adoção*".

4. Do preceito em análise ressalta que é o processo de adoção que, após a sua distribuição, recebe o processo de promoção e proteção.

O legislador estabeleceu aqui uma regra dissemelhante das consagradas no RGPTC (art. 11º), para os processos tutelares cíveis e na LPCJP (art. 81º), para os processos de promoção e proteção, desviando-se do princípio de que o processo instaurado em primeiro lugar recebe o intentado em momento posterior.

A explicação pode ser encontrada na natureza própria do processo de adoção, cuja competência territorial encontra consagração no nº 1 alínea *a)* do art. 30º, por referência à alínea *e)* do art. 29º e é definida pela residência da criança, nos termos previstos no art. 79º LPCJP, naturalmente com as devidas adaptações.

Com o trânsito em julgado da decisão que decretar a adoção, porque com a mesma se estabelece um novo vínculo, em tudo semelhante ao da filiação biológica, tal como resulta do art. 1586º CC, e não é já possível estabelecer-se a filiação natural, segundo a previsão do art. 1987º CC, findarão, por impossibilidade ou inutilidade superveniente da lide, todos os processo de promoção e proteção, tutelares cíveis ou de investigação da filiação que, eventualmente, ainda se encontrem a correr termos.

5. A norma aqui em apreciação remete expressamente para o que se encontra consagrado nos arts. 4º e 5º sobre o caráter secreto do processo de adoção e a preservação do segredo de identidade dos adotantes e dos pais do adotado, para cujas anotações se remete, nos exatos termos que se encontram estabelecidos do art. 1985º CC, com exceção das situações mencionadas no art. 6º.

Certo é que, por aplicação do preceituado no artigo aqui em anotação, o caráter secreto do processo de adoção e o segredo de identidade estendem-se ao processo de promoção e proteção que lhe é apensado, reforçando em muito o seu caráter sigiloso que, até então, apenas apresentava um caráter reservado, nos termos do art. 88º LPCJP.

Esta anotação foi redigida seguindo a grafia resultante do Acordo Ortográfico de 1990

ANA TERESA LEAL

ARTIGO 59º
Prazo e seu excesso

1 – Na falta de disposição especial, é de 10 dias o prazo para a prática de qualquer ato processual.

2 – Os despachos ou promoções de mero expediente, bem como os considerados urgentes, devem ser proferidos no prazo máximo de dois dias.

3 – Decorridos três meses sobre o termo do prazo fixado para a prática de ato próprio do juiz sem que o mesmo tenha sido praticado, deve o juiz consignar a concreta razão da inobservância do prazo.

4 – A secretaria remete, mensalmente, ao presidente do tribunal informação discriminada dos casos em que se mostrem decorridos três meses sobre o termo do prazo fixado para a prática de ato próprio do juiz, ainda que o ato tenha sido entretanto praticado, incumbindo ao presidente do tribunal, no prazo de 10 dias a contar da data de receção, remeter o expediente à entidade com competência disciplinar.

ANOTAÇÃO

1. Conexões normativas externas: Artigos 138º, nº 1, 139º, 140º, 156º, CPC.

2. A norma em análise regula a matéria relativa aos prazos para a prática dos atos processuais no âmbito do processo judicial de adoção (fase final do processo de adoção).

Referindo-se apenas à *prática de qualquer ato processual*, a disciplina aqui prevista será aplicável quer aos atos das partes quer aos atos dos magistrados, uma vez que o preceito intencionalmente não distingue.

O estabelecimento de um prazo de 10 dias aplicável a qualquer ato processual constitui, por seu turno, uma clara manifestação do caráter urgente assinalado ao processo de adoção (*vd.* artº 32º e respetiva anotação).

3. Relativamente aos atos das partes, o prazo de dez dias será aplicável a todas as suas iniciativas processuais: requerimentos subsequentes a algum ato ou termo processual, exercício do contraditório, dedução de incidentes, arguição de nulidades ou exercício de qualquer outra faculdade processual.

Poder-se-á questionar se ao requerimento de interposição de recurso será aplicável o prazo de 10 dias previsto na norma em análise ou o prazo de 15 dias previsto no artº 638º, nº 1, CPC, para o recurso das decisões proferidas em processos urgentes (aplicável por força do artº 6º da Lei nº 143/2015, 08/09, que aprovou o RJPA). Salvo melhor opinião, afigura-se que a norma do processo civil, posto que especialmente reguladora do prazo de interposição de recursos, não é uma disposição especial para os efeitos do nº 1 da norma em análise, atribuindo-se o efeito derrogador do prazo aqui consagrado apenas às disposições especiais contidas no próprio RJPA.

Nessa medida, será de 10 dias o prazo de interposição de recurso das decisões proferidas no processo judicial de adoção, igual prazo se aplicando à apresentação de resposta à alegação do recorrente [neste sentido, PAULO GUERRA, «*A adoção – o segundo nascimento do ser humano*», Revista do Centro de Estudos Judiciários, 1º semestre 2018, nº 1, p. 235].

Se o recurso tiver por objeto da reapreciação da prova gravada, àquele prazo acrescerão 10 dias (*cf.* artº 638º, nº 7, CPC, aplicável por força do artº 6º da Lei nº 143/2015, 08/09, que aprovou o RJPA), não se aplicando tal acréscimo quando a impugnação da decisão de facto se baseia exclusivamente em prova documental [neste sentido, Ac. STJ 04/05/2017, Procº nº 5421/14.9T8CBR-X.C1.S1 – 1ª Secção, Relator Alexandre Reis].

O prazo em análise tem, relativamente às partes, natureza manifestamente perentória e efeito preclusivo, conduzindo o seu decurso à extinção do direito de praticar o ato (*cf.* artº 139º, n.ºs 1 e 3, CPC, aplicável por força do artº 6º da Lei nº 143/2015, 08/09, que aprovou o RJPA), tendo aqui inteira aplicação o regime processual civil relativo à prática de atos após o decurso do prazo (*cf.* art.os 139º, n.os 4, 5, 6, 7 e 8, e 140º, CPC, aplicáveis por força do artº 6º da Lei nº 143/2015, 08/09, que aprovou o RJPA), designadamente, nos três dias úteis subsequentes o termo do prazo, mediante o pagamento de multa, ou nas situações de justo impedimento [sobre o justo impedimento, *vd.* Ac TRG 31/10/2018, Procº nº 49/18.7T8BRG-A.G1, Relator António Barroca Pena; Ac. TRP 08/03/2021, Procº nº 486/19.0T8MCN-A.P1, Relator Jorge Seabra; Ac. STJ 23/02/2021, Procº nº 671/19.4T8FNC.L1. S1-1ª Secção, Relatora Fátima Gomes].

4. Relativamente aos magistrados, a norma em análise distingue entre os despachos ou promoções de mero expediente, bem como os considerados urgentes, que devem ser proferidos no prazo máximo de 2 dias, e os demais atos processuais, para os quais vigora o prazo geral de 10 dias.

São despachos e promoções de mero expediente aqueles que se destinam a prover ao andamento regular do processo, sem interferir no conflito de interesses entre as partes (*cf.* artº 152º, nº 4, CPC), aqui se integrando quer as ordens dirigidas à secretaria, no âmbito das relações hierárquicas internas do Tribunal (*cf.* artº 157º, nº 2, CPC), quer as promoções e despachos por meio dos quais se provê ao andamento regular do processo, sem contender com direitos processuais das partes ou de terceiros [Alberto dos Reis, *Código de Processo Civil Anotado*, Vol. V, Coimbra Editora, Lda., Coimbra 1952, pp. 249 e 259].

Deverão ser considerados urgentes (dir-se-á, especialmente urgentes, uma vez que o processo de adoção já tem, *ipso iure*, essa natureza) os atos cuja demora (prática em prazo superior a 2 dias) possa causar prejuízo aos interesses da criança, à semelhança do que sucede no âmbito das providências tutelares cíveis (*cf.* artº 13º, RGPTC).

Nas descritas situações, tratando-se de despachos e promoções de mero expediente e *especialmente* urgentes, o prazo para a sua prática é, portanto, de 2 dias, tendo a norma em apreço transposto a regra constante do artº 156º, nº 3, CPC.

Ficarão sujeitos ao prazo de dez dias todos os restantes atos processuais, não se fazendo qualquer distinção, *v.g.*, entre a sentença e outros despachos judiciais ou entre o parecer final e a pronúncia sobre qualquer outra questão suscitada no processo. Tal prazo aplica-se, pois, à apresentação de parecer final sobre o decretamento da adoção (*vd.* artº 27º, al. g), e respetiva anotação), bem como à prolação da sentença final (*vd.* artº 29º, al. e), e respetiva anotação), afigurando-se que a norma em análise, pela sua natureza especial e conformidade com a urgência do processo, afasta a aplicabilidade do prazo de 15 dias previsto para a sentença nos processos de jurisdição voluntária (*cf.* artº 986º, nº 3, CPC).

Os prazos fixados na norma em apreço têm, quanto aos magistrados, uma natureza meramente ordenadora, pelo que o seu desrespeito não terá consequências em termos processuais, nomeadamente, nulidade, decisão tácita ou preclusão [*vd.* Ac. STJ 28/05/2002, Procº nº 02B1434, Relator Sousa Inês; Ac. TRL 10/05/2006, Procº nº 877/2006-4, Relator José Feteira; Ac. TRE 09/10/2008, Procº nº 922/08-3, Relator Tavares de Paiva].

Não se encontrando sancionada processualmente, a inobservância deste prazo poderá acarretar consequências disciplinares (*cf.* artº 82º, da Lei nº 21/85, de 30 de julho – Estatuto dos Magistrados Judiciais, e artº 205º, da Lei nº 68/2019, de 27 de agosto – Estatuto do Ministério Público), sendo em vista do controlo disciplinar da atividade dos juízes que a norma em apreço impõe ao juiz o dever de consignar no processo a razão concreta da inobservância do prazo, sempre que decorram três meses sobre o termo do prazo fixado para a prática do seu ato, bem como a informação mensal da secretaria ao Presidente do Tribunal e deste ao Conselho Superior da Magistratura sobre os casos em que se mostrem decorridos três meses sobre o termo do prazo fixado para a prática de ato próprio do juiz.

O desrespeito do prazo fixado na norma em apreço poderá encerrar também uma violação do direito à obtenção de uma decisão judicial em prazo razoável, consagrado no artº 20º, nº 4, CRP, e no artº 6º, nº 1, CEDH, a qual poderá fazer incorrer o Estado em responsabilidade civil (*cf.* artº 22º, CRP) e gerar direito de regresso contra o magistrado (*cf.* art.ºs 12º e 14º, da Lei nº 67/2007, de 31 de dezembro – Responsabilidade civil extracontratual do Estado e Pessoas Coletivas de Direito Público).

5. À contagem dos prazos previstos na norma em análise aplica-se, sem especificidades, a regra da continuidade contemplada no artº 138º, nº 1, CPC. Tendo o processo de adoção natureza urgente, essa continuidade é, aqui, absoluta, pelo que tais prazos, já de si contínuos, não se suspendem durante as férias judiciais [*vd.* TEIXEIRA DE SOUSA, *Estudos sobre o novo processo civil*, ed. Lex, Lisboa, 1997, p. 248].

A natureza urgente do processo de adoção justifica, também, a aplicação da jurisprudência fixada pelo Supremo Tribunal de Justiça no Acórdão de Uniformização de Jurisprudência de 15/04/2021, nos termos do qual *«os actos inseridos na tramitação dos processos qualificados como urgentes, cujos prazos terminem em férias judiciais, são praticados no dia do termo do prazo, não se transferindo a sua prática para o primeiro dia útil subsequente ao termo das férias judiciais»* [Ac. STJ-UJ 15/04/2021, Procº nº 1855/13.4TBVRL-B.GL-B.SL-A, Relator Manuel Capelo].

6. Bibliografia: Freitas, José Lebre de/Alexandre, Isabel, Código de Processo Civil Anotado, Vol. 1º, 3ª Ed. Coimbra Editora, Coimbra, 2014; Guerra, Paulo, «*A adoção – o segundo nascimento do ser humano*», Revista do Centro de Estudos Judiciários, 1º semestre 2018, nº 1; Reis, Alberto dos, *Código de Processo Civil Anotado*, Vol. V, Coimbra Editora, Lda., Coimbra 1952; Sousa, Teixeira de, *Estudos sobre o novo processo civil*, ed. Lex, Lisboa, 1997; Varela, Antunes/Bezerra, J. Miguel/Nora, Sampaio e, *Manual de Processo Civil*, 2ª ed. Revista e atualizada, Coimbra Editora, Coimbra, 1985.

7. Jurisprudência: Ac. STJ-UJ 15/04/2021, Procº nº 1855/13.4TBVRL-B.GL-B.SL-A, Relator Manuel Capelo; Acs. STJ: – 28/05/2002, Procº nº 02B1434, Relator Sousa Inês; – 04/05/2017, Procº nº 5421/14.9T8CBR-X.C1.S1 – 1ª Secção, Relator Alexandre Reis; e – 23/02/2021, Procº nº 671/19.4T8FNC.L1. S1-1ª Secção, Relatora Fátima Gomes; Ac. TRG 31/10/2018, Procº nº 49/18.7T8BRG-A.G1, Relator António Barroca Pena; Ac. TRP 08/03/2021, Procº nº 486/19.0T8MCN-A.P1, Relator Jorge Seabra; Ac. TRL 10/05/2006, Procº nº 877/2006-4, Relator José Feteira; Ac. TRE 09/10/2008, Procº nº 922/08-3, Relator Tavares de Paiva.

Esta anotação foi redigida seguindo a grafia resultante do Acordo Ortográfico de 1990

Pedro Raposo de Figueiredo

SUBSECÇÃO IV
Pós-adoção

ARTIGO 60º
Acompanhamento pós-adopção

1 – O acompanhamento pós-adoção ocorre em momento posterior ao trânsito em julgado da sentença constitutiva do vínculo de adoção, depende de solicitação expressa dos destinatários e traduz-se numa intervenção técnica especializada junto do adotado e da respetiva família, proporcionando aconselhamento e apoio na superação de dificuldades decorrentes da filiação e parentalidade adotivas.

2 – O acompanhamento pós-adoção é efetuado até à idade de 18 anos do adotado, podendo ser estendido até aos 21 anos, quando aquele solicite a continuidade da intervenção antes de atingir a maioridade.

3 – O acompanhamento pode, ainda, determinar o envolvimento de outros técnicos ou entidades com competência em matéria de infância e juventude sempre que tal se revele necessário à prossecução das finalidades visadas.

4 – O acompanhamento referido no presente artigo compete aos organismos de segurança social ou às instituições particulares autorizadas.

ANOTAÇÃO

1. A tardia previsão da figura do acompanhamento pós adopção justifica o praticamente inexistente estudo de *follow up* dos casos de adopção em Portugal. Na realidade, à excepção das situações que impunham maiores desafios e em que os adoptantes continuavam a procurar as equipas técnicas que tinham acompanhado o processo, não havia forma de ir sabendo como estavam a ser vividas as experiências de adopção. Por essa falta de previsão legal, tornava-se ilegítima a intervenção do Estado na vida das famílias a partir do momento em que a adopção fosse decretada e a criança ou jovem passasse a ser filho daquelas pessoas (Alfaiate e Ribeiro, 2010).

A figura do apoio pós adopção, beneficiando das propostas que à data já existiam nesse sentido e das experiências comparadas, entra no ordenamento jurídico português em 2015, precisamente com a criação do RJPA. O modelo escolhido parece-nos adequado, não só pela sua flexibilidade, mas também porque prevê uma forma de apoio cujo impulso parte das famílias, obstando, por aí, à possível crítica de uma intromissão ilegítima do Estado. O que se promove é o acompanhamento das relações intrafamiliares, tendo em vista o despiste de problemas de vinculação e o encaminhamento para intervenção especializada sempre que isso se justifique. O recurso a esta figura é especialmente significativo quando permite apoiar a criança ou o jovem no processo de busca e acesso às origens e mediar a concretização dos contactos com a família biológica, sempre que essa seja uma possibilidade.

Além disso, passou a ser possível desenvolver o referido acompanhamento de *follow-up* dos casos de adopção, destacando-se, nesta questão em particular, o projecto AdoPt – Follow-up em pós-adoção, um projeto liderado pela Faculdade de Psicologia e de Ciências da Educação da Universidade do Porto (FPCEUP) e coordenado pela Professora Maria Barbosa-Ducharne.

De acordo com os manuais de procedimentos do ISS, o acompanhamento depende sempre da autorização expressa da família e é concretizado através de visitas domiciliárias, entrevistas e contactos telefónicos, estando prevista a realização de um primeiro contacto com a família seis meses depois de decretada a adopção, uma entrevista em gabinete um ano depois e contactos anuais durante os primeiros cinco anos e sucessivamente de cinco em cinco anos até à maioridade ou, tendo havido uma manifestação de vontade nesse sentido, até aos 21 anos.

3. Bibliografia: v. anotação ao art. 1º.

Esta anotação foi redigida seguindo a grafia anterior ao Acordo Ortográfico de 1990

Ana Rita Alfaiate

TÍTULO III
Adoção internacional

CAPÍTULO I
Disposições gerais

ARTIGO 61º
Objeto

1 – As disposições do presente título aplicam-se aos processos de adoção em que ocorra a transferência de uma criança do seu país de residência habitual para o país da residência habitual dos adotantes, com vista ou na sequência da sua adoção.

2 – As questões relativas à determinação da lei aplicável e à competência das autoridades judiciárias são reguladas, respetivamente, pelas normas de conflitos do Código Civil e pelas disposições do Código do Processo Civil em matéria de competência internacional.

ANOTAÇÃO

1. Conexões normativas externas: Arts. 8º e 13º CRP; 56º, 57º, 60º, e 61º CC; 59º, 62º, 63º, 70º, 94º, 629º, nº 2, al. a), 644º, nº 2, al. b), 671º, nº 2, al. a), e 978º, CPC.

2. Este nº 1 reproduz a definição constante do art. 2º, al. a), do que deve entender-se por adopção internacional, e a expressão inicial "...do presente título..." refere-se ao Título III, intitulado "Adoção Internacional", e neste, o seu Capítulo I, sob a epígrafe "Disposições Gerais", o qual contém os arts. 61º a 63º.

3. Portugal é signatário, quer da Convenção da Haia Relativa à Protecção das Crianças e à Cooperação em matéria de Adopção Internacional, de 29/05/1993, quer da Convenção Europeia em Matéria de Adopção de Crianças, de 24/04/1967.

4. Para a determinação da lei aplicável, o nº 2, 1ª parte, manda atentar nas regras gerais do direito de conflitos português: para apurar a lei reguladora da *lex familiae*, a norma de direito material interno a convocar é o art. 60º, epigrafado Filiação adoptiva.

a) Há que destrinçar dois planos na lei aplicável:

aa) o da constituição do vínculo adoptivo, independentemente da tipologia ou modalidade que revista, em que a determinação do direito aplicável à adopção depende das conexões primariamente no art. 60º, nºs 1, 2 e 4, CC.

Em regra subordina-se à lei pessoal do adoptante (arts. 60º, nº 1, e 31º CC), o que encontra paralelo na estipulação para a constituição da filiação (art. 56º, nº 1, CC).

"Se a adopção for realizada por marido e mulher ou se o adoptando for filho do cônjuge do adoptante...", então aplicar-se-á a lei nacional comum dos cônjuges, ou não havendo, a lei da sua residência habitual comum (art. 60º, nº 2, CC, que depõe no mesmo sentido que o art. 52º, a propósito da lei aplicável às relações entre os cônjuges).

Faltando também esta, a preferência expressa do legislador é a ordem jurídica que apresente uma conexão mais estreita com a vida familiar dos adoptantes (art. 60º, nº 2, parte final, CC).

Numa interpretação conforme à Constituição e conceptual e sistematicamente orientada, devem subsumir-se as hipóteses da adopção, singular ou não, provir de pessoas não unidas pelo matrimónio, ou serem do mesmo sexo (arts. 13º CRP, e Leis nº 7/2001, de 11/05, e 2/2016, de 29/02), verificando-se previamente se alguma daquelas leis a permite.

Extrai-se do art. 61º CC que se a lei pessoal do adoptando impuser como requisito dessa mesma adopção, o seu consentimento, ou se provier da lei reguladora da relação jurídica de natureza familiar ou tutelar, o consentimento de terceiro a quem o mesmo esteja ligado, tais exigências têm que ser respeitadas.

Isto dito, as conexões aqui presentes são cumulativas ao art. 60º e funcionam como limites à aplicação do regime da constituição da filiação adoptiva.

Desta feita trava-se uma adopção que nunca poderia ser reconhecida perante a lei pessoal do adoptando, assim se restringindo a adopção internacional.

bb) o das relações entre o adoptando e adoptante, e entre o primeiro e a sua anterior família.

Estas relações são desdobráveis, mas o legislador criou um regime unitário para prevenir contradições materiais intrínsecas, indicando ser competente a lei pessoal do adoptante (art. 60º, nº 3, CC), já que por via da integração do adoptando na família do adoptante, é a lei deste que deve prevalecer.

Nas hipóteses aludidas no nº 2, fê-lo com remissão para o art. 57º CC – que rege sobre as relações entre pais e filhos –, naquilo que é uma conexão móvel.

A lei reguladora da relação entre o adoptando e o adoptante é também a competente para reger os fundamentos de uma eventual revogação da adopção.

b) Enquanto as conexões dos nºs 1, 2 e 4 podem dilatar-se temporalmente, e por isso, o momento relevante para a sua concretização é o da constituição do vínculo, as conexões do nº 3 têm que ser concretizadas a cada momento.

c) Caso o instituto da adopção não exista, em abstracto, no ordenamento jurídico da lei competente para regular as relações entre o adoptando e os seus ascendentes, ou se não o admitir, em concreto, a quem se encontre na situação familiar do adoptando, o nº 4 veda, pura e simplesmente, a adopção.

De harmonia, pode dizer-se que o nº 4 estabeleceu uma conexão cumulativa com a que decorre dos seus nºs 1 e 2, em que o efeito jurídico (a constituição do vínculo da adopção) só se produzirá quando seja simultaneamente reconhecido pelas leis em concurso: é uma norma de conflitos de conexão cumulativa limitativa.

Em derradeira análise, esta lei competente para regular as relações entre o adoptando e os seus progenitores " ...tem um efeito limitativo da designada nos nºs 1 e 2 com o objectivo de evitar que exista uma contradição entre a lei que regula as relações familiares da família de origem do adoptando e a reguladora da adopção. Se for caso disso ..., prevalece a integração do adoptando na sua família originária, de nada valendo que a adopção seja admissível segundo o direito determinado pelo nº 1 ou pelo nº 2 do artigo 60º" – Pires, 2009, pp. 145 e 146.

5. Para aferir do pressuposto processual da competência, enquanto medida de jurisdição atribuída a cada tribunal, das autoridades judiciárias na adopção internacional, cumpre olhar para a lei adjectiva em matéria de competência internacional, exclusiva ou concorrencial – arts. 59º, 62º, 63º e 94º CPC, *ex vi* art. 61º, nº 2, 2ª parte.

As normas de competência internacional permitem o exercício da função jurisdicional pelos tribunais portugueses quanto a situações jurídicas transfronteiriças, as que apresentem elementos de conexão com uma ou mais ordens jurídicas estrangeiras.

a) A competência internacional está, desde logo, priorizada pelo que resultar de convenções internacionais ou regulamentos europeus, regularmente ratificados ou aprovados e enquanto vincularem internacionalmente o Estado português (arts. 8º CRP e 59º CPC, princípio do primado do direito europeu e por ser fonte hierarquicamente superior ao regime interno).

b) Subsequentemente, a regra é a de que os tribunais portugueses são internacionalmente competentes quando se verifique, em função da relação material controvertida definida pelo A., algum dos elementos de conexão enunciados nos arts. 62º (factores atributivos de competência internacional) e 63º CPC (competência exclusiva dos tribunais portugueses), ou quando as partes, ao abrigo do art. 94º CPC (pactos privativo e atributivo de jurisdição), lhes tenham atribuído essa competência.

aa) Pelos princípios da coincidência com a competência (interna) em razão do território (arts. 70º e ss. CPC), da causalidade e da necessidade, emerge que o tribunal português é internacionalmente competente se, de acordo com as regras da competência territorial, algum tribunal nacional for territorialmente competente, se o facto que serve de causa de pedir (simples ou complexa) tiver sido praticado em território português, ou se for para salvaguardar a efectivação do direito, mas neste caso a lei exige uma forte conexão, pessoal (nacionalidade, residência habitual...) ou real (situação do bem...), com a ordem jurídica portuguesa (art. 62º, als. a), b), e c), CPC).

Estes três critérios, de verificação autónoma e independente, de atribuição da competência internacional só são atendíveis se não forem aplicáveis regulamentos ou instrumentos internacionais.

bb) No art. 63º estabelecem-se os casos em que o tribunal português tem competência exclusiva, não se admitindo que um tribunal estrangeiro possa decidir sobre essas matérias, sob pena da decisão não produzir efeitos jurídicos na ordem jurídica nacional, designadamente através do processo de revisão do art. 978º CPC.

c) A infracção das regras de competência internacional é sempre fundamento de recurso, conforme as disposições conjugadas dos arts. 629º, nº 2, al. a), 644º, nº 2, al. b), e 671º, nº 2, al. a), CPC.

6. Bibliografia: Pires, Florbela de Almeida, Conflitos de Leis – comentário aos artigos 14º a 65º do Código Civil, Coimbra Editora, 2009.

Esta anotação foi redigida seguindo a grafia anterior ao Acordo Ortográfico de 1990

Chandra Gracias

ARTIGO 62º
Princípios orientadores

Para além dos princípios referidos no artigo 3º, a intervenção em matéria de adoção internacional obedece ainda aos seguintes princípios:

a) **Subsidiariedade – a adoção internacional só é permitida quando não seja possível encontrar uma colocação familiar permanente para a criança no seu país de residência habitual;**

b) **Cooperação internacional – o processo de adoção internacional exige a participação e colaboração obrigatória e concertada das autoridades centrais e competentes dos países envolvidos, nos termos regulados nos instrumentos internacionais;**

c) **Colaboração interinstitucional – a nível interno, o processo de adoção internacional exige a colaboração entre a Autoridade Central para a Adoção Internacional e outras autoridades, nomeadamente diplomáticas e policiais.**

ANOTAÇÃO

1. Conexões normativas externas – 3º, nº 1 e 21º CDC e 1586º, 1973º a 1991º CC.

2. O RJPA prevê duas modalidades de adopção quanto à coincidência do país de residência entre adoptante e adoptando: a adopção nacional e a adopção internacional.

Trata este normativo da segunda modalidade – ela consiste num processo de adopção, no âmbito do qual ocorre a transferência de uma criança do seu país de residência habitual para o país da residência habitual dos adoptantes, com vista ou na sequência da sua adopção.

O critério distintivo da adopção nacional ou internacional é a existência de uma transferência de uma criança para o país de residência do adoptante que, por sua vez, é distinto do seu, nada contendendo com as suas nacionalidades.

Pelo Decreto-Lei nº 185/93, de 22-5, pela primeira vez, passou-se, em Portugal, a regulamentar a colocação de crianças residentes em Portugal (portuguesas ou não) com vista a serem lá adoptadas (por estrangeiros ou por portugueses), bem como a adopção por residentes em Portugal (portugueses ou não) de crianças residentes no estrangeiro (independentemente da nacionalidade que tiverem).

Portanto, numa fase inicial, apenas a adopção nacional era prevista na nossa lei, tendo a adopção internacional sido inserida no Ordenamento Jurídico português com o diploma de 1993.

É óbvio que pode haver situações de adopções acidentais, como sucede quando adoptantes e adoptando se encontram a residir no mesmo país, sendo, no entanto, diferente, o país de nacionalidade de todos ou de um deles, surgindo, então, a possibilidade e o desejo de constituição do vínculo adoptivo.

Nestas condições, a residência comum não afasta a problemática da adopção internacional mas implica e faz-lhe reconduzir características que a tornam mais próxima da adopção nacional.

Como paradigma da adopção internacional, existe a diferença de nacionalidades e a diferença de residências entre a criança e os candidatos à adopção, por vezes, longínquas entre si, constatando-se uma busca intencional da criança para adoptar, directamente pelos candidatos a adoptantes ou, como é mais frequente, por pessoas ou instituições que se encarregam de tal.

A adopção internacional é uma das respostas ao problema da criança desprovida de meio familiar normal no seu país de origem, exigindo uma cooperação internacional que garanta a sua eficácia e a sua segurança.

Neste sentido, a Convenção Relativa à Protecção das Crianças e à Cooperação em Matéria de Adopção Internacional, assinada na cidade da Haia, em 29 de maio de 1993, já gizava um relacionamento privilegiado entre autoridades centrais dos países em questão (de origem e de acolhimento), com a específica função de acompanhar todo o processo de adopção, aprovar os candidatos e assegurar-se que a adopção constitui, no caso concreto, a melhor resposta para a problemática vivencial da criança (depois vertidos na letra dos artigos 18º, 19º, 20º, 21º, 25º, 26º e 27º do Decreto-Lei nº 185/93, de 22/5 – alterado pelo Decreto-Lei nº 120/98, de 8/5, e pela Lei nº 31/2003, de 22/8 –, que revogou em absoluto o antigo Decreto-Lei nº 274/80, de 13/8, que, neste particular, apenas apontava para uma futura regulamentação em matéria de adopção internacional, nunca efectivada).

Uma palavra ainda para a Convenção Europeia em Matéria de Adopção de Crianças elaborada em Estrasburgo no remoto ano de 1967.

A nossa lei prevê, deste modo, dois tipos de adopção internacional:

- *colocação no estrangeiro de crianças residentes em Portugal com vista à adopção (artigos 14º a 22º do Decreto-Lei nº 185/93) – Portugal é país de origem;*
- *adopção por residentes em Portugal de crianças residentes no estrangeiro (artigos 23º a 27º desse diploma) – Portugal é país de acolhimento.*

3. Como se vê, a regulamentação em Portugal desta realidade adoptiva transnacional apenas surge em 1993, estando a sua disciplina subordinada a dois princípios fundamentais e incontornáveis:

- *o princípio da necessidade de prévia decisão judicial;*
- *o princípio da subsidiariedade.*

Na realidade, só pode haver adopção internacional após um prévio processo de confiança judicial, o que significa que não é possível, neste campo, uma decisão de confiança administrativa.

Para além disso, esta adopção só é possível quando não houver candidatos em Portugal, sendo, assim, uma solução de último recurso para estas crianças.

Para além desses princípios, há que fazer aqui apelo aos princípios gerais previstos no artigo 3º e que aqui nesta modalidade de adopção também são aplicáveis – refiro-me aos princípios do **interesse superior da criança** (em todas as decisões a proferir, no âmbito do processo de adoção, deve prevalecer o interesse superior da criança), desejavelmente lido como o do interesse maior – e melhor – da criança, **da obrigatoriedade de informação** (a criança e os candidatos à adopção devem ser informados com precisão e clareza sobre os seus direitos, os objectivos da intervenção inerente ao processo e a forma como esta última se processa, bem como sobre as possíveis consequências de qualquer decisão que venha a ser tomada no âmbito do processo), **da audição obrigatória** (a criança, tendo em atenção a sua idade, grau de maturidade e capacidade de compreensão, deve ser pessoalmente ouvida no âmbito do processo de adopção), **da participação** (a criança, bem como os candidatos à adopção, têm o direito de participar nas decisões relativas à concretização do projecto adoptivo), **da cooperação** (todos os intervenientes no processo e, designadamente, as entidades com competência em matéria de adopção, bem como os candidatos à adopção, têm o dever de colaborar no sentido da boa decisão do processo), e **do primado da continuidade das relações psicológicas profundas** (a intervenção deve respeitar o direito da criança à preservação das relações afectivas estruturantes de grande significado e de referência para o seu saudável e harmónico desenvolvimento, devendo prevalecer as medidas que garantam a continuidade de uma vinculação securizante).

Este normativo que ora se anota refere-se ainda a mais 2 princípios, a saber:

- o da cooperação internacional (exigência, mais do que necessidade, de apoio mútuo por parte das várias entidades competentes nos países envolvidos) e
- o da colaboração interinstitucional (exigência, mais do que necessidade de apoio interno entre a Autoridade Central para a Adopção Internacional e outras entidades, nomeadamente policiais e diplomáticas).

4. Bibliografia: Bolieiro, Helena e Guerra, Paulo, *A criança e a família: uma questão de direito(s): visão prática dos principais institutos do direito da família e das crianças e jovens* – 2ª edição actualizada, Coimbra Editora, 2014; Guerra, Paulo, *Lei de Protecção de Crianças e Jovens em Perigo anotada*, 5ª edição, Almedina, 2021; Tiago, Catarina, «O superior interesse da criança no processo de adoção nacional» – Relatório de Estágio realizado na secção de Família e Menores da Comarca de Lisboa, com vista à obtenção do grau de Mestre na especialidade de Direito Forense e Arbitragem, setembro de 2020 (consultável emhttps://run.unl.pt/bitstream/10362/111192/1/Tiago_2020.pdf).

Esta anotação foi redigida seguindo a grafia anterior ao Acordo Ortográfico de 1990

Paulo Guerra

ARTIGO 63º
Circunstâncias impeditivas da adoção internacional

O processo de adoção internacional não pode ter lugar quando:

a) **O país de origem se encontre em situação de conflito armado ou de catástrofe natural;**

b) **No país de origem inexista autoridade com competência para controlar e garantir que a adoção corresponde ao superior interesse da criança;**

c) **No país de origem não haja garantias de observância dos princípios ético-jurídicos e normas legais aplicáveis à adoção internacional.**

ANOTAÇÃO

1. Conexões normativas externas: Convenção sobre os Direitos da Criança, art. 20º e 21º; Convenção sobre a Proteção de Menores e a Cooperação em matéria de Adoção Internacional, concluída na Haia, em 29 de maio de 1993, arts. 6º a 13º.

2. No presente preceito são enunciadas as situações em que a adoção internacional não é permitida, reportando-se todas elas ao país de origem da criança.

3. A adoção internacional, pelos seus contornos particulares, que implicam o envolvimento de mais do que um estado soberano e a deslocação de uma criança de um país para outro, reveste-se de particular sensibilidade, a convocar uma especial prudência na sua admissão, constituindo o preceito aqui em análise uma manifestação dessa preocupação e uma garantia dos direitos das crianças envolvidas.

É absolutamente necessário salvaguardar a ocorrência de situações em que, sob o disfarce de uma pretensa solidariedade, à adoção possam estar subjacentes casos de tráfico de menores, prostituição de crianças, abusos sexuais ou outras formas igualmente gravosas de abusos, todas elas violadoras dos mais elementares direitos das crianças.

A norma em análise visa obstar à adoção internacional de crianças originárias de países a braços com graves crises humanitárias, designadamente decorrentes de fenómenos meteorológicos extremos ou de conflitos armados, ou de países cujas estruturas políticas, sociais e judiciárias não dão garantias de que a adoção proporcione e satisfaça o melhor interesse da criança e que seja decretada de acordo com os princípios e normas reconhecidas internacionalmente.

Em causa estão situações excecionais que, a ocorrerem, num elevado grau de probabilidade, obstam a um processo justo e equitativo de adoção internacional, o que motiva a sua proibição no nosso ordenamento jurídico.

4. No que concerne a instrumentos internacionais, temos que segundo a Convenção sobre os Direitos da Criança, tal como dimana do seu art. 20º, a proteção de crianças privadas do seu ambiente familiar pode passar, para além da colocação familiar ou institucional, pela adoção.

No art. 21º da mesma Convenção são estabelecidos parâmetros relativamente ao instituto da adoção internacional, cuja observância visa a salvaguarda do superior interesse da criança, impondo que o seu decretamento só possa ocorrer quando, no país de origem da criança, estiverem reunidas as condições necessárias a que todo o processo seja legal, justo e conforme às regras internacionais, tenham sido obtidos os consentimentos necessários – com a segurança de que o foram de forma livre e esclarecida e sempre sem qualquer pagamento ou outra forma de compensação –, ocorram as necessárias autorizações das entidades competentes e esteja assegurado que as crianças envolvidas gozam dos mesmos direitos e garantias das que são adotadas no seu próprio país.

Por seu turno, a Convenção sobre a Proteção de Menores e a Cooperação em matéria de Adoção Internacional, concluída na Haia, em 29 de maio de 1993, assinada por Portugal em 1999, aprovada para ratificação pela Resolução da Assembleia da República nº 8/2003, de 25/02, ratificada pelo Decreto do Presidente da República nº 6/2003, de 25/02 e publicada no Diário da República I-A, nº 47, de 25/02, sobre a matéria vertida no artigo aqui em anotação, refere no seu preâmbulo que os Estados subscritores reconhecem a necessidade de garantir que as adoções internacionais sejam feitas no superior interesse da criança, com respeito pelos seus direitos fundamentais e de modo a prevenir o rapto, a venda ou o tráfico de crianças.

Esta Convenção tem o seu foco na proteção das crianças e suas famílias contra adoções internacionais irregulares ou ilegais, reafirma e reforça os direitos da criança consagrados na Convenção sobre os Direitos das Crianças e procura prevenir que situações de rapto, comércio ou tráfico de crianças aconteçam.

O sistema de Autoridades Centrais nos vários Estados signatários , consagrado nos arts. 6º a 13º da Convenção Haia 1993, tem por escopo principal a garantia dos mencionados direitos das crianças e acautelar as situações que possam constituir um atropelo aos mesmos.

É à luz destes objetivos que deve ser lido o artigo aqui em anotação, pois as circunstâncias dele constantes como sendo impeditivas de uma adoção internacional prendem-se com particulares contextos dos países de origem das crianças, cujas ocorrências, só por si, potenciam situações de rapto, comércio e tráfico de crianças e arredam qualquer garantia de que uma eventual adoção internacional seja conforme aos preceitos internacionais, designadamente aos da Convenção Haia 1993.

5. Constituem, pois, circunstâncias impeditivas da adoção internacional, o facto de o país de origem da criança encontrar-se numa situação de guerra ou de ter sido assolado por uma catástrofe natural, alínea *a)*; não possuir uma estrutura organizada com capacidade e competência para garantir que a adoção corresponde ao superior interesse da criança, alínea *b)*, e não reunir as condições necessárias a garantir a observância dos princípios e normas legais aplicáveis à adoção internacional, alínea *c)*.

Os entraves à adoção internacional decorrentes deste normativo, em face das crises humanitárias resultantes dos conflitos armados, da imigração em massa e das catástrofes naturais com que todos os dias somos confrontados através dos meios de comunicação social, suscita alguma perplexidade, pois são exatamente estas crianças que se encontram em situação de grande vulnerabilidade e a necessitarem de proteção urgente.

Não podemos, no entanto, confundir o instituto da adoção internacional com medidas de assistência humanitária. As conjunturas extraordinárias em causa, para além de não permitirem uma avaliação rigorosa e precisa da situação pessoal e familiar das crianças e de qual o seu melhor interesse, são potenciadoras do tráfico internacional de crianças, pelo que a forma eficaz de obviar a que tal aconteça é impedir a adoção internacional, como o faz o preceito em anotação.

6. Como já salientado, os entraves reportam-se, tão só, aos países de origem da criança, mas não partilhamos do entendimento de que existe uma omissão no que se refere aos países recetores. Tanto assim é que, verificando-se que o país da residência dos adotantes se encontra em alguma das circunstâncias enunciadas no preceito em análise, tal facto tem que ser analisado à luz do superior interesse da criança e no âmbito dos procedimentos consagrados nos arts. 82º a 89º, particularmente na verificação dos requisitos

da adotabilidade, previstos no art. 83º e no estudo da viabilidade concreta da adoção, previsto no art. 85º. Nestes preceitos encontramos, pois, os mecanismos de controlo relativamente aos candidatos e com eles também o da situação do país em que se encontram e que irá receber a criança, razão pela qual se entende não ocorrer nenhuma lacuna legal que importe integrar.

7. Atenta a natureza e alcance da norma aqui em anotação, apresentam-se ínsitos à mesma princípios de ordem pública internacional do Estado Português, pelo que uma eventual sentença estrangeira de adoção internacional proferida em sentido contrário ao estabelecido na norma aqui em notação, sempre constituirá motivo para o seu não reconhecimento, nos termos do disposto no nº 4 do art. 90º.

8. Bibliografia: *A Adoção Internacional e o Superior Interesse da Criança* [Em linha]. Mestrado Profissionalizante Ciências Jurídico-Forenses, Rafael José Esteves Atalaio, 2017. [Consultado em 23-02-2022]. Disponível na internet: https://repositorio.ul.pt/bitstream/10451/32500/1/ulfd134474_tese.pdf; Barros, Gabriel Alves – *Adoção por estrangeiros* – Revista CEJ/ Centro de Estudos Judiciários do Conselho de Justiça Federal, nº 59, ano XVII, ja./abr. 2013, p. 72-83; 3. Oliveira, Guilherme de Oliveira – Adoção e Apadrinhamento Civil – Lisboa: Petrony Editora, 2019; Pinheiro, Jorge Duarte – *Estudos de Direito da Família e das Crianças* – Lisboa: AAFDL Editora, 2015.

Esta anotação foi redigida seguindo a grafia resultante do Acordo Ortográfico de 1990

Ana Teresa Leal

ARTIGO 64º

Autoridade Central para a Adoção Internacional

1 – A entidade responsável pelo cumprimento dos compromissos internacionais assumidos por Portugal, no contexto da Convenção Relativa à Proteção das Crianças e à Cooperação em Matéria de Adoção Internacional concluída na Haia em 29 de maio de 1993, é a Autoridade Central para a Adoção Internacional, adiante designada por Autoridade Central.

2 – Compete ao Governo a designação da Autoridade Central.

3 – A Autoridade Central intervém obrigatoriamente em todos os processos de adoção internacional, incluindo os que envolvam países não contratantes da Convenção a que se refere o nº 1.

4 – Não são reconhecidas as adoções internacionais decretadas no estrangeiro sem a intervenção da Autoridade Central.

ANOTAÇÃO

1. Conexões normativas externas: arts. 20º, 21º CDC; arts. 6º, 22º e 39º, nº 2 CH 1993

2. A proteção das crianças assumiu nos tempos recentes uma importância fundamental no plano da regulamentação jurídica da adoção internacional.

No âmbito dos diversos instrumentos relativos aos direitos das crianças, a acentuação das finalidades protetivas é, sem dúvida, uma das características importantes do regime jurídico da adoção internacional, expressa através de mecanismos de cooperação entre autoridades dos Estados de origem e de acolhimento, com regras e normas bem definidas e, em certos casos, procurando unificar as regras de direito internacional privado em matéria de adoção internacional.

É por isso que a própria Convenção das Nações Unidas sobre os Direitos da Criança (CDC) estabelece que a criança privada do seu ambiente familiar tem direito à proteção e assistência especiais do Estado, o qual lhe deve assegurar uma proteção alternativa que pode incluir a adoção, atendendo à necessidade de assegurar continuidade à educação da criança, bem como à sua origem étnica, religiosa, cultural e linguística (art. 20º CDC).

O interesse superior da criança será, assim, a consideração primordial no domínio da adoção (art. 21º, alíneas *a)* e *e)* CDC).

O processo de adoção deve ainda ser decidido por autoridades competentes, nos termos da lei nacional, e assegurar as garantidas necessárias relativamente à criança e à sua família biológica.

A adoção internacional é reconhecida como uma forma alternativa de proteção da criança se esta não puder ser objeto de uma medida de colocação numa família de acolhimento ou adotiva, ou se não puder ser convenientemente educada no seu país de origem (princípio da subsidiariedade) (artigo 21º, alínea *b)* CDC).

Deste modo, na adoção internacional, deve ser garantido à criança o gozo das garantias e normas equivalentes às aplicáveis no caso de adoção nacional (princípio da equiparação) (art. 21º, alínea *c)* CDC).

Caso se considere que a adoção internacional será a solução mais adequada ao superior interesse da criança, devem ser tomadas as medidas adequadas para garantir que a colocação da criança se não traduza num benefício material indevido para os que nela estejam envolvidos (princípio da proibição de benefícios económicos) (art. 21º, alínea *d)* CDC[48]).

Outros princípios orientadores e exclusivos da adoção internacional são o da cooperação internacional e o da cooperação interinstitucional, referentes à necessidade de promover a colaboração entre as entidades nacionais e transnacionais para um processo de adoção bem-sucedido.

3. A adoção é um ato complexo que cria uma relação semelhante à filiação, sem uma base biológica e que integra um ato privado (as declarações de vontade traduzidas na candidatura e no impulso processual junto do tribunal) e um ato público (a sentença que a decreta).

Por seu turno, nos termos do art. 2º, alínea *a)* a adoção internacional é definida como o processo de adoção, no âmbito do qual ocorre a transferência de uma criança do seu país de residência habitual para o país da residência habitual dos adotantes, com vista ou na sequência da sua adoção.

Deste modo, a adoção internacional traduz um fenómeno relativo a situações jurídicas plurilocalizadas que exige uma cooperação internacional com vista a garantir uma regulamentação e uma aplicação eficaz, não podendo ser deixada à iniciativa privada dos particulares ou mesmo de agências, exigindo um conjunto de regras e de normas bem definidas e, igualmente, da existência de "pontos focais" (as autoridades centrais) encarregados, em cada Estado, de assegurar esta cooperação.

Neste âmbito, a Convenção Relativa à Proteção das Crianças e à Cooperação em Matéria de Adoção Internacional, adotada durante os trabalhos da 17ª sessão da Conferência da Haia de Direito Internacional Privado, concluída na Haia em 29 de maio de 1993 (CH 1993), visa como objetivos criar um quadro de proteção jurídica que garanta que a adoção seja realizada no interesse e respeito dos interesses da criança, estabelecendo um sistema de cooperação de autoridades para assegurar a eficácia dessas garantias e, por fim, promover o reconhecimento de pleno direito dessas situações jurídicas criadas no estrangeiro.

Para o efeito, a CH 1993 tem por objeto (art. 1º):

a) Estabelecer garantias para assegurar que as adoções internacionais sejam feitas no superior interesse da criança e no respeito dos seus direitos fundamentais, nos termos do direito internacional;

48 Solução também acolhida no art. 32º, nº 1 CH 1993.

b) Estabelecer um sistema de cooperação entre os Estados Contratantes que assegure o respeito dessas garantias, prevenindo assim o rapto, a venda ou o tráfico de crianças[49];

c) Assegurar o reconhecimento, nos Estados Contratantes, das adoções realizadas de acordo com a Convenção.

A CH 1993 não é aplicável se a concordância quanto ao prosseguimento da adoção por ambas as autoridades centrais dos Estados envolvidos[50] não tiver sido dada antes de a criança ter atingido a idade de 18 anos (art. 3º CH 1993) sendo aplicável sempre que uma criança com residência habitual num Estado Contratante (o Estado de origem) tenha sido, seja ou venha a ser transferida para outro Estado Contratante (o Estado recetor), seja após a sua adoção no Estado de origem por casal ou por pessoa residente habitualmente no Estado recetor, seja como o objetivo de ser adotada no Estado recetor ou no Estado de origem (art. 2º, nº 1 CH 1993).

Deste modo, mesmo que a criança já resida no Estado recetor no momento do pedido mas tenha ocorrido anteriormente uma transferência da mesma de um outro Estado, com o objetivo da criança ser adotada, devem ser aplicadas as regras previstas para a adoção internacional.

As autoridades centrais designadas pelos Estados Contratantes detêm a responsabilidade última de velar pela observância dos principais aspetos de uma adoção internacional desde o momento em que é formulado o pedido, aprovar os candidatos à adoção, assegurar-se que a adoção internacional constitui mesmo a melhor solução para a criança e que esta pode ser adotada, assegurar-se que os candidatos a adotantes e a criança são mutuamente convenientes, zelar pelo respeito dos procedimentos e para que sejam reunidas as condições para a transferência material da criança para o país de acolhimento, podendo, igualmente, cooperar nos casos em que uma adoção prevista possa falhar.

[49] Não devendo a adoção internacional permitir um benefício económico ou de outra natureza para os envolvidos, a Conferência da Haia de Direito Internacional Privado recomenda que, em situações de guerra, catástrofe ou qualquer outra calamidade, os procedimentos de adoção internacional sejam absolutamente proibidos, devendo recorrer-se aos mecanismos de proteção internacional, *máxime* a Convenção relativa à Competência, à Lei aplicável, ao Reconhecimento, à Execução e à Cooperação em matéria de Responsabilidade parental e de Medidas de Proteção das Crianças, adotada na Haia em 19 de outubro de 1996.

[50] O denominado Acordo de Prosseguimento da Adoção Internacional previsto no artigo 17º CH 1993.

A CH 1993 reconhece às autoridades centrais de cada Estado a responsabilidade em dar cumprimento às obrigações nela fixadas, nomeadamente o de facilitar, acompanhar e expedir os procedimentos com vista à adoção, bem como acelerar o processo, estabelecendo mecanismos de cooperação, de colaboração institucional e de informação mútuas.

4. No ordenamento jurídico interno, a CH 1993 foi aprovada para ratificação pela Resolução da Assembleia da República nº 8/2003, de 25 de fevereiro, e ratificada pelo Decreto do Presidente da República nº 6/2003, de 25 de fevereiro[51].

Cada Estado Contratante deve designar uma autoridade central encarregue de dar cumprimento às obrigações decorrentes da Convenção (art. 6º, nº 1 CH 1993).

A Autoridade Central para a Adoção Internacional (ACAI) é a entidade responsável que intervém necessariamente em todos os processos de adoção internacional, cabendo a sua designação ao Governo, incluindo aqueles que envolvam Estados não Contratantes.

Através do Aviso do Ministério dos Negócios Estrangeiros nº 110/2004 (publicado no Diário da República Iª série-A nº 130 de 3 de junho de 2004, p. 3485), foi anunciado o depósito do instrumento de ratificação da CH 1993 e designada a Direção Geral da Solidariedade e Segurança Social[52] como autoridade central encarregue de dar cumprimento às obrigações decorrentes da Convenção, informando-se ainda que a mesma entraria em vigor na ordem jurídica portuguesa em 1 de julho de 2004.

Posteriormente, através do Aviso do Ministério dos Negócios Estrangeiros nº 28/2009 (publicado no Diário da República Iª série-A nº 110 de 8 de junho de 2009, p. 3541), a Autoridade Central foi modificada para o Instituto da Segurança Social.

A designação da Autoridade Central em vigor é a que resulta do Aviso do Ministério dos Negócios Estrangeiros nº 368/2010 (publicado no Diário da

[51] A aprovação da Convenção Relativa à Proteção das Crianças e à Cooperação em Matéria de Adoção Internacional foi precedida da emissão de Parecer emitido em 28 de junho de 1998 pelo Conselho Consultivo da Procuradoria-Geral da República disponível na seguinte hiperligação: (http://www.dgsi.pt/pgrp.nsf/-/9362a5ed276520318025829700037e9b8).

[52] A Direção Geral da Solidariedade Social sucedeu nas atribuições e competências da Direção Geral da Ação Social (art. 29º, nº 1, alínea *b)* Decreto-Lei nº 185/93, de 22 de maio, alterado pelo Decreto-Lei nº 120/98, de 8 de maio).

República Iª série nº 241 de 15 de dezembro, p. 5717) atribuindo ao Instituto da Segurança Social I.P. essas funções.

As atribuições do Instituto da Segurança Social I.P. relativamente às funções de autoridade central no âmbito da adoção internacional encontram-se previstas no art. 3º, nº 2, alínea *x)* da Lei Orgânica do ISS, IP (Decreto-Lei nº 83/2012, de 30 de março, alterado pelo Decreto-Lei 167/2013, de 30 de dezembro).

5. Cabe à ACAI intervir obrigatoriamente em todos os processos de adoção internacional, incluindo os que envolvam países não contratantes da CH 1993.

Contudo, os princípios e as salvaguardas estabelecidas na CH 1993, bem como os princípios constantes do regime jurídico da adoção, devem ser igualmente aplicáveis nas adoções internacionais a Estados não contratantes da CH 1993[53].

Neste sentido, ao abrigo do art. 39º, nº 2 CH 1993, foi celebrado um Protocolo de Cooperação entre as autoridades centrais de Portugal e da Eslováquia estabelecendo a colaboração institucional e a partilha de boas práticas na tramitação de processos de adoção que envolvam os dois Estados[54].

6. Aquando do processo de adesão e ratificação, Portugal declarou que, nos termos do nº 4 do art. 22º CH 1993, as adoções de crianças cuja residência habitual se situe no território português só podem ocorrer se as funções confiadas às autoridades centrais forem exercidas por autoridades públicas ou por organismos acreditados.

O nº 4 estabelece que não são reconhecidas as adoções internacionais sem a intervenção da autoridade central.

Consequentemente, perante uma adoção decidida por um Estado não Contratante e sem que tenha existido intervenção da autoridade central, o Tribunal da Relação de Coimbra, órgão jurisdicional competente para julgar os processos de revisão e confirmação de sentença estrangeira na sua área de jurisdição, entendeu inexistir falta de jurisdição para o efeito, integrando a falta de um pressuposto processual insuprível, consubstanciando exceção dilatória inominada, de conhecimento oficioso que, obstando ao conheci-

[53] É expressamente assumido neste diploma deveria acolher os os princípios e procedimentos da CH 1993.

[54] Disponível na seguinte hiperligação: (https://www.seg-social.pt/documents/10152/13200/Protocolo_eslov%C3%A1quia_2014/4d379309-eb59-4cb8-b3ac-abff8345418f/4d379309-eb59-4cb8-b3ac-abff8345418f).

mento do mérito, conduziu ao indeferimento do pedido formulado (Acórdão RC de 06/02/2019, proc. nº 284/18.8YRCBR, Falcão de Magalhães)[55].

7. A CH 1993 não estabelece qualquer impedimento a adoções internacionais requeridas por pessoas do mesmo sexo casadas, uniões de facto de casais de sexo diferente ou do mesmo sexo, ficando esta questão para o direito interno, sem prejuízo da eventualidade do Estado de origem da criança opor-se a essa adoção se o ordenamento jurídico do Estado de acolhimento permitir essa possibilidade.

Em Portugal, a Lei nº 2/2016, de 29 de fevereiro, veio eliminar as discriminações no acesso à adoção, apadrinhamento civil e demais relações familiares, permitindo a adoção por casais do mesmo sexo, quer estejam casados ou vivendo em união de facto, de acordo com as mesmas regras que já eram aplicáveis aos casais de sexo diferente.

8. Bibliografia: Cantwell, Nigel, "A nova Convenção da Haia sobre a adoção internacional – um assunto que anda para a frente ?", *Revista Infância e Juventude*, janeiro-março 94-1, Lisboa, pp. 33-44; HCCH Permanent Bureau, *The Implementation and Operation of the 1993 Hague Intercountry Adoption Convention*, Guide No. 1, Guide to Good Practice (disponível na seguinte hiperligação (https://assets.hcch.net/docs/bb168262-1696-4e7f-acf3-fbbd85504af6.pdf); Oliveira, Guilherme de, *Adoção e apadrinhamento civil*, Lisboa: Petrony, 2019; Pinheiro, Jorge Duarte, *O Direito da Família Contemporâneo* (5ª edição). Coimbra: Almedina, 2016; Ramião, Tomé d'Almeida. *A Adoção – Regime Jurídico Atual* (2ª edição) Lisboa: Petrony, 2007; Ramos, Rui Moura, "A adoção no direito internacional privado português", *Das relações privadas internacionais; estudos de direito internacional privado*, Coimbra: Coimbra Editora, 1995, pp. 55-83; Ramos, Rui Moura, "Sucessão e coexistência de métodos ao longo do tempo: a adoção no direito internacional privado português", *Estudos de Direito Internacional e de Direito Processual Civil Internacional*, Coimbra: Coimbra Editora, 2002, pp. 263-282; Silva, Nuno Gonçalo da Ascensão, *A constituição da adoção de menores nas relações privadas internacionais: alguns aspetos*, Coimbra: Coimbra Editora, 2000.

Esta anotação foi redigida seguindo a grafia resultante do Acordo Ortográfico de 1990

António José Fialho

[55] Disponível na seguinte hiperligação:
(http://www.dgsi.pt/jtrc.nsf/8fe0e606d8f56b22802576c0005637dc/40aca4ec742ceed7802583a500407ff8).

CAPÍTULO II
Autoridade Central

ARTIGO 65º
Atribuições da Autoridade Central

À Autoridade Central compete, nomeadamente:

a) Exercer as funções de autoridade central previstas em convenções internacionais relativas à adoção de que Portugal seja parte;

b) Certificar a conformidade das adoções internacionais com a Convenção Relativa à Proteção das Crianças e à Cooperação em Matéria de Adoção Internacional concluída na Haia em 29 de maio de 1993, adiante designada por Convenção;

c) Reconhecer e registar as decisões estrangeiras de adoção, nas situações a que se refere o nº 1 do artigo 61º;

d) Emitir obrigatoriamente parecer sobre a regularidade do processo de adoção internacional para efeitos de autorização de entrada da criança em território nacional;

e) Delinear, em colaboração com as estruturas diplomáticas e consulares, estratégias em matéria de adoção internacional sustentadas em políticas de cooperação em prol de crianças privadas de família;

f) Preparar acordos e protocolos em matéria de adoção internacional;

g) Acompanhar, prestar a colaboração necessária e avaliar os procedimentos respeitantes à adoção internacional;

h) Acreditar as entidades com sede em Portugal que pretendam exercer a atividade mediadora;

i) Autorizar o exercício em Portugal da atividade mediadora por entidades estrangeiras;

j) Acompanhar, supervisionar e controlar a atuação das entidades mediadoras acreditadas e autorizadas;

k) Garantir a conservação da informação de que disponha relativamente às origens da criança adotada internacionalmente, em particular quanto à história pessoal incluindo a identidade dos progenitores;

l) Proceder à recolha, tratamento e divulgação dos dados estatísticos relativos à adoção internacional;

m) **Elaborar e publicar anualmente relatório de atividades, donde constem, designadamente, informações e conclusões sobre as atribuições referidas nas alíneas anteriores.**

ANOTAÇÃO

1. Conexões normativas externas – 18º/2 e 82º CC, 7º/1 e 8º/1 CDC, 1º, 2º/1, 6º/1, 8º, 9º/a), 14º a 16º, 18º a 21º, 23º/1, 30º/2 e 39º/2 CH 1993, 28º CRP.

2. Autoridade Central para a Adoção Internacional:

Portugal é membro fundador da Conferência da Haia, organização internacional que almeja a harmonização das regras de Direito Internacional Privado (cf. Decreto-Lei 41378, de 19/11/1957 que transpõe para a nossa ordem jurídica o Estatuto da Conferência da Haia sobre Direito Internacional Privado).

É no âmbito daquela organização que surge a Convenção Relativa à Proteção das Crianças e à Cooperação em Matéria de Adoção Internacional, concluída na Haia em 29 de maio de 1993 (doravante CH 1993), aprovada pela Resolução da Assembleia da República nº 8/2003, de 25 de fevereiro e ratificada pelo Decreto do Presidente da República nº 6/2003, em vigor desde 1 de julho de 2004. Esta Convenção tem como finalidade assegurar que as adoções internacionais sejam realizadas no interesse superior das crianças, respeitando os seus direitos fundamentais, através de um sistema de cooperação entre os Estados contratantes, garantindo simultaneamente o reconhecimento das adoções realizadas neste contexto (cf. art. 1º da CH 1993).

Segundo o nº 1 do art. 6º CH 1993, cada país membro deve nomear uma autoridade central para exercer as competências ali previstas. Em Portugal é ao ISS, I.P. que cabe, enquanto ACAI, assegurar o cumprimento dos princípios e obrigações estabelecidos nesta Convenção, conforme anotação ao nº 2 do art. 64º CH 1993, para a qual remetemos.

3. Atribuições da Autoridade Central para a Adoção Internacional:

a) Exercício de funções previstas em convenções internacionais:

A CH 1993 atribui uma multiplicidade de competências às autoridades centrais, entre as quais destacamos: a competência para emitir os normativos necessários para a boa implementação dos princípios da CH 1993 nesta matéria, através de orientações, guias de boas práticas ou outros, previstos na alínea a) do art. 9º CH 1993, a prestação de informação regular ao Secretariado Permanente da Conferência da Haia sobre legislação interna, estatísticas e outros dados gerais que venham a ser solicitados, bem como a participação em grupos de trabalho sobre temas específicos (Portugal, por exemplo, integra o Grupo de Trabalho sobre Prevenção e Abordagem de Práticas Ilícitas).

b) Certificado de Conformidade:

O Certificado de Conformidade é a declaração emitida pelas autoridades centrais com o objetivo de confirmar que uma determinada adoção decorreu nos termos da CH 1993, com vista a dispensar a posterior revisão por outro estado contratante. Permite-se, desta forma, o reconhecimento automático da adoção nos países signatários, tal como plasmado no nº 1 do art. 23º da CH 1993 que transcrevemos: "(...) uma adoção certificada em conformidade com a Convenção, pela autoridade competente do Estado onde ocorreu, será reconhecida de pleno direito pelos demais Estados Contratantes". Por conseguinte, a ACAI emite o Certificado de Conformidade sempre que uma adoção internacional seja decretada por tribunal português, tendo ocorrido entre países contratantes da CH 1993 e em cumprimento desta, devendo, posteriormente, ser remetido para a autoridade central congénere do país de origem da criança ou para a entidade mediadora autorizada.

c) Reconhecimento e registo das decisões estrangeiras de adoção internacional.

A norma estatuída na alínea c) do presente artigo concretiza uma opção de desjudicialização por parte do legislador, que retira da esfera da competência do Tribunal da Relação os processos de revisão e confirmação das sentenças decretórias de adoção internacional, passando a ACAI a conferir eficácia às decisões estrangeiras que decretem uma adoção internacional. Este preceito legal constitui, assim, lei especial em relação à lei geral de atribuição da competência ao Tribunal da Relação prevista na alínea e) do artº 73º da Lei nº 62/2013, de 26 de agosto, com o objetivo de, para além da análise da forma, acrescentar a avaliação das especificidades da adoção internacional, quer através da aplicação das regras e princípios da CH 1993, quer do conhecimento resultante da cooperação entre as autoridades centrais no âmbito da aplicação da CH 1993.

O que caracteriza a adoção internacional é a residência habitual da criança e dos candidatos: uma adoção será internacional sempre que uma criança com residência habitual num país seja transferida para outro país em virtude da sua adoção por pessoa que aí tenha residência habitual (alínea a) do art. 2º, e nº 2 do art. 18º e art. 82º CC e ainda nº 1 do art. 2º CH 1993). Não são adoções internacionais, portanto, aquelas em que tanto a criança como os pais adotantes tenham residência habitual no mesmo país estrangeiro aquando do início do processo de adoção, independentemente das respetivas nacionalidades – nestes casos estaremos perante uma adoção nacional estrangeira, que recai no âmbito da competência geral de revisão do Tribunal da Relação (sobre este controverso tema, versa, no mesmo sentido, Ac. TRC de 06/02/2019, Processo 284/18.8YRCBR, Relator: Falcão De Magalhães).

Fora do âmbito do reconhecimento da decisão estrangeira de adoção encontram-se também as adoções internacionais ocorridas entre dois países que sejam parte da CH 1993, por deverem estas ser automaticamente reconhecidas em todos os estados parte, após emissão do Certificado de Conformidade da Adoção previsto no art. 23º CH 1993.

A emissão deste certificado cabe à autoridade central do país onde seja decretada a adoção, e, em Portugal, é competência exclusiva da ACAI, conforme alínea b) *supra*.

Nesta situação está dispensado o reconhecimento da decisão, sendo apenas necessário que se proceda ao registo da adoção internacional junto dos serviços de registo civil dos dois países. Sempre que estejamos perante a adoção de uma criança habitualmente residente em Portugal por candidatos habitualmente residentes no estrangeiro, decretada por decisão estrangeira, tem a ACAI competência para promover o registo (cf. anotação ao nº 2 do art. 89º), não excluindo o legislador a competência do próprio (adotante ou adotado maior) para concretização dessa diligência.

d) Parecer prévio à entrada da criança em território nacional.

Este imperativo legal preconiza uma importante inovação legislativa, bem acolhida pelas entidades com competência nesta matéria. Consagra, em suma, a essencialidade da cooperação entre os serviços consulares portugueses e a ACAI, aquando da apreciação da regularidade de um processo de adoção internacional, cooperação que já se verificava na prática e que agora se reveste de manto legal. De facto, não é exigível aos serviços consulares que avaliem a regularidade de uma adoção internacional, sobretudo nas situações em que a adoção é decretada no país de origem da criança, fora do Espaço Shengen (muitas vezes sem documento de suporte que permita concluir pela compatibilidade dos efeitos na ordem jurídica portuguesa, ou pelo cumprimento dos requisitos da legislação interna), no momento em que os interessados solicitam um visto de entrada no território nacional com fundamento em adoção. Através da presente previsão, a emissão de um visto que permita a entrada no nosso país deve ser precedida de um parecer prévio obrigatório da ACAI, a quem compete avaliar da regularidade do processo de adoção alegado. Este parecer, sendo imperativo, é facultativo, não vinculando a entidade competente pela emissão da autorização de entrada a decidir em conformidade com o entendimento vertido no parecer, podendo, assim, ser emitida decisão contrária. Não obstante, face à gravidade dos riscos em apreço (mormente tráfico de seres humanos, venda ou rapto infantil), tem-se verificado uma harmonização entre os pareceres prévios da ACAI e as decisões de deferimento de visto de entrada em Portugal por motivo de adoção.

A legitimidade para requerimento do parecer não foi delimitada pelo legislador, permitindo, assim, que seja solicitado pelos pais adotivos, pelas representações consulares de Portugal no estrangeiro ou por outros serviços do Ministério dos Negócios Estrangeiros. Da mesma forma, o legislador não determinou quais as informações/documentos que devem constar do requerimento a apresentar para que a ACAI possa aferir da regularidade do processo de adoção, mas, em todo o caso, sempre se dirá que a decisão que determinou a adoção é um documento essencial, bem como os documentos de identificação das partes, a certidão narrativa do assento de nascimento da criança ou outros documentos pertinentes no caso em concreto (como por exemplo o relatório social que tenha servido de base à decisão de adoção e o despacho do Ministério Público).

Caso não seja possível confirmar, no momento do requerimento do visto, que o processo de adoção internacional cumpriu todas as garantias previstas neste RJPA e na CH 1993, poderão estas ser eventualmente confirmadas a jusante (desde que seja evidente o respeito pela legislação do país de origem da criança) nomeadamente através da disponibilização da família adotiva para um acompanhamento pós-adotivo. Este acompanhamento poderá também assegurar o apoio técnico necessário a uma adoção que, por exemplo, não tenha beneficiado do período de transição e de pré-adoção previstos nos arts. 49º e 50º, promotor da construção e consolidação do vínculo familiar (com ênfase nas especificidades da adoção intercultural que constitui a regra na adoção internacional).

e) Estratégias sustentadas em políticas de cooperação.

Norma que corrobora o estipulado no nº 1 do art. 7º e art.s 8º e 9º da CH 1993, determinando a imperatividade da articulação e cooperação da ACAI com as autoridades públicas competentes nos seus países com vista a assegurar a protecção das crianças, prevenir práticas ilícitas, agilizar e qualificar o aconselhamento e acompanhamento do processo de adoção. A título de exemplo, refere-se a articulação com as embaixadas estrangeiras do país da nacionalidade de uma criança com residência habitual em Portugal, que se encontre em situação jurídica de adotabilidade (nas situações em que Portugal é país de acolhimento), bem como a articulação com entidades públicas em Portugal e serviços consulares portugueses no estrangeiro.

Dentro desta competência pode incluir-se a promoção de programas de sensibilização para as reais características das crianças que necessitam de uma família por adoção internacional, que, na sua grande maioria, terão necessidades adotivas particulares (das quais se destacam as crianças mais velhas): 70% das crianças a aguardar uma família adotiva tinham 10 ou mais anos, em dezembro de 2020 (Instituto da Segurança Social, I.P., 2021, p. 23). Muito embora esta faixa etária escape ao imaginário corrente, quando se fala em adoção, existem vantagens na adoção de crianças mais crescidas, como por exemplo a capacidade de dialogar sobre temas complexos, a consciência da importância de crescer no seio de uma família e a perceção de terem uma voz ativa na construção do seu projeto de vida, a capacidade de expressar os seus sentimentos, e de compreender os sentimentos dos adultos.

f) Acordos e protocolos.

As autoridades centrais podem celebrar acordos regionais ou bilaterais que visem estabelecer regras mais detalhadas para a colaboração em matéria de adoção internacional (previstos no nº 2 do art. 39º CH 1993), desde que não sejam contrárias às restantes disposições (apenas é permitida a derrogação dos arts. 14º a 16º e 18º a 21º CH 1993), como por exemplo a definição de metodologia para partilha de informação, elaboração de relatórios, acompanhamento, requisitos de constituição de equipas de profissionais, protocolos para interrupção de uma adoção, entre outros. Sendo opcionais para a ACAI portuguesa, pode o ordenamento jurídico interno de outras autoridades centrais requerer a sua celebração como condição para a cooperação em matéria de adoção internacional, (como é o caso das Filipinas e da Eslováquia) pelo que a manutenção expressa desta competência da ACAI reveste-se de grande importância.

g) Acompanhamento, colaboração e avaliação dos procedimentos de adoção internacional.

À luz das competências *supra*, não poderia o legislador deixar de concretizar o dever de acompanhamento e cooperação em todas as fases da adoção internacional, e, simultaneamente, de manutenção de uma avaliação contínua dos procedimentos ao longo do processo, desde a fase da identificação da criança e do candidato, até à fase do registo da adoção internacional, como decorria, aliás, do regime anterior. A título de exemplo, destaca-se o acompanhamento e preparação da criança e dos candidatos para a transição, que deverá ocorrer em estreita articulação com a autoridade central estrangeira/entidade mediadora e com a equipa de adoção local (que, por sua vez, articulará com a equipa profissional da casa de acolhimento/família de acolhimento), e a preparação da família para viajar para o país de acolhimento, conforme materializado nos arts. 78º, 79º e 85º a 89º, para cujas anotações remetemos. No entanto, a intervenção da ACAI não termina com a partida de Portugal da nova família, antes se reveste de uma metodologia diferente. O acompanhamento da ACAI mantém-se ao longo da pré-adoção, e mesmo após ter sido decretada a adoção. Em simetria, o papel da ACAI no acompanhamento e apoio técnico das adoções de crianças residentes no estrangeiro não se extingue com a prolação da decisão de adoção, continuando, quer para efeitos de apoio pós-adotivo, quer quanto à busca de origens (melhor tratada na k) *infra*). Na verdade, o acompanhamento pós adotivo é essencial para a prevenção de insucesso, quer na adoção nacional, quer na internacional, pelo que a sua concretização legal no ordenamento jurídico português, plasmado quer no art. 60º, quer no nº 3 do art. 79º, é um importante passo na densificação das garantias da criança adotada. Não obstante, o legislador fez depender este acompanhamento pós-adotivo de solicitação expressa da família adotiva (salvo nos casos em que a legislação do país de origem da criança assim o determine – nº 3 do art. 79º), opção que se nos afigura ter ficado aquém do necessário.

As famílias evoluem, e os desafios alteram-se ao longo dos anos. As famílias adotivas precisam de ter uma grande capacidade de auto-regulação, que carece de ser aprendida, as crianças alteram os seus comportamentos em função da idade e do diferente impacto dos traumas que vivenciaram, e toda esta dinâmica continua a desenvolver-se após ter sido decretada a adoção, carecendo de apoio. Por este motivo, poderia o legislador ter ido mais longe, implementando um período de acompanhamento pós-adotivo obrigatório.

No que se refere à avaliação de procedimentos, verificamos que, nos termos da anotação da alínea a) deste artigo, compete à ACAI emitir as orientações necessárias para optimizar o processo de adoção internacional, reforçando o cabal cumprimento dos direitos das crianças, a curto e longo prazo.

Neste sentido, cabe também à ACAI avaliar continuamente a boa implementação destes procedimentos e da legislação em vigor, tomando as devidas providências sempre que necessário (cf. também os arts. 19º e 20º CH 1993).

h), i) e j) Acreditação, autorização e supervisão do exercício da atividade mediadora por parte de entidades mediadoras.

Esta norma introduz uma pertinente inovação no direito interno, ao atribuir à ACAI a competência para a acreditação de entidades mediadoras com sede em Portugal e a autorização de entidades mediadoras com sede no estrangeiro que pretendam exercer a atividade de mediação na adoção internacional em Portugal. Até à entrada em vigor deste diploma, a autorização e acreditação era concedida por portaria conjunta dos Ministros da Justiça e do Trabalho e da Solidariedade, nos termos do art. 29º do Decreto-Lei nº 185/93, de 22 de maio e nº 1 do artigo 22º do Decreto Regulamentar nº 17/98, de 14 de agosto. A decisão do legislador prendeu-se com a pertinência de dotar a avaliação da acreditação e da autorização dos elementos técnicos específicos da atividade, promovendo um controlo mais eficaz desta importante matéria, o que, por sua vez, promoverá a qualificação dos serviços prestados. Estas competências encontram-se densificadas nos arts. 67º a 75º, para cujas anotações remetemos.

k) Direito ao conhecimento das origens.

"A adoção não é um evento único, mas um processo que se prolonga durante a vida inteira", pode ler-se no Guia das Boas Práticas nº 1 (HCCH, 2008, p. 123). Trata-se de um direito fundamental consagrado no art. 26º CRP, e no nº 1 do art. 7º e nº 1 do art. 8º CDC. A experiência dos serviços de adoção demonstra que a busca das origens pode ocorrer em qualquer momento da vida do adotado, sendo considerados potenciais acontecimentos especialmente impulsionadores a adolescência, maioridade, casamento, nascimento de filhos, falecimento dos pais adotivos, entre outros. A procura de respostas sobre as origens está muitas vezes ligada, pelo menos numa primeira fase, à construção da identidade do próprio e à compreensão dos factos que determinaram o afastamento da família biológica, mais do que à procura de contacto direto com esta. À ACAI é aplicável o previsto no art. 6º e alínea k) do art. 8º, e também alínea a) do art. 9º e art. 30º CH 1993, quanto à recolha e arquivo da informação sobre a história de vida da criança, devendo também colaborar com as competentes autoridades dos países de residência do adotado, na busca de origens que venha a ser realizada (não se exclui a possibilidade de contacto direto do adotante maior de 18 anos de idade com a ACAI, sendo sempre importante que este possa ter o acompanhamento profissional necessário para esta fase). Este acompanhamento visa responder às questões expressamente colocadas pelo adotado ou pela família adotiva, podendo incluir a consulta direta ou indireta do processo de adoção devidamente conservado pela ACAI (e pela equipa de adoção do organismo de segurança social competente para a concretização do projeto adotivo da criança), com o devido apoio técnico – cf. do nº 2 do art. 30º CH 1993 e nº 1 do art. 7º CDC. Entendemos que esta norma deverá ser conjugada com o nº 3 do art. 6º, aplicando-se à ACAI, através de uma interpretação extensiva que englobe os elementos sistemático e teleológico envolventes, a obrigatoriedade de conservação dos registos durante 50 anos prevista nº 3 do art. 6º. A importância da preservação da informação sobre a história de vida da criança, desde o momento em que entra no sistema de promoção e proteção resulta, também, do nº 1 do art. 30º CH 1993, bem como do nº 1 do art. 8º CDC.

Para além da consulta ao processo, pode o adotado solicitar o apoio da ACAI para mediar uma pesquisa da família de origem (irmãos, pais ou outros familiares) ou mesmo para estabelecimento de contacto com estes, o que se deverá realizar com respeito pela privacidade e confidencialidade de todos os envolvidos.

l), m) Análise e publicação de dados estatísticos e relatório de atividades.

Dever que já decorria do regime anterior, a recolha e análise dos dados estatísticos e de atividades referentes à adoção internacional em Portugal é uma fase essencial para a respetiva avaliação, comportando um momento privilegiado para a promoção da contínua melhoria do processo de adoção internacional, em articulação com o acompanhamento e avaliação dos procedimentos de adoção internacional previstos na alínea g) deste artigo. Os dados estatísticos e o relatório de atividades, sua avaliação e conclusão devem também continuar a ser publicados anualmente, por corresponderem a interesse público. Até à data a publicação desta informação tem sido realizada no Relatório da Adoção Nacional, Internacional e Apadrinhamento Civil do Instituto da Segurança Social, I.P., respeitante aos dados e atividades deste nestas matérias, nas quais se inclui a ACAI, embora se possa considerar que a autonomização de publicação da ACAI seria benéfica para a melhor compreensão da atividade desta área. Em acréscimo, alguns dados estatísticos são também publicados no relatório anual do Conselho Nacional para a Adoção, e comunicados ao Secretariado Permanente da Conferência da Haia que os publica no seu *site*.

3. Bibliografia: CONSELHO NACIONAL PARA A ADOÇÃO (CNA) – Relatório de atividades do Conselho Nacional para a Adoção – 2020. Portugal, 2020; HAGUE CONVENTION ON PRIVATE INTERNATIONAL LAW (HCCH) – The Implementation and Operation of the 1993 Hague Intercountry Adoption Convention Guide To Good Practice Guide Nº 1, Family Law, 2008, p. 123. Haia, 2008; Bolieiro, Helena; Guerra, Paulo – A Criança e a Família – uma Questão de Direito(s). Portugal: Coimbra Editora, 2009. pp. 411-413. ISBN 978 972 32 1713 1; Magalhães, Falcão de – Acórdão do Tribunal da Relação de Coimbra. Coimbra, 2019; SECRETARIADO PERMANENTE HAGUE CONFERENCE ON PRIVATE INTERNATIONAL LAW (HCCH) – Country Profile 1993 Hague Intercountry Adoption Convention – Receiving State. Haia, junho 2020; SECRETARIADO PERMANENTE HAGUE CONFERENCE ON PRIVATE INTERNATIONAL LAW (HCCH) – Country Profile 1993 Hague Intercountry Adoption Convention – State of Origin. Haia, junho 2020; INSTITUTO DA SEGURANÇA SOCIAL, I.P. – Relatório da Adoção Nacional, Internacional e Apadrinhamento CIVIL 2020 – Equipas de Adoção do ISS, I.P. Portugal, outubro 2021.

4. Jurisprudência: Ac. TRC de 06/02/2019, Processo 284/18.8YRCBR, Relator: Falcão de Magalhães, Disponível no site do Tribunal da Relação de Coimbra, em http://www.dgsi.pt/jtrc.nsf/8fe0e606d8f56b22802576c0005637dc/40aca4ec742ceed7802583a500407ff8?OpenDocument.

Esta anotação foi redigida seguindo a grafia resultante do Acordo Ortográfico de 1990

Eliana Costa Santos

SECÇÃO I
Intervenção das entidades mediadoras

ARTIGO 66º
Exercício de atividade mediadora

Para efeitos do RJPA, considera-se exercício de atividade mediadora:

a) **A informação e assessoria aos interessados em matéria de adoção internacional;**

b) **A receção e o encaminhamento para a Autoridade Central de pretensões de candidatos residentes no estrangeiro, relativas à adoção de crianças residentes em Portugal;**

c) A receção e o encaminhamento para a competente autoridade estrangeira de pretensões de candidatos residentes em Portugal, relativas à adoção de crianças residentes no estrangeiro;

d) A assessoria e o apoio aos candidatos nos procedimentos a realizar perante as autoridades competentes, tanto em Portugal como no estrangeiro;

e) A intervenção, a avaliação e o acompanhamento da pós-adoção em cumprimento das obrigações impostas aos adotantes pela legislação do país de origem da criança.

ANOTAÇÃO

1. Conexões normativas externas – 21º CDC, 9º, 14º-22º CH 1993.
2. Fontes internacionais.

A Convenção dos Direitos da Criança (CDC) prevê, no seu artigo 21º, um quadro mínimo garantístico respeitante à adoção internacional, estipulando designadamente, que a adoção internacional é não só apenas autorizada, em cada país, pelas autoridades competentes, como também que todas as colocações de crianças no estrangeiro são viabilizadas por aqueles que se tenham por "autoridades ou organismos competentes".

A referida norma prossegue *a final*, o propósito de garantir que toda a intervenção de entidades e organismos em matéria de adoção internacional é determinada pela primacial consideração do superior interesse da criança, na salvaguarda do princípio da subsidiariedade desta forma de adoção relativamente à adoção nacional, bem como e, com especial relevância para a matéria que ora nos ocupa, na garantia de que tal procedimento não assumirá para qualquer das entidades ou indivíduos que de alguma forma a promovam ou nela estejam envolvidos, um "benefício material indevido", tal constituindo elementar premissa do combate ao rapto, venda e tráfico de crianças.

Nesta senda, a Convenção Relativa à Proteção das Crianças e à Cooperação em Matéria de Adoção Internacional concluída na Haia, em 1993 (CH 1993) veio materializar o desiderato expresso na alínea *e)* do artigo 21º CDC, densificando, reforçando e ampliando os princípios e normas que visam a especial proteção da criança no contexto da adoção internacional.

A CH 1993 admite a intervenção de organismos acreditados (e também, de forma muito restrita, de pessoas autorizadas) no desempenho de funções que atribuiu *prima facie* à autoridade central em matéria de adoção internacional (Cf. artigo 22º CH 1993).

Com efeito, as autoridades centrais de cada país são, de acordo com a CH 1993, titulares de um acervo de atribuições próprias e não delegáveis (previstas nos artigos 7º, 8º e 33º CH 1993), bem como de outras, que poderão delegar em organismos acreditados e, em casos mais restritos, em pessoas autorizadas (previstas nos artigos 9º e 14º a 21º da CH 1993).

Mas porquê delegar algumas das atribuições das autoridades centrais?

A CH 1993 não vincula os Estados Partes à acreditação de organismos, ainda que o ordenamento jurídico de cada Estado possa prever a intervenção obrigatória destes organismos na adoção internacional, como sucede, por exemplo, com a Itália[56].

E com efeito, tal como relatado no *Guia de Boas Práticas nº 2 sobre Acreditação e Organismos de adoção acreditados ao abrigo da Convenção de Haia de 29 de maio de 1993*, o recurso a organismos acreditados tem sido considerado uma boa prática, na medida em que permite aos Estados envolver-se no apoio aos futuros pais adotivos não só durante, como também após o processo de adoção, assim como no combate a procedimentos abusivos, tráfico de crianças e todas as falhas genericamente associadas às "adoções independentes".

Aí se sustenta que alguns Estados, atuando como países de origem, reportaram problemas nos casos em que não houve intervenção de organismos acreditados, sendo a adoção tratada exclusivamente entre autoridades centrais: por exemplo, quando os futuros pais adotivos chegaram aos países de origem da criança sem qualquer apoio por parte de um organismo profissional, viram-se limitados ao apoio de uma autoridade central subdotada ao nível dos recursos para lhes prestar aconselhamento e apoio, havendo casos em que as próprias embaixadas tiveram de assumir estas funções (Spchdip, 2012, p. 31-32).

Assim, a opção pela delegação de determinadas funções das autoridades centrais em organismos acreditados poderá resultar de uma autêntica necessidade, para muitos países cujas autoridades centrais não disponham dos recursos materiais, humanos e financeiros necessários ao pleno desempenho das suas funções de preparação, apoio e acompanhamento de futuros pais adotivos, crianças e pais biológicos. Ao delegar tais funções – ali se conclui

[56] Cf. LEGGE 4 maggio 1983, n. 184, consultável em https://www.normattiva.it/uri-res/N2Ls?urn:nir:stato:legge:1983;184.

– as autoridades centrais poderão ser mais eficazes no desempenho das suas próprias (e indelegáveis ou, em qualquer caso, não delegadas) funções (SPCHDIP, 2012, p. 46).

As opções tomadas nesta matéria pelo legislador português revelam-se bastante conservadoras: a figura da autorização de pessoas não foi contemplada no nosso ordenamento jurídico, tendo-se antes legitimado unicamente a intervenção de organismos, intervenção esta também materialmente limitada, face ao quadro bem mais amplo habilitado pela própria CH 1993. Isto mesmo é claramente indiciado já na alínea *b)* do nº 3 do artigo 1º RJPA, referindo-se este tipo de organismos como competentes em matéria de adoção internacional "nas condições e com os limites estabelecidos no RJPA".

3. Âmbito material de atuação das entidades mediadoras.

A norma do artigo 66º RJPA circunscreve, então, o âmbito material de atuação destes organismos – as entidades mediadoras (em matéria de adoção internacional). O exercício da atividade mediadora em Portugal pode contemplar, assim:

– *A informação e assessoria aos interessados em matéria de adoção internacional* (Cf. alínea *a)* do artigo 66º RJPA).

Diremos que este tipo de atividade tem por destinatários os "meros interessados", que não (ou que não, ainda) "candidatos" à adoção internacional, funções que, no plano da adoção nacional, encontram paralelo naquelas que são assumidas pelos organismos de segurança social (Cf. alínea *b)* do artigo 8º RJPA).

Cabe aqui a prestação de todo o tipo de informação e esclarecimentos respeitantes ao processo de adoção internacional junto de qualquer cidadão que manifeste interesse na matéria: o quadro legal aplicável, os trâmites a seguir, as fases do processo, os organismos com competência em cada uma dessas fases, os prazos estimáveis para os diversos procedimentos, bem como uma realista gestão das expectativas de tais interessados.

Em concreto, na prossecução deste tipo de funções, parece-nos que a entidade mediadora deverá estar também apta, designadamente, a informar os interessados: sobre as condições e necessidades reais de adoção internacional nos países em que opera, bem como sobre a eventual existência de outras entidades mediadoras acreditadas no país (eventualmente operando com diferentes países).

Trata-se de uma atividade que necessariamente precede e se pretende, potencie, a apresentação de candidatura, junto do organismo de segurança social da área de residência, por parte dos interessados residentes em Portugal, em adotar crianças residentes no estrangeiro, com subsequente emissão de certificado de seleção para a adoção internacional (Cf. artigo 76º RJPA).

Esta atividade integra, por outro lado, ainda, o conceito de "serviços de aconselhamento em matéria de adoção" a que alude o legislador na alínea *c)* do artigo 9º CH 1993.

– *A receção e o encaminhamento para a Autoridade Central de pretensões de candidatos residentes no estrangeiro, relativas à adoção de crianças residentes em Portugal* (Cf. alínea *b)* do artigo 66º RJPA).

A possibilidade de delegação deste tipo de funções em organismos autorizados[57] decorre das disposições conjugadas do artigo 14º e nº 1 do artigo 22º CH 1993, de tal resultando que as pessoas com residência habitual num Estado contratante que desejem adotar uma criança cuja residência habitual seja noutro Estado contratante, deverão dirigir-se à autoridade central do Estado da sua residência habitual, podendo, no entanto, tais funções ser exercidas, designadamente, por organismos acreditados, nos termos em que for permitido pela lei nacional. Tal foi a opção do legislador português.

Esta atividade reporta ao contexto de adoção internacional em que Portugal figura como país de origem (Cf. processo regulado nos artigos 82º a 89º RJPA).

Refere-se, assim, à apresentação por entidade mediadora autorizada, junto da ACAI, da manifestação da vontade de adotar por parte de candidato residente no estrangeiro, tal pressupondo a devida instrução e transmissão da candidatura em apreço.

Esta candidatura é necessariamente instruída com os documentos que forem necessários à demonstração:

– de que os serviços competentes, de acordo com a lei do país de acolhimento, reconhecem a idoneidade dos candidatos e a adoção da criança como possível, naquele país e

– de que se encontra previsto um período de convivência entre a criança e o candidato a adotante, suficiente para avaliar da conveniência da constituição do vínculo. (Cf. artigo 84º RJPA).

As funções em causa abrangem naturalmente a eventual prestação de esclarecimentos ou junção de documentos complementares tendo em vista

[57] Tenha-se em consideração que a expressão "organismo acreditado" é utilizada, no artigo 22º CH 1993 em sentido amplo, tal abrangendo quer os organismos "acreditados", quer os (também) "autorizados", consoante prescrito no artigo 12º da referida Convenção.

o aperfeiçoamento da candidatura transmitida, quando a ACAI conclua por tal necessidade, tal como previsto no nº 2 do artigo 84º RJPA.

– *A receção e o encaminhamento para a competente autoridade estrangeira de pretensões de candidatos residentes em Portugal, relativas à adoção de crianças residentes no estrangeiro* (Cf. alínea *c)* do artigo 66º RJPA).

Também a possibilidade de delegação deste tipo de funções em organismos autorizados decorre das disposições conjugadas do artigo 14º e nº 1 do artigo 22º CH 1993.

Desta feita, a atividade reporta ao contexto de adoção internacional em que Portugal figura como país de acolhimento (Cf. processo regulado nos artigos 76º a 81º RJPA).

Está em causa a apresentação por entidade mediadora acreditada, junto da autoridade competente do país de origem da criança, da manifestação da vontade de adotar por parte de candidato residente em Portugal, tal pressupondo a devida instrução e transmissão da candidatura em apreço, em respeito pelos requisitos e elementos probatórios impostos pelo país de origem da criança.

Tal terá lugar sempre que, em concreto, o candidato pretenda recorrer para o efeito a entidade mediadora acreditada em Portugal e habilitada a desenvolver atividade no país de origem da criança (que assim se substituirá, quer à atuação do organismo de segurança social, quer à da própria ACAI, de outra forma, competentes, aquele para a instrução da candidatura e esta, para a sua transmissão). (Cf. artigo 77º RJPA).

– *A assessoria e o apoio aos candidatos nos procedimentos a realizar perante as autoridades competentes, tanto em Portugal como no estrangeiro* (Cf. alínea *d)* do artigo 66º RJPA).

Havendo intervenção de entidade mediadora no processo de adoção internacional é expectável que esta se constitua como interlocutora privilegiada dos candidatos, guiando-os pelos meandros de um processo que é, por natureza, complexo e sensível e onde pontuam diferentes entidades, com competências distintas.

De forma genérica e considerando também a análise das respostas dadas por Portugal ao *Questionário sobre organismos acreditados no âmbito da CH 1993*[58] (Spchdip, 2009), diremos que o tipo de assessoria e apoio a prestar pelas

[58] E sendo certo que nesta matéria o RJPA não trouxe o alargamento de competências das entidades mediadoras, relativamente ao quadro legislativo que lhe precedeu.

entidades mediadoras inclui, quando operam em Portugal como país de acolhimento, designadamente:

- A prestação de informação e preparação dos futuros pais adotivos para a adoção internacional;
- A prestação de aconselhamento e apoio psicológico aos futuros pais adotivos, perante um concreto emparelhamento considerado;
- A apresentação de documentos junto do tribunal ou da autoridade competente no país de origem;
- A prestação de informação à ACAI sobre o estado do processo;
- A prestação de assistência aos futuros pais adotivos ao nível da planificação de viagens.

Já quando operam em Portugal, sendo este o país de origem da criança, a assessoria e apoio a prestar por estas entidades mediadoras reconduz-se:

- À apresentação da candidatura deviamente instruída à ACAI (bem como o seu eventual aperfeiçoamento) e
- À prestação de assistência aos futuros pais adotivos durante a sua estadia em Portugal.

– *A intervenção, a avaliação e o acompanhamento da pós-adoção em cumprimento das obrigações impostas aos adotantes pela legislação do país de origem da criança* (Cf. alínea *e)* do artigo 66º RJPA).

Ainda que a CH 1993 tenha também contribuído para aumentar a consciencialização sobre a importância do apoio e aconselhamento pós-adoção, tendo em vista garantir o bem-estar das crianças adotadas não só antes, como durante e também após o processo de adoção, certo é que não impõe aos Estados Partes a existência de uma fase de acompanhamento pós-adoção.

E com efeito, a CH 1993 assumindo-se como um *plus* de proteção da criança no processo de adoção internacional perante os ditames basilares do artigo 21º da CDC, ainda assim não deixa de consagrar "padrões mínimos" de garantia e proteção "que os Estados Parte são incentivados a melhorar e elevar" (Spchdip, 2018, p. 10).

A Recomendação nº 18 da Comissão Especial para a aplicação prática da CH 1993, constituída em 2015, versa sobre a matéria: "A Comissão Especial reconhece que os serviços de pós-adoção são essenciais e devem tomar em consideração a natureza de longa duração da adoção. Os Estados são incentivados a desenvolver serviços de pós-adoção especializados, para além dos serviços que já disponibilizam" (Spchdip, 2015).

A grande maioria dos Estados que responderam ao *Questionário sobre a Aplicação Prática da CH 1993* (Spchdip, 2020) disponibiliza serviços de pós-

-adoção[59]. Mas nem todos os Estados Partes preveem como obrigatório, no seu direito interno, um período de pós-adoção:

Portugal contempla o acompanhamento pós-adoção como facultativo, temporalmente limitado e sempre dependente de solicitação expressa dos respetivos destinatários (o adotado e sua família), consoante previsto no artigo 60º RJPA.

Alguns países impõem um acompanhamento pós-adoção por um mínimo de 2 anos (é o caso, por exemplo, do Brasil), outros preveem-no até que a criança perfaça 18 anos (é o caso de Portugal, ainda que dependente de solicitação dos destinatários).

Dependendo das obrigações concretamente impostas pelos países de origem, assim também a capacidade de resposta requerida às entidades mediadoras que se proponham desenvolver a atividade nesta matéria será mais ou menos exigente, designadamente ao nível do dimensionamento das respetivas equipas técnicas, instalação em território nacional, experiência detida, etc...

Vimos que o exercício da atividade mediadora em Portugal contempla um acervo material diverso. Porém, será cada ato de acreditação ou de autorização que circunscreverá, em concreto, o âmbito material de atividade que a entidade requerente passará a estar legitimada a exercer.

4. Bibliografia: HAGUE CONFERENCE ON PRIVATE INTERNATIONAL LAW PERMANENT BUREAU (SPCHDIP) – Accreditation and Adoption Accredited Bodies Guide To Good Practice Guide No. 2, Family Law, 2012. ISBN 978 1 84661 516 0; HAGUE CONFERENCE ON PRIVATE INTERNATIONAL LAW PERMANENT BUREAU (SPCHDIP) – *Questionnaire sur les organismes agréés dans le cadre de la Convention de la Haye du 29 Mai 1993 sur la protection des enfants et la coopération en matiére d'adoption internationale établi par le Bureau Permanent – Doc. prél. No 1, août 2009: RÉPONSES* – https://www.hcch.net/en/publications-and-studies/details4/?pid=5453&dtid=33; (PORTUGAL: https://assets.hcch.net/upload/wop/adop2010_pt.pdf); HAGUE CONFERENCE ON PRIVATE INTERNATIONAL LAW PERMANENT BUREAU (SPCHDIP) – *25 Years of Protecting Children in Intercountry Adoption – 1993-2018*, 2018. ISBN 978-94-90265-83-0; HAGUE CONFERENCE ON PRIVATE INTERNATIONAL LAW PERMANENT

[59] Alguns não o fazem, contudo: entre outros a Áustria, Macau (China), Costa Rica, República Dominicana, Camboja, Burkina Faso ou o Congo.

BUREAU (SPCHDIP) – *Questionnaire on the practical operation of the 1993 Adoption Convention – Prel. Doc. 3 of February 2020 for the Special Commission meeting in 2021* https://www.hcch.net/en/publications-and-studies/details4/?pid=6749&dtid=33; HAGUE CONFERENCE ON PRIVATE INTERNATIONAL LAW PERMANENT BUREAU (SPCHDIP) – *Conclusions and Recommendations adopted by the Fourth Meeting of the Special Commission on the practical operation of the 1993 Hague Intercountry Adoption Convention, 2015* – https://assets.hcch.net/docs/858dd0aa-125b-4063-95f9-4e9b4afd3719.pdf.

Esta anotação foi redigida seguindo a grafia resultante do Acordo Ortográfico de 1990

MARTA LOBO SAN-BENTO

ARTIGO 67º

Quem pode exercer atividade mediadora

A atividade mediadora em adoção internacional pode ser exercida por entidades que cumulativamente:

a) Prossigam fins não lucrativos e tenham por objectivo a protecção das crianças;

b) Disponham dos meios financeiros e materiais adequados;

c) Tenham uma equipa técnica pluridisciplinar, integrando técnicos com formação nas áreas da psicologia, do serviço social e do direito;

d) Sejam representadas e administradas por pessoas qualificadas quer no que respeita à sua idoneidade, quer quanto aos conhecimentos ou experiência em matéria de adoção internacional.

ANOTAÇÃO

1. Conexões normativas externas – 21º CDC, 8º, 10º, 11º e 32º CH 1993.
2. Pressupostos comuns ao exercício da atividade mediadora.

A norma em referência estabelece pressupostos ou requisitos comuns (e de verificação cumulativa) ao exercício de qualquer atividade mediadora em matéria de adoção internacional, em Portugal, relevando do fim último de promover a qualidade e a segurança da adoção internacional, quando haja intervenção deste tipo de entidades no processo.

Tais pressupostos são inspirados pelos ditames dos artigos 10º e 11º CH 1993.

Assim, exige-se, por parte de tais entidades:

a) A prossecução de fins não lucrativos

Tal requisito decorre diretamente da norma da alínea *a)* do artigo 11º da CH 1993, a qual determina, designadamente, que os organismos acreditados devem prosseguir unicamente fins não lucrativos.

O princípio da prossecução de fins não lucrativos visa garantir que a consideração pelo lucro não pode, em caso algum, estar implicada em qualquer decisão ou atuação exercida pela entidade mediadora, materializando a este nível a regra segundo a qual "Ninguém poderá obter benefícios financeiros ou outros indevidos por qualquer atividade relacionada com uma adoção internacional" (Cf. nº 1 do artigo 32º CH 1993).

O que naturalmente não impede que a entidade mediadora possa cobrar aos futuros pais adotivos as despesas que tenha efetuado, bem como honorários razoáveis pela prestação de serviços profissionais (Cf. nº 2 do artigo 32º CH 1993).

Por outro lado, também não obsta a que a entidade mediadora remunere o respetivo corpo de direção, administração e profissional de forma adequada, isto é, de forma proporcional à natureza e qualidade da atividade desempenhada (Cf. nº 3 do artigo 32º CH 1993).

Naturalmente que tal pressupõe um juízo sobre o que seja a "razoabilidade" de honorários e a proporcionalidade adequada das remunerações praticadas.

Trata-se de um juízo que não deverá deixar de ter subjacente, por um lado, a consideração pela realidade socioeconómica e custo de vida no país em que se propõe operar a entidade mediadora e por outro, a avaliação casuística do nível de qualidade e especialização dos serviços prestados, inclusive por comparação com outros serviços similares prestados no mesmo país.

Conexa com o princípio da prossecução de fins não lucrativos está a obrigação de as autoridades centrais adotarem medidas apropriadas para "prevenir benefícios materiais indevidos" no contexto da adoção internacional, tal integrando inclusive uma das atribuições não delegáveis das referidas autoridades (Cf. artigo 8º CH 1993).

O *Guia de Boas Práticas nº 2* a que supra nos referimos aponta, como uma das medidas adequadas à prossecução de tal escopo, assegurar a publicitação clara dos custos envolvidos pela atividade prosseguida pela entidade mediadora (SPCHDIP, 2012, p. 26, 75-76). E com efeito, parece-nos que a ACAI poderá associar à acreditação ou autorização que venha a conceder à entidade recomendação nesse sentido, impondo, por exemplo, a publicitação de tais custos nas páginas oficiais da internet de tais entidades.

b) Que tenham por objetivo a proteção das crianças

Pressuposto que toda a adoção internacional se deve fazer no interesse superior da criança e no respeito dos seus direitos fundamentais, tendo a CH 1993 por objetivo fulcral também a prevenção do rapto, venda ou tráfico de crianças (Cf. alíneas *a)* e *b)* do artigo 1º CH 1993) resulta adequada a imposição de que as entidades que se proponham desenvolver atividade mediadora comunguem do escopo maior da proteção de crianças.

Esse será, compreensivelmente, um bom ponto de partida para o cumprimento adequado das funções que lhes sejam cometidas.

c) Que disponham dos meios financeiros e materiais adequados

Este requisito pretende assegurar que a entidade que se propõe exercer a atividade mediadora em matéria de adoção internacional dispõe do suporte financeiro e material que se tenha por imprescindível à prossecução das atividades materiais envolvidas e está necessariamente relacionado com a especificidade de tais atividades.

Está em causa não apenas a sustentabilidade económico-financeira da entidade, como também, em aceção ampla, a sua robustez para suportar o desempenho eficaz das atividades a que se propõe (ou relativamente às quais logra obter acreditação).

Naturalmente que o requisito materializar-se-á de forma diversa, em consonância com as específicas atividades em causa.

Assim, por exemplo, na medida em que a expressão "atuar", tal como consta do artigo 12º da CH 1993 é suficientemente vaga e a lei portuguesa também não o clarifica, legitima-se a dúvida sobre se é exigível à entidade mediadora dispor de uma presença física que inclua uma delegação/escritório e corpo profissional em desempenho permanente em Portugal, ou se será suficiente à autorização a disponibilização de uma representação dessa entidade no país? Face ao direito português constituído, afigura-se-nos que a resposta a esta pergunta não será unívoca e será assumida em concreto pela ACAI no exercício de avaliação global da pretensão da entidade requerente.

Em qualquer caso e em concreto, parece resultar claro que – atenta a natureza e implicações da atividade desenvolvida – pelo menos o desenvolvimento da atividade prevista na alínea *e)* do artigo 66º RJPA – o acompanhamento pós-adoção – não poderá prescindir da exigência de "instalação física" da entidade mediadora em Portugal, reportando quer à existência de instalações, quer à de um corpo profissional em exercício no país. Tal imposição visará, no caso concreto, garantir as capacidades necessárias ao cumprimento adequado de tais funções pelas entidades mediadoras (Cf. artigo 10º CH 1993).

d) Que tenham uma equipa técnica pluridisciplinar, integrando técnicos com formação nas áreas da psicologia, do serviço social e do direito

A CH 1993 não circunscreve os requisitos de qualificação profissional ou formativa que devem assistir ao corpo de profissionais disponibilizado pela entidade a acreditar.

Mas quer o requisito da pluridisciplinaridade, quer as áreas de formação concretamente eleitas pelo legislador português (psicologia, serviço social e direito) merecem o reconhecimento do Secretariado Permanente para a CH 1993 (Spchdip, 2012, p. 53)[60] e encontram correspondência nos requisitos impostos pelas legislações internas de outros Estados contratantes, tal sendo o caso da Bélgica, do Canadá (Quebec), da Itália ou de Espanha (Cf. resposta à questão nº 12 do *Questionário sobre organismos acreditados no âmbito da CH 1993* (Spchdip, 2009).

Refira-se, de resto, que a solução consagrada no RJPA está também em linha com a já adotada no direito interno em matéria de proteção de crianças, designadamente no que respeita à composição da modalidade restrita das comissões de proteção de crianças e jovens (Cf. nº 4 do artigo 20º LPCJP).

Note-se, por outro lado, que ainda que o legislador não tenha definido um *ratio* mínimo entre o número de processos acompanhados e o número de profissionais alocados a tempo inteiro à equipa[61], afigura-se-nos que tal definição e publicitação, pela ACAI, será não só legítima, como aconselhável, a bem da transparência dos processos de acreditação e autorização.

e) Que sejam representadas e administradas por pessoas qualificadas quer no que respeita à sua idoneidade, quer quanto aos conhecimentos ou experiência em matéria de adoção internacional

Este requisito resulta da concretização, ao nível do direito interno, do consagrado na alínea *b)* do artigo 11º da CH 1993, onde se determina que o organismo acreditado deve “ser dirigido e administrado por pessoas quali-

[60] Outras áreas de formação ali contempladas são a psiquiatria e a pediatria.

[61] Consoante também relatado no *Guia de Boas Práticas nº 2* (Hcpilpb, 2012, p. 58.), as Filipinas, por exemplo, impõem um *ratio* mínimo de 1 técnico a tempo inteiro (ex: com formação em serviço social) por cada 20 a 30 processos acompanhados pela entidade.

ficadas pela sua integridade moral e pela sua formação ou experiência para trabalhar em matéria de adoção internacional"[62].

Sucede que a tradução para português do texto original da CH 1993 não se nos afigura rigorosa e poderá dar origem a equívocos: Na verdade, dispõe o texto original: "*be directed and* ***staffed*** *by persons qualified by their ethical standards and by training or experience to work in the field of intercountry adoption*" (nosso negrito). Ora o vocábulo "staffed", no caso, visa claramente abranger todos os indivíduos que, para além da direção, de alguma forma concorrem para a prossecução dos fins daquelas entidades, incluindo o corpo profissional técnico especializado e de apoio administrativo (e eventuais voluntários, quando habilitados a intervir na matéria).

A fórmula utilizada pelo RJPA, na medida em que se limitou a reproduzir, nesta parte, a formulação constante da tradução para português da CH 1993, incorre na mesma fragilidade e deve por isso ser objeto de interpretação corretiva, imposta pelos elementos históricos, teleológico e sistemático da norma.

Assim, deve entender-se este requisito reportado a todos os que, a algum título, exercem funções na entidade em causa (e não apenas às pessoas que assumem as funções de representação "e administração" das entidades mediadoras).

Com efeito, todas estas pessoas se encontram, elas próprias, vinculadas pelos princípios e procedimentos consagrados na CH 1993, designadamente, os princípios da prevalência do superior interesse da criança, da prevenção do rapto, venda e tráfico de crianças e da subsidiariedade da adoção internacional.

Tal demanda, por um lado, a inequívoca idoneidade de tais pessoas, atenta a responsabilidade que lhes cabe na matéria, pois tal idoneidade assume-se desde logo como parte integrante da garantia de que atuarão sempre e em qualquer circunstância, de acordo com um padrão ético, norteadas pelo princípio de acordo com o qual a adoção internacional terá invariavelmente lugar em função do interesse do adotando, o qual prevalecerá sobre quaisquer outros em presença (designadamente os dos candidatos à adoção internacional).

Por outro lado, essencial será assegurar a competência profissional de tais pessoas, o que implica sejam detentoras de conhecimento especializado ou

[62] Texto correspondente à tradução em língua portuguesa, tal como constante em anexo à Resolução da Assembleia da República nº 8/2003, de 25 de fevereiro.

relevante experiência em matéria de adoção internacional. Só assim estarão aptas a desenvolver as atividades de assessoria e apoio aos candidatos à adoção internacional, bem como de acompanhamento da família adotiva em sede de pós-adoção. Tal implicará, designadamente, o domínio não só dos princípios e procedimentos impostos pela CH 1993, como também das leis de adoção de cada país em que opera a entidade, dos direitos de todas as partes envolvidas no processo, designadamente da criança adotanda, dos pais biológicos e dos futuros pais adotivos.

De notar que o legislador português não impôs, para estes efeitos, a concorrência obrigatória do "conhecimento" e da "experiência" em adoção internacional e, se é certo que a verificação do requisito da experiência faz presumir ínsito o do conhecimento especializado, já a inversa poderá com frequência não se verificar, o que, em todo o caso, não obstará ao preenchimento do requisito previsto na alínea d) do artigo 67º RJPA.

A verificação do acervo de requisitos a que supra nos referimos não é apenas pressuposto de obtenção da acreditação (e, por consequência, também da autorização) da entidade, como também da manutenção das referidas habilitações, pelo que se algum destes requisitos de verificação cumulativa deixar de se verificar, legitimará a revogação da acreditação ou autorização concedidas, consoante previsto na alínea a) do nº 3 do artigo 74º RJPA (*ex vi* do nº 1 do artigo 75º RJPA, no caso da autorização).

Sobre a comprovação da verificação destes requisitos comuns e de verificação cumulativa ao exercício da atividade mediadora em matéria de adoção internacional, *vide* comentário às normas dos artigos 69º e 71º RJPA.

3. Bibliografia: HAGUE CONFERENCE ON PRIVATE INTERNATIONAL LAW PERMANENT BUREAU (SPCHDIP) – *Accreditation and Adoption Accredited Bodies Guide To Good Practice Guide No. 2*, Family Law, 2012. ISBN 978 1 84661 516 0; HAGUE CONFERENCE ON PRIVATE INTERNATIONAL LAW PERMANENT BUREAU (SPCHDIP) – *Questionnaire sur les organismes agréés dans le cadre de la Convention de la Haye du 29 Mai 1993 sur la protection des enfants et la coopération en matiére d'adoption internationale établi par le Bureau Permanent – Doc. prél. No 1, août 2009: RÉPONSES* – https://www.hcch.net/en/publications-and-studies/details4/?pid=5453&dtid=33; (PORTUGAL: https://assets.hcch.net/upload/wop/adop2010_pt.pdf).

Esta anotação foi redigida seguindo a grafia resultante do Acordo Ortográfico de 1990

MARTA LOBO SAN-BENTO

ARTIGO 68º
Acreditação e autorização

1 – As entidades com sede em Portugal que pretendam exercer a atividade mediadora em adoção internacional são acreditadas por decisão da Autoridade Central.

2 – As entidades estrangeiras que, devidamente acreditadas pelas autoridades competentes do país em que se encontram sediadas, desejem exercer atividade mediadora para a adoção internacional de crianças residentes em Portugal são autorizadas por decisão da Autoridade Central.

3 – O exercício não autorizado de atividade mediadora faz incorrer o respetivo agente na prática de crime punível com prisão até dois anos ou multa até 240 dias.

ANOTAÇÃO

1. Conexões normativas externas – 9º, 10º, 11º e 12º CH 1993.
2. Acreditação e Autorização.

Os atos de acreditação e de autorização são atos de "licenciamento" da atividade a desenvolver por entidades mediadoras.

Estes atos são configurados pela CH 1993 como obrigatórios e assumem-se como uma salvaguarda mínima da qualidade e segurança da adoção internacional, quando intervenham este tipo de entidades, por conta das autoridades centrais, na medida em que a referida convenção também impõe um padrão mínimo de requisitos de cuja verificação dependem (Cf. 10º, 11º e 12º CH 1993). Em consonância, o RJPA prevê e regula os processos e atos de acreditação e de autorização.

O processo de acreditação é, assim, aquele através do qual uma entidade doméstica, isto é, com sede em Portugal, requer o seu licenciamento para exercer a atividade mediadora em adoção internacional (Cf. nº 1 do artigo 68º RJPA).

Já o processo de autorização, reporta àquele através do qual uma entidade estrangeira requer o seu licenciamento para exercer a atividade mediadora em adoção internacional, relativamente a crianças residentes em Portugal. Pressuposto fulcral da autorização, é, desde logo, que a entidade requerente se encontre já devidamente acreditada pela autoridade competente do país em que se encontra sediada (Cf. nº 2 do artigo 68º RJPA). Em Portugal, tal entidade será sempre a ACAI, podendo, no entanto, suceder que noutros países tal competência seja deferida a outras entidades.

Portanto, no processo de autorização ocorre um duplo licenciamento: num primeiro momento, por parte do Estado de origem da entidade (acreditação) e, num segundo momento, por parte do Estado português (através da ACAI, designada para o efeito).

Nem todos os países regulam os processos de acreditação e de autorização como autónomos, havendo alguns países que fazem decorrer automaticamente da acreditação de uma entidade, a sua autorização (Spchdip, 2012, p. 43). Tal não foi a opção do legislador português: estão em causa processos autónomos, justificando-se a necessidade do processo de autorização como forma de garantir ao país de origem (no caso, Portugal) controlo sobre o número de organismos estrangeiros que pretendam desenvolver atividade no âmbito da adoção internacional nesse país, desde logo em função do número de crianças disponíveis para a adoção internacional.

3. Criminalização da prática não licenciada.

A norma do nº 3 do artigo 68º RJPA opera a criminalização da intervenção não licenciada em adoção internacional, por parte de entidades que, não estando devidamente acreditadas ou autorizadas, desenvolvam qualquer das atividades que se inscrevem no âmbito material da atividade mediadora, tal como prevista no artigo 66º RJPA.

Trata-se de uma inovação introduzida pelo RJPA, como resultado do reconhecimento – perante o quadro legal que precedeu o RJPA – da insuficiência de mecanismos de dissuasão e controlo de práticas abusivas da intervenção "não autorizada" em matéria de adoção [Cf., neste sentido, a clarificação adiantada por Lucília Gago, no artigo "O que pode mudar no regime da adoção em Portugal?" (Guerra, Paulo *et al.*, 2016, p. 175)].

Note-se que a expressão "exercício não autorizado" vertida no nº 3 da norma é utilizada em sentido amplo, abrangendo quer o exercício da atividade mediadora por parte de entidade não devidamente acreditada, como por parte de entidade não devidamente autorizada.

Assim, mais do que uma prática ilícita, a aludida prática passou a configurar crime. Em causa está um crime de perigo abstrato, isto é o tipo legal preenche-se com o simples exercício da atividade mediadora não legitimada (não suportada em ato de acreditação ou autorização), sem que para tal se exija a produção de um dano efetivo na esfera jurídica de qualquer pessoa ou entidade. Pois que tal prática, por si só, fere diretamente o interesse do

Estado soberano no controle do exercício da atividade mediadora e, reflexamente o interesse na segurança, qualidade e fiabilidade do processo de adoção internacional, já que *a final* os atos de acreditação e autorização também relevam da materialização dos princípios fundamentais que regem o instituto: o do superior interesse da criança adotanda, o da prevenção do rapto, venda e tráfico de crianças e o da subsidiariedade da adoção internacional.

4. Bibliografia: HAGUE CONFERENCE ON PRIVATE INTERNATIONAL LAW PERMANENT BUREAU (SPCHDIP) – *Accreditation and Adoption Accredited Bodies Guide To Good Practice Guide No. 2*, Family Law, 2012. ISBN 978 1 84661 516 0; GUERRA, Paulo [et al.] – *I Congresso de Direito da Família e das Crianças – A Criança e a Família no colo da lei – As causas não se medem aos palmos* – Almedina, 2016. ISBN 978-972-40-6545-8.

Esta anotação foi redigida seguindo a grafia resultante do Acordo Ortográfico de 1990

MARTA LOBO SAN-BENTO

ARTIGO 69º
Processo de acreditação

1 – As entidades com sede em Portugal que pretendam desenvolver a atividade mediadora devem formular a sua pretensão, mediante requerimento a apresentar junto da Autoridade Central.

2 – Para efeitos de apreciação do pedido, o requerimento deve ser acompanhado de cópia dos estatutos ou, quando não se trate de instituição particular de solidariedade social, de certidão do titulo constitutivo, bem como de documentos destinados a comprovar o preenchimento dos requisitos enunciados no artigo 67º e dos demais que se afigurem necessários à avaliação global da pretensão.

ANOTAÇÃO

1. Conexões normativas externas – 10º, 11º e 32º CH 1993.
2. Entidade competente para a acreditação.

A Autoridade Central portuguesa é, nos termos do RJPA, a entidade competente para acreditar as entidades domésticas que pretendam exercer a atividade mediadora no país, conforme já resulta do disposto na alínea *h)* do artigo 65º RJPA. A Autoridade Central portuguesa (ACAI), tal como designada pelo Governo, é, no caso, o Instituto da Segurança Social, I.P. (Cf. anotação ao artigo 64º RJPA).

Assim, as entidades sediadas em Portugal interessadas no exercício da atividade mediadora em matéria de adoção internacional, devem formalizar a sua pretensão mediante requerimento dirigido à referida ACAI e apresentado junto desta.

3. Instrução do requerimento.

O requerimento dirigido à acreditação da entidade deve ser instruído, desde logo, com o suporte documental que permita à ACAI aferir a natureza jurídica da entidade e a regularidade da respetiva criação, de acordo com o ordenamento jurídico português.

O legislador optou por distinguir, para estes efeitos, entre as entidades requerentes que beneficiam do estatuto de instituição particular de solidariedade social (IPSS) e todas as outras.

De acordo com o Estatuto das Instituições Particulares de Solidariedade Social, aprovado pelo Decreto-Lei nº 119/83, de 25 de fevereiro (EIPSS), as IPSS são entidades que resultam necessária e exclusivamente de iniciativa privada, visando contribuir para a efetivação dos direitos sociais dos cidadãos, podendo atuar, entre outros, no domínio do apoio à infância e juventude, tal abrangendo a intervenção junto de crianças e jovens em perigo. Estão em causa necessariamente entidades sem fins lucrativos, porquanto tal é requisito essencial à constituição deste tipo de entidades (Cf. artigos 1º e 1º-A do EIPSS).

Assim, caso a entidade interessada no desenvolvimento da atividade mediadora seja uma IPSS, o requerimento deve ser instruído com cópia dos respetivos estatutos, sendo certo que tais estatutos devem ser elaborados em conformidade com o EIPSS, contendo, pois, obrigatoriamente: A denominação da entidade, a forma jurídica adotada, a respetiva sede e âmbito de ação, os fins e atividades da instituição, a denominação dos órgãos, a sua composição e forma de designar os respetivos membros, as competências e regras de funcionamento dos órgãos, bem como o regime financeiro da entidade (Cf. artigo 10º do EIPSS).

Já nos casos em que a entidade requerente não beneficie do estatuto de IPSS, deve o requerimento ser instruído com aquela que for, no caso, a respetiva certidão do título constitutivo (o que corresponderá, em regra, a escritura pública, conforme previsto para as associações no artigo 168º CC).

Acresce que o requerimento deverá também ser instruído com todo o suporte documental necessário à comprovação do preenchimento dos requisitos comuns, de verificação cumulativa, do exercício da atividade mediadora, tal como previstos no artigo 67º RJPA:

a) Comprovação do requisito de prossecução de fins não lucrativos

Caso a requerente seja uma IPSS, a comprovação de tal requisito é habilitada, desde logo, pelos próprios estatutos da entidade, uma vez que, como supra se referiu, tal é requisito essencial à constituição deste tipo de entidades (Cf. artigo 1º do EIPSS). Nos restantes casos, resultará da análise do título constitutivo da entidade e também dos respetivos estatutos, no caso das associações.

Contudo, como supra se esclareceu, o princípio da prossecução de fins não lucrativos tem, à luz, da CH 1993 (Cf. artigo 32º), um alcance mais amplo, com reflexos na imposição da razoabilidade e proporcionalidade dos honorários cobrados pelos serviços prestados, como também das remunerações praticadas pela entidade, relativamente à sua equipa profissional, corpo diretivo e de administração (Cf. anotação ao artigo 67º).

Neste sentido, entendemos que o requerimento deverá também ser instruído com informação clara e exaustiva sobre a eventual cobrança de quaisquer valores aos destinatários dos serviços que a entidade propõe prestar (isto, tendo em vista habilitar o juízo da ACAI sobre a razoabilidade e proporcionalidade de tais custos, inclusivamente por comparação com a prática de outras entidades eventualmente habilitadas à prestação de idênticos serviços, bem como com a alternativa oferecida pela própria ACAI e esta, sempre, necessariamente, isenta de custos).

Por outro lado, ainda sob o prisma de execução do comando previsto no nº 2 do artigo 32º CH 1993 e numa ótica da máxima transparência, resulta-nos aconselhável que a entidade requerente informe sobre as remunerações que se propõe praticar, quer relativamente ao seu corpo profissional, quer de administração/direção, quando estes cargos sejam remunerados.

A informação a reportar pela entidade requerente deve assim contemplar, designadamente, a projeção para os custos fixos e variáveis da sua operação, como salários, rendas, eventuais apólices de seguro, custos de tradução, etc...

b) Comprovação do requisito de prossecução do escopo de proteção das crianças

A comprovação deste requisito será, desde logo, habilitada pela análise dos estatutos da entidade requerente.

Em todo o caso, a análise do(s) mais recente(s) relatório(s) de atividades da entidade requerente também poderá contribuir de modo relevante para a aferição deste requisito, pelo que se nos afigura recomendável.

c) Comprovação do requisito relativo à sustentabilidade material e financeira da entidade

Para comprovação deste requisito será essencial que a entidade requerente habilite a ACAI com informação clara e exaustiva sobre as respetivas fontes de financiamento e recursos, humanos e materiais.

Um projeto de orçamento da entidade será um instrumento adequado a reportá-lo, ainda que não imprescindível. Por outro lado, relatório(s) de contas de exercício(s) recente(s) da entidade também contribuirão de modo relevante para a aferição deste requisito.

d) Comprovação do requisito referente à dotação técnica, pluridisciplinar, da entidade

A comprovação deste requisito reclamará que a entidade requerente preste informação completa referente ao corpo profissional que pretende alocar à prossecução da atividade mediadora, designadamente mediante disponibilização dos *curricula vitae* de todos os técnicos, devidamente acompanhados por cópia dos certificados de habilitações que permitam conferir a formação de base requerida pela lei (em serviço social, direito e psicologia).

e) Comprovação do requisito relativo à qualificação das pessoas que exercem funções na entidade

O conceito de idoneidade é um conceito indeterminado. E corresponde à transposição, para o direito interno, do conceito de "integridade moral" vertido na norma da alínea *b)* do artigo 11º CH 1993.

Parece-nos, assim, ajustado, que a prova respeitante à idoneidade reclame, antes de mais, uma atuação conforme aos valores fundamentais tutelados pelo ordenamento jurídico, pelo que a exigência de não condenação por crimes, designadamente praticados sob a forma dolosa, parece-nos, resultará equilibrada.

Naturalmente, porém, que estando em causa a densificação de um conceito indeterminado, há margem relativamente ampla para a sua concretização, admitindo-se a possibilidade de maior ou menor exigência nas evidências daquilo que se tenha por reduto imprescindível de idoneidade, para estes efeitos e não esquecendo, porém, que o legislador visa uma "idoneidade qualificada" (por exemplo, quer exigindo-se a total ausência de condenação por quaisquer crimes, quer a ausência de condenação apenas por determinado tipo de crimes, quer apenas por crimes praticados sob a forma dolosa, mas já não sob a forma negligente).

Caberá à ACAI determinar, em concreto, o critério que aplicará na apreciação do requisito da idoneidade relativamente ao corpo diretivo e à generalidade de indivíduos que exercem funções na entidade requerente. E julga-se de toda a conveniência que o publicite, a bem da transparência e segurança do processo de acreditação.

Em conclusão, o requisito da idoneidade deverá ser comprovado mediante a apresentação de certificado de registo criminal relativo às pessoas visadas.

Por outro lado, impõe-se a comprovação dos requisitos referentes à detenção de conhecimentos especializados em matéria de adoção internacional ou de experiência em matéria de adoção internacional. Tal prova resultará habilitada pela apresentação dos *curricula vitae* dos visados, suficientemente detalhados e documentados para o efeito.

f) Informação e outra documentação de suporte à avaliação global da pretensão

Consoante explanado em anotação ao artigo 66º, o exercício da atividade mediadora em Portugal contempla um acervo material diverso. Porém, será cada ato de licenciamento que circunscreverá, em concreto, o âmbito material de atividade que a entidade requerente passará a estar legitimada a exercer.

Dito isto, resulta claro que o requerimento a apresentar por parte da entidade que se candidata ao desenvolvimento da atividade de mediação deve circunscrever claramente as concretas atividades que se propõe exercer, em conformidade com as respetivas pretensões e recursos, por forma a habilitar a avaliação circunstanciada das reais capacidades que detenha para o efeito.

Por outro lado, o próprio âmbito territorial de atuação da entidade deve ser devidamente circunscrito, identificando os países com os quais se propõe desenvolver a atividade mediadora.

Outra documentação poderá contribuir para que a ACAI possa avaliar globalmente a pretensão das entidades requerentes. Tal documentação poderá acompanhar o requerimento a apresentar ou ser solicitada pela ACAI em momento posterior. Tomando também por referência o quanto dispõe o *Guia nº 2 sobre Boas Práticas* sobre o assunto (SPCHDIP, 2012, p. 61), elencam-se alguns exemplos:

- Declarações de compromisso ético (em conformidade com os princípios e normas fundamentais da CH 1993), por parte de todos os elementos da direção e corpo técnico e profissional da entidade;

- Informação que permita avaliar do conhecimento e compreensão, por parte da entidade requerente, do regime jurídico da adoção nos países de acolhimento e de origem;
- Informação sobre as medidas desenvolvidas ou projetadas tendo em vista a salvaguarda da confidencialidade e proteção dos dados;
- Informação sobre o modelo de formação (inclusive contínua) das pessoas que exercem funções na entidade.

4. Bibliografia: HAGUE CONFERENCE ON PRIVATE INTERNATIONAL LAW PERMANENT BUREAU (SPCHDIP) – *Accreditation and Adoption Accredited Bodies Guide To Good Practice Guide No. 2*, Family Law, 2012. ISBN 978 1 84661 516 0.

Esta anotação foi redigida seguindo a grafia resultante do Acordo Ortográfico de 1990

MARTA LOBO SAN-BENTO

ARTIGO 70º

Instrução e decisão do processo de acreditação

1 – A Autoridade Central procede à instrução do processo de acreditação devendo, no prazo máximo de 30 dias, proferir decisão fundamentada da qual conste designadamente a ponderação da oportunidade de acreditação da entidade requerente, tendo em consideração as condições e as necessidades de adoção internacional no país em que se propõe trabalhar.

2 – A decisão de acreditação contém obrigatoriamente a menção dos países para os quais a mesma é concedida, bem como o respetivo prazo de vigência.

3 – A decisão relativa à acreditação é notificada às entidades requerentes e, em caso de deferimento, publicada em Diário da República.

ANOTAÇÃO

1. Conexões normativas externas – 10º e 13º CH 1993, 108º, 117º, 152º, 153º, 158º e 163º CPA, 50º e 66º CPTA.

2. Prazo e Critério subjacente à decisão de acreditação. Vícios do ato e não prolação da decisão.

Pretende-se que o processo de acreditação seja ágil, prevendo-se um prazo curto para a emissão da competente decisão: 30 dias.

Naturalmente que o início da contagem de tal prazo só deverá ter lugar uma vez que o processo esteja devidamente instruído, pelo que a não instrução do requerimento com qualquer da informação ou documentação imposta pelo nº 2 do artigo 69º RJPA obsta ao início da contagem de tal prazo (em tais casos, a ACAI notificará a entidade requerente tendo em vista o aperfeiçoamento do respetivo requerimento, consoante resulta do disposto no nº 1 do artigo 108º e no artigo 117º CPA).

A decisão da ACAI, quer seja no sentido da acreditação da entidade requerente, quer seja no sentido da recusa de acreditação, deverá ser devidamente fundamentada.

Esta decisão tem subjacente um juízo de oportunidade e conveniência e não de legalidade estrita: Tal juízo de oportunidade relevará da ponderação de dois fatores, eles próprios vertidos em conceitos indeterminados, como sejam as "condições" e as "necessidades" de adoção internacional no país estrangeiro em que a entidade requerente se propõe exercer atividade.

O conceito de "condições" da adoção internacional no país estrangeiro reporta, desde logo, ao próprio ordenamento jurídico instituído naquele país. Trata-se em primeiro lugar de apurar, se o edifício normativo, bem como o sistema orgânico-institucional vigentes garantem a salvaguarda dos princípios e normas que visam a especial proteção da criança no contexto da adoção internacional, tal como plasmados na CH 1993, ou seja, *a final*, a conformidade de princípio das adoções internacionais que venham a ser decretadas com a referida Convenção.

A densificação do conceito de "condições" também resulta, desde logo, *a contrario*, do disposto no artigo 63º do RJPA: Assim, inexistirão condições adequadas à acreditação da entidade requerente, caso o país (ou países) em que se proponha operar se encontre em situação de conflito armado ou catástrofe natural, inexista autoridade com competência para controlar e garantir que a adoção corresponde ao superior interesse da criança ou, em qualquer caso, não haja garantias de observância dos princípios ético-jurídicos e normas legais aplicáveis à adoção internacional.

Já o conceito de "necessidades" de adoção internacional no país estrangeiro reportará essencialmente ao universo de crianças adotáveis internacionalmente que ali exista.

A decisão da ACAI é obrigatoriamente fundamentada, pelo que ainda que o seu conteúdo seja discricionário, a fundamentação da decisão integra um requisito formal da validade deste ato, sendo que a ausência de fundamentação gera a sua anulabilidade (Amaral, 2001)[63].

Perante um eventual vício de falta de fundamentação da decisão de não acreditação, como também face à potencial não prolação da decisão dentro do prazo determinado pelo legislador, tem a entidade requerente a possibilidade de recurso aos tribunais administrativos, seja com vista à anulação da decisão de não acreditação, seja com o objetivo de obter a condenação da ACAI na prolação da decisão em falta, em qualquer caso, tal relevando de emanação do princípio da tutela jurisdicional efetiva no contencioso administrativo (Cf. artigos 152º, 153º e 163º CPA, alíneas *a)* e *b)* do nº 2 do artigo 2º, alíneas *a)* e *b)* do nº 1 do artigo 37º, artigo 50º e artigo 66º CPTA).

Note-se, por fim, que, para além da notificação à entidade requerente, o legislador impôs a publicação obrigatória em Diário da República do ato de acreditação da entidade, sendo esta uma condição da sua eficácia (Cf. nº 3 do artigo 70º RJPA e artigo 158º CPA). Já a decisão de recusa de acreditação será obrigatoriamente notificada à entidade requerente.

3. Conteúdo obrigatório da decisão de acreditação; Duração. Publicitação e comunicação ao SPCHDIP.

A decisão de acreditação da entidade requerente identifica obrigatoriamente os países em que a entidade mediadora passa a estar habilitada a exercer a sua atividade (bem como, necessariamente, o âmbito material específico de atividades que a entidade requerente passará a estar legitimada a exercer, com base no elenco taxativo previsto no artigo 66º RJPA).

A CH 1993 não impõe um prazo de validade para as acreditações. Contudo, tem sido assumida como boa prática a emissão da acreditação por um período temporalmente limitado (desejavelmente não inferior a 3 anos, por forma a garantir a continuidade da atividade e, bem assim, simultaneamente reduzir os custos administrativos associados à renovação da acreditação). Com efeito, a maioria dos Estados Parte emite a acreditação por períodos de 2 a 5 anos (Spchdip, 2012, p. 61-62).

Ao impor o prazo de vigência como conteúdo obrigatório do ato de acreditação (Cf. nº 2 do artigo 70º), o RJPA concebe a acreditação necessariamente limitada no tempo, ainda que não determine sequer o período máximo pelo qual a autorização poderá ser dada. Há, em qualquer caso, um

[63] Sobre o dever de fundamentação de ato administrativo envolvendo poderes discricionários, Cf. Acórdão TCAS, de 16/6/2016, proferido no processo 12565/15, disponível em http://www.dgsi.pt/jtca.nsf/-/856226183538715A80257FDC0028AC2B.

comando claro no sentido de que estas decisões devem ser periodicamente revistas, obrigando a um exercício de reavaliação da manutenção dos pressupostos sob os quais foram emitidas e criando a oportunidade para a recusa de renovação ou alteração dos termos da acreditação, se for caso disso.

Para além da publicação obrigatória em Diário da República deste tipo de decisões, resulta a obrigação de comunicação ao Secretariado Permanente da Conferência de Haia de Direito Internacional Privado do nome e endereço da entidade mediadora acreditada, nos termos previstos no artigo 13º da CH 1993.

A publicitação deste tipo de decisões é determinada por razões de segurança jurídica. Impõe-se garantir o mais amplo e rigoroso conhecimento das entidades acreditadas, não só por parte dos organismos competentes (desde logo o próprio SPCHDIP e as autoridades centrais dos vários países), como também por parte de todos os cidadãos potencialmente interessados em recorrer aos serviços de uma entidade mediadora.

4. Entidades mediadoras acreditadas.

De acordo com a informação disponibilizada pela ACAI no respetivo sítio eletrónico[64] não existe, atualmente, qualquer entidade mediadora acreditada em Portugal.

No passado mais recente, porém, e ainda ao abrigo do quadro normativo que precedeu a entrada em vigor do RJPA[65], ocorreram as seguintes acreditações:

A *Associação Emergência Social,* associação de direito privado sem fins lucrativos, autorizada, nos termos da Portaria nº 1111/2009, de 28 de setembro, para mediar adoções com Angola, Brasil, Bulgária, Colômbia, Etiópia, Índia, Peru e Polónia, no âmbito das atividades previstas nas alíneas *a), c)* e *d)* do artigo 20º do Decreto Regulamentar 17/98, de 14 de agosto (atividades com atual correspondência nas alíneas *a), c)* e *d)* do artigo 66º RJPA).

A acreditação desta entidade foi renovada, e com o mesmo âmbito, pela Portaria nº 213/2012, de 13 de julho.

A *Bem Me Queres – Associação de Apoio à Adoção,* associação de direito privado sem fins lucrativos, autorizada, nos termos da Portaria nº 1267/2009, de 16 de outubro, para mediar adoções com o Brasil, Bulgária, China, Colômbia,

[64] Cf. https://www.seg-social.pt/adopcao-internacional consultado em 29/4/2022.

[65] Designadamente, o Decreto-Lei nº 185/93, de 22 de maio e o Decreto Regulamentar nº 17/98, de 14 de agosto.

Filipinas e Ucrânia, no âmbito das atividades previstas nas alíneas *a)*, *c)* e *d)* do artigo 20º do Decreto Regulamentar 17/98, de 14 de agosto (atividades com atual correspondência nas alíneas *a)*, *c)* e *d)* do artigo 66º RJPA).

A acreditação desta entidade foi renovada, e com o mesmo âmbito, pela Portaria nº 375/2012, de 19 de novembro.

Sucede, porém, que as acreditações concedidas pelas Portarias supra mencionadas foram-no pelo período de 2 anos, renovável a pedido das referidas entidades, não tendo ocorrido a renovação das referidas acreditações, que assim, terão caducado.

5. Bibliografia: HAGUE CONFERENCE ON PRIVATE INTERNATIONAL LAW PERMANENT BUREAU (SPCHDIP) – *Accreditation and Adoption Accredited Bodies Guide To Good Practice Guide No. 2*, Family Law, 2012. ISBN 978 1 84661 516 0; AMARAL, Diogo Freitas do, *Curso de Direito Administrativo - Vol II*, ed. 2001, 6ª reimpressão, Almedina, 2006.

Esta anotação foi redigida seguindo a grafia resultante do Acordo Ortográfico de 1990

MARTA LOBO SAN-BENTO

ARTIGO 71º
Processo de autorização

1 – As entidades estrangeiras que pretendam exercer a atividade mediadora em Portugal devem solicitar a necessária autorização mediante requerimento dirigido à Autoridade Central.

2 – O requerimento deve ser instruído com os elementos necessários à comprovação do preenchimento dos requisitos referidos no artigo 67º, bem como de documento comprovativo da autorização genérica para o exercício da atividade mediadora emitido pelas autoridades competentes do país da sede da entidade requerente e da autorização específica para o exercício de tal atividade em Portugal.

ANOTAÇÃO

1. Conexão Normativa Externa – 12º CH 1993.
2. Entidade competente para a autorização.

A Autoridade Central portuguesa é, nos termos do RJPA, a entidade competente para autorizar as entidades estrangeiras que pretendam exercer a atividade mediadora no país, conforme já resulta do disposto na alínea *i)* do artigo 65º. A Autoridade Central portuguesa (ACAI), tal como designada pelo Governo, é, no caso, o Instituto da Segurança Social, I.P. (Cf. anotação ao artigo 64º RJPA).

Assim, as entidades estrangeiras interessadas no exercício da atividade mediadora em matéria de adoção internacional, relativamente a crianças residentes em Portugal, devem formalizar a sua pretensão mediante requerimento dirigido à referida ACAI e apresentado junto desta.

3. Instrução do requerimento.

Como supra se referiu (Cf. anotação ao artigo 68º), no processo de autorização ocorre um duplo licenciamento: num primeiro momento, por parte do Estado de origem da entidade (acreditação) e, num segundo momento, por parte do Estado português (através da ACAI, designada para o efeito).

O processo de autorização é imposto pela CH 1993 como uma salvaguarda adicional do ponto de vista dos países de origem das crianças adotandas.

Assim, impõem-se como requisitos cumulativos da autorização:

- Os requisitos comuns ao exercício da atividade mediadora, tal como plasmados no artigo 67º RJPA;
- A "autorização genérica para o exercício da atividade mediadora", isto é, a acreditação por parte do Estado de origem da entidade requerente, isto é, o país da sua sede, através das autoridades que ali sejam competentes para o efeito (como vimos, em Portugal seria a ACAI);
- por fim, a autorização específica, isto é, devidamente circunstanciada e delimitada, no que ao âmbito material e geográfico reporta, para o exercício da atividade mediadora em Portugal, por parte da entidade requerente. Constituindo esta uma decisão de acreditação, não deixa de se perspetivar simultaneamente como requisito do deferimento da autorização, na medida em que pressupõe, face à apreciação do requerido pela entidade, um juízo de oportunidade favorável ao deferimento da sua pretensão.

Cabe à entidade requerente a comprovação documental dos requisitos, desde logo também nos termos previstos em anotação ao artigo 69º RJPA, para os requisitos comuns ao exercício da atividade mediadora, assim como mediante apresentação da prova da sua acreditação no país estrangeiro em que se encontra sediada.

Esta anotação foi redigida seguindo a grafia resultante do Acordo Ortográfico de 1990

MARTA LOBO SAN-BENTO

ARTIGO 72º
Instrução e decisão do processo de autorização

1 – A Autoridade Central procede à avaliação da pretensão, ponderando nomeadamente o universo de crianças disponíveis para a adoção internacional e as suas características, o número de entidades estrangeiras já autorizadas e o âmbito de intervenção proposto pela entidade requerente.

2 – Sempre que entenda necessário, a Autoridade Central solicita informação à autoridade competente do país em que a entidade requerente se encontra sediada.

3 – A decisão de autorização contém obrigatoriamente o prazo de vigência e é comunicada à entidade requerente e à autoridade competente do país da sede da entidade autorizada.

4 – A decisão relativa à autorização é, em caso de deferimento, publicada em Diário da República.

ANOTAÇÃO

1. Conexões normativas externas – 12º e 13º CH 1993.
2. Critérios subjacentes à decisão de autorização.

Ao prever a autorização como obrigatória (cf. artigo 12º), a CH 1993 permite concluir que, constituindo este processo uma salvaguarda adicional para os países de origem das crianças adotandas, deverá por isso impor um *plus* relativamente aos requisitos e critérios que presidem ao processo de acreditação.

Sobretudo se tivermos em consideração que poderão ser várias as entidades que requerem autorização para operar nos países de origem, é necessário que estes estejam munidos de critérios que lhes permitam selecionar aquelas entidades que estarão em melhores condições de contribuir positivamente para a concretização da adoção internacional relativamente às crianças nacionais que dela poderão beneficiar.

Assim, o RJPA prevê como critérios cumulativos a integrar obrigatoriamente a apreciação da pretensão das entidades requerentes os seguintes:

a) A consideração pelo universo de crianças disponíveis para a adoção internacional e as suas características

A necessidade ou interesse real (isto é apoiados nos números objetivos de crianças disponíveis para a adoção internacional) que Portugal, enquanto país de origem das crianças adotandas tenha, nas exatas circunstâncias de tempo em que receba o pedido de autorização, constituiu-se naturalmente como um dos primordiais requisitos que devem fundamentar a decisão a tomar.

Alguns países dispõem de um número reduzido de crianças adotáveis, número que naturalmente se vê ainda mais comprimido, quando perspetivado o projeto de adoção internacional, em função do necessário cumprimento do princípio da subsidiariedade.

Com efeito, a análise das estatísticas mais recentes (Cabral, Ana Sofia *et al.*, 2021) permite constatar que, no ano de 2020, apenas 200 crianças se encontravam em situação de adotabilidade em Portugal, sendo que 176 beneficiavam de medida de promoção e proteção de confiança a instituição com vista a futura adoção, 12, de medida de confiança a família de acolhimento com vista a futura adoção[66] e 12, de medida de confiança judicial a instituição com vista a futura adoção[67].

Ora, o número de entidades autorizadas em matéria de adoção internacional há-de ser proporcional às necessidades do país de origem, sendo natural que, face a um número reduzido de crianças adotáveis internacionalmente, Portugal não necessite de um considerável número de entidades mediadoras autorizadas[68].

Contudo, o número das crianças disponíveis para a adoção internacional, não será determinante, por si só: outro importante fator a levar em consideração são as características de tais crianças, devendo a propósito ter-se em particular atenção as crianças que revelem necessidades adotivas particulares, quer sejam estas emergentes de condições de saúde, quer se prendam com idades avançadas ou ainda, relacionadas com a necessidade de integração de fratrias, por vezes numerosas.

Se o universo destas crianças, dentro do – ainda que reduzido universo de crianças aptas à adoção internacional – for considerável ou dominante, assim também as necessidades (e o interesse) do país de origem na autorização de entidades mediadoras aumentará, na medida em que a autorização ampliará,

[66] Medidas previstas na alínea *g)* do nº 1 do artigo 35º da LPCJP.

[67] Medida prevista no artigo 1978º do CC até à entrada em vigor da Lei nº 143/2015, de 8 de setembro.

[68] Veja-se o caso da República Checa, que optou por autorizar um único organismo por país, consoante reportado em resposta à questão nº 31 do *Questionário sobre os organismos acreditados* (Hcpilpb, 2009).

ainda que em abstrato, as possibilidades de integração de tais crianças em famílias e países estrangeiros.

Tenha-se a propósito em consideração que, de acordo com o apurado junto da ACAI, em dezembro de 2020 encontravam-se registadas na "Lista de crianças com necessidades adotivas particulares sinalizadas para a adoção internacional" 102 crianças, tal representando mais de 50% do número total de crianças em situação de adotabilidade no referido ano, o que diremos, permite que este fator, isoladamente considerado, prenuncie um elevado interesse de princípio do país na autorização de entidades mediadoras.

b) A consideração pelo número de entidades estrangeiras já autorizadas

A relevância deste critério está intrinsecamente ligada ao que supra aduzimos: se o número de entidades autorizadas em matéria de adoção internacional deve ser proporcional às necessidades de Portugal enquanto país de origem, estando estas inelutavelmente relacionadas com o número de crianças adotáveis internacionalmente, existirá um "número máximo recomendado" de entidades estrangeiras a operar no país em matéria de adoção internacional, o qual será (internamente) definido em concreto (e adaptado) em conformidade com as específicas circunstâncias de cada tempo, pela ACAI. A ser assim, como nos parece que deva ser, então a decisão a tomar perante um concreto requerimento de autorização apresentado deverá tomar também em linha de conta o número de entidades estrangeiras que já beneficiem de autorização para operar em matéria de adoção internacional.

c) A consideração pelo âmbito de intervenção proposto pela entidade requerente

Naturalmente que outro dos critérios a tomar em consideração para os fins em vista reporta ao âmbito material de intervenção a que se propõe a entidade requerente, pois ainda que existam várias entidades autorizadas, não sendo o âmbito da autorização coincidente (ou totalmente coincidente) ao nível da atividade material desenvolvida e, ou do âmbito geográfico em que operam, manter-se-á o interesse de princípio do país em conceder novas autorizações.

3. Cooperação entre países de origem e de acolhimento no processo de autorização.

Sendo dever da entidade requerente instruir adequadamente o requerimento que apresente, nos termos previstos no artigo 71º, designadamente suportando-o de forma adequada à comprovação dos requisitos que regem na matéria, ainda assim a cooperação entre o país de origem das crianças adotandas (no caso, Portugal) e o país de acolhimento, em que se encontre sediada a entidade requerente, revela-se fundamental no âmbito da instrução do requerimento de autorização.

Com efeito, ainda que a entidade requerente esteja obrigada a instruir o respetivo requerimento com o comprovativo da acreditação obtida no país em que se encontra sediada, poderá justificar-se um pedido direto da ACAI à autoridade competente do país estrangeiro no sentido da disponibilização de cópia dessa decisão, bem como de prestação de esclarecimentos sobre a respetiva fundamentação ou a clarificação dos critérios que presidiram a tal decisão.

Poderá também suceder que, previamente e tendo em vista a emissão da decisão de acreditação pela autoridade competente do país de acolhimento, seja estabelecida articulação com a ACAI, tendo em vista aferir, ainda que a título preliminar, sobre o interesse de princípio na autorização de entidades estrangeiras.

Por outro lado, perante uma eventual recusa de autorização e conforme previsto no nº 3 do artigo 72º RJPA, deverá a ACAI comunicar e expor devidamente os motivos que a fundamentam, não só à entidade requerente, mas também junto da autoridade competente do país estrangeiro, uma vez que esta também é interessada em conhecer tal decisão, desde logo porque concorre determinantemente para o deferimento do requerido, quando ocorra (através da prévia acreditação da entidade requerente).

De resto e conforme aduzido no *Guia sobre Boas Práticas nº 2* (Spchdip, 2012, p. 41), ambos os países – o de origem e o de acolhimento – são incentivados a assumir responsabilidade conjunta pela supervisão da atividade das entidades autorizadas – afigurando-se-nos ser esta, ainda, emanação do princípio da cooperação que vigora nesta matéria.

4. Prazo, conteúdo, duração e publicitação da decisão.

Ao contrário do que sucede com o processo de acreditação (Cf. nº 1 do artigo 70º), o RJPA não previu prazo para a tomada da decisão no processo de autorização, pelo que se aplicarão subsidiariamente os prazos previstos no CPA, designadamente no seu artigo 128º.

Ainda que a lei também o não refira (ao contrário do que sucede com o processo de autorização – Cf. nº 2 do artigo 70º RJPA), afigura-se-nos que a decisão de autorização deverá circunscrever claramente não apenas o âmbito material de atividade, como também o âmbito territorial de intervenção da entidade autorizada (regional ou nacional), sendo que ao não o fazer, assumir-se-á a autorização reportada ao âmbito nacional.

Tal como previsto para a acreditação, o legislador previu o prazo de vigência como conteúdo obrigatório do ato de autorização (Cf. nº 3 do artigo 72º RJPA). Também aqui se entendeu que estas decisões devem ser periodicamente revistas, obrigando a um exercício de reavaliação da manutenção dos pressupostos sob os quais foram emitidas e criando a oportunidade para a recusa de renovação ou alteração dos termos da autorização concedida, se for caso disso.

A decisão de deferimento da autorização está sujeita a publicação obrigatória em Diário da República, tal sendo determinado por razões de certeza e segurança jurídica. Com efeito, também aqui se impõe garantir o mais amplo e rigoroso conhecimento das entidades autorizadas, não só por parte dos organismos competentes, como também por parte de todos os cidadãos potencialmente interessados em recorrer aos serviços de uma entidade mediadora autorizada.

Acresce o dever de comunicação da decisão sobre o requerimento de autorização (seja esta de deferimento ou de indeferimento) quer à entidade requerente, quer à autoridade competente do país onde a mesma se encontra sediada.

(Sobre eventuais ocorrências relacionadas com vícios da decisão ou não prolação da decisão em tempo devido, vejam-se com as devidas adaptações, as considerações tecidas em anotação ao artigo 70º – ponto 2).

5. Entidades mediadoras autorizadas.

De acordo com a informação disponibilizada pela ACAI no respetivo sítio eletrónico[69] ocorreram, já ao abrigo do RJPA, as autorizações das seguintes entidades:

a)- *Nightlight Christian Adoptions,* associação sem fins lucrativos, com sede nos Estados Unidos da América, autorizada nos termos da Deliberação nº 291/2022, de 20 de janeiro do Instituto da Segurança Social, I.P. (publicada na 2ª série do Diário da República, de 4 de março de 2022, parte C, nº 45) para "exercer em Portugal a atividade mediadora em matéria de adoção internacional, nos termos dos artigos 66º e seguintes" do RJPA, em todo o território nacional, concedida "por 3 anos, renováveis após avaliação positiva dos resultados" e podendo "ser revogada a todo o tempo".

b)- *Children's House International Adoptions,* associação sem fins lucrativos, com sede nos Estados Unidos da América, autorizada nos termos da Deli-

[69] Cf. https://www.seg-social.pt/adopcao-internacional consultado em 29/4/2022.

beração nº 292/2022, de 20 de janeiro do Instituto da Segurança Social, I.P. (publicada na 2ª série do Diário da República, de 4 de março de 2022, parte C, nº 45) para "exercer em Portugal a atividade mediadora em matéria de adoção internacional, nos termos dos artigos 66º e seguintes" do RJPA, em todo o território nacional, concedida "por 3 anos, renováveis após avaliação positiva dos resultados" e podendo "ser revogada a todo o tempo".

Atentos os termos destas duas autorizações concedidas e designadamente, o facto de a decisão não especificar alguma(s) das atividades previstas no artigo 66º, conclui-se que as referidas entidades se encontram autorizadas a operar em todo o acervo material de atividades incluídas no âmbito da atividade mediadora (alíneas a) a e) do artigo 66º RJPA).

Porém e ainda de acordo com a informação disponibilizada pela ACAI no respetivo sítio eletrónico, encontrar-se-ão também autorizadas a operar em Portugal as seguintes entidades mediadoras, autorizações que nestes casos foram conferidas ao abrigo do quadro normativo que precedeu a entrada em vigor do RJPA[70]:

c)- A *AGAPÉ – Onlus*, associação sem fins lucrativos, com sede em Itália, autorizada nos termos da Portaria nº 315/2010, de 15 de junho dos Ministérios da Justiça e do Trabalho e da Solidariedade Social, para exercer em Portugal, em todo o território nacional, a atividade mediadora em matéria de adoção internacional, nos termos das alíneas *a), b)* e *d)* do artigo 20º do Decreto Regulamentar nº 17/98, de 14 de agosto (atividades com correspondência atual nas alíneas *a), b)* e *d)* do artigo 66º RJPA);

d)- A *Het Kleine Mirakel – HKM,* associação sem fins lucrativos, com sede na Bélgica, autorizada nos termos da Portaria nº 212/2012, de 13 de julho dos Ministérios da Justiça e da Solidariedade e da Segurança Social, para exercer em Portugal, em todo o território nacional, a atividade mediadora em matéria de adoção internacional, nos termos das alíneas a), b) e d) do artigo 20º do Decreto Regulamentar nº 17/98, de 14 de agosto (atividades com correspondência atual nas alíneas a), b) e d) do artigo 66º RJPA);

e)- A *Nederlandse Adoptie Stichting,* organização sem fins lucrativos, com sede nos Países Baixos, autorizada nos termos da Portaria nº 287/2013, de 19 de setembro dos Ministérios da Justiça e da Solidariedade e Segurança Social, para exercer em Portugal, em todo o território nacional, a atividade

[70] Designadamente, o Decreto-Lei nº 185/93, de 22 de maio e o Decreto Regulamentar nº 17/98, de 14 de agosto.

mediadora em matéria de adoção internacional, nos termos das alíneas a), b) e d) do artigo 20º do Decreto Regulamentar nº 17/98, de 14 de agosto (atividades com correspondência atual nas alíneas a), b) e d) do artigo 66º RJPA) e

f)- A *Agence Française de L'Adoption – AFA*, agrupamento de interesse público, com fins não lucrativos, constituído através de uma convenção aprovada por despacho governamental, com sede em França, autorizada nos termos da Portaria nº 223/2007, de 2 de março, para exercer em Portugal a atividade mediadora em matéria de adoção internacional, nos termos das alíneas *a), b)* e *d)* do artigo 20º do Decreto Regulamentar nº 17/98, de 14 de agosto (atividades com correspondência atual nas alíneas *a), b)* e *d)* do artigo 66º RJPA).

As autorizações concedidas às entidades *AGAPÉ – Onlus, Het Kleine Mirakel – HKM* e à *Agence Française de L'Adoption – AFA* não contemplavam prazo de vigência. Já a autorização concedida à *Nederlandse Adoptie Stichting* vigorava "até dezembro de 2015, sem prejuízo de eventual prorrogação".

Assim e tendo em consideração que:

- A Lei nº 143/2015, de 8 de setembro revogou, entre outra legislação, o Decreto Regulamentar nº 17/08, de 14 de agosto;
- Não existem disposições transitórias que salvaguardem a manutenção da validade de autorizações obtidas ao arrepio das novas regras introduzidas pelo RJPA;
- De acordo com o regime vigente, todas as autorizações terão uma duração limitada, tal remetendo para o necessário processo de renovação da autorização e
- Não foram publicadas eventuais decisões de renovação das autorizações em causa;

resulta-nos pouco certa a habilitação destas últimas entidades para o exercício da atividade mediadora em Portugal e, por consequência, altamente recomendável que o eventual recurso aos seus serviços seja sempre precedido de consulta direta à ACAI no sentido da clarificação dos termos em que atualmente estarão habilitadas a exercer atividade, quer no que toca ao âmbito geográfico, quer ao âmbito material da sua atuação.

Ademais, mostra-se imperioso que a ACAI promova a regularização da situação destas entidades (a ser devida) e, em qualquer caso, publicite adequadamente toda e qualquer atualização que haja sido feita ou venha a ter lugar, por forma a ultrapassar as dúvidas que, face ao exposto, se legitimam.

6. Bibliografia: Cabral, Ana Sofia [et al.] – *CASA 2020 – Relatório de Caracterização Anual da Situação de Acolhimento das Crianças e Jovens* – julho 2021 – https://www.seg-social.pt/documents/10152/13200/CASA+2020.pdf/b7f02f58-2569-4165-a5ab-bed9efdb2653; HAGUE CONFERENCE ON PRIVATE INTERNATIONAL LAW PERMANENT BUREAU (SPCHDIP) – *Accreditation and Adoption Accredited Bodies Guide To Good Practice Guide Nº 2*, Family Law, 2012. ISBN 978 1 84661 516 0.

Esta anotação foi redigida seguindo a grafia resultante do Acordo Ortográfico de 1990

Marta Lobo San-Bento

ARTIGO 73º
Acompanhamento e fiscalização das entidades mediadoras

1 – As entidades mediadoras desenvolvem a sua atividade em estreita colaboração com a Autoridade Central, ficando sujeitas ao seu controlo e supervisão.

2 – Constituem deveres das entidades mediadoras:

***a)* Apresentar, anualmente e até ao final do primeiro trimestre de cada ano, relatório de atividades do qual conste, obrigatória e discriminadamente, o número de processos tramitados e as receitas e despesas associadas;**

***b)* Informar, de imediato, a Autoridade Central sobre qualquer irregularidade ou violação de norma imperativa no domínio do processo de adoção de que tenham tido conhecimento no âmbito da sua atividade.**

ANOTAÇÃO

1. Conexões normativas externas – 10º, 11º e 33º CH 1993.

2. Acompanhamento, controlo e supervisão.

O RJPA atribui à ACAI as competências para "Acompanhar, supervisionar e controlar a atuação das entidades mediadoras acreditadas e autorizadas" (Cf. alínea *j)* do artigo 65º).

A supervisão, controlo e acompanhamento da atividade das entidades mediadoras por parte da ACAI é uma decorrência do próprio princípio de acreditação dos referidos organismos: trata-se, desde logo, de garantir, a todo o tempo, a manutenção dos requisitos cuja verificação foi pressuposto da acreditação ou autorização concedidas, tal como vertidos nas normas dos artigos 67º e 71º RJPA. É esta constante monitorização que irá permitir também à ACAI agir oportunamente perante qualquer desvio ou desconformidade significativas ao quadro pressuposto aquando da acreditação ou autorização concedidas, o que no limite poderá conduzir à revogação de tais atos (Cf. artigos 74º e 75º RJPA).

Os conceitos de "supervisão" e de "controlo" são bastante abrangentes, sendo suscetíveis de abarcar metodologias e iniciativas diversas.

Ao lançar luz sobre as mesmas, acompanharemos de perto algumas soluções abordadas no *Guia sobre Boas Práticas nº 2* (Spchdip, 2012, p. 65):

Em primeiro lugar, incluirão a observância de reporte regular sobre a atividade da entidade mediadora.

A tal reporte se refere o dever previsto na alínea *a)* do nº 2 do artigo 73º RJPA, versando a obrigação, por parte da entidade mediadora, de entrega anual de relatório de atividades e contas. Se o relatório de atividades da entidade mediadora se mostra imprescindível à avaliação de conformidade da atividade desenvolvida com o âmbito material e territorial da acreditação ou autorização concedidas, já a discriminação das receitas e despesas associadas aos processos tramitados pela referida entidade concorrerá para a avaliação da manutenção do requisito de prossecução de fins não lucrativos, vertido na alínea *a)* do artigo 11º CH 1993 (e com concretização, ao nível do direito interno, na alínea *a)* do artigo 67º RJPA).

Outras iniciativas poderão, contudo, contribuir (também) para o reporte regular sobre a atividade da entidade mediadora, como por exemplo, a aferição do desempenho da entidade mediadora acreditada, quer seja através da resposta a questionários por parte das autoridades competentes dos países estrangeiros em que opera, quer seja através da resposta a questionários por parte dos futuros pais adotivos, que permita a partilha das suas experiências com a entidade mediadora.

As funções de monitorização e supervisão previstas no RJPA admitem ainda, por exemplo, a regular consulta das páginas de internet das entidades mediadoras, por forma a aferir a qualidade, adequação e rigor da informação disponibilizada ao público. A este respeito, a prestação de informação completa e precisa sobre eventuais custos associados à prestação dos serviços da entidade afigura-se fulcral, sob o ponto de vista da transparência da sua atividade.

Outra estratégia que poderá assumir crucial relevância do ponto de vista da monitorização da atividade das entidades mediadoras será a implementação, por parte da ACAI, de mecanismos de apresentação de queixas relacionadas com o exercício da atividade das referidas entidades.

Todas as queixas registadas deverão ser devidamente analisadas e respondidas, podendo ou não, dar lugar a intervenção corretiva por parte da entidade supervisora.

Ainda que não resulte expressamente da letra da lei, a ACAI, no exercício da supervisão da atividade das entidades mediadoras, deverá analisar a informação recebida e documentar o resultado de tal análise, vertida no registo de boas e más práticas, bem como na formulação de recomendações concretas, tendo em vista o melhor desempenho da atividade da entidade mediadora ou a introdução de medidas corretivas de procedimentos. Reputamos, de resto, como boa prática, a pronta comunicação, pela ACAI, do resultado da análise empreendida às entidades supervisionadas, sem prejuízo de tal informação instruir necessariamente um futuro pedido de renovação da acreditação ou autorização concedidas.

3. Colaboração interinstitucional.

O exercício da atividade das entidades mediadoras "em estreita colaboração com a Autoridade Central", remete, por um lado, para um acompanhamento próximo da atividade daquelas entidades, onde também cabe, por exemplo, a disponibilização pela ACAI de formação contínua sobre a forma adequada de darem execução à sua atividade no estrito cumprimento dos princípios vertidos na CH 1993. Tal é fundamental, na medida em que as entidades mediadoras desenvolvem uma atividade que, não fora o ato de acreditação ou de autorização, caberia à própria ACAI. Nessa medida a ACAI encontra-se inelutavelmente comprometida com a prossecução da atividade das entidades mediadoras.

Por outro lado, porém, as entidades mediadoras, ao desenvolverem atividade no quadro da CH 1993 e do RJPA encontram-se também, elas próprias, necessariamente comprometidas com os ditames impostos por estes instrumentos em matéria de adoção internacional. Daí que sobre elas impenda o dever de informar prontamente a ACAI sobre as violações ao regime instituído de que eventualmente tomem conhecimento, por força do exercício da respetiva atividade (Cf. alínea *b)* do nº 2 do artigo 73º RJPA). Tal dever decorre já do previsto no artigo 33º CH 1993, concorrendo para que a ACAI possa assumir as medidas adequadas a repor a legalidade ou regularidade dos procedimentos.

Poderão ser de diverso tipo as violações que estas entidades tomem conhecimento, podendo designadamente respeitar quer à atuação ou motivações de candidatos à adoção, como de organismos, designadamente outras entidades mediadoras (respeitando, por exemplo, à perceção de benefícios indevidos relacionados com o processo de adoção ou ao risco de tráfico de crianças).

4. Bibliografia: HAGUE CONFERENCE ON PRIVATE INTERNATIONAL LAW PERMANENT BUREAU (SPCHDIP) – *Accreditation and Adoption Accredited Bodies Guide To Good Practice Guide No. 2*, Family Law, 2012. ISBN 978 1 84661 516 0.

Esta anotação foi redigida seguindo a grafia resultante do Acordo Ortográfico de 1990

MARTA LOBO SAN-BENTO

ARTIGO 74º
Revogação da acreditação

1 – A acreditação concedida nos termos dos artigos 68º a 70º pode ser revogada, ainda que parcialmente, por decisão fundamentada da Autoridade Central.

2 – Constituem fundamento para a revogação da acreditação a assunção de procedimentos e práticas violadoras dos princípios ético-jurídicos e normas legais aplicáveis à adoção internacional.

3 – Constituem ainda fundamento para a revogação da acreditação:

_a)_ A não observância das condições previstas no artigo 67º;

_b)_ A recusa de autorização por parte do país em que se propôs desenvolver a atividade;

_c)_ O não exercício de qualquer atividade mediadora, no ano subsequente à obtenção da autorização, junto do país onde se propôs desenvolvê-la.

4 – A decisão de revogação é notificada à entidade mediadora e acarreta a imediata cessação da respetiva atividade, sendo objeto de publicação em Diário da República.

ANOTAÇÃO

1. Conexões normativas externas – 10º e 13º CH 1993, 158º e 160º CPA.
2. Modalidades e fundamentos da revogação da acreditação.

A presente norma disciplina o processo de revogação da acreditação concedida pela ACAI a entidade mediadora, ao abrigo do disposto nos artigos 68º a 70º RJPA.

Aqui se prevê, desde logo, que o âmbito da revogação pode ser total – caso em que a entidade mediadora deixa de estar habilitada para desenvolver qualquer das atividades previstas no artigo 66º – ou antes parcial – caso em que o ato de revogação identificará em concreto o âmbito de intervenção da entidade mediadora, material ou geográfico, a que se dirige. Neste último caso, poderá suceder, por exemplo, que uma entidade acreditada para desenvolver as atividades elencadas nas alíneas *a)*, *c)* e *e)* do artigo 66º, deixe de estar habilitada para desenvolver as atividades previstas nas alíneas *c)*, e *e)*, mantendo a habilitação para atuar nos termos da alínea *a)*, atento o facto de este tipo de atividade revelar-se menos exigente, sob todos os pontos de vista e assim, a ACAI, após avaliação do desempenho da referida entidade mediadora, concluir que esta deixou de reunir as condições necessárias para intervir de modo satisfatório no acompanhamento pós-adoção. O mesmo sucederá, por exemplo, com a eventual necessidade de limitação do âmbito geográfico de intervenção da entidade mediadora, tendo em conta, por exemplo, a não autorização por parte de país estrangeiro em que a entidade mediadora se propôs desenvolver atividade.

Em qualquer caso, forçoso será que a decisão de revogação seja fundamentada. O legislador português elenca tais fundamentos de forma taxativa:

Assim, constitui desde logo fundamento para a revogação da acreditação a "assunção de procedimentos e práticas violadoras dos princípios ético-jurídicos e normas legais aplicáveis à adoção internacional". Estão em causa, fundamentalmente, os princípios da prevalência do superior interesse da criança, da prevenção do rapto, venda e tráfico de crianças e da subsidiariedade da adoção internacional, bem como todas as normas legais imperativas aplicáveis à adoção internacional, quer as que vinculam o Estado Português ao nível supranacional (no quadro da CH 1993), quer internamente, no quadro do RJPA e aqui merecendo especial consideração as circunstâncias impeditivas da adoção internacional, tal como previstas no artigo 63º RJPA.

Em segundo lugar, constituirão naturalmente fundamento de revogação da acreditação, a ausência de verificação de quaisquer das condições ou pressupostos comuns de verificação obrigatória e cumulativa ao exercício da atividade mediadora, tal como previstos no artigo 67º RJPA.

Tendo em consideração que se trata de um ato de revogação da acreditação concedida, sucederá em regra que a falta de verificação de tais requisitos (ou requisito) ou ocorre supervenientemente ao ato de acreditação (será a regra) ou apenas vem a ser constatada supervenientemente, o que pressupõe que a acreditação tenha ocorrido sob erro sobre os pressupostos de facto, eventualmente imputável a instrução falaciosa do requerimento de acreditação (a entidade requerente apresentou, por exemplo, um corpo profissional com falsas qualificações, ou omitiu incompatibilidade relevante por parte de algum dos seus representantes).

Outro dos fundamentos da revogação (e porventura de verificação mais comum) reporta à recusa de autorização por parte de país estrangeiro em que a entidade mediadora se propôs desenvolver a atividade mediadora, pois tal constitui impedimento inultrapassável a que possa prosseguir a finalidade para a qual foi acreditada (pelo menos naquele país).

Por fim, o não exercício da atividade mediadora pelo período integral de um ano, subsequentemente à obtenção da autorização junto do país estrangeiro em que a entidade acreditada se propôs desenvolver a referida atividade também constitui fundamento bastante de suporte à revogação da sua acreditação, já que tal inatividade faz legitimamente pressupor ou a ausência de condições ou de interesse da entidade para o exercício cabal da atividade a que se propôs e, por consequência, a manutenção da acreditação em tal quadro será em princípio contrário à tutela da segurança e fiabilidade da sua intervenção, bem como da confiança dos potenciais destinatários dos seus serviços.

Relativamente a este último fundamento (inatividade pelo período mínimo de um ano subsequente à obtenção da autorização) afigura-se-nos que o ato de revogação da acreditação sempre pressuporá por parte da ACAI, um juízo de ponderação dos interesses em jogo: Tudo estará em saber se será mais conforme ao interesse público a revogação da acreditação por inatividade no período indicado, sem mais, ou se antes, ponderada a manutenção de todos os pressupostos que presidiram à acreditação da entidade e, bem assim, os eventuais argumentos avançados pela entidade para fundamentação da referida inatividade, deverá sobrestar na tomada de tal decisão, viabilizando por período a fixar que a referida entidade venha a exercer a atividade para a qual foi acreditada.

3. Publicitação da decisão de revogação e produção de efeitos.

Tal como sucede com a decisão de acreditação da entidade mediadora (Cf. nº 3 do artigo 70º RJPA), a decisão de revogação da acreditação é notificada à entidade mediadora e é também objeto de publicação obrigatória em Diário da República.

A publicação da decisão de revogação é condição da eficácia deste ato, ainda que a oponibilidade desta decisão à entidade mediadora visada dependa da sua regular notificação (Cf. artigos 158º e 160º CPA).

Decorre ainda implicitamente do artigo 13º da CH 1993 a obrigação acrescida de comunicação ao Secretariado Permanente da Conferência da Haia de Direito Internacional Privado desta decisão de revogação, tendo em vista a atualização da comunicação de acreditação que a precedeu.

Também aqui, a publicitação deste tipo de decisões é determinada por razões de segurança jurídica. Impõe-se garantir o mais amplo e rigoroso conhecimento das entidades mediadoras que hajam visto a respetiva acreditação revogada, não só por parte dos organismos competentes (desde logo o próprio SPCHDIP e as autoridades centrais dos vários países), como também por parte de todos os cidadãos potencialmente interessados em recorrer aos serviços de uma entidade mediadora.

4. Suspensão da atividade acreditada.

Embora o legislador não haja previsto expressamente a possibilidade de suspensão da atividade de uma entidade acreditada, por decisão da ACAI, afigura-se-nos forçoso reconhecer a legitimidade de tal decisão, desde logo fazendo uso do argumento *ad maiori ad minus:* Assim, verificado que seja no caso algum dos fundamentos para a revogação da acreditação, admite-se a conveniência de uma decisão de suspensão da atividade da entidade acreditada, a qual produza os mesmos efeitos que a decisão de revogação, mas a título temporário. Será, por exemplo, o caso de uma entidade acreditada para operar em determinado país estrangeiro que entre em conflito armado ou se veja assolado por catástrofe natural. Entendemos que em tais casos a entidade mediadora deve ver-se interdita para o exercício de atividade naquele país por todo o período de tempo em que o impedimento vigorar, não se justificando, porém, uma decisão de revogação que sempre a obrigaria a novo processo de acreditação, caso no futuro (e cessadas as circunstâncias impeditivas) pretendesse retomar a atividade.

A decisão de suspensão poderá também ser adequada, perante a verificação de desconformidades com elevado potencial de correção a curto prazo (por exemplo, deteção de lacunas no corpo profissional da entidade em virtude de saída de elementos não substituídos concomitantemente) e impondo-se para o efeito um prazo curto para a necessária regularização, sob pena de revogação da acreditação.

Também nos casos de suspensão, razões de certeza e segurança jurídicas associadas à tutela do interesse dos potenciais destinatários da atividade mediadora determinam seja dada à decisão a mesma publicitação exigida para a decisão de revogação, aplicando-se *mutatis mutandis* a mesma regra para a decisão de levantamento de suspensão da acreditação.

Esta anotação foi redigida seguindo a grafia resultante do Acordo Ortográfico de 1990

MARTA LOBO SAN-BENTO

ARTIGO 75º
Revogação da autorização

1 – A autorização concedida pela Autoridade Central a entidade estrangeira, nos termos dos artigos 68º, 71º e 72º pode, a todo o tempo, ser revogada com os fundamentos previstos no nº 2 e nas alíneas a) e c) do nº 3 do artigo anterior e ainda com fundamento na revogação da habilitação operada no país onde a entidade se encontra sediada.

2 – A decisão de revogação da autorização é obrigatoriamente comunicada à autoridade competente do país onde a entidade se encontra sediada.

ANOTAÇÃO

1. Conexões normativas externas – 10º e 12º CH 1993.
2. Fundamentos da revogação da autorização.

A presente norma disciplina o processo de revogação da autorização concedida pela ACAI a entidade mediadora, ao abrigo do disposto nos artigos 68º, 71º e 72º RJPA.

Também nestes casos é imperativo que a decisão de revogação seja fundamentada, fundamentos que o RJPA elenca taxativamente.

Os fundamentos previstos no nº 2 e alíneas *a)* e *c)* do nº 3 do artigo 74º (procedimentos e práticas violadoras dos princípios ético-jurídicos e normas legais aplicáveis à adoção internacional, não observância dos pressupostos comuns ao exercício da atividade mediadora e inatividade por mínimo de um ano subsequente à obtenção da autorização) são comuns à revogação da acreditação e da autorização das entidades mediadoras – Cf. sobre a matéria, nossos comentários ao artigo 74º RJPA, ponto 2.

Acresce, como fundamento da decisão de revogação da autorização, a ocorrência de revogação da habilitação para operar pela autoridade competente do país onde a entidade estrangeira se encontra sediada, uma vez que pressuposto fulcral da autorização concedida, é que a entidade requerente se encontrasse já devidamente acreditada pela autoridade competente do país em que se encontra sediada (Cf. artigo 12º CH 1993 e nº 2 do artigo 68º RJPA).

3. Comunicação da revogação da autorização.

Acresce à necessária notificação da decisão de revogação à entidade mediadora visada, a obrigação de comunicação à autoridade competente do país onde a entidade se encontra sediada. Esta comunicação é uma natural decorrência do princípio de cooperação entre autoridades centrais que assume especial significado em matéria de autorização de entidades mediadoras – Cf. sobre a matéria, nossos comentários ao artigo 72º RJPA, ponto 3.

Esta anotação foi redigida seguindo a grafia resultante do Acordo Ortográfico de 1990

MARTA LOBO SAN-BENTO

ARTIGO 76º
Candidatura

1 – Quem, residindo habitualmente em Portugal, pretenda adotar criança residente no estrangeiro deve apresentar a sua candidatura ao organismo de segurança social da área da residência.

2 – À candidatura referida no número anterior aplica-se, com as necessárias adaptações, o disposto nos artigos 43º a 47º, sem prejuízo, sendo o caso, da ponderação sobre o aproveitamento dos atos já praticados no âmbito de candidatura à adoção nacional.

ANOTAÇÃO

1. Conexões normativas externas: art. 1979º CC; art. 2º CH 1993.

2. Estabelece regras de candidatura para a adoção internacional por candidatos residentes habitualmente em Portugal semelhantes às que já se encontravam consagradas nos arts. 7º, 8º, alínea *c)*, 16º e 23º Decreto-Lei nº 120/98, de 8 de maio (anteriores arts. 6º, 7º, 16º e 25º Decreto-Lei nº 185/93, de 22 de maio).

3. A manifestação de vontade de adotar criança residente no estrangeiro deve ser dirigida diretamente ao organismo da segurança social da área de residência dos candidatos a adotantes[71], pretensão essa que deve ser acompanhada dos documentos necessários à comprovação de que os candidatos reúnem os requisitos de adoção.

Embora não seja expressamente referida a intervenção nesta fase liminar do processo de adoção pelas instituições particulares sem fins lucrativos a que se referem os arts. 15º e 16º, o recebimento das candidaturas para a adoção internacional não se encontra expressamente excluído das respetivas áreas de intervenção, ao contrário do que sucede com outras atribuições que são conferidas exclusivamente aos organismos da segurança social.

Recebida essa pretensão, o organismo da segurança social ou a instituição particular autorizada, através da respetiva equipa de adoção, presta, no prazo máximo de trinta dias, toda a informação necessária ao conhecimento do processo de adoção e à formalização da candidatura.

A formalização da candidatura exige o preenchimento e entrega de requerimento próprio acompanhado dos documentos comprovativos da residência, idade, estado civil, situação económica, saúde e idoneidade, bem como de declaração relativa à disponibilidade para participar no processo de preparação, avaliação e seleção para a adoção.

Para efeitos de aferição preliminar do estado de saúde e idoneidade, os interessados deverão juntar, respetivamente, declaração médica e certificado de registo criminal.

Caso resulte manifestamente da mera apreciação documental a não verificação dos pressupostos substanciais previstos no Código Civil, a candidatura deve ser liminarmente indeferida.

Não estando ainda definida a situação da criança a adotar, os pressupostos substanciais que podem ser objeto de apreciação documental relativamente aos candidatos a adotantes são os seguintes:

a) O casamento há mais de quatro anos, sem que os mesmos estejam separados judicialmente de pessoas e bens ou de facto, bem como a união de facto por idêntico período, relevando o tempo de vivência

[71] De acordo com o art. 7º, importa ter presente que são organismos de segurança social o Instituto da Segurança Social, I.P. (em todos os municípios de Portugal Continental, exceto em Lisboa), o Instituto da Segurança Social dos Açores, I.P.R.A. (na Região Autónoma dos Açores), o Instituto da Segurança Social da Madeira, IP-RAM (na Região Autónoma da Madeira) e, no município de Lisboa, a Santa Casa da Misericórdia de Lisboa.

em união de facto anterior ao casamento (arts. 1979º, n.os 1 e 6 CC e 7º LUF[72]);

b) A idade superior a vinte e cinco quando o pedido seja feito por casais ou superior a trinta anos quando seja feito apenas por uma pessoa (art. 1979º, nº 1 *in fine* e nº 2 CC);

c) A idade inferior a sessenta anos (art. 1979º, nº 3 CC).

Após a entrega desta documentação, o organismo da segurança social emite e entrega ao candidato a adotante certificado de formalização da candidatura da qual conste a data da respetiva admissão.

Logo após a formalização da candidatura, o organismo de segurança social dá início ao conjunto de procedimentos de preparação, avaliação e seleção, o qual deve estar concluído no prazo máximo de seis meses, composto por sessões formativas, entrevistas psicossociais e aplicação de outros instrumentos de avaliação técnica complementar, designadamente de avaliação psicológica, tendo em vista a capacitação do candidato e a emissão de parecer sobre a pretensão.

A avaliação da pretensão dos candidatos a adotantes e o correspondente parecer deverão incidir, nomeadamente, sobre a sua personalidade, a saúde, a idoneidade para criar e educar a criança, a situação familiar e económica e as razões determinantes do pedido.

Concluídos estes procedimentos, o organismo de segurança social profere decisão fundamentada e notifica-a ao candidato, tendo em conta que, em caso de parecer desfavorável, é obrigatória a audiência dos interessados em momento prévio ao da decisão de rejeição da candidatura, nos termos previstos nos arts. 100º a 105º CPA[73].

Em caso de aceitação da candidatura, é emitido certificado de seleção, sendo os candidatos inscritos na lista nacional mas, em caso de rejeição dessa candidatura, a notificação da decisão deve incluir a referência à possibilidade de recurso, menção do prazo e identificação do tribunal competente para o efeito.

Caso seja proferida decisão negativa (rejeição da candidatura), o interessado pode interpor recurso, no prazo de trinta dias, para o tribunal com-

[72] Lei de Proteção das Uniões de Facto (aprovadas pela Lei nº 7/2001, de 11 de maio, alterada pelas Leis n.os 23/2010, de 30 de agosto, 2/2016, de 29 de fevereiro, 49/2018, de 14 de agosto, e 71/2018, de 31 de dezembro).

[73] Código de Procedimento Administrativo (aprovado pela Lei nº 4/2015, de 7 de janeiro, alterado pela Lei nº 72/2020, de 16 de novembro).

petente em matéria de família e menores da área da sede do organismo da segurança social, através de requerimento acompanhado das respetivas alegações, junto da entidade que proferiu a decisão a qual pode reparar a mesma; mantendo a decisão de rejeição, o organismo da segurança social deve remeter o requerimento, no prazo de quinze dias, ao tribunal competente, com as observações que entender convenientes, notificando o interessado dessa remessa.

Recebido o recurso, o juiz ordena as diligências que entenda necessária e, após vista ao Ministério Público, profere decisão no prazo de quinze dias, a qual não admite recurso.

Caso seja proferida decisão positiva, o certificado de seleção terá uma validade de três anos, podendo ser renovado por sucessivos e idênticos períodos a pedido expresso dos candidatos, antes que ocorra a respetiva caducidade, pressupondo essa renovação a reapreciação da candidatura.

O candidato selecionado deve comunicar ao organismo de segurança social que admitiu a sua candidatura qualquer facto superveniente suscetível de ter impacto no projeto de adoção, nomeadamente a mudança de residência ou alteração da situação familiar.

4. O conceito de residência habitual da pessoa ou casal adotante ou da criança não se encontram definidos na CH 1993 (art. 2º) nem na lei nacional, embora seja o fator de conexão relevante que deve ser considerado.

A CH 1993 é aplicável sempre que uma criança com residência habitual num Estado Contratante (Estado de origem) tenha sido, seja ou venha ser transferida para outro Estado Contratante (Estado recetor), seja após a sua adoção no Estado de origem por casal ou por pessoa residente habitualmente no Estado recetor, seja com o objetivo de ser adotada no Estado recetor ou no Estado de origem.

O conceito é, assim, aplicável à criança, mas também aos candidatos a adotantes, devendo ser objeto de uma interpretação autónoma, em conformidade com os objetivos e finalidades dos instrumentos internacionais aplicáveis, a determinar com base num conjunto de circunstâncias de facto relevantes em cada caso concreto (teste de conexão), nomeadamente:

a) A duração, regularidade, condições e razões de permanência dos candidatos a adotantes ou da criança num determinado Estado;

b) A locação ou aquisição de uma habitação ou o pedido de atribuição de uma habitação;

c) O centro das atividades profissionais ou de trabalho;

d) Os laços pessoais com esse Estado, a nível social, cultural e económico, incluindo as relações familiares e os conhecimentos linguísticos;
e) Outros fatores significativos que demonstrem uma conexão relevante como os interesses de negócios, a existência de bens reais ou pessoais detidos nesse Estado, ligações a nível fiscal ou da segurança social ou mesmo a detenção de contas bancárias.

Para aferir essa conexão relevante, importa ter presente que nenhum fator singular é determinante pelo que os diversos fatores devem ser ponderados de acordo com as circunstâncias específicas de cada caso, sobretudo quando a duração de permanência num determinado Estado seja muito reduzida.

Também ao contrário de outros instrumentos de direito internacional, a CH 1993 não estabelece o momento em que se deve aferir a residência habitual, quer do candidato a adotante, quer da criança.

Conjugando o nº 1 desta disposição normativa com o art. 14º CH 1993, parece resultar que a residência habitual do candidato a adotante é aferida quando este apresenta a candidatura junto da autoridade central do seu Estado.

Por seu turno, em relação à criança, a residência habitual deve ser aferida no momento em que a autoridade central do Estado de origem considera que a criança é apta para adoção e prepara um relatório contendo as informações sobre a sua identidade, a sua aptidão para ser adotada, o seu meio social, a sua evolução pessoal e familiar, a história clínica e da sua família, assim como sobre as suas necessidades particulars (art. 16º CH 1993).

5. O nº 2 estabelece que deve ser ponderado o aproveitamento dos atos já praticados no âmbito da candidatura à adoção nacional.

Face à padronização dos critérios e procedimentos relativos à preparação, avaliação e seleção dos candidatos a adotantes e à circunstância destes poderem ter formulado anteriormente uma candidatura à adoção nacional, é estabelecida a obrigatoriedade de ponderação do aproveitamento dos atos já praticados naquela candidatura, solução que se mostra adequada com vista a evitar a prática de atos que seriam inúteis, implicariam a repetição e o uso de recursos e traduzir-se-iam numa nova intromissão na vida privada dos candidatos a adotantes que seria incompreensível.

6. Bibliografia: Cantwell, Nigel, "A nova Convenção da Haia sobre a adoção internacional – um assunto que anda para a frente ?", *Revista Infância e Juventude*, janeiro-março 94-1, Lisboa, pp. 33-44; Fialho, António José/

Agulhas, Rute/Fialho, Ana Catarina, "Guia de Procedimentos Judiciais de Adoção", *Blog do IPPC* (disponível na seguinte hiperligação https://drive.google.com/file/d/1NPb7DuB_CRzyfbfule8hS0UaYr7y8o_Q/view); HCCH Permanent Bureau, *The Implementation and Operation of the 1993 Hague Intercountry Adoption Convention,* Guide No. 1, Guide to Good Practice (disponível na seguinte hiperligação (https://assets.hcch.net/docs/bb168262-1696-4e7f-acf3-fbbd85504af6.pdf); HCCH Permanent Bureau, *Habitual Residence and Scope of the 1993 Hague Convention on Protection of Children and Co-operation in Respect of Intercountry Adoption* (disponível na seguinte hiperligação https://assets.hcch.net/docs/12255707-4d23-4f90-a819-5e759d0d7245.pdf); Oliveira, Guilherme de, *Adoção e apadrinhamento civil,* Lisboa: Petrony, 2019; Pinheiro, Jorge Duarte, *O Direito da Família Contemporâneo* (5ª edição). Coimbra: Almedina, 2016; Ramião, Tomé d'Almeida. *A Adoção – Regime Jurídico Atual* (2ª edição) Lisboa: Petrony, 2007; Ramos, Rui Moura, "A adoção no direito internacional privado português", *Das relações privadas internacionais; estudos de direito internacional privado,* Coimbra: Coimbra Editora, 1995, pp. 55-83; Ramos, Rui Moura, "Sucessão e coexistência de métodos ao longo do tempo: a adoção no direito internacional privado português", *Estudos de Direito Internacional e de Direito Processual Civil Internacional,* Coimbra: Coimbra Editora, 2002, pp. 263-282; Silva, Nuno Gonçalo da Ascensão, *A constituição da adoção de menores nas relações privadas internacionais: alguns aspetos,* Coimbra: Coimbra Editora, 2000.

Esta anotação foi redigida seguindo a grafia resultante do Acordo Ortográfico de 1990

António José Fialho

ARTIGO 77º

Transmissão da candidatura

1 – Emitido certificado de seleção para a adoção internacional, o organismo de segurança social procede à instrução da candidatura internacional, de acordo com as informações disponibilizadas relativamente aos requisitos e elementos probatórios exigidos pelo país de origem e remete-a à Autoridade Central.

2 – A Autoridade Central, após verificação da correta instrução da candidatura, transmite-a à autoridade competente do país de origem, informando os candidatos da data em que tal ocorreu.

3 – Caso o candidato pretenda recorrer a uma entidade mediadora acreditada e habilitada a desenvolver a atividade no país de origem, deve, sempre que possível, comunicar essa intenção ao organismo de segurança social no momento da apresentação da candidatura.

4 – No caso previsto no número anterior, incumbe à entidade mediadora a instrução e transmissão da candidatura, devendo obrigatoriamente informar a Autoridade Central e os candidatos da data em que procedeu à sua transmissão.

ANOTAÇÃO

1. Conexões normativas externas – 4º/b), 6º/3, 7º, 8º, 29º, 30º, 32º e 33º CH 1993, 5º LNac, 2º RSA, 2º a 11º RPA.

2. Instrução da candidatura pelo organismo de segurança social:

A candidatura à adoção internacional de uma criança com residência habitual no estrangeiro, está adstrita ao cumprimento das mesmas regras e procedimentos previstos para a candidatura à adoção de uma criança residente habitualmente em Portugal (cf. arts. 44º a 47º, aplicáveis por via da remessa direta do nº 2 do artigo anterior, bem como arts. 2º a 11º do Regulamento do Processo de Adoção (CNA, 2016), que densificam os critérios de avaliação e as fases de formação a aplicar). Deverá, cumulativamente, cumprir requisitos e procedimentos acrescidos, quer ao nível de formação e avaliação dos candidatos, quer ao nível dos documentos que deverão instruir a candidatura.

Uma vez que os requisitos variam de país para país, é essencial que as equipas de adoção dos organismos de segurança social competentes solicitem à ACAI informação atualizada à data da instrução e avaliação da candidatura.

Se, no momento inicial, os candidatos não tiverem uma noção concreta do país de origem para onde gostariam de dirigir a sua candidatura, necessitarão do apoio da equipa de adoção na construção do seu projeto adotivo. Neste contexto, a escolha de um país de origem pode variar de acordo com o grau de conhecimento e afinidade que os candidatos tenham com o país em questão e com a respetiva cultura; o tipo de candidatura (singular ou conjunta, podendo esta ser composta por duas pessoas do mesmo sexo ou de sexo diferente, casados entre si ou em união de facto), os requisitos de permanência no país, idade das crianças e dos candidatos, entre outros. Face à diversidade das opções existentes, consideramos benéfica a consulta prévia da informação sobre adoção internacional disponível do site do Instituto da Segurança Social, I.P., bem como do site da Conferência da Haia.

Uma vez selecionado o país/países de origem, deverá então a equipa de adoção do organismo de segurança social solicitar à ACAI que confirme a viabilidade da transmissão de candidatura e informe sobre a atualidade dos respetivos requisitos. Se, após consulta da informação disponível, subsistir alguma dúvida sobre a sua atualidade, a ACAI contactará diretamente as competentes autoridades estrangeiras, nos termos do art. 7º CH 1993, e informará a equipa requerente.

Caso não seja possível obter informação fidedigna, entendemos que, face à incerteza jurídica, a ACAI deva desaconselhar a transmissão da candidatura. O mesmo deverá acontecer se, existindo viabilidade de transmissão, e sendo conhecidos os requisitos para a adoção internacional, se verifique que no país de origem inexiste um sistema de promoção e proteção da infância que lhe permita, por um lado, implementar políticas de proteção da infância e da família promotoras da manutenção da criança junto da sua família de origem e a capacitação destas, e, por outro, determinar o encaminhamento para a adoção das crianças para quem isto não seja possível (sendo a adoção internacional subsidiária à adoção nacional, nos termos da alínea b) do art. 4º CH 1993). Isto porque, para além dos riscos inerentes, a insipiência deste sistema de promoção e proteção poderá determinar a impossibilidade prática de receção de uma proposta de encaminhamento de criança para adoção internacional, por parte das entidades competentes, nos termos previstos pelo nosso ordenamento jurídico (cf. art. 78º, para cujas anotações remetemos, e art. 4º CH 1993), eventualmente condenando o projeto adotivo a uma espera prolongada, sem previsibilidade de sucesso.

No entanto, salvo se existirem fundados motivos para a não transmissão da candidatura (tais como guerra, desastre natural ou suspeita de práticas ilícitas – rapto, tráfico, falsificação de documentos ou venda de crianças), poderá esta ser transmitida. De facto, o nº 3 do art. 64º permite a cooperação com países que não ratificaram a CH 1993, desde que sejam cumpridas as normas deste diploma. Neste sentido, é essencial que os candidatos estejam bem informados e conscientes dos riscos que podem existir caso não respeitem as orientações emitidas pela ACAI e pela equipa de adoção do organismo de segurança social competente.

Alguns sinais de alerta serão, nomeadamente:

a) permissão de realização de adoções independentes (adoções realizadas sem a intervenção de um organismo de adoção acreditado ou sem a mediação da autoridade central do país de acolhimento) ou adoções privadas (adoções diretamente organizadas entre os adotantes e a família biológica da criança sem a intervenção de uma autoridade competente);

b) ausência de registo ou controle insuficientemente das suas casas de acolhimento, possibilitando lucro com a adoção de crianças ou outras práticas ilícitas;

c) adoções internacionais maioritariamente de bebés muito pequenos, sem informação detalhada sobre a sua família biológica ou história de vida;

d) outros, identificados no guia "A Adoção Internacional e os seus Riscos – um Guia para Candidatos" traduzido pela ACAI (Serviço Social Internacional, 2012).

Os riscos da adoção internacional, mesmo ocorrendo esta entre países que ratificaram a CH 1993, continuam a ser objeto de estudo e intervenção por parte das autoridades centrais, como previsto nos arts. 7º, 8º e 33º CH 1993, encontrando-se em curso o Grupo de Trabalho sobre Prevenção e Abordagem de Práticas Ilícitas, integrado pela ACAI, que apresentou as suas conclusões e propostas na 5ª Reunião da Comissão Especial sobre a Convenção de Adoção de 1993, em julho de 2022.

Sendo viável a transmissão de candidatura para o país de origem selecionado, os requisitos e aspetos específicos desta adoção internacional em particular serão incorporados na avaliação e formação dos candidatos, que deverá ser adaptada para responder às necessidades do caso concreto. Estes poderão ser debatidos em contexto de avaliação formal, se o número de candidaturas a avaliar em dado momento assim o permitir, ou em contexto informal, se não existir um número suficiente de candidatos para a constituição de um grupo. Na verdade, tem sido esta última a mais utilizada, uma vez que as candidaturas à adoção internacional são residuais face às candidaturas à adoção nacional (consubstanciando cerca de 3% das candidaturas à adoção avaliadas e selecionadas pelos organismos de segurança social durante o ano de 2020).

Em suma, a análise da candidatura irá avaliar a idoneidade dos candidatos o contexto de vida em que a criança se irá integrar e desenvolver e a sua capacidade para responder aos desafios inerentes ao exercício da parentalidade adotiva transcultural e eventualmente transracial e a capacidade de aceitação, afinidade e respeito pela cultura do país de origem. "Pais que cuidem de uma criança de uma cultura e etnia diferentes das suas têm a responsabilidade de ajudá-las a definirem-se como membros da sua própria cultura e etnia, ao mesmo tempo que as trazem para a nova cultura que já se encontra presente na família. Sem conexão, a criança pode sentir-se "perdida". Sentimentos de segurança, bem-estar, pertença e amor próprio são essenciais na construção de vinculações seguras" (Bristol City Council, 2014, p. 4).

Por fim, a candidatura deverá ser transmitida à ACAI, instruída com os documentos necessários para a adoção nacional (cf. anotação aos arts. 43º e nº 1 do art. 44º), acrescida de certificado de seleção, relatório psicossocial, fotocópia do cartão de cidadão ou do passaporte de cada candidato, álbum de fotografias dos candidatos, da sua residência e vida familiar/social, e outros documentos específicos eventualmente solicitados pelas entidades estrangeiras. Todos os documentos devem ser transmitidos na sua versão original (português) e traduzidos para a língua do país de destino onde os candidatos pretendem apresentar a candidatura.

Para que sejam reconhecidos nesse país, os documentos deverão ainda receber a Apostila da Haia (certidão de autenticidade de atos públicos, permitindo que um documento tenha eficácia reconhecida nos outros estados signatários da Convenção da Haia – cf. art. 2º do Regulamento do Serviço de Apostila), ou legalizados junto dos serviços consulares desse país, de acordo com os requisitos apresentados.

3. Transmissão de candidatura pela ACAI.

Após receção da candidatura à adoção internacional, transmitida pela equipa de adoção do organismo de segurança social competente, em cumprimento do número anterior, caberá à ACAI a confirmação do preenchimento dos requisitos do país de origem ao qual se destina a candidatura (cf. anotação *supra*). Subsistindo questões, poderá a ACAI solicitar esclarecimentos quer à equipa de adoção, quer às entidades competentes no país de origem da criança.

Considerando que o cumprimento dos requisitos do ordenamento jurídico português e a viabilidade da candidatura foram já anteriormente aferidos, haverá necessidade apenas de confirmação da correta instrução da candidatura. Seguidamente, a ACAI deverá inscrever os candidatos na Lista de Candidatos à Adoção Internacional, e transmitirá a candidatura para as entidades competentes, conservando uma cópia integral desta, para efeitos do nº 3 do art. 6º e art. 30º CH 1993 (manutenção da informação sobre a história de vida da criança e busca de origens).

Da transmissão deverão constar:

a) Originais dos documentos, devidamente certificados/apostilados, nos termos referidos na anotação *supra*);

b) Declaração de legislação portuguesa aplicável à adoção internacional, para permitir o conhecimento dos efeitos da adoção da criança residente no estrangeiro por um cidadão residente habitualmente em Portugal, nomeadamente sobre a aquisição da nacionalidade portuguesa, se o adotante tiver essa nacionalidade, em cumprimento do art. 5º LNac; direito a entrar e permanecer no território nacional, estipulado no nº 5 do art. 78º; e reconhecimento/revisão da decisão decretória da adoção em Portugal (cf. anotação à alínea c) do art. 65º).

Paralelamente, a ACAI informará a equipa de adoção do organismo de segurança social da aceitação e posterior transmissão da candidatura à entidade competente do país de origem da criança, a fim de que esta possa informar os candidatos.

Aquando da comunicação aos candidatos, deverão estes ser recordados da necessidade de cumprimento das orientações da ACAI, nas quais se inclui a proibição de contactos com a família biológica da criança ou com a criança antes de receberem autorização para esse efeito pela ACAI e pela autoridade competente do país em questão (salvo nas situações de adoção intrafamiliares), em respeito pela proibição estatuída no nº 4 do art. 78º e do art. 29º CH 1993. O recurso a adoções independentes (mediadas, formal ou informalmente por entidades não acreditadas e autorizadas nos termos dos arts. 66º ss.), por aumentarem os riscos de não serem garantidos os direitos da criança, das famílias de origem e dos candidatos, face à ausência de supervisão e controle dos intervenientes (cf. art. 32º e 33º CH 1993), é fortemente desaconselhado. Sobre estes riscos resume Benyam D. Mezmur, no seu trabalho intitulado "*The sins of the "Saviours": Child Trafficking in the context of Intercountry Adoption in Africa*" (Os Pecados dos "Salvadores": Tráfico Infantil no contexto da Adoção Internacional em África): "O envolvimento de Autoridades Centrais tem a capacidade de eliminar ou minimizar adoções privadas, que, por definição, são adoções conduzidas apenas ou diretamente entre candidatos e famílias biológicas, sem o envolvimento dos Estados. Sempre que ocorrerem adoções privadas ou independentes, a possibilidade de aferir se a adotabilidade, subsidiariedade e outras garantias para adoção internacional foram cumpridas, será muito difícil. Acresce que, nas adoções privadas e em algumas adoções independentes, como nem as autoridades do país de acolhimento nem do país de origem terão qualquer supervisão do procedimento, não será possível prevenir lucro indevido e corrupção" (MEZMUR, 2010, p. 27).

4. Comunicação de recurso aos serviços de entidade mediadora, transmissão da candidatura por esta e comunicação à ACAI.

A receção e a transmissão de candidatura à adoção internacional de crianças residentes habitualmente no estrangeiro, por candidatos residentes habitualmente em Portugal pode ser realizada por entidades mediadoras que tenham sido devidamente acreditadas, nos termos dos arts. 66º ss.. Sempre que um candidato pretenda recorrer à mediação de uma entidade acreditada, deverá confirmar, junto da equipa de adoção do organismo de segurança social competente para a avaliação e seleção da sua candidatura ou diretamente junto da ACAI, se existem, à data, entidades mediadoras acreditadas que operem no país de origem da criança a adotar, e qual o âmbito da sua acreditação. Sugerimos igualmente especial atenção a custos e despesas dos serviços a prestar, que deverão ser enunciados no contrato a celebrar entre o candidato e a entidade mediadora, de forma transparente e inequívoca.

Caso o candidato pretenda efetivamente recorrer ao serviço de uma entidade mediadora acreditada, prevê o legislador que esta intenção seja comunicada à equipa de adoção competente logo no momento da apresentação da candidatura, sempre que possível. Somos de parecer que a *ratio legis* deste preceito inclui a comunicação da intenção e da sua efetiva contratualização à equipa de adoção competente, mesmo que estas ocorram em momento posterior à apresentação da candidatura, por interpretação teleológica. Outro entendimento seria dificilmente compreensível, uma vez que a equipa de adoção tem o dever de remeter a candidatura à ACAI (nº 1 do presente artigo, *in fine*), sendo esta constituída pelos documentos originais, que serão posteriormente transmitidos pela ACAI à entidade competente do país de origem. Assim, se se pretender que a transmissão e mediação seja concretizada por entidade mediadora, é necessário que o candidato solicite à equipa de adoção a entrega dos documentos originais que instruem a candidatura, com vista à sua transmissão pela entidade para o país de origem da criança. Deverá ainda ser atempadamente solicitado à ACAI a emissão da declaração da legislação portuguesa aplicável à adoção internacional e, eventualmente, outras declarações que sejam requeridas pelo país de origem.

À ACAI incumbirá, nesse caso, a candidatura na base de dados da adoção, aguardando posterior informação sobre a evolução do processo, que deverá ser atempadamente prestada pela entidade mediadora, quer para efetivo registo no processo arquivado na ACAI, quer para efeitos do acompanhamento, avaliação e supervisão, previstos na alínea g) do art. 65º e art. 73º.

5. Bibliografia: AUTORIDADE CENTRAL PARA A ADOÇÃO INTERNACIONAL (ACAI) – Requisitos na Adoção Internacional em Portugal. Portugal, maio 2022; Disponível em WWW: <URL: https://www.seg-social.pt/documents/10152/13200/Publicacao_Adocao+Internacional/ed894275-cc01-45d2-a819-afc7b8c4f4a9>; *BRISTOL CITY COUNCIL – Caring for a child of a different ethnicity. What does it mean to be a multi ethnic family?*, p.4. Inglaterra, março 2014, Disponível em WWW: <https://www.adoptioneastmidlands.org.uk/media/ppapn1h5/caringforachildofadifferentethnicitywebversion.pdf; *HAGUE CONFERENCE ON PRIVATE INTERNATIONAL LAW* (HCCH) – *Report of the Working Group on Preventing and Addressing Illicit Practices in Intercountry Adoption*. Haia, março 2022, Disponível em WWW: <URL: https://assets.hcch.net/docs/35d8530a-b5bd-4330-b2fc-abda099e7f6b.pdf>; MEZMUR, Benyam D. – *"The Sins of the 'Saviours": Child Trafficking in the Context of Intercountry Adoption in Africa*. Haia, junho 2010, Disponível em WWW: <URL: https://assets.hcch.net/docs/a901d48c-3eba-4a9a-8026-fe42681e8126.pdf>; INSTITUTO DA SEGURANÇA SOCIAL, I.P. – Relatório da Adoção Nacional, Internacional e Apadrinhamento CIVIL 2020 – Equipas de Adoção do ISS, I.P.. Portugal, outubro 2021, Disponível em WWW: <URL: https://www.seg-social.pt/documents/10152/13200/RELATÓRIO+Adoção+e+Apadrinhamento+Civil+2020/87da0c3f-734a-4844-8a9e-6f141f50385c>.

Esta anotação foi redigida seguindo a grafia resultante do Acordo Ortográfico de 1990

ELIANA COSTA SANTOS

ARTIGO 78º
Estudo de viabilidade

1 – Apresentada uma proposta concreta de adoção pela autoridade competente do país de origem ou pela entidade mediadora acreditada e habilitada, a Autoridade Central analisa com o organismo de segurança social da área de residência do candidato a viabilidade da adoção proposta, tendo em conta o seu perfil e o relatório sobre a situação da criança elaborado pela autoridade competente do país de origem.

2 – Caso a análise a que se refere o número anterior permita concluir pela correspondência entre as necessidades da criança e as capacidades do candidato, a Autoridade Central efetua a respetiva comunicação à autoridade competente do país de origem e diligencia pela formalização do acordo de prosseguimento do processo de adoção.

3 – Caso a proposta seja apresentada pela entidade mediadora acreditada e habilitada, a Autoridade Central exige, antes de se pronunciar nos termos do número anterior, o comprovativo da situação de adotabilidade da criança, bem como da observância do princípio da subsidiariedade.

4 – Com exceção dos casos de adoção intrafamiliar, o contacto entre o candidato e a criança a adotar, bem como entre aquele e a família biológica da criança, só pode ocorrer após a formalização do acordo a que se refere o nº 2.

5 – Formalizado o acordo, a Autoridade Central dá conhecimento ao organismo de segurança social e diligencia pela obtenção da autorização de entrada e de residência para a criança.

ANOTAÇÃO

1. Conexões normativas externas – 4º/b), 5º/a) e b), 16º/1, 17º/a), b) e c), 18º e 29º CHA1993.

2. Análise da viabilidade de Proposta de Criança.

Entende-se por proposta concreta a receção da referenciação de uma criança (ou fratria) dirigida a uma determinada candidatura de cidadãos residentes habitualmente em Portugal.

A proposta deverá conter, obrigatoriamente, informação detalhada sobre a identidade da criança, a sua história de vida pessoal e familiar, historial clínico, as suas características pessoais e necessidades particulares, modo de funcionamento, o fundamento da sua adotabilidade (consentimento informado da família biológica, dispensa deste por entidade competente ou fundamentação da sua não exigência à luz do ordenamento jurídico do país de origem, nos termos do art. 4º CH 1993).

Após análise prévia dos requisitos deverá a ACAI articular com a equipa de adoção responsável pela avaliação dos candidatos para, em conjunto, avaliarem a viabilidade da proposta. Esta avaliação terá por base o modelo teórico das necessidades-capacidades, centrado na aferição de correspondência entre as necessidades identificadas na criança e as capacidades reveladas na candidatura (processo também designado matching, correspondência ou ajustamento). Pretende-se formular um juízo de adequação entre as características de ambos, assente na verosimilhança do eventual estabelecimento, entre criança e candidatos, de uma relação típica de filiação. Esta fase processual é de suprema importância, e pode requerer a solicitação de mais informação quer sobre a criança, tal como novos relatórios ou reuniões presenciais ou por videoconferência, para esclarecimento, quer sobre os candidatos, por exemplo, nova entrevista com os candidatos, direcionada para questões específicas (cf. arts 4º e nº 1 do art. 16º CH 1993).

O CNA debruçou-se atentamente sobre os critérios norteadores desta fase e verteu as suas orientações no art. 21º do Regulamento do Processo de Adoção.

A título de exemplo de necessidades e características da criança, referimos:

a) Necessidades relacionadas com as características da criança a adotar (idade da criança, sexo, etnia, situação de saúde, antecedentes, adoção conjunta com irmãos);
b) Necessidades relacionadas com antecedentes familiares e percursos de vida da criança (por exemplo saúde mental na família de origem, doenças infectocontagiosas, alcoolismo, toxicodependência, antecedentes judiciais graves ou ausência de informação sobre os antecedentes familiares, violência doméstica, abandono, maus tratos físicos e psicológicos, abuso sexual ou acolhimento prolongado ou com uma história de fracasso em prévia adoção);
c) Necessidades relacionadas com problemas de desenvolvimento e aprendizagem e com problemas de comportamento ou emocionais (entre outros, problemas de sono, comportamentos de oposição, agressividade, hiperatividade, dificuldade de exprimir emoções e em receber afeto, tendência para o isolamento, depressão).

Para cada característica e necessidade, importará aferir na candidatura a respetiva capacidade de acolhimento, compreensão e de responsividade reparadora.

3. Aceitação da Proposta e Acordo de Prosseguimento.

A aceitação de uma Proposta depende, como se verificou na anotação *supra*, da avaliação positiva do *matching*, do prisma do superior interesse da criança. Depende, também, da garantia da anuência dos candidatos, tal como decorrente da conjugação das alíneas a) e b) do art. 5º e alíneas a) e b) do art. 17º CH 1993. No sistema jurídico português, cabe à equipa de adoção do organismo de segurança social da área de residência dos candidatos a apresentação da proposta, pelo que será esta a equipa a contactar os candidatos. Face à importância da celeridade no processo, foram previstos prazos para as fases do processo de proposta e aceitação, plasmados na Recomendação do CNA nº 6/2016, de 21 de novembro.

Da conjugação com as alíneas a) e b) do art. 5º e alíneas a) e b) do art. 17º CH 1993, mormente da alínea a) deste último, resulta ainda outro requisito prévio à comunicação da aceitação da proposta: a garantia da anuência dos candidatos. No sistema português, a apresentação da proposta aos candidatos é realizada pela mesma equipa de adoção do organismo de segurança social competente para avaliação da viabilidade desta, devendo decorrer em reunião presencial, com vista à análise das informações constantes dos relatórios e esclarecimento de eventuais dúvidas. Reforça-se que todas as dúvidas devem ser apresentadas pelos candidatos diretamente à equipa de adoção competente, sendo desencorajado contacto direto daqueles com a autoridade central do país de origem da criança, e proibidos todos os contactos diretos com a casa/família de acolhimento da criança (cf. anotação número 5 *infra*).

Muito embora não resulte expresso no elemento literal deste preceito legal, entendemos que a presente norma deverá ser lida através de interpretação extensiva, a fim de englobar os elementos sistemático e teleológico envolventes, o que determinará a comunicação da aceitação desta proposta ao CNA, quer para permitir a sua consideração para efeitos de emissão das recomendações plasmadas na alínea d) do art. 12º, quer para efeitos estatísticos. Poder-se-ia ainda equacionar a pertinência da submissão desta proposta a confirmação do CNA, em simetria com as propostas de adoção internacional de crianças residentes habitualmente em Portugal (cf. anotação ao nº 4 do art. 85º) com fundamento na responsabilização das entidades portuguesas pelo encaminhamento da criança, existente na decisão de aceitação ou rejeição da proposta. No sentido inverso, seria legítimo considerar que a alínea a) do nº 3 do art. 12º ao determinar o âmbito da competência do CNA para confirmação de propostas de encaminhamento apresentadas pelas equipas de adoção, pretende referir-se às equipas de adoção portuguesas, e, dentro das propostas apresentadas por estas, apenas aquelas que decorrem de pesquisa de candidatos realizada pelas equipas portuguesas. A entender-se desta forma, não estará em questão a seleção de uma candidatura entre várias, fundamento subjacente à criação do próprio CNA (necessidade de dotar os encaminhamentos de maior transparência e de colegialidade, concretizadas na alínea a) do nº 3 do art. 12º, art. 11º), mas sim a aceitação ou não de uma proposta concebida por equipas estrangeiras, dirigida a uma única candidatura portuguesa.

Tendemos a considerar não ter sido opção do legislador a confirmação da proposta das entidades estrangeiras pelo CNA, muito embora fosse desejável que, em futura alteração legislativa, esta matéria possa ser revisitada, uma vez que permanece a importância da harmonização dos critérios que presidem à aferição em da correspondência entre as necessidades da criança e as capacidades dos adotantes.

Havendo aceitação dos candidatos, deverá então a ACAI remeter a aceitação formal à autoridade central/entidade mediadora, bem como o Acordo de Prosseguimento da adoção internacional. O Acordo de Prosseguimento é um documento essencial na CH 1993, porquanto formaliza o parecer favorável da autoridade central ao prosseguimento da adoção, funcionando como uma dupla verificação da adequação dos procedimentos realizados até ao momento. Neste sentido, a autoridade central do país de origem deverá também emitir o seu Acordo de Prosseguimento, sendo ambos obrigatórios para a prossecução da adoção, em conformidade com a alínea c) do art. 17º CH 1993.

4. Comprovativo de adotabilidade e princípio da subsidiariedade.

Embora o legislador estabeleça a exigência prévia destes dois comprovativos apenas para a intervenção de entidade mediadora, na prática estes factos são avaliados aquando da receção de qualquer proposta de criança, ainda que esta tenha sido emitida pela autoridade central do país de origem.

Os fundamentos da adotabilidade da criança e do cumprimento do princípio da subsidiariedade da adoção internacional (previsto na alínea b) do Art. 4º CH 1993) poderão constar da decisão que determinou a adotabilidade da criança, de relatório social, ou de outro documento formal. Caso não constem dos documentos que instruem a proposta, deverá a ACAI diligenciar pelo suprimento deste requisito.

5. Proibição de contactos prévios com família biológica ou criança.

A proibição genérica de contacto entre os candidatos e a família biológica da criança, em momento anterior à emissão do Acordo de Prosseguimento pelas autoridades centrais, também prevista no art. 29º CH 1993, visa prevenir riscos de pressões indevidas nos países de origem das crianças e de adoções privadas – adoções acordadas entre a família de origem da criança e os candidatos – ou de adoções independentes – situações em que candidatos devidamente selecionados dirigem-se a países de origem para aí identificarem uma criança para adotar, apresentando-se diretamente perante o tribunal do país de origem. Este tipo de adoções são fortemente desencorajadas pelo grande risco de não respeitarem os direitos das crianças, da família de origem e, em última análise, dos candidatos. Nas situações em que tal ocorra, consideramos que não deverão as decisões de adoção ser reconhecidas em Portugal, quer por não se enquadrarem nos princípios da Convenção da Haia (ocorrendo entre dois países contratantes), quer por não respeitarem os requisitos deste RJPA (tratando-se de um país de origem não contratante) – sobre este tema, cf. anotação à alínea c) do art. 65º.

Esta proibição de contacto prévio não se aplica, naturalmente, à adoção intrafamiliar, por já existirem laços familiares entre todas as partes (cf. art. 29º CH 1993, *in finne*), o que justifica plenamente os contactos entre candidatos, adotando e família biológica.

6. Autorização de entrada e de residência.

A presente norma reforça a importância de garantir que a criança será autorizada a entrar e a residir no país de acolhimento (neste caso, em Portugal), evitando dilações que podem implicar a separação da criança e dos candidatos, criando stress desnecessário e eventuais situações traumáticas, e corresponde ao estatuído na alínea d) do art. 17º e no art. 18º CH 1993.

Embora o legislador não circunscreva a forma que revestirá esta obtenção de autorização de entrada, parece-nos que só estará assegurada se houver contacto responsivo com os serviços do Ministério dos Negócios Estrangeiros.

7. Bibliografia: CONSELHO NACIONAL PARA A ADOÇÃO (CNA) – Regulamento do Processo de Adoção – Critérios, Procedimentos e Programas de Intervenção Técnica. Aprovado na 23ª reunião do Conselho Nacional para a Adoção realizada a 7/11/2016. Portugal, 2016; Disponível em WWW: <URL: https://www.seg-social.pt/documents/10152/63638/Regulamento+do+Processo+de+Ado%25C3%25A7%25C3%25A3o/b3442a36-c484-4c03-b8ca-8b3f5dbdba5b>; CONSELHO NACIONAL PARA A ADOÇÃO (CNA) – Relatório Anual de atividades do Conselho Nacional para a Adoção – 2016 – Recomendação do CNA nº 1/2016, de 15 de fevereiro. Portugal, junho 2017, Disponível em WWW: <URL: https://www.seg-social.pt/documents/10152/13200/Rel_Anual_2016_5_fev_2018/aff44b54-ded1-

49ef-be2d-4fc9bf4f91c9>; CONSELHO NACIONAL PARA A ADOÇÃO (CNA) – Relatório Anual de atividades do Conselho Nacional para a Adoção – 2016 – Recomendação do CNA nº 6/2016, de 21 de novembro. Portugal, junho 2017, Disponível em WWW: <URL: https://www.seg-social.pt/documents/10152/13200/Rel_Anual_2016_5_fev_2018/aff44b54-ded1-49ef-be2d-4fc9bf4f91c9>.

Esta anotação foi redigida seguindo a grafia resultante do Acordo Ortográfico de 1990

ELIANA COSTA SANTOS

ARTIGO 79º
Acompanhamento do processo

1 – O organismo de segurança social da área de residência dos adotantes comunica à Autoridade Central, no prazo de cinco dias, a entrada da criança em Portugal e a situação jurídica em que esta se encontra, designadamente se foi já decretada a adoção no país de origem.

2 – Caso a criança entre em Portugal sem que a adoção haja sido previamente decretada no país de origem, há lugar a um período de pré-adoção com acompanhamento disponibilizado pelo organismo de segurança social da área de residência do candidato, nos termos e prazo prescritos nos n.os 1 e 2 do artigo 50º, sem prejuízo, no que se refere à duração, do que haja sido acordado com o país de origem.

3 – Caso o decretamento da adoção haja precedido a entrada da criança em Portugal, o organismo de segurança social efetua o acompanhamento pós-adoção nos moldes exigidos pelo país de origem, podendo também ter lugar por solicitação da família adotiva, nos termos previstos no artigo 60º.

4 – Ao organismo de segurança social compete ainda a elaboração de relatórios do acompanhamento referido nos n.os 2 e 3, com a periodicidade exigida pelo país de origem, remetendo-os no mais curto prazo à Autoridade Central.

5 – A Autoridade Central presta à autoridade competente do país de origem todas as informações relativas ao acompanhamento da situação.

6 – Sempre que do acompanhamento efetuado nos termos do nº 2 resulte que a situação objeto de acompanhamento não salvaguarda o

interesse da criança, são tomadas as medidas necessárias a assegurar a sua proteção, designadamente:

a) **A retirada da criança à família adotante e a sua proteção imediata, nos termos previstos na Lei de Proteção de Crianças e Jovens em Perigo, aprovada pela Lei nº 147/99, de 1 de setembro, alterada pelas Leis n.os 31/2003, de 22 de agosto, e 142/2015, de 8 de setembro;**

b) **Em articulação com a autoridade competente do país de origem, uma nova colocação com vista à adoção ou, na sua falta, um acolhimento alternativo com caráter duradouro;**

c) **Em articulação com a autoridade competente do país de origem, o regresso da criança ao país de origem, se tal corresponder ao seu superior interesse.**

ANOTAÇÃO

1. Conexões normativas externas: arts. 6º e 21º CH 1993.

2. Estabelece regras semelhantes às que já se encontravam consagradas no art. 26º Decreto-Lei nº 120/98, de 8 de maio (anterior art. 27º Decreto-Lei nº 185/93, de 22 de maio).

3. Cabe ao organismo da segurança social conduzir a instrução da candidatura de adoção internacional, aplicando-se as mesmas regras previstas para a adoção nacional, de acordo com as informações disponibilizadas relativamente aos requisitos e elementos probatórios exigidos pelo Estado da residência habitual da criança.

Posteriormente, no prazo de cinco dias após a entrada da criança em Portugal, deverá remeter a candidatura à autoridade central a qual verifica a instrução da mesma e transmite-a à autoridade central do Estado de origem

É também prevista a possibilidade de instrução e transmissão da candidatura por entidade mediadora autorizada, ficando esta com a obrigação de informar a autoridade central e os candidatos da data de transmissão da candidatura à autoridade competente do Estado de origem implicando, também neste domínio, a cooperação internacional entre as autoridades do Estado de origem da criança e do Estado de acolhimento.

Após a receção da candidatura e se a autoridade competente do Estado de origem apresentar uma proposta concreta de adoção, competirá à autoridade central do Estado de acolhimento, conjuntamente com o organismo da segurança social, elaborar um estudo de viabilidade da adoção (art. 78º), tendo como elementos para análise o perfil dos candidatos, o relatório da autoridade competente do Estado de origem sobre a situação da criança e, se as necessidades desta e a capacidade dos candidatos corresponderem, será a adoção considerada viável, diligenciando-se pela formalização do acordo de prosseguimento do processo de adoção.

Contudo, caso a proposta seja apresentada pela entidade mediadora acreditada e habilitada, antes de se pronunciar sobre a correspondência entre as necessidades da criança e a capacidade dos candidatos, deverá a autoridade central exigir o comprovativo da situação de adotabilidade da criança, assim como a observância do princípio da subsidiariedade, isto é, deverá verificar se não seria possível uma colocação permanente da criança no seu Estado da residência habitual.

4. São estabelecidos dois casos de acompanhamento da situação da criança, consoante a adoção tenha sido ou não decretada antes da sua entrada em Portugal.

No primeiro caso, não tendo a adoção sido decretada antes da entrada da criança no território nacional, o acompanhamento disponibilizado pelo organismo de segurança social da área de residência do candidato pressupõe um período de pré-adoção em que aquela entidade acompanha a integração da criança na família adotante, avaliando a viabilidade do estabelecimento da relação parental, prestando todo o apoio e desencadeando as ações necessárias a um acompanhamento efetivo com vista à construção e à consolidação do vínculo familiar.

O período de pré-adoção fixado na lei portuguesa não pode ser superior a seis meses, embora possa ser excecionalmente prorrogado por mais três meses (art. 50º, n.os 1 e 5).

Contudo, no presente caso, a duração deste período de convivência pressupõe o que tenha sido acordado com a autoridade do Estado de origem da criança.

Durante esse período, o organismo de segurança social ou a instituição particular autorizada elaboram relatório, concluindo com parecer relativo à concretização do projeto educativo, habilitando, deste modo, os candidatos a requerer a adoção.

5. O acompanhamento pré-adoção, no caso em que esta venha a ser decretada no Estado de acolhimento, pode mostrar a inconveniência da continuação das relações com os candidatos e, nesta hipótese, deve ser determi-

nada a sua retirada à família adotante e a sua proteção nos termos previstos na LPCJP ou, em articulação com as autoridades do Estado de origem, uma nova colocação com vista à adoção ou, na sua falta, um acolhimento alternativo com caráter duradouro ou ainda o regresso da criança ao seu país de origem, se isso corresponder ao seu superior interesse.

Trata-se de uma obrigação dos Estados estabelecida no art. 21º CH 1993 o qual dispõe que quando a adoção se deva realizar após a transferência da criança para o Estado de acolhimento e a autoridade central desse Estado considerar que a manutenção da criança junto dos potenciais pais adotivos já não corresponde ao seu superior interesse, deve tomar as medidas necessárias para a sua proteção, designadamente:

a) Assegurar que a criança é retirada aos potenciais pais adotivos e assegurar-lhe cuidados temporários (nº 6, alínea *a)*);

b) Assegurar, em consulta com a autoridade central do Estado de origem, a imediata colocação da criança com vista à sua adoção ou, na sua falta, uma colocação alternativa de carácter duradouro, a qual não deverá ocorrer sem que a autoridade central do Estado de origem tenha sido devidamente informada sobre os novos potenciais pais adotivos (nº 6, alínea *b)*);

c) Como último recurso, e se os interesses da criança o exigirem, assegurar o seu regresso da criança ao Estado de origem (nº 6, alínea *c)*).

Em qualquer dos casos, deverá ser tida em consideração a idade e maturidade da criança a qual deverá ser consultada e, quando se revele apropriado, obter o seu consentimento relativamente às medidas de proteção que devam ser aplicadas (art. 21º, nº 3 CH 1993).

6. Caso a adoção tenha sido decretada antes da entrada da criança em Portugal, ou seja, no Estado de origem, o organismo de segurança social efetua o acompanhamento pós-adoção nos moldes exigidos por aquele Estado, podendo este também ter lugar por solicitação da família adotiva.

O acompanhamento pós-adoção traduz-se numa intervenção técnica especializada junto do adotado e da respetiva família, proporcionando aconselhamento e apoio na superação das dificuldades decorrentes da filiação e parentalidade adotivas (art. 60º, nº 1).

Este acompanhamento depende de solicitação dos interessados, não só para lhe retirar qualquer carácter intrusivo mas também porque está temporalmente delimitado à maioridade do adotante ou prorrogação até uma determinada idade em função de determinados fatores, circunstância que se compreende face à subordinação da adoção ao superior interesse da criança e porque, estando estabelecida uma relação de filiação que não suscite problemas, impõe-se o princípio da mínima intervenção do Estado.

Contudo, se o acompanhamento pós-adoção internacional pode ter lugar por solicitação da família adotiva, na falta de um pedido formulado por esta, as autoridades centrais de ambos os Estados envolvidos devem estabelecer os moldes em que este deve ocorrer, em especial as autoridades do Estado de origem, não parecendo que, neste caso, a mesma esteja dependente de qualquer solicitação.

Situação diversa pode ocorrer relativamente ao período temporal já que este dependerá da forma e das estratégias encontradas para superar as dificuldades decorrentes da filiação e parentalidade adotivas.

Cabe igualmente ao organismo de segurança social ou às instituições particulares autorizadas da área de residência da criança e da família adotiva elaborarem os relatórios de acompanhamento, com a periodicidade que tenha sido exigida pelo Estado de origem, remetendo-os à autoridade central que, por sua vez, os encaminha para a autoridade central daquele Estado, bem como outras informações relativas ao acompanhamento da situação.

Não se encontram previstas medidas para assegurar a proteção da criança adotada, em função da avaliação do acompanhamento pós-adoção, uma vez que, neste caso, estando a criança já integrada numa família adotiva, a intervenção necessária para assegurar a promoção dos seus direitos e a proteção do seu superior interesse deve ser realizada à luz do ordenamento jurídico interno e de acordo com os instrumentos em vigor que se revelem mais adequados.

7. Bibliografia: Cantwell, Nigel, "A nova Convenção da Haia sobre a adoção internacional – um assunto que anda para a frente ?", *Revista Infância e Juventude*, janeiro-março 94-1, Lisboa, pp. 33-44; Fialho, António José/Agulhas, Rute/Fialho, Ana Catarina, "Guia de Procedimentos Judiciais de Adoção", *Blog do IPPC* (disponível na seguinte hiperligação https://drive.google.com/file/d/1NPb7DuB_CRzyfbfule8hS0UaYr7y8o_Q/view); HCCH Permanent Bureau, *The Implementation and Operation of the 1993 Hague Intercountry Adoption Convention*, Guide No. 1, Guide to Good Practice (disponível na seguinte hiperligação (https://assets.hcch.net/docs/bb168262-1696-4e7f-acf3-fbbd85504af6.pdf); Oliveira, Guilherme de, *Adoção e apadrinhamento civil*, Lisboa: Petrony, 2019; Pinheiro, Jorge Duarte, *O Direito da Família Contemporâneo* (5ª edição). Coimbra: Almedina, 2016;

RAMIÃO, Tomé d'Almeida. *A Adoção – Regime Jurídico Atual* (2ª edição) Lisboa: Petrony, 2007; RAMOS, Rui Moura, "A adoção no direito internacional privado português", *Das relações privadas internacionais; estudos de direito internacional privado*, Coimbra: Coimbra Editora, 1995, pp. 55-83; RAMOS, Rui Moura, "Sucessão e coexistência de métodos ao longo do tempo: a adoção no direito internacional privado português", *Estudos de Direito Internacional e de Direito Processual Civil Internacional*, Coimbra: Coimbra Editora, 2002, pp. 263-282; SILVA, Nuno Gonçalo da Ascensão, *A constituição da adoção de menores nas relações privadas internacionais: alguns aspetos*, Coimbra: Coimbra Editora, 2000.

Esta anotação foi redigida seguindo a grafia resultante do Acordo Ortográfico de 1990

ANTÓNIO JOSÉ FIALHO

ARTIGO 80º
Decisão

1 – A adoção é decretada em Portugal ou no país de origem, consoante o que haja sido acordado entre a Autoridade Central e a autoridade competente ou o que resulte imperativamente da legislação desse país.

2 – Caso o decretamento da adoção ocorra em Portugal, aplicam-se, com as necessárias adaptações, os termos da fase judicial do processo de adoção a que se referem os artigos 52º e seguintes, cabendo à Autoridade Central prestar toda a informação necessária ao tribunal e assegurar a articulação entre este e a autoridade competente do país de origem.

ANOTAÇÃO

1. Conexões normativas externas: arts. 1974º, 1979º, 1980º, 1981º, 1984º CC; arts. 293º e 294º CPC; 4º e 5º RGPTC.

2. É evidente nesta disposição normativa uma certa flexibilidade nas regras de competência internacional na medida em que se visa evitar a ocorrência de problemas na adoção e no posterior reconhecimento dessa decisão, ou seja, ao invés de uma abordagem rígida das regras de competência internacional, optou-se pela primazia no estabelecimento de acordos bilaterais de escolha da jurisdição competente com vista a salvaguardar a efetiva concretização do superior interesse da criança.

Trata-se de uma solução que, de certa forma, é repetida na adoção de crianças nacionais por estrangeiros (art. 88º), tendo como principal objetivo evitar a verificação de conflitos negativos de competência quando o direito interno dos Estados envolvidos possa ter algumas diferenças neste domínio.

3. A fase judicial do processo de adoção inicia-se com o requerimento apresentado pelo adotante junto do tribunal territorialmente competente (art. 52º, nº 1), ou seja, o tribunal de família e menores da área de residência da criança (art. 30º, nº 1, alínea *a)*).

A adoção só pode ser requerida após a notificação do relatório de acompanhamento e avaliação do período de pré-adoção elaborado pelo organismo da segurança social ou pela instituição particular autorizada sobre os elementos relativos à personalidade e à saúde do adotante e do adotado, à idoneidade do adotante para criar e educar o adotando, à situação familiar e económica do adotante e às razões determinantes do pedido de adoção ou ainda quando se mostre decorrido o prazo de elaboração desse relatório (arts 8º, alínea *i)*, 50º, nº 4 e 52º, nº 2).

Recebido o requerimento inicial, onde devem ser alegados os factos tendentes a demonstrar que a adoçao apresenta reais vantagens para o adotando, se funda em motivos legítimos, não envolve sacrifício injusto para os outros filhos do adotante e seja razoável supor que entre o adotante e o adotando se estabelecerá um vínculo semelhante ao da filiação, bem como as condições necessárias à constituição do vínculo jurídico da adoção, quer quanto aos candidatos a adotantes, quer quanto ao adotado (arts 53º, nº 1 e 1974º, nº 1 CC), o juiz verifica se o processo se encontra instruído com certidões de cópia integral que demonstrem a verificação dos seguintes pressupostos (nº 2 do art. 53º):

a) Certificado de adotabilidade (art. 34º, nº 1, alíneas *a)* e *b)*);
b) Relatório de acompanhamento e avaliação do período de pré-adoção, do qual constem, designadamente, os elementos relativos à personalidade e à saúde do adotante e do adotando, à idoneidade do adotante para criar e educar o adotando, à situação familiar e económica do adotante e às razões determinantes do pedido de adoção (arts. 8º, alínea *l)* e 50º, nº 4).

Caso este relatório não acompanhe o requerimento, o tribunal solicita-o ao organismo de segurança social competente ou à instituição particular autorizada que o deve remeter, no prazo máximo de 15 dias, prorrogável por igual período, em caso devidamente justificado (art. 53º, nº 3).

O requerimento inicial deve ainda ser instruído com os seguintes documentos (destinados a comprovar os restantes pressupostos relativos à adoção):

a) Certidão de assento de nascimento de cada um dos adotantes (art. 1979º CC);

b) Certidão de assento de casamento dos adotantes (se estes forem casados) ou certidão emitida pela respetiva junta de freguesia atestando o tempo de vivência em situação de união de facto (arts. 1979º CC e 7º LUF);

c) Certidão de assento de nascimento do adotando (art. 1980º CC);

d) Certidões de assento de nascimento de outros filhos dos adotantes (se os houver) ou dos ascendentes ou, na sua falta, os irmãos maiores do progenitor falecido, se o adotando for filho do cônjuge do adotante e o seu consentimento não for necessário, salvo se estiverem privados das faculdades mentais ou se, por qualquer outra razão, houver grave dificuldade em os ouvir (art. 1984º CC);

e) Certidão da decisão que determinou a transferência da curadoria provisória do adotando para os adotantes (art. 51º, nº 1).

Caso o processo se mostre instruído com estes documentos, o juiz designa data para a audição dos adotantes, das pessoas cujo consentimento a lei exija e não haja sido previamente prestado ou dispensado (art. 1981º CC), e do adotando, observando as regras previstas para a audição de crianças nos processos tutelares cíveis (arts. 3º, alíneas *c)* e *d)*, 54º e 5º RGPTC).

4. A audição e participação da criança nos processos que lhe dizem respeito, de acordo com a sua idade, maturidade e capacidade de compreensão, é também aplicável na adoção internacional, por força da remissão efetuada neste artigo e também no artigo 88º para o artigo 54º, concretizando igualmente outra vertente do princípio do superior interesse da criança.

Encarar a criança como um sujeito de direitos, capaz de participar na sua própria vida, implica que a sua opinião, embora fazendo parte de um processo de avaliação global e sistémica, deva ter um peso preponderante na decisão judicial.

O juiz deve ainda ouvir os filhos do adotante maiores de 12 anos e os ascendentes ou, na sua falta, os irmãos maiores do progenitor falecido, se o adotando for filho do cônjuge do adotante e o seu consentimento não for necessário, salvo se estiverem privados das faculdades mentais ou se, por qualquer outra razão, houver grave dificuldade em os ouvir (art. 1984º CC).

A audição é feita separadamente e por forma a salvaguardar o segredo de identidade, devendo o juiz esclarecer as pessoas de cujo consentimento a adoção depende sobre o significado e os efeitos do ato e recolhendo os consentimentos que forem prestados, de tudo se lavrando ata (art. 54º, n.os 2).

5. Caso os requerentes (adotantes) pretendam a inquirição de testemunhas ou requerer outros meios de prova, deverão fazê-lo no requerimento inicial, não podendo o número de testemunhas ser superior a cinco (arts. 293º, nº 1 e 294º, nº 1 CPC *ex vi* art. 31º).

Com vista à concentração dos atos processuais, o juiz deverá igualmente, no mesmo despacho, designar data para a inquirição das testemunhas após a audição dos adotantes, do adotando e das pessoas que devam ser ouvidas ou cujo consentimento a lei exija e não haja sido previamente prestado ou dispensado.

A inquirição das testemunhas segue as regras previstas nos arts. 495º a 526º CPC uma vez que o RJPA não prevê normas especiais (art. 6º).

Não sendo consideradas necessárias outras diligências de prova, é aberta vista ao Ministério Público para a emissão de parecer e, em seguida, é proferida sentença decretando a adoção (art. 56º).

6. Bibliografia: Cantwell, Nigel, "A nova Convenção da Haia sobre a adoção internacional – um assunto que anda para a frente ?", *Revista Infância e Juventude*, janeiro-março 94-1, Lisboa, pp. 33-44; Fialho, António José/Agulhas, Rute/Fialho, Ana Catarina, "Guia de Procedimentos Judiciais de Adoção", *Blog do IPPC* (disponível na seguinte hiperligação https://drive.google.com/file/d/1NPb7DuB_CRzyfbfule8hS0UaYr7y8o_Q/view); HCCH Permanent Bureau, *The Implementation and Operation of the 1993 Hague Intercountry Adoption Convention*, Guide Nº 1, Guide to Good Practice (disponível na seguinte hiperligação (https://assets.hcch.net/docs/bb168262-1696-4e7f-acf3-fbbd85504af6.pdf); Oliveira, Guilherme de, *Adoção e apadrinhamento civil*, Lisboa: Petrony, 2019; Pinheiro, Jorge Duarte, *O Direito da Família Contemporâneo* (5ª edição). Coimbra: Almedina, 2016; Ramião, Tomé d'Almeida. *A Adoção – Regime Jurídico Atual* (2ª edição) Lisboa: Petrony, 2007; Ramos, Rui Moura, "A adoção no direito internacional privado português", *Das relações privadas internacionais; estudos de direito internacional privado*, Coimbra: Coimbra Editora, 1995, pp. 55-83; Ramos, Rui Moura, "Sucessão e coexistência de métodos ao longo do tempo: a adoção no direito internacional privado português", *Estudos de Direito Internacional e de Direito Processual Civil Internacional*, Coimbra: Coimbra Editora, 2002, pp. 263-282; Silva, Nuno Gonçalo da Ascensão, *A constituição da adoção de menores nas relações privadas internacionais: alguns aspetos*, Coimbra: Coimbra Editora, 2000.

Esta anotação foi redigida seguindo a grafia resultante do Acordo Ortográfico de 1990

António José Fialho

ARTIGO 81º
Comunicação da decisão

1 – Proferida sentença de adoção nos termos do nº 2 do artigo anterior, o tribunal remete certidão da mesma à Autoridade Central que a transmite à autoridade competente do país de origem.

2 – Tratando-se de adoção internacional entre países contratantes da Convenção e observados os respetivos procedimentos, a Autoridade Central emite o certificado de conformidade da adoção, o qual acompanha a certidão da sentença.

ANOTAÇÃO

1. Conexões normativas externas: arts. 1875º, 1986º, 1988º CC; art. 5º LNac; art. 16º LCCid; art. 23º CH 1993.

2. Estabelece regras semelhantes às que já se encontravam consagradas no art. 27º Decreto-Lei nº 120/98, de 8 de maio.

3. Com a decisão de adoção, o adotado adquire a situação de filho do adotante e integra-se na família deste, extinguindo-se as relações familiares entre o adotado e os seus ascendentes e colaterais naturais, sem prejuízo dos impedimentos matrimoniais (art. 1986º, nº 1 CC).

A sentença de adoção deve estabelecer o vínculo de filiação do adotado relativamente aos adotantes, bem como identificar as respetivas avoengas por parte de cada um dos adotantes (art. 1986º, n.os 1 e 2 CC), decidir sobre a composição do nome e apelidos do adotado, o qual perde os apelidos de origem, sendo o seu novo nome constituído com o uso dos apelidos de cada um dos adotantes ou só de um deles (arts. 1875º, nº 1 e 1988º, nº 1 CC).

A pedido do adotante, pode o tribunal, excecionalmente, modificar o nome próprio da criança, se a modificação salvaguardar o seu interesse, nomeadamente o direito à identidade pessoal e favorecer a sua integração na família, circunstância que se pode revelar necessária na adoção internacional (art. 1988º, nº 2 CC).

A decisão de adoção atribui à criança adotada a nacionalidade portuguesa (arts. 5º, LNac[74] e 1º, nº 1 e 16º RNA[75]).

[74] Lei nº 37/81, de 3 de outubro, alterada pela Lei Orgânica nº 2/2018, de 5 de julho.

[75] Decreto-Lei nº 237-A/2006, de 14 de setembro, alterado pelos Decretos-Leis n.os 43/2013, de 1 de abril, 30-A/20015, de 27 de fevereiro, 71/2017, de 21 de junho, e 26/2022, de 18 de março.

A adoção implica ainda a atribuição ao adotado de novos números de identificação civil, fiscal, utente dos serviços de saúde e da segurança social (art. 16º, nº 2 LCCid[76]).

4. O tribunal deve ainda remeter certidão da decisão à autoridade central que a transmite à autoridade competente do Estado de origem da criança.

Tratando-se de adoção internacional entre Estados Contratantes da CH 1993 e observados os respetivos procedimentos, a autoridade central emite o certificado de conformidade da adoção, o qual acompanha a certidão da sentença com vista ao seu reconhecimento de pleno direito nos demais Estados Contratantes (art. 23º CH 1993).

O certificado de conformidade emitido pela autoridade central deve igualmente ser remetido aos adotantes com vista a simplificar o reconhecimento da adoção e a atribuição da nacionalidade do Estado de acolhimento da criança quando essa atribuição não resulte diretamente da lei nacional.

A CH 1993 não estabelece um modelo obrigatório de certificado estando na disponibilidade dos Estados fixar as modalidades desse documento desde que todas as informações relevantes figurem no mesmo, situação que, no entanto, se mostra garantida por via do conteúdo presente no modelo recomendado[77].

O certificado de conformidade da adoção internacional deve incluir os seguintes elementos:

a) A identificação da autoridade central do Estado de acolhimento;

b) A identificação completa da criança (nomes e apelidos, sexo, data e local de nascimento, bem como a residência habitual);

c) A menção de que a adoção ocorreu por força de uma decisão da respetiva autoridade judiciária, data da decisão e do respetivo trânsito em julgado (no caso da adoção ter sido decretada por outra forma, mencionar os elementos correspondentes);

d) A identificação dos nomes próprios e apelidos dos adotantes.

5. Bibliografia: Cantwell, Nigel, "A nova Convenção da Haia sobre a adoção internacional – um assunto que anda para a frente ?", *Revista Infância e Juventude*, janeiro-março 94-1, Lisboa, pp. 33-44; Fialho, António José/

[76] Lei nº 7/2007, de 5 de fevereiro, alterada pela Lei nº 32/2017, de 1 de junho.

[77] O modelo de certificado sugerido encontra-se previsto no Anexo 7-4 ao Guia de Boas Práticas nº 1: a implementação e funcionamento da Convenção da Haia sobre Adoção Internacional de 1993, estando ainda disponível na seguinte hiperligação https://assets.hcch.net/docs/afefbc3c-ca1c-4a42-86af-653817bab016.pdf.

AGULHAS, Rute/FIALHO, Ana Catarina, "Guia de Procedimentos Judiciais de Adoção", *Blog do IPPC* (disponível na seguinte hiperligação https://drive.google.com/file/d/1NPb7DuB_CRzyfbfule8hS0UaYr7y8o_Q/view); HCCH Permanent Bureau, *The Implementation and Operation of the 1993 Hague Intercountry Adoption Convention*, Guide No. 1, Guide to Good Practice (disponível na seguinte hiperligação (https://assets.hcch.net/docs/bb168262-1696-4e7f-acf3-fbbd85504af6.pdf); OLIVEIRA, Guilherme de, *Adoção e apadrinhamento civil*, Lisboa: Petrony, 2019; PINHEIRO, Jorge Duarte, *O Direito da Família Contemporâneo* (5ª edição). Coimbra: Almedina, 2016; RAMIÃO, Tomé d'Almeida. *A Adoção – Regime Jurídico Atual* (2ª edição) Lisboa: Petrony, 2007; RAMOS, Rui Moura, "A adoção no direito internacional privado português", *Das relações privadas internacionais; estudos de direito internacional privado*, Coimbra: Coimbra Editora, 1995, pp. 55-83; RAMOS, Rui Moura, "Sucessão e coexistência de métodos ao longo do tempo: a adoção no direito internacional privado português", *Estudos de Direito Internacional e de Direito Processual Civil Internacional*, Coimbra: Coimbra Editora, 2002, pp. 263-282; SILVA, Nuno Gonçalo da Ascensão, *A constituição da adoção de menores nas relações privadas internacionais: alguns aspetos*, Coimbra: Coimbra Editora, 2000.

Esta anotação foi redigida seguindo a grafia resultante do Acordo Ortográfico de 1990

ANTÓNIO JOSÉ FIALHO

SECÇÃO II
Adoção de crianças residentes em Portugal por candidatos residentes no estrangeiro

ARTIGO 82º
Aplicação do princípio da subsidiariedade

1 – Aplicada medida de promoção e proteção de confiança com vista a futura adoção e não se mostrando viável, em tempo útil, a concretização do projeto adotivo em Portugal, o organismo de segurança social ou instituição particular autorizada informa a Autoridade Central, para efeito de ser perspetivada a adoção internacional, salvo se tal não corresponder ao superior interesse da criança.

2 – Considera-se viável a adoção em Portugal quando, à data da aplicação da medida de promoção e proteção de confiança com vista a futura adoção:

a) Existam candidatos residentes em território nacional cuja pretensão se apresente com probabilidade de vir a proceder, em função das específicas necessidades da criança a adotar; ou

b) Seja possível formular um juízo de prognose favorável relativamente à sua existência, no prazo referido no nº 1 do artigo 41º.

3 – O princípio da subsidiariedade não é aplicável sempre que a criança tiver a mesma nacionalidade do candidato a adotante, for filho do cônjuge do adotante ou se, em qualquer caso, o seu superior interesse aconselhar a adoção no estrangeiro.

ANOTAÇÃO

1. Conexões normativas externas: arts. 3º e 20º CDC; arts. 4º, alíneas *a)* e *b)* CH 1993; art. 5º RJAC.

2. A adoção internacional tem como finalidade o superior interesse da criança e deve igualmente apresentar reais vantagens para o adotado.

Pelos riscos que acarreta, a adoção internacional impõe ao intérprete e aplicador da lei, uma maior concretização do princípio do superior interesse da criança, não havendo uma definição concreta do seu conteúdo que estaria condenada à partida.

Contudo, não são escassas as coordenadas concedidas pelo legislador para que, no caso concreto, se avalie esse superior interesse, densificando o conceito através de critérios, ainda que exemplificativos.

Assim, quando ao decisor seja conferida a possibilidade de afastar estes critérios, com base no superior interesse da criança, decidindo no sentido contrário, as circunstâncias associadas a cada criança e à sua situação particular impedem soluções unitárias mas sim ajustadas ao caso concreto.

3. Manifestação do superior interesse da criança e da sua especificidade na adoção internacional é o princípio da subsidiariedade, ou seja, só é permitida quando não seja viável a adoção em território nacional.

Deste modo, é utilizado o princípio do superior interesse da criança para aplicar e conformar o princípio da subsidiariedade, impedindo a adoção internacional ainda que os seus pressupostos estejam verificados, isto é, sempre que seja possível encontrar uma colocação familiar permanente para a criança no Estado da sua residência habitual.

Como fundamentos do princípio da subsidiariedade, são apontados os riscos de rutura social ou o desenraizamento da criança do seu país, o que lhe pode causar prejuízo para a sua identidade cultural, bem como uma certa ideia de que cada Estado deve ser responsável pelas suas crianças.

Com a adoção internacional, a criança muda de país, o espaço geográfico que também pode implicar mudanças na cultura, língua, religião, meio envolvente e o seu próprio passado.

Assim, o princípio da subsidiariedade, bem como o princípio do primado das relações psicológica profundas e o de audição e de participação da criança, visam definir, no caso concreto, o superior interesse da criança que, de igual modo, pode servir para fundamentar a aplicação daqueles princípios como para justificar o afastamento da sua aplicação.

Não obstante, o princípio da subsidiariedade não deve ser interpretado de forma estritamente formal já que deve estar em conformidade com o princípio do superior interesse da criança, existindo circunstâncias excecionais que determinem que a adoção internacional deva ser considerada em primeiro lugar face a outras opções.

Com efeito, é dada uma especial prevalência a soluções familiares para a criança com carácter permanente, secundarizando-se outras opções como o acolhimento familiar ou residencial (artigo 20º, nº 3 CDC), em função da origem étnica, religiosa, cultural e linguística da criança.

Deste modo, a adoção internacional só é permitida quando não seja possível uma colocação familiar permanente para a criança no seu país da residência habitual (artigo 62º), estabelecendo-se a seguinte ordem de preferências:

a) Não sendo viável a colocação na família biológica, a adoção nacional é a opção preferível na medida em que permite uma colocação familiar permanente para a criança no país da sua residência habitual;

b) Em seguida, deve ser preferida a adoção internacional que permite essa mesma colocação familiar permanente noutro país;

c) Finalmente, devem ser ponderadas as outras opções que permitam colocações familiares não permanentes, como o acolhimento familiar ou qualquer outra forma de colocação numa família ou, na sua falta, o acolhimento residencial ou qualquer outra forma de colocação, ainda que não permanente.

4. O princípio da subsidiariedade da adoção internacional não pode ser considerado como uma forma de discriminação entre o adotante nacional e o estrangeiro já que o critério de conexão relevante não é o da nacionalidade mas sim o da residência habitual, critério esse que se mostra razoável em

face do princípio da proximidade relativamente à situação da criança que constitui fundamento da conexão estabelecida noutros instrumentos convencionais de proteção das crianças.

5. O nº 3 estabelece as exceções ao princípio da subsidiariedade englobando três situações em que se pode verificar a sua não aplicação:

a) Na primeira situação, exige-se que a criança tenha a mesma nacionalidade do candidato a adotante garantindo a proteção da sua identidade cultural e a premissa de que ficará integrada numa família que, em princípio, partilha essa mesma identidade;

b) Na segunda situação, exige-se que a criança seja filha do cônjuge do adotante o que não deixa de configurar uma desconsideração ao referido principio nos casos em que, apesar da criança ser filha do cônjuge do adotado, não exista uma relação psicológica profunda que justifique que seja mais benéfico para a criança a saída do país de origem para se reunir com este adotante;

c) Na terceira situação, exige-se que o superior interesse aconselhe a adoção no estrangeiro, o que se pode configurar nos casos em que exista adoção anterior entre membros da mesma família ou em que a situação pessoal da criança não permita a concretização de uma adoção nacional.

Deste modo, em primeiro lugar, a colocação de crianças no estrangeiro com vista à sua adoção depende de prévia decisão judicial, exigência estabelecida no art. 4º, alínea *a)* CH 1993.

Em segundo lugar, a colocação no estrangeiro depende do facto de não ser viável a adoção em Portugal, princípio estabelecido no art. 4º, alínea *b)* CH 1993, exceção feita às situações em que a criança seja da mesma nacionalidade do adotante, filho de cônjuge ou se o seu superior interesse aconselhar a adoção no estrangeiro.

6. O princípio da subsidiariedade pressupõe que a adoção internacional apenas seja permitida quando não seja possível encontrar uma colocação familiar permanente para a criança no seu país de residência habitual (art. 62º, alínea *a)*).

Trata-se de uma formulação semelhante à que consta do art. 4º, alínea *b)* CH 1993 mas algo diferente do conceito estabelecido no nº 1 deste artigo o qual refere "a concretização, em tempo útil, do projeto adotivo em Portugal".

Esta diferenciação suscita a questão de saber se o princípio da subsidiariedade impede o encaminhamento de uma criança para o apadrinhamento civil antes de ser ponderada a adoção internacional.

Ao subordinar a adoção internacional a uma ponderação especial do princípio da subsidiariedade à luz do superior interesse da criança, parece que a resposta deve ser afirmativa (no mesmo sentido, OLIVEIRA, Guilherme de, *Adoção e Apadrinhamento Civil*, Lisboa: Petrony, 2019, pp. 76-77).

Com efeito, embora se trate de institutos jurídicos diversos, com finalidades que se pretendem diferenciadas, a verdade é que o apadrinhamento civil constitui uma colocação familiar permanente e a própria lei permite que, em circunstâncias excecionais, uma criança a quem tenha sido aplicada confiança judicial em vista da adoção possa ser encaminhada para o apadrinhamento civil, se essa solução for considerada adequada ao seu superior interesse (art. 5º, nº 1 RJAC).

Esta ponderação do superior interesse da criança implica que, nomeadamente, sejam avaliadas as circunstâncias que estarão presentes num projeto adotivo internacional e que justificam o princípio da subsidiariedade: a mudança de país, cultura, língua, religião, meio envolvente e o seu próprio passado.

7. Bibliografia: CANTWELL, Nigel, "A nova Convenção da Haia sobre a adoção internacional – um assunto que anda para a frente ?", *Revista Infância e Juventude*, janeiro-março 94-1, Lisboa, pp. 33-44. https://drive.google.com/file/d/1NPb7DuB_CRzyfbfule8hS0UaYr7y8o_Q/view); HCCH Permanent Bureau, *The Implementation and Operation of the 1993 Hague Intercountry Adoption Convention*, Guide No. 1, Guide to Good Practice (disponível na seguinte hiperligação (https://assets.hcch.net/docs/bb168262-1696-4e7f-acf3-fbbd85504af6.pdf); OLIVEIRA, Guilherme de, *Adoção e apadrinhamento civil*, Lisboa: Petrony, 2019; PINHEIRO, Jorge Duarte, *O Direito da Família Contemporâneo* (5ª edição). Coimbra: Almedina, 2016; RAMIÃO, Tomé d'Almeida. *A Adoção – Regime Jurídico Atual* (2ª edição) Lisboa: Petrony, 2007; RAMOS, Rui Moura, "A adoção no direito internacional privado português", *Das relações privadas internacionais; estudos de direito internacional privado*, Coimbra: Coimbra Editora, 1995, pp. 55-83; RAMOS, Rui Moura, "Sucessão e coexistência de métodos ao longo do tempo: a adoção no direito internacional privado português", *Estudos de Direito Internacional e de Direito Processual Civil Internacional*, Coimbra: Coimbra Editora, 2002, pp. 263-282; SILVA, Nuno Gonçalo da Ascensão, *A constituição da adoção de menores nas relações privadas internacionais: alguns aspetos*, Coimbra: Coimbra Editora, 2000.

Esta anotação foi redigida seguindo a grafia resultante do Acordo Ortográfico de 1990

ANTÓNIO JOSÉ FIALHO

ARTIGO 83º
Requisitos da adotabilidade internacional

A colocação da criança no estrangeiro, nos termos e para os efeitos previstos no artigo anterior, só pode ser deferida se, cumulativamente:

a) **Os serviços competentes, segundo a lei do país de acolhimento, reconhecerem os candidatos como idóneos e a adoção da criança em causa como possível no respetivo país;**

b) **Estiver previsto um período de convivência entre a criança e o candidato a adotante suficiente para avaliar da conveniência da constituição do vínculo; e**

c) **Houver indícios de que a futura adoção apresenta reais vantagens para o adotando, se funda em motivos legítimos e for razoável supor que entre adotante e adotando se vai estabelecer um vínculo semelhante ao da filiação.**

ANOTAÇÃO

1. Conexões normativas externas: arts. 5º, alínea *a)*, 15º e 17º CH 1993; art. 17º CEMAC; art. 1974º CC;

2. Esta disposição normativa reproduz, embora com uma formulação mais detalhada, o regime pretérito (art. 16º Decreto-Lei nº 120/98).

3. A colocação de uma criança no estrangeiro com vista à futura adoção pressupõe a verificação dos seguintes requisitos cumulativos:

a) A aplicação de medida de promoção e proteção de confiança com vista a futura adoção;

b) A inviabilidade, em tempo útil, de concretização do projeto adotivo em Portugal ou uma colocação familiar permanente, aferida de acordo com o superior interesse da criança;

c) Os candidatos a adotantes serem reconhecidos como idóneos e a adoção da criança ser possível nesse país;

d) Estiver previsto, nesse país, um período de convivência entre a criança e os candidatos a adotantes suficiente para avaliar a conveniência da constituição do vínculo;

e) Haver indícios de que a futura adoção apresenta reais vantagens para o adotando, se funda em motivos legítimos e for razoável supor que entre adotante e adotado virá a estabelecer-se um vínculo semelhante ao da filiação.

4. A idoneidade dos candidatos a adotantes, reconhecida pelos serviços competentes segundo a lei do país de acolhimento e a possibilidade de adoção da criança nesse país decorre da exigência de que uma adoção internacional abrangida pela CH 1993 (cujas regras são também aplicáveis a outras adoções internacionais fora deste quadro convencional) só pode realizar-se quando as autoridades competentes do Estado recetor tenham constatado que os futuros pais adotivos são elegíveis e aptos para adotar (art. 5º, alínea *a)* CH 1993).

Caso isso suceda, a autoridade central desse Estado deve preparar um relatório contendo informações sobre a identidade, capacidade jurídica dos candidatos, a sua situação pessoal, familiar e médica, o seu meio social, os motivos da adoção, a sua aptidão para assumir uma adoção internacional, assim como as características das crianças que eles estariam em condições de cuidar, relatório que é transmitido à autoridade central do Estado de origem (art. 15º CH 1993).

A decisão por parte do Estado de origem de confiar uma criança aos futuros pais adotivos só pode ser tomada quando estejam verificadas as seguintes condições (art. 17º CH 1993):

a) A autoridade central do Estado de origem se tiver assegurado da anuência dos futuros pais adotivos (candidatos a adotantes);

b) A autoridade central do Estado recetor tiver aprovado tal decisão, quando esta aprovação seja requerida pela lei desse Estado ou pela autoridade central do Estado de origem;

c) As autoridades centrais de ambos os Estados estiverem de acordo quanto ao prosseguimento da adoção;

d) Tenha sido constatado que os futuros pais adotivos são elegíveis e aptos para adotar e que a criança foi ou será autorizada a entrar e residir com carácter de permanência no Estado recetor.

Esta última questão deve ser particularmente garantida através da cooperação entre ambas as autoridades centrais mas, muito particularmente, pela autoridade central do Estado recetor que deve assegurar que não serão colocados entraves à entrada e permanência da criança pelas autoridades responsáveis pela imigração naquele Estado ou por outras circunstâncias impeditivas da concretização de um processo adotivo naquele Estado.

5. A previsão de um período de pré-adoção – convivência entre a criança e os candidatos a adotantes suficiente para avaliar a conveniência da constituição do vínculo – decorre do art. 17º Convenção Europeia em Matéria

de Adoção de Crianças (CEMAC)[78], segundo o qual a adoção não pode ser decretada sem que a criança esteja confiada aos cuidados do adotante durante um período de tempo considerado suficientemente longo para razoavelmente avaliar as relações que se estabeleceriam entre eles se a adoção for decretada.

Este período de tempo terá a duração prevista na lei do Estado recetor, mas, no caso de não se prever qualquer período de pré-adoção, o candidato a adotante deve permanecer em Portugal durante um período de tempo suficiente para avaliar a conveniência da constituição do vínculo (art. 84º, nº 4).

Durante esse período, a autoridade central do Estado de origem acompanhará a evolução da situação da criança, através de contactos regulares com a autoridade central do Estado recetor ou com a entidade competente para o efeito, remetendo cópias das informações prestadas ao organismo de segurança social e ao tribunal que tiver aplicado a confiança com vista à futura adoção e transferido a curadoria provisória (art. 87º, nº 2).

6. A avaliação e o procedimento devem permitir a existência de indícios de que a futura adoção apresenta reais vantagens para o adotando, se funda em motivos legítimos e for razoavelmente supor que entre adotante e adotado virá a estabelecer-se um vínculo semelhante ao da filiação.

Trata-se de uma afirmação de que a adoção constitui um instrumento para salvaguardar o superior interesse da criança e, em especial, daquelas que estão privadas do seu meio familiar normal.

A exigência estabelecida para a adoção internacional acolhe, embora não totalmente, os requisitos gerais previstos no art. 1974º, nº 1 CC, prescindindo da obrigatoriedade da adoção não envolver sacrifício injusto para os outros filhos (naturais ou biológicos) do adotante, solução que já constava do regime pretérito (art. 16º, alínea *d)* Decreto-Lei nº 120/98).

Numa perspetiva de proteção e de prossecução dos interesses de uma criança residente em Portugal que venha a ser colocada num Estado estrangeiro com vista à sua adoção, é irrelevante o sacrifício injusto dos outros filhos do adotante. Ao concretizar os objetivos da CH 1993, esta omissão não impede que as autoridades do Estado de acolhimento não apliquem o seu direito interno e os princípios ali estabelecidos.

[78] Aprovada para ratificação pela Resolução da Assembleia da República nº 4/90, de 20 de dezembro de 1989.

De igual modo, esta omissão não impede que essa avaliação não deva ser objeto de ponderação no estudo da candidatura uma vez que respeita fundamentalmente à motivação para adotar e à consideração do sistema e das dinâmicas familiares compatíveis com esse projeto, circunstância que poderá ser objeto de nova avaliação na fase judicial do processo em face da audição obrigatória dos filhos do adotante (art. 1984º CC).

7. Bibliografia: Cantwell, Nigel, "A nova Convenção da Haia sobre a adoção internacional – um assunto que anda para a frente ?", *Revista Infância e Juventude,* janeiro-março 94-1, Lisboa, pp. 33-44. HCCH Permanent Bureau, *The Implementation and Operation of the 1993 Hague Intercountry Adoption Convention,* Guide No. 1, Guide to Good Practice (disponível na seguinte hiperligação (https://assets.hcch.net/docs/bb168262-1696-4e7f-acf3-fbbd85504af6.pdf); Oliveira, Guilherme de, *Adoção e apadrinhamento civil,* Lisboa: Petrony, 2019; Pinheiro, Jorge Duarte, *O Direito da Família Contemporâneo* (5ª edição). Coimbra: Almedina, 2016; Ramião, Tomé d'Almeida. *A Adoção – Regime Jurídico Atual* (2ª edição) Lisboa: Petrony, 2007; Ramos, Rui Moura, "A adoção no direito internacional privado português", *Das relações privadas internacionais; estudos de direito internacional privado,* Coimbra: Coimbra Editora, 1995, pp. 55-83; Ramos, Rui Moura, "Sucessão e coexistência de métodos ao longo do tempo: a adoção no direito internacional privado português", *Estudos de Direito Internacional e de Direito Processual Civil Internacional,* Coimbra: Coimbra Editora, 2002, pp. 263-282; Silva, Nuno Gonçalo da Ascensão, *A constituição da adoção de menores nas relações privadas internacionais: alguns aspetos,* Coimbra: Coimbra Editora, 2000.

Esta anotação foi redigida seguindo a grafia resultante do Acordo Ortográfico de 1990

António José Fialho

ARTIGO 84º

Manifestação e apreciação da vontade de adotar

1 – A manifestação da vontade de adotar deve ser dirigida diretamente à Autoridade Central pela autoridade competente do país de residência do candidato ou pela entidade mediadora autorizada, mediante transmissão de candidatura devidamente instruída.

2 – Recebida a candidatura, a Autoridade Central aprecia-a no prazo de 10 dias, aceitandoa, rejeitando-a ou convidando a prestar esclareci-

mentos ou a juntar documentos complementares, comunicando a correspondente decisão à autoridade competente ou à entidade mediadora.

3 – A candidatura é instruída com os documentos que forem necessários à demonstração dos requisitos referidos nas alíneas *a)* e *b)* do artigo anterior.

4 – As candidaturas aceites são inscritas na Lista de Candidatos à Adoção Internacional Residentes no Estrangeiro.

ANOTAÇÃO

1. Conexões normativas externas – 2º, 4º/a), 5º/a), 14º, 15º/1, 16º, 22º/1 e 4 CH 1993, 121º e ss. CPA.

2. Manifestação da vontade de adotar e transmissão de candidatura.

O conceito de candidato surge aqui no seu sentido estrito, referindo-se apenas ao candidato já selecionado, apto. Esta distinção entre os conceitos de "candidatos aptos" e de "candidatos elegíveis" encontra-se plasmada no nº 1 do art. 15º CH 1993, em conjugação com a alínea a) do art. 5º CH 1993, e é aprofundada no Relatório Explicativo da CH 1993, onde se esclarece que elegíveis serão os candidatos que reúnem os requisitos legais para poderem candidatar-se à adoção, mas aptos serão apenas aqueles que evidenciarem cumprir os necessários critérios psicossociais (tradução nossa de G. Parra-Aranguren, 1993, p. 30).

A obrigatoriedade de dirigir a manifestação da vontade de adotar à autoridade central do país da residência habitual do candidato (vertendo o princípio contante do art. 14º CH 1993) visa evitar que o candidato, ainda que selecionado pelas equipas competentes do seu país de residência habitual, se dirija pessoalmente à autoridade central/outras entidades do país de residência da criança e inicie uma adoção independente (situação em que os adotantes identificam diretamente uma criança que pretendem adotar, e promovem a adoção nesse país, sem intervenção da autoridade central ou entidade mediadora do seu país de residência habitual). Tais adoções são fortemente desencorajadas, por não permitirem assegurar o conjunto de garantias estabelecidas pela CH 1993. Sobre este tema, cf. anotação à alínea c) do art. 65º e ao nº 4 do art. 78º.

Acresce que a Recomendação nº 15 da Comissão Especial sobre a operacionalização da CH 1993 refere expressamente que "os Estados devem desencorajar ativamente contactos diretos entre os candidatos à adoção e as autoridades do Estado de origem até que recebam autorização para o fazer" (HCCH, 2005, p. 6).

Importa também atentar à pertinência da opção pelo critério da residência habitual, neste artigo e ao longo de todo o RJPA, em harmonia com a legislação internacional nesta matéria. Com esta opção, pretendeu-se prevenir questões relativas a conflito móvel e à possibilidade de selecionar a jurisdição mais conveniente ao demandante, situações potenciadoras de indesejável incerteza jurídica. A residência habitual, para efeitos de adoção, deverá aferir-se no momento em que se apresenta o requerimento de candidatura à adoção, quanto ao adotante, e no momento da elaboração dos relatórios de caracterização, para a criança a adotar (cf. art. 16º CH 1993). Alertamos para o facto de esta não se encontrar relacionada com a nacionalidade das partes.

Na verdade, um cidadão pode ser nacional de um determinado país e residir habitualmente noutro: tal como exposto no Relatório Explicativo da CH 1993, o critério da residência habitual do Art. 2º CH 1993 "(...) não leva em consideração a nacionalidade das partes para determinar o âmbito da Convenção, entre outras razões, porque o país da nacionalidade (quando for diferente do país da residência habitual) não teria possibilidade de cumprir muitas obrigações impostas pelas normas da Convenção, tal como a preparação dos relatórios requeridos pelos arts 15º e 16º CH 1993" (tradução nossa de G. PARRA-ARANGUREN, 1993, p. 30).

Por fim, refira-se que a República Portuguesa, enquanto membro da CH 1993 declarou, nos termos do nº 4 do art. 4º do art. 22º desta Convenção, que as adoções internacionais de crianças com residência habitual no nosso território só podem ter lugar se as funções das autoridades forem desempenhadas de acordo com o nº 1 do mesmo artigo. Esta declaração tem por efeito prático a obrigatoriedade, para a ACAI, de apenas aceitar uma candidatura estrangeira se esta for apresentada através da autoridade central de determinado país, ou através de entidade mediadora devidamente autorizada para exercer essas funções no nosso país (cf. anotação ao art. 68º).

Por conseguinte, a ACAI não poderá estabelecer cooperação com os países em que as funções de transmissão de candidatura não são exercidas diretamente pelas autoridades centrais, mas delegadas em entidades mediadoras não autorizadas para exercer essas funções em Portugal, como aconteceu, a título de exemplo, com os Estados Unidos da América, até 4 março de 2022 (momento em que foram autorizadas duas entidades mediadoras americanas para exercer esta atividade em Portugal: *Nightlight Christian Adoptions* e

Children's House International Adoptions (entidades mediadoras autorizadas, respetivamente, pelas Deliberações nº 291/2022 e nº 292/2022 do Instituto da Segurança Social, I.P., publicado no Diário da República, 2ª série, parte C, pág. 90 e 91 de 4/03/2022).

3. Análise da candidatura e decisão.

Conforme decorre da articulação entre o presente artigo e os arts. 43º e 44º (*vide* nota anterior), a avaliação, formação e seleção do candidato compete à equipa de adoção do organismo de segurança social da área de residência deste, com quem a ACAI cooperará prestando todas as informações necessárias sobre os requisitos do país de origem. Não obstante, a ACAI pode solicitar esclarecimentos/rectificações para completar a instrução do processo. A decisão final de aceitação ou rejeição deverá ser comunicada por ofício dirigido à autoridade central congénere ou entidade mediadora proponente da candidatura, do qual conste referência expressa ao prazo de validade previsto no nº 1 do art. 45º.

4. Instrução da candidatura.

A candidatura à adoção deverá conter todos os documentos exigidos para as candidaturas à adoção nacionais, previstos nos nºs 3 e 4 do art. 43º, acrescidos dos seguintes:

a) Decreto de idoneidade;

b) Declaração de compromisso de acompanhamento da pré-adoção

Em Direito Internacional é frequente existirem diferenças na legislação interna dos países envolvidos. Como o período de convivência prévia à prolação da decisão judicial de adoção é considerado essencial na legislação portuguesa (cf. nº 1 e 3 do art. 87º, para a adoção internacional, e nº 1 do art. 50º, para a adoção nacional), a presente declaração garante uma maior segurança no processo adotivo internacional, uma vez que a entidade estrangeira competente assegura que irá acompanhar e realizar os relatórios de acompanhamento exigidos pela ACAI durante todo o período compreendido entre a chegada da criança ao país de destino e a decisão final de adoção, independentemente da existência de período de pré-adoção na legislação do país de acolhimento;

c) Álbum de fotografias dos candidatos, da sua residência e vida familiar/social.

Podem ser solicitados outros documentos, se tal resultar necessário da análise do caso concreto.

Todos os documentos devem ser enviados no original (ou cópia certificada conforme o original), com tradução certificada para a língua portuguesa. Quando aplicável, devem os documentos receber a Apostila da Haia (certidão da autenticidade de atos públicos, permitindo que um documento tenha eficácia reconhecida nos outros estados signatários da Convenção da Haia).

Os requisitos das alíneas a) e b) do artigo anterior podem ser comprovados através do decreto de idoneidade dos candidatos (decisão judicial ou administrativa que, nos termos do país da residência habitual dos candidatos, declara que estes possuem competências e características necessárias para a adoção de uma criança/fratria residente habitualmente noutro país) e da declaração de compromisso de acompanhamento da pré-adoção por parte da entidade estrangeira competente, assinado também pelos candidatos, que se comprometem a disponibilizar-se para o dito acompanhamento. Em acréscimo, poderão ser solicitados outros documentos, como, por exemplo, cartas de recomendação redigidas por elementos da rede de apoio dos candidatos.

5. Registo da candidatura.

Após registo da aceitação da candidatura na Lista de Candidatos à Adoção Internacional Residentes no Estrangeiro, ficarão os candidatos a aguardar proposta de criança. Se pelo menos um dos candidatos tiver nacionalidade portuguesa, será a candidatura considerada aquando das pesquisas nacionais de candidatos, por constituir exceção ao Princípio da Subsidiariedade (conforme nº 3 do art. 82º).

Compete também à ACAI assegurar que, em todos os momentos, as candidaturas estrangeiras encontram-se válidas, cumulativamente, à luz da legislação do país de origem e à luz da legislação portuguesa (no nosso caso, a validade é de 3 anos, estipulados pelo nº 1 do art. 45º), devendo assegurar a correspondente reavaliação em momento anterior ao decurso do prazo de validade, sob pena de não poder ser considerada aquando das pesquisas (dando lugar à sua suspensão ou caducidade).

6. Bibliografia: G. PARRA-ARANGUREN – *Explanatory Report on The Convention on Protection of Childrean and Co-operating in Respect of Intercountry Adoption. Article* 5, p.30, ponto 180. Caracas, 31 dezembro 1993, Disponível em WWW: <URL: https://assets.hcch.net/docs/78e18c87-fdc7-4d86-b58c-c8fdd5795c1a.pdf>; *HAGUE CONFERENCE ON PRIVATE INTERNATIONAL LAW* (HCCH) – *Conclusions and Recommendations of the second meeting of the Special Commission on the practical operation of the Hague Convention of 29*

May 1993 on Protection of Children and Co-operation in Respect of Intercountry Adoption. Co-operation and communication, p.6 ponto 15. Haia, outubro 2005. Disponível em WWW: <URL: https://assets.hcch.net/upload/wop/concl33sc05_e.pdf.

Esta anotação foi redigida seguindo a grafia resultante do Acordo Ortográfico de 1990

ELIANA COSTA SANTOS

ARTIGO 85º
Estudo da viabilidade

1 – Sempre que da pesquisa a que se refere o nº 1 do artigo 48º não resultar a identificação de candidato, o organismo de segurança social ou a instituição particular autorizada consulta a Lista de Candidatos à Adoção Internacional Residentes no Estrangeiro.

2 – Em caso de identificação de candidato relativamente ao qual seja legítimo efetuar um juízo de prognose favorável de compatibilização entre as suas capacidades e as necessidades da criança, o organismo de segurança social ou a instituição particular autorizada efetua a correspondente comunicação à Autoridade Central, remetendo relatório exaustivo de caracterização da criança.

3 – A viabilidade concreta da adoção é analisada conjuntamente pela Autoridade Central e pelo organismo de segurança social ou instituição particular autorizada, tendo em conta a compatibilização entre as necessidades da criança e as capacidades do candidato.

4 – Concluindo-se pela viabilidade da adoção, a Autoridade Central apresenta proposta à autoridade competente ou à entidade mediadora autorizada, acompanhada do relatório de caracterização da criança.

ANOTAÇÃO

1. Conexões normativas externas – arts. 2º, 4º/a), 5º/a), 14º, 15º/1, 16º, 22º/1 e 4 CH 1993.

2. Pesquisa de candidatos à adoção internacional.

Sendo subsidiária a adoção internacional, apenas quando se considerar inviável, em tempo útil, a adoção da criança em Portugal, deverá pesquisar-se candidatos em adoção internacional (cf. Anotação ao art. 82º). Sobre a metodologia desta pesquisa debruçou-se o CNA, tendo emitido a Recomendação nº 1/2016, aprovada na Reunião deste Conselho de 15/02/2016, estabelecendo as seguintes etapas:

a) Candidatos residentes no estrangeiro com nacionalidade portuguesa (pelo menos um dos candidatos): uma vez que o princípio da subsidiariedade não se aplica a candidatos com a mesma nacionalidade da criança (cf. nº 3 do art. 82º), esta candidatura encontra-se em situação de paridade com os candidatos residentes em Portugal, pelo que será considerada sempre que uma equipa de adoção realize uma pesquisa de candidatos para o encaminhamento de uma criança cujas necessidades correspondam às suas capacidades (cf. Recomendação do CNA nº 6/2016, aprovada em reunião de 21/11/2016 e Ponto 7 da Recomendação nº 3/2016, aprovada em reunião de 26/04/2016 e rectificada a 23/05/2016). Neste sentido, incumbirá à ACAI responder à pesquisa com o máximo de 3 candidaturas que, por ordem de antiguidade, considere mais adequadas, à luz da correspondência entre as capacidades do candidato e as necessidades da criança. Importa que, antes de responder à pesquisa, a ACAI assegure a atualidade da caracterização das candidaturas (cumulativamente à luz da legislação portuguesa e do país de destino da criança), e afira que é de prever a aceitação de uma eventual proposta de encaminhamento desta criança (alínea a) do Ponto 1.2 da Recomendação nº 1/2016, aprovada em reunião de 15/02/2016).

b) Candidatos residentes no estrangeiro com nacionalidade estrageira: sempre que das pesquisas nacionais não resultarem encaminhamentos viáveis, deve a ACAI indicar candidaturas de estrangeiros residentes no estrangeiro que se encontrem aceites e a aguardar proposta de criança, nos termos do nº 1 do Art. 85º seguinte.

c) Concluídas as pesquisas referidas *supra*, sem viabilidade de encaminhamento para candidatura de residentes no território nacional ou no estrangeiro com a mesma nacionalidade da criança, devem as equipas de adoção referenciá-la para adoção internacional, no prazo de 30 dias (cf. Recomendação do CNA nº 6/2016, aprovada em reunião de 21/11/2016). A ACAI irá então registar a criança na lista de crianças em situação de adotabilidade internacional e divulgará, junto das autoridades centrais ou entidades mediadoras estrangeiras autorizadas que com a ACAI cooperem expressamente nesta matéria, um resumo da caracterização e história de vida da criança (em português, com a respetiva tradução para inglês), com salvaguarda da confidencialidade de identidade e localização da criança.

Trata-se de uma pesquisa ativa, designada de fluxo invertido, que pretende promover o encaminhamento de crianças com necessidades adotivas particulares que, por não corresponderem às pretensões dos candidatos a aguardar proposta em Portugal, não conseguem ver concretizado o seu direito fundamental a crescer num ambiente familiar, em clima de felicidade, amor e compreensão.

As entidades parceiras que identifiquem famílias que possam corresponder às necessidades de determinada criança poderão solicitar mais informações ou os respectivos relatórios de caracterização, que serão solicitados pela ACAI às equipas locais. Caso a entidade parceira estrangeira mantenha o parecer positivo sobre o encaminhamento, deverá remeter à ACAI os relatórios de avaliação psicossocial da candidatura, que serão analisados em conjunto com a equipa de adoção responsável pelo projecto adotivo da criança, podendo haver lugar a reuniões entre os técnicos da ACAI, entidade estrangeira, equipa de adoção, técnicos da casa de acolhimento ou gestor da família de acolhimento, ou até com os candidatos, para os termos e os efeitos do número 3 deste artigo.

Procura-se, assim, alargar o espectro das candidaturas disponíveis para a adoção de crianças com necessidades adotivas particulares para além do escopo das candidaturas já transmitidas a Portugal, sob o ponto de vista da criança.

Já sob o ponto de vista dos candidatos, permite-se uma mais célere concretização do projeto adotivo após a transmissão da candidatura, porquanto esta só será transmitida se o encaminhamento foi considerado viável pelas equipas dos dois países e pelo CNA – sobre este procedimento *vide* Guias de Boas Práticas nº 1, Ponto 7.3.3, parágrafo 394, referindo-se à promoção das oportunidades de adoção das crianças com necessidades adotivas especiais: "(...) os Estados de origem podem avaliar o número e o perfil das crianças passíveis de serem adotadas internacionalmente com necessidades especiais e partilhar esses detalhes (mas não qualquer informação identificativa – para proteger a privacidade das crianças) com Estados de acolhimento. (...) enquanto medida prática, para permitir a adaptação às necessidades especiais das crianças, pode haver lugar à inversão do fluxo do processo, i.e., os Estados de origem requereriam que os Estados de acolhimento procurassem candidatos com capacidade de cuidar de crianças específicas, com necessidades especiais" (tradução nossa de G. Parra-Aranguren, 1993, p. 92).

Realça-se que, em Portugal, este modelo de fluxo invertido aplica-se às crianças com necessidades adotivas particulares, que podem, ou não, corresponder a crianças que se enquadram no conceito de necessidades especiais, no seu sentido lato. Para este efeito, são consideradas crianças com necessidades adotivas particulares aquelas para quem não foi possível encaminhamento adequado na adoção nacional (quer pela idade – em regra, 10 anos ou mais – quer por estarem inseridas em fratria/grupo de irmãos ou por terem problemas de saúde/desenvolvimento).

A emergência da consciencialização das potencialidades da promoção da adoção das crianças com necessidades adotivas particulares junto dos candidatos à adoção nacional levou à inclusão deste tema na Fase A do Plano de Formação para a Adoção (previsto no art. 5º do Regulamento do Processo de Adoção, e à dinamização de procedimentos específicos na pesquisa de candidatos a nível nacional.

3. Estudo do encontro entre as características e necessidades da criança/fratria, e das características e capacidades dos candidatos.

O estudo do encontro entre as características e necessidades da criança/fratria, e das características e capacidades dos candidatos é realizado, num primeiro momento, pela equipa de adoção responsável pela concretização do projeto de adoção da criança, em conjunto com a equipa técnica da ACAI, e, num segundo momento, com a participação ativa da equipa responsável pelos candidatos, seja a autoridade central estrangeira ou a entidade mediadora.

Da leitura e análise dos relatórios de caracterização da criança/fratria e/ou dos candidatos podem resultar, frequentemente, questões que precisem de ser esclarecidas, seja através de novas entrevistas aos candidatos (com temas específicos previamente sugeridos), novos relatórios (como por exemplo relatórios clínicos específicos de terapia da fala, ou outros aplicáveis, nas situações de crianças com problemas de saúde ou de desenvolvimento), ou através de reuniões *online* com a presença da ACAI, autoridade central congénere ou entidade mediadora autorizada responsável pelo projeto adotivo dos candidatos, da equipa de adoção responsável pelo projeto adotivo da criança e, em determinadas situações, com a presença dos técnicos da casa de acolhimento ou da família de acolhimento. Pretende-se aprofundar todos os aspetos relevantes para o esclarecimento das dúvidas das várias equipas, de forma a que a decisão de viabilidade ou inviabilidade seja tomada com o máximo de conhecimento informado.

4. Apresentação de Proposta de Criança.

Concluída a fase do estudo do encaminhamento e obtida a confirmação do CNA (cf. anotação ao nº 2 do art. 78º), a ACAI prepara e apresenta a Proposta de Criança, que contém, obrigatoriamente, os dados identificativos da criança/fratria e dos candidatos, e que deve ser instruída com todos os relatórios de caracterização necessários para cabal informação sobre a criança/fratria. É também este o momento da emissão do Certificado de Adotabilidade, documento que se destina a comprovar, de forma célere e clara, que a adotabilidade da criança foi decretada em cumprimento do superior interesse desta, tendo sido prestado consentimento informado por quem o deva prestar, de acordo com o estabelecido no art. 1981º do CC, ou tendo sido este judicialmente dispensado, ou ainda que tenha sido decretada medida de promoção e proteção com vista a futura adoção. Mais se certifica que foi respeitado o princípio da subsidiariedade previsto na alínea a) do art. 62º (para cuja anotação se remete) e a prévia confirmação do encaminhamento pelo CNA.

Pretende-se, assim, confluir num único documento os requisitos necessários para que a proposta de criança possa ser considerada pelo país de acolhimento, em cumprimento dos requisitos do art. 4º CH 1993. Caberá, então, à autoridade central estrangeira ou à entidade mediadora autorizada apresentar a proposta aos candidatos, em respeito pelas normas vigentes na sua legislação interna (por exemplo, nalguns países, como a Holanda, não é permitida a disponibilização de uma fotografia da criança antes da receção da aceitação formal dos candidatos, noutros, como em Itália, é permitida no momento inicial, ou, como na Bélgica, a apresentação da proposta da criança aos candidatos ocorre apenas após validação do encaminhamento pelas entidades competentes no país, de que é exemplo a Bélgica).

O contacto direto entre o candidato e a autoridade central do país de origem da criança, sem a mediação das entidades competentes estrangeiras é desencorajado, como recomendado pela Comissão Especial de 2005: "A Comissão Especial recomenda que os Estados desencorajem ativamente contactos diretos entre os candidatos e as autoridades do Estado de origem até que sejam devidamente autorizados a fazê-lo" (tradução nossa de G. Parra-Aranguren, 1993, p. 87), pelos motivos abordados nas anotações ao nº 4 do art. 78º, e para as quais se remete.

5. Bibliografia: CONSELHO NACIONAL PARA A ADOÇÃO (CNA) – Regulamento do Processo de Adoção – Critérios, Procedimentos e

Programas de Intervenção Técnica. Aprovado na 23ª reunião do Conselho Nacional para a Adoção realizada a 7/11/2016. Portugal, 2016. Disponível em WWW: <URL: https://www.seg-Social.pt/documents/10152/63638/Regulamento+do+Processo+de+Ado%25C3%25A7%25C3%25A3o/b3442a36-c484-4c03-b8ca-8b3f5dbdba5b>; *HAGUE CONVENTION ON PRIVATE INTERNATIONAL LAW* (HCCH) – *The Implementation and Operation of the 1993 Hague Intercountry Adoption Convention Guide To Good Practice Guide No. 1. Family Law*, 2008, p. 87. Haia, 2008, Disponível em WWW: <URL: https://assets.hcch.net/docs/bb168262-1696-4e7f-acf3-fbbd85504af6.pdf>; *HAGUE CONVENTION ON PRIVATE INTERNATIONAL LAW* (HCCH) – *The Implementation and Operation of the 1993 Hague Intercountry Adoption Convention Guide To Good Practice Guide No. 1. Family Law*, 2008, p. 92. Haia, 2008, Disponível em WWW: <URL: https://assets.hcch.net/docs/bb168262-1696-4e7f-acf3-fbbd85504af6.pdf>; REED, Kelly; KITTLE, Kris – *Improving Long-Term Outcomes in Adolescent Adoption. National Council For Adoption* (NCFA). EUA, 1 outubro 2020, Disponível em WWW: <URL: https://adoptioncouncil.org/publications/adoption-advocate-no-148/>; INSTITUTO DA SEGURANÇA SOCIAL, I.P. – Relatório da Adoção Nacional, Internacional e Apadrinhamento Civil 2020 – Equipas de Adoção do ISS, I.P.. pp. 19, 23 e 44, Portugal, outubro 2021, Disponível em WWW: <URL: https://www.seg-social.pt/documents/10152/13200/RELATÓRIO+Adoção+e+Apadrinhamento+Civil+2020/87da0c3f-734a-4844-8a9e-6f141f50385c>.

Esta anotação foi redigida seguindo a grafia resultante do Acordo Ortográfico de 1990

ELIANA COSTA SANTOS

ARTIGO 86º
Prosseguimento da adoção

1 – Aceite a proposta pela autoridade competente e pelos candidatos, a Autoridade Central diligencia pela formalização do acordo de prosseguimento do processo de adoção e colabora com o organismo de segurança social competente no sentido da adequada preparação da criança.

2 – O contacto entre o candidato e a criança a adotar só pode ocorrer após a formalização do acordo a que se refere o número anterior.

3 – O organismo de segurança social requer ao tribunal a transferência da curadoria provisória da criança para o candidato a adotante.

4 - A Autoridade Central e a autoridade competente do país de acolhimento devem tomar as iniciativas necessárias com vista à obtenção de autorização de saída da criança de Portugal e de entrada e permanência naquele país.

ANOTAÇÃO

1. Conexões normativas externas - 17º/c) e 29º CH 1993, 13º/1 RPA, 2º RSA.

2. Acordo de Prosseguimento e preparação da transição.

A primeira parte deste artigo materializa no direito interno o conceito contido no acordo de ambas autoridades centrais para prossecução da adoção, previsto na alínea c) do art. 17º CH 1993. Assim, após receção da aceitação da proposta de criança, expressa e escrita, a ACAI emite o seu Acordo para o Prosseguimento da Adoção, devendo a autoridade central do país de acolhimento emitir o seu. De acordo com o Guia de Boas Práticas Nº 1 "o Artigo 17º/c) estabelece uma das mais importantes garantias de segurança da Convenção. Se se tornar aparente que a adoção proposta não corresponde ao superior interesse da criança, ou que houve uma inconformidade significativa no processo, as autoridades centrais não deverão emitir o seu acordo nos termos do Art. 17º/c), e a adoção não poderá prosseguir." (tradução nossa de G. PARRA-ARANGUREN, 1993, p. 89).

Na segunda parte deste nº 1, o legislador incumbe à ACAI a cooperação com a equipa de adoção do organismo de segurança social competente na preparação da criança para a adoção internacional e para aquela família adotiva em específico.

A intervenção técnica referida é descrita pelo CNA no nº 1 do art. 13º do Regulamento do Processo de Adoção: "o programa de intervenção técnica adequado à concretização do projeto adotivo inicia-se em momento anterior, aquando da decisão judicial que decreta a adotabilidade, conforme estipulado no nº 3 do art. 41º do RJPA e visa a preparação da criança para a adoção, tendo como objetivos gerais apoiar a criança na apropriação do seu projeto de adoção, ajudá-la a reconstruir e (re)significar a sua história de vida, integrando o passado e o presente, com vista à construção de uma identidade coerente e, finalmente, preparar a criança para uma abertura à aceitação da nova família e construção de relações de vinculação seguras". Para maior esclarecimento sobre as características gerais da preparação da criança para a adoção, sugerimos a consulta da anotação ao nº 3 do art. 41º do presente diploma.

Como parte da preparação da criança para a família adotiva que efetivamente irá integrar (fase posterior à preparação da criança para uma família adotiva abstrata), é solicitado aos candidatos que enviem um Álbum de Apresentação com fotografias dos próprios, da casa, família próxima, animais de estimação e outros temas, como a zona onde está inserida a residência, por exemplo, preparado especificamente para cada criança (tratando-se de adoção de fratria, um álbum para cada criança), adaptado à sua idade e nível de desenvolvimento (a título de exemplo, é considerado boa prática que, para crianças pequenas ou com compromissos ao nível do desenvolvimento ou outros, seja o álbum impresso apenas com as fotografias essenciais, em folhas duras e formato pequeno, como A5, para permitir que a criança se faça acompanhar dele, se assim o entender, apropriando-se paulatinamente do seu conteúdo).

Este álbum constitui-se um apoio valioso na parte final da preparação da criança para a adoção, e, sendo a primeira comunicação direta dos candidatos com a criança, pode ser um meio efetivo de estabelecer proximidade.

Da mesma forma, e de acordo com a maturidade e características da criança, esta preparará um Álbum de Apresentação para se apresentar à família. Na adoção internacional será importante que estes álbuns sejam trocados antes da chegada dos candidatos a Portugal, para dar tempo à sua apropriação, podendo ser seguidos de troca de perguntas e respostas, vídeos, ou mesmo de conversas em videoconferência, sempre norteadas pela avaliação das características concretas da criança. Por outro lado, devem ser debatidas estratégias para a comunicação com a criança, como cartões com imagens de sentimentos e ações, sempre que os candidatos não dominem o português.

Apesar destas e de outras estratégias que poderão ser implementadas, é muito importante que os candidatos adquiram alguns conhecimentos da língua portuguesa, ainda que rudimentares, não só para facilitar a comunicação, mas também para que a criança se sinta aceite e vista.

Uma vez que a formação e preparação dos candidatos é realizada pelas entidades do seu país de residência, com metodologias e *timings* díspares, consideramos essencial que, a ACAI assegure, em articulação com a equipa de adoção responsável pela concretização do projeto adotivo da criança, uma ação de sensibilização que aborde, de forma adaptada, alguns conteúdos relevantes da Fase C da preparação para a parentalidade adotiva, conforme previsto no art. 7º do Regulamento do Processo de Adoção, selecionados de acordo com as características da criança e dos candidatos, abordando também procedimentos técnicos e jurídicos do processo de adoção internacional (aplicando-se nesta fase a preparação complementar de candidatos à adoção, prevista no art. 47º, conforme remessa expressa contida no nº 2 do art. 76º).

Paralelamente, a equipa da equipa da criança do organismo de segurança social elabora um Plano de Aproximação e Integração em cooperação com as equipas de adoção e equipas técnicas de acolhimento residencial ou familiar.

Este plano tem por base as características e necessidades da criança, bem como dos candidatos, e prevê os diferentes momentos da transição e as atividades das primeiras semanas. Para que possa receber os contributos dos candidatos e da entidade responsável pelo seu acompanhamento, consideramos pertinente que o Plano de Aproximação e Integração seja remetido por e-mail pela ACAI às entidades estrangeiras, que o farão chegar aos candidatos, preferencialmente antes de se deslocarem para Portugal.

Tem sido prática da ACAI solicitar aos candidatos que se organizem de forma a permanecer em Portugal pelo período indicativo de 4 a 6 semanas (que poderá ser reduzido ou alargado para responder às necessidades do caso concreto), de forma a permitir uma boa avaliação do período de transição e evitar que os candidatos se vejam a braços com pressões imprevistas, incluindo as resultantes de obrigações no seu país de residência (profissionais, familiares ou outras), o que prejudicaria a sua disponibilidade efetiva para a construção de laços com a criança.

Nesta fase do processo, é essencial garantir o acompanhamento por um tradutor com experiência na área da adoção, pelo menos durante os 3 primeiros dias da transição, sempre que os candidatos não dominem o português, salvo se a equipa de adoção da criança o dispensar.

3. Proibição de contacto prévio do candidato com a criança e exceção.

Esta proibição é transversal à adoção internacional, e plasma no direito interno a importante regra estabelecida no art. 29º CH 1993, abordada nas anotações ao nº 4 do art. 78º e à alínea c) do art. 65º, para as quais se remete.

Exceção a esta norma poderá justificar-se nos casos de problemas de saúde graves da criança, cuja complexidade e caracterização seja melhor percepcionada presencialmente (sem que a criança seja perturbada nas suas rotinas e sem que esta perceba que um eventual matching está em estudo).

Serão, contudo, situações muito residuais, devendo privilegiar-se a elaboração vídeos das rotinas da criança em que sejam perceptíveis os desafios específicos e as estratégias de superação recorridas. É essencial que os candidatos possam ter uma boa compreensão sobre as reais necessidades da criança e do impacto que uma adoção poderá ter no seu dia-a-dia, para que possam, em consciência, decidir se têm capacidades e vontade para prosseguir, antes de entrarem efetivamente na vida da criança.

4. Transferência da curadoria provisória da criança.

O período de transição não poderá concluir-se com sucesso sem que o tribunal português responsável pela concretização do projeto adotivo da criança transfira a curadoria provisória da criança para os candidatos (cf. alínea d) do art. 29º, *in fine*).

Esta transferência depende, naturalmente, de requerimento da equipa de adoção do organismo de segurança social competente, devidamente instruído com os elementos de identificação dos candidatos.

Consideramos uma boa prática a instrução do requerimento com cópia do decreto de idoneidade dos candidatos, cópia dos acordos de prosseguimento das duas autoridades centrais e cópia do Plano de Aproximação e Integração (cf. nota ao número anterior).

Apesar de ser competência da ACAI assegurar o cumprimento destes requisitos, parece-nos importante dotar o processo judicial de cópia destes elementos, para maior esclarecimento, bem como de outros documentos que venham a ser solicitados pelo tribunal.

Para efeitos de aposição da Apostila da Haia, releva que a transferência da curadoria provisória seja assinada, uma vez que, nos termos do art. 2º do Regulamento do Serviço de Apostila, esta define-se como "a formalidade pela qual uma autoridade competente do Estado Português reconhece a assinatura, a qualidade em que o signatário do acto público actuou e, sendo caso disso, a autenticidade do selo ou do carimbo que constam do acto público.

Compete aos candidatos diligenciar pela obtenção desta Apostilha nos serviços competentes, nomeadamente junto dos Procuradores-Gerais Distritais do Porto, Coimbra e Évora, ou dos Procuradores-Gerais-Adjuntos colocados junto dos Representantes para as Regiões Autónomas da Madeira e dos Açores, por competência delegada pelo Procurador-Geral da República nos termos do disposto no art. 2º do Decreto-Lei nº 86/2009, de 3 de abril, e do Despacho nº 10266/2009, publicado no Diário da República, 2ª série, nº 75, de 17 de abril.

Com o mesmo objetivo de reconhecimento do documento no país de residência habitual dos candidatos, importa assegurar que a transferência de curadoria provisória seja traduzida para a língua de origem dos candidatos.

Recomendamos que também a sentença que decretou a adotabilidade seja apostilada e traduzida (não necessariamente no momento da viagem para o país de destino, mas, em todo o caso, antes de ser intentada a ação judicial para a adoção no tribunal da área de residência dos candidatos, de forma a evitar dilações desnecessárias).

5. Autorização de saída de Portugal e entrada e residência no país de destino.

A ACAI deve assegurar que a autoridade central estrangeira diligenciou no sentido de garantir a entrada e permanência da criança no país de acolhimento, prevista também na alínea c) do art. 17º CH 1993.

Esta fase final do período de transição é o momento imediatamente anterior à partida da nova família para o país de destino, onde decorrerá a pré-adoção. Trata-se, assim, de momento privilegiado para assegurar que foram entregues aos candidatos os seguintes documentos (para além dos relatórios e objetos pessoais da criança):

a) Certidão original de Nascimento da criança atualizada (com o averbamento da decisão judicial que decretou a adotabilidade e inibição das responsabilidades parentais, se aplicável);
b) Certidão de Nascimento multilingue;
c) Certificado Europeu de Seguro de Doença;
d) Certidão original da Sentença que decreta a adotabilidade ou da Ata de consentimento prévio original;
e) Certidão original da Transferência da Curadoria Provisória;
f) Documentos de identificação da criança, Boletins de saúde e de vacinação;
g) Outra documentação relevante no caso concreto (exames médicos, altas clínicas, etc).

6. Bibliografia: *CCAI ADOPTION SERVICES – Tookit for Adopting an Older Child*. Canadá, 2012. Disponível em WWW: <URL: https://www.ccaifamily.org/PostAdoption/Docs/Older-Child-Toolkit-1.pdf>; CONSELHO NACIONAL PARA A ADOÇÃO (CNA) – Regulamento do Processo de Adoção – Critérios, Procedimentos e Programas de Intervenção Técnica. Aprovado na 23ª reunião do Conselho Nacional para a Adoção realizada a 7/11/2016. Portugal, 2016; Disponível em WWW: <URL: https://www.seg-social.pt/documents/10152/63638/Regulamento+do+Processo+de+Ado%25C3%25A7%25C3%25A3o/b3442a36-c484-4c03-b8ca-8b3f5dbdba5b>; HAGUE CONVENTION ON PRIVATE INTERNATIONAL LAW (HCCH)

– *The Implementation and Operation of the 1993 Hague Intercountry Adoption Convention Guide To Good Practice Guide Nº 1. Family Law*, 2008, p. 89, ponto. 7.2.8. Haia, 2008, Disponível em WWW: <URL: https://assets.hcch.net/docs/bb168262-1696-4e7f-acf3-fbbd85504af6.pdf>; PROCURADORIA-GERAL DA REPÚBLICA – Despacho 18897/2009, de 14 de agosto – Aprova o Regulamento do Serviço de Apostilha. Diário da República – 2ª serie, nº 157, de 14.08.2009. p. 33239. Portugal, 14 agosto 2009. Disponível em WWW: <URL: https://dre.tretas.org/dre/259261/despacho-18897-2009-de-14-de-agosto>.

Esta anotação foi redigida seguindo a grafia resultante do Acordo Ortográfico de 1990

ELIANA COSTA SANTOS

ARTIGO 87º

Acompanhamento e reapreciação da situação

1 – Durante o período de pré-adoção, a Autoridade Central acompanha a evolução da situação, através de contactos regulares com a autoridade competente do país de acolhimento.

2 – A Autoridade Central remete cópia das informações prestadas ao organismo de segurança social e ao tribunal que tiver aplicado a confiança com vista à futura adoção e transferido a curadoria provisória.

3 – Sempre que haja notícia de que o processo de pré-adoção foi interrompido por não corresponder ao interesse da criança, a Autoridade Central, em articulação com a autoridade competente do país de acolhimento, define as medidas necessárias para assegurar a proteção da criança.

4 – Caso não esteja previsto um período de pré-adoção na lei do país de acolhimento, o candidato a adotante deve permanecer em Portugal por período suficiente para se avaliar da conveniência da constituição do vínculo, não podendo esse período ser inferior a 30 dias.

5 – No caso referido no número anterior, compete ao organismo da segurança social o acompanhamento daquele período.

ANOTAÇÃO

1. Conexões normativas externas – 17º, 20º e 21º/c) CH 1993.

2. Nº 1 da norma – acompanhamento da pré-adoção.

O período de pré-adoção é uma obrigatoriedade na legislação portuguesa, pelo que a garantia do seu cumprimento deve ser avaliada e assegurada em momento anterior ao envio do Acordo de Prosseguimento da Adoção Internacional previsto no nº 1 do artigo anterior e no art. 17º da CH 1993. Entendemos essencial que esta avaliação ocorra, num primeiro no momento, aquando do acordo para a cooperação entre os dois países, tratando-se de cooperação entre autoridades centrais, e também aquando da autorização da entidade mediadora (cf. nº 2 do Art. 68º e 71º e 77º RJPA e Art. 20º CH 1993), por se tratar de um elemento essencial na legislação portuguesa. Num segundo momento, importa reforçar esta garantia durante a avaliação da candidatura à adoção.

Tal como explanado no nº 1 do art. 84º (para cuja anotação remetemos), a candidatura deverá ser instruída com uma declaração de compromisso de acompanhamento deste período e de elaboração e envio dos respetivos relatórios assinada pela autoridade central ou pela entidade competente para o efeito no país da sua residência, bem como pelos candidatos (cuja participação se exige). Tratando-se de matéria de direito internacional privado, é essencial a harmonização entre a legislação portuguesa e a legislação do país de acolhimento, assegurando-se o cumprimento dos requisitos de ambas, quer quanto à duração do período, quer quanto à metodologia do acompanhamento. Em regra, estas funções são asseguradas pelas equipas multidisciplinares das entidades mediadoras autorizadas (como por exemplo no caso da *Het Kleine Mirakel*[79], da *Nederlandse Adoptie Stichting*[80], ou da *Agapé-Onlus*[81]), ou, noutros países, dos serviços de adoção governamentais (como em

[79] Het Kleine Mirakel Entidade mediadora belga autorizada para o exercício da atividade mediadora em Portugal através da Portaria nº 212/2012 de 13 de julho dos Ministérios da Justiça e da Solidariedade e da Segurança Social, publicada no Diário da República nº 135/2012, Série I de 2012-07-13.

[80] Nederlandse Adoptie Stichting – NAS, organismo holandês autorizado a exercer a atividade mediadora em matéria de adoção internacional, nos termos da Portaria nº 287/2013 de 19 de setembro dos Ministérios da Justiça e da Solidariedade, Emprego e da Segurança Social, publicada no Diário da República nº 181/2013, Série I de 2013-09-19.

[81] Agapé-Onlus – organismo italiano autorizado a exercer a atividade mediadora em matéria de adoção internacional, nos termos da Portaria nº 315/2010 de 15 de junho dos Ministérios da Justiça e da Solidariedade, Emprego e da Segurança Social, publicada no Diário da República nº 114/2010, Série I de 2010-06-15.

França) ou de agências com competência legal expressa (como por exemplo, em Malta).

Para maior transparência e segurança na informação, os relatórios devem ser elaborados pelos profissionais (e não pelos candidatos) e conter informação clara sobre o desenvolvimento da vinculação entre estes e a criança, bem como sobre a adaptação da criança à família alargada, grupo de pares, equipamento infantil, meio ambiente, incluindo a perspetiva dos profissionais sobre o que observaram, bem como a perspetiva dos pais e da criança (de acordo com a sua idade e características), e acompanhar o desenvolvimento da sua saúde física, mental, emocional. Em complemento, consideramos benéfica a inclusão de fotografias das crianças no seu meio ambiente e com os candidatos – fazendo aqui jus à popular expressão "uma imagem vale mais que mil palavras".

Para além dos relatórios regulares, nada obsta a que ocorram reuniões online entre a ACAI, as entidades competentes pelo acompanhamento e a autoridade central congénere, que poderão contar com a presença dos candidatos (eventualmente também das crianças, se necessário) e das equipas de adoção locais portuguesas, ou mesmo com o técnico de referência da criança, aquando do acolhimento em Portugal. Estas reuniões podem revelar-se muito importantes sobretudo quando são identificados fatores de risco mais elevados, ou, na ausência destes, nas adoções tardias (em que a transição se iniciou na fase da pré-adolescência ou adolescência) porque promovem a comunicação aberta entre todos os intervenientes.

3. Nº 2 da norma – informação ao tribunal português e ao organismo de segurança social competente.

O acompanhamento previsto no número anterior é comunicado ao tribunal que tenha transferido a curadoria provisória da criança e à equipa de adoção responsável pela concretização do projeto adotivo desta, através de cópia dos relatórios, fotografias e outras informações recolhidas no acompanhamento da pré-adoção. Pretende-se, assim, manter atualizada a informação carreada aos processos judicial e administrativo, mas também permitir a interação destas entidades na fase da pré-adoção, se assim considerarem pertinente, servindo a ACAI como mediadora entre estas e as competentes entidades estrangeiras, porquanto o acompanhamento deste período não é necessariamente passivo: tanto a ACAI, como os tribunais e as equipas de adoção podem, em qualquer momento, solicitar esclarecimento de questões específicas, bem como sugerir estratégias que considerem benéficas face a uma situação em concreto. Esta interação com os profissionais que melhor conhecem a criança pode ser essencial para apoiar um eventual desafio que a criança e a família adotiva estejam a vivenciar.

4. O nº 3 da norma – interrupção da pré-adoção.

Se sobrevier um momento, na pré-adoção, em que os profissionais das equipas envolvidas considerem que a adoção por aquela família já não corresponde ao superior interesse da criança, tendo já sido empreendidos os apoios considerados adequados, sem sucesso, as autoridades centrais dos dois países reúnem para aferir qual a melhor forma de proteger a criança a curto e a médio prazo. As circunstâncias do caso concreto irão definir se a criança poderá manter-se ao cuidado da família adotiva enquanto se diligencia pela sua proteção, ou se, pelo contrário, deverá ser acolhida e protegida de imediato. Deve ser realizada uma análise cuidada e célere de todos os fatores específicos, e, em situações de maior complexidade na definição da estratégia a assumir, pode a ACAI deslocar-se ao país de acolhimento da criança com vista a promover a sua proteção da forma mais célere e benéfica possível.

Sobre estas diligências versa o art. 21º CH 1993, que determina que, após garantir que a criança está protegida e estão garantidos os cuidados temporários, deverá ser assegurado o seu encaminhamento para família adotiva no país de acolhimento (ou, na sua impossibilidade, uma colocação de caráter duradouro), em colaboração com a autoridade central do país de origem da criança.

Nos termos da alínea c) deste art. 21º CH 1993, apenas em último recurso se projetará o regresso da criança ao seu país de origem (tradução nossa de G. Parra-Aranguren, 1993, p. 55).

Tratando-se de uma decisão complexa, esta deverá ser tomada com base na análise dos vários fatores do caso concreto, dos quais destacamos, a título de exemplo, o tempo que decorreu desde a chegada da criança ao país de acolhimento até à interrupção, a maior ou menor integração da criança na cultura desse país, a existência ou não de famílias adotivas capazes de responder às necessidades da criança no país de acolhimento, as condições existentes no país de origem (nomeadamente, a nível de acolhimento, que poderá ser na mesma casa de acolhimento/família de acolhimento onde a criança estava à data da transição, ou noutra, por esta não ser possível, ou, sendo possível, não corresponder às necessidades atuais da criança), bem como atendendo à audição da criança, de acordo com a sua idade e maturidade (com obtenção do necessário consentimento se tiver mais de 12 anos de idade – cf. nº 2 do mesmo art. 21º CH 1993, sempre com a audição e participação da criança, de acordo com a sua idade e maturidade). Considerando que o encaminhamento para a adoção internacional é subsidiário, não terá existido, à data, famílias adotivas nacionais com capacidade para responder às necessidades da criança, facto que deverá ser equacionado ao lado dos fatores *supra*, e de outros que sejam relevantes para a criança em apreço.

Todas estas diligências devem ser atempadamente comunicadas ao competente tribunal português e à equipa de adoção do organismo de segurança social e, caso a decisão que melhor responda ao superior interesse da criança seja a de adoção por outra família adotiva do país de acolhimento, deverá o encaminhamento ser previamente confirmado pelo CNA (a este propósito, confira-se a anotação ao nº 4 do art. 85º).

5. Os nºs 4 e 5 da norma – período de transição mínimo em caso de inexistência de período de pré-adoção no país de acolhimento.

Face à diversidade do ordenamento jurídico interno dos diferentes países com que Portugal pode cooperar em matéria de adoção internacional, procurou o legislador português assegurar que, em todos os casos, é previsto um período mínimo durante o qual devem ser observados indícios favoráveis à vinculação afetiva entre a criança e os candidatos, mesmo se a legislação do país de acolhimento não previr um período de pré-adoção.

Tal como referido na anotação ao nº 1 do presente artigo e aos números 1 e 3 do art. 82º, tem sido prática da ACAI não aceitar candidaturas de cidadãos residentes no estrangeiro em que não tenha sido garantido atempadamente o acompanhamento de um período prévio à apresentação da petição judicial para adoção no país de acolhimento.

Por conseguinte, todas as adoções internacionais de crianças residentes habitualmente em Portugal cumprem o período de pré-adoção previsto na nossa legislação (período cuja duração será determinada pela harmonização da legislação dos dois países, bem como pela complexidade do caso concreto).

Não obstante, sempre se dirá que o período de transição (período que decorre entre o primeiro contacto presencial dos candidatos com a criança e a viagem para o país de acolhimento) deve ter a duração suficiente para que a equipa de adoção e a ACAI considerem a existência dos indícios *supra*. Inúmeros são os fatores que determinam a duração deste período de transição (nomeadamente a idade da criança, a complexidade das necessidades adotivas particulares, adoção de uma fratria, fatores de risco identificados durante a transição e que devam ser dirigidos e acautelados). O período de transição é também essencial para que os candidatos possam conhecer e experienciar em primeira mão as condições de vida da criança antes da adoção e compreender o seu ambiente e história (Hcch, 2008, p. 98).

De facto, durante o período de transição os candidatos irão conhecer os cuidadores de referência da criança e irão observar o seu dia-a-dia, a forma como está habituada a que os cuidados lhe sejam prestados, o tipo de alimentação, gostos, rotinas, cultura. Se na fase inicial do período de transição os candidatos visitam a criança, na segunda fase esta residirá com aqueles no seu alojamento em Portugal, realizando a equipa de adoção um acompanhamento de proximidade, com vista a observar a evolução da interação entre a criança e os candidatos e permitindo que estes beneficiem das orientações dos profissionais que conhecem a criança nas situações de maior desafio.

Este acompanhamento compete à equipa de adoção do organismo de segurança social, em articulação com a ACAI, e por via desta, com a autoridade central/entidade mediadora estrangeira, e com a equipa estrangeira responsável pelo acompanhamento da pré-adoção. Sendo as adoções internacionais de crianças residentes em Portugal maioritariamente dirigidas a crianças com necessidades adotivas particulares, revestem-se de risco acrescido, motivo pelo qual é fundamental um acompanhamento de proximidade, alicerçado na forte articulação entre as várias entidades, através de uma comunicação aberta.

6. Bibliografia: G. Parra-Aranguren – *Explanatory Report on the Convention on Protection of Children and Co-operation in Respect of Intercountry Adoption. Article* 21 , ponto 371. Caracas, 31 dezembro 1993. Disponível em WWW: <URL: https://assets.hcch.net/docs/78e18c87-fdc7-4d86-b58c-c8fdd5795c1a.pdf> HAGUE CONVENTION ON PRIVATE INTERNATIONAL LAW (HCCH) – *The Implementation and Operation of the 1993 Hague Intercountry Adoption Convention Guide To Good Practice Guide No. 1. Family Law*, 2008, p. 98, 7.4.10 Travel to the State of origin, ponto 435. Haia, 2008. Disponível em WWW: <URL: https://assets.hcch.net/docs/bb168262-1696-4e7f-acf3-fbbd85504af6.pdf> Mendes, Maria Sequeira – Adopção tardia. Portugal: Fundação Francisco Manuel dos Santos, junho 2021. p.99. ISBN 978 989 9064 10 2.

Esta anotação foi redigida seguindo a grafia resultante do Acordo Ortográfico de 1990

Eliana Costa Santos

ARTIGO 88º
Decisão

1 – A adoção é decretada no país de acolhimento, salvo se a lei desse país não se reconhecer competente para tal.

2 – Caso o decretamento da adoção ocorra em Portugal, aplicam-se, com as necessárias adaptações, os termos da fase judicial do processo de adoção a que se referem os artigos 52º e seguintes, cabendo à Autoridade Central prestar toda a informação necessária ao tribunal e assegurar a articulação entre este e a autoridade competente do país de acolhimento.

ANOTAÇÃO

1. Conexões normativas externas: art. 62º CPC; art. 60º CC.

2. A adoção de crianças residentes em Portugal por candidatos residentes no estrangeiro deve ser decretada, em princípio, no Estado de acolhimento por ser este que dispõe de melhores condições para avaliar a idoneidade dos candidatos, situação pessoal e familiar, o meio social, aptidão para assumir uma adoção e a constituição e consistência dos vínculos próprios da filiação.

Contudo, se a lei desse Estado não reconhecer a competência das suas autoridades para o efeito, é estabelecida uma competência internacional alternativa, devendo a adoção ser decretada pelas autoridades portuguesas e, neste caso, pelos tribunais portugueses (art. 29º, alínea *e*)).

É evidente a preocupação em não inviabilizar uma adoção com base na ocorrência de um conflito negativo de competência entre as autoridades do Estado de origem ou do Estado recetor, concretizando por esta via as regras de atribuição da competência determinada pelo princípio da necessidade e tendo por base um elemento ponderoso de conexão com a criança (art. 62º, alínea *c*) CPC).

É nesta flexibilidade nas regras de competência que se visa evitar a ocorrência de problemas na adoção e no seu reconhecimento, ou seja, tal como sucede no art. 80º, ao invés de uma abordagem rígida das regras de competência internacional, optou-se também aqui pela primazia no estabelecimento de acordos bilaterais de escolha da jurisdição competente com vista a salvaguardar a efetiva concretização do superior interesse da criança que, no limite, atribui essa competência aos tribunais portugueses.

Não estando previsto um período de pré-adoção na lei do país de acolhimento e estando o candidato obrigado a permanecer em Portugal por um período de tempo não inferior a trinta dias, para se avaliar da conveniência da constituição do vínculo (art. 87º, nº 5), o tribunal territorialmente competente será aquele onde a criança tiver residência durante esse período à data da formulação do pedido (art. 30º, nº 1, alínea *a)*).

Porém, se tiver ocorrido a autorização de saída da criança de Portugal e a sua entrada e permanência no Estado de acolhimento, não está prevista nenhuma regra de competência territorial interna para o efeito, situação que não ficou devidamente acautelada face a esta norma de atribuição de competência alternativa residual.

Neste caso, o único tribunal que poderá ter tido alguma intervenção no projeto adotivo da criança é o tribunal que tiver aplicado a confiança com vista à futura adoção e transferido a curadoria provisória (arts. 86º, nº 3 e 87º, nº 2).

Deste modo, não estando prevista nenhuma regra específica de competência, parece-nos que deve ser esse o tribunal que deterá a competência para decretar a adoção se a lei do Estado de acolhimento não se reconhecer competente para tal na medida em que este já disporá de elementos sobre a situação da criança que serão relevantes para a fase judicial do processo de adoção.

Esta solução respeita igualmente as normas relativas à competência das autoridades judiciárias (art. 61º, nº 2) já que acolhem os fatores atributivos da competência internacional previstos no art. 62º, alíneas *a)* e *b)* CPC.

3. Questão diversa é a que resulta da lei aplicável (art. 61º, nº 2) já que esta disposição normativa estabelece a aplicação das normas de conflitos do Código Civil (art. 60º CC) a qual determina a aplicação da lei pessoal do adotante (n.os 1 e 3).

Cabe à lei pessoal do adotante regular a constituição adotiva e, no caso de adoção realizada por casal, do mesmo sexo ou de sexo diferente, é aplicável a lei nacional comum de ambos[82]; na falta desta, será a lei da residência habitual do país com o qual a vida familiar dos adotantes se ache mais estreitamente conexa (art. 60º, n.os 1 e 2 CC).

[82] Embora as normas de conflitos do Código Civil não prevejam expressamente essa situação, é defensável a extensão destas regras de conexão aos casais que vivam em união de facto aos quais a lei confere iguais direitos em matéria de adoção (art. 7º LUF).

É estabelecida uma conexão sucessiva ou subsidiária cujo momento relevante para essa determinação é aquele em que o tribunal decide sobre o estabelecimento do vínculo adotivo.

O elemento de conexão aplica à constituição da filiação adotiva a lei com que a vida familiar dos adotantes apresenta uma ligação estreita, justificada pela circunstância de, com a adoção, o adotado passa a fazer parte dessa família.

A lei pessoal do adotante é a da nacionalidade da pessoa em causa (art. 31º, nº 1 CC).

Cabe, assim, às autoridades centrais tomar diretamente as medidas que se mostrem necessárias para proporcionar informações sobre a legislação dos seus Estados em matéria de adoção internacional (art. 7º, nº 2, alínea *a)* CH 1993) o que, numa situação que se pode afigurar quase hipotética, determina que seja a autoridade central que se encontra em melhores condições para obter as informações necessárias sobre a lei pessoal do adotante quando essa não se reconheça competente para decretar a adoção de uma criança portuguesa por candidatos estrangeiros.

4. Caso a adoção deva ser decretada em Portugal, são aplicáveis, com as devidas adaptações, os termos da fase judicial do processo de adoção.

Cabe à autoridade central prestar toda a informação necessária ao tribunal e assegurar a articulação entre este e autoridade competente do país de acolhimento, revelando-se, neste caso, essenciais os princípios da cooperação internacional e da colaboração interinstitucional.

A fase judicial do processo de adoção inicia-se com o requerimento apresentado pelo adotante junto do tribunal competente, contendo a alegação dos factos tendentes a demonstrar os requisitos gerais e substanciais da adoção, bem como as demais condições necessárias à constituição do vínculo jurídico da adoção, instruído ainda com o relatório de acompanhamento e avaliação do período de pré-adoção do qual constem, designadamente, os elementos relativos à personalidade e à saúde do adotante e do adotando, à idoneidade do adotante para criar e educar o adotando, à situação familiar e económica do adotante e às razões determinantes do pedido de adoção, concluindo com parecer relativo à concretização do projeto adotivo.

Constando estes elementos do processo, o juiz, com a presença do Ministério Público, ouve o adotante e o adotando, de acordo com a sua idade e maturidade, bem como outras pessoas que devam ser ouvidas, assim como as testemunhas indicadas pelo adotante e, após estarem realizadas todas as diligências probatórias consideradas necessárias, é aberta vista ao Ministério Público para emissão de parecer e proferida decisão.

Tratando-se de prova a ser obtida no estrangeiro, pode ser necessário recorrer aos diversos mecanismos de obtenção de prova que vinculam o Estado Português, designadamente:

a) O Regulamento (UE) 2020/1783 do Parlamento e do Conselho de 25 de novembro de 2020 relativo à cooperação entre os tribunais dos Estados-Membros no domínio da obtenção de prova em matéria civil e comercial (aplicável em toda a União Europeia, exceto na Dinamarca)[83];

b) A Convenção sobre a Obtenção de Provas no Estrangeiro em Matéria Civil ou Comercial, concluída na Haia em 18 de março de 1970 (aprovada pelo Decreto nº 764/74, de 30 de dezembro);

c) O Acordo de Cooperação Jurídica e Judiciária entre a República Portuguesa e a República de Cabo Verde, assinado na Praia em 2 de dezembro de 2003 (aprovado pela Resolução da Assembleia da República nº 6/2005 e ratificado pelo Decreto do Presidente da República nº 10/2005, de 15 de fevereiro);

d) O Acordo de Cooperação Jurídica e Judiciária entre a República Portuguesa e a República da Guiné-Bissau, concluído em Bissau em 5 de julho de 1988 (aprovado pela Resolução da Assembleia da República nº 11/89);

e) O Acordo de Cooperação Jurídica e Judiciária entre a República Portuguesa e a República de Angola, assinado em Luanda em 30 de agosto de 1995 (aprovado pela Resolução da Assembleia da República nº 11/97 e ratificado pelo Decreto do Presidente da República nº 9/97, de 4 de março);

f) O Acordo Judiciário entre Portugal e São Tomé e Príncipe, assinado 23 de março de 1976 (aprovado pelo Decreto do Presidente da República nº 550-M/76, de 12 de julho);

g) O Acordo de Cooperação Jurídica e Judiciária entre a República Portuguesa e a República Popular de Moçambique, assinado em Lisboa em 12 de abril de 1990 (aprovado pela Resolução da Assembleia da

[83] A partir de 1 de julho de 2022, este regulamento reformulou o Regulamento (CE) nº 1206/2001 do Conselho de 28 de maio de 2001 relativo à cooperação entre os tribunais dos Estados-Membros no domínio da obtenção de provas em matéria civil e comercial, deixando de aplicar-se aos pedidos formulados após aquela data.

República nº 7/91 e ratificado pelo Decreto do Presidente da República nº 8/91, de 14 de fevereiro).

Contudo, tendo em conta a natureza e os procedimentos subjacentes ao processo judicial de adoção, nada impede que o tribunal português territorialmente competente não possa recorrer a meios de comunicação à distância eficazes, de utilização simples e disseminada, desde que sejam assegurados os demais direitos processuais e que assegurem a necessária confidencialidade e segurança na obtenção da prova.

5. As obrigações de informação e de articulação que impendem sobre a autoridade central determinam que as mesmas ocorram de forma simples, procurando ultrapassar as dificuldades que o tribunal possa encontrar e que lhe sejam comunicadas, bem como a eventual prestação de apoio ao adotante que ficará obrigatoriamente confrontado com um regime jurídico que não conhece, devendo ser considerado alheio à circunstância da lei do seu Estado não permitir que a adoção ali seja decretada.

Deste modo, esta disposição normativa deve ser igualmente interpretada como determinando igualmente a prestação do apoio que se mostre necessário ao adotante com vista a dar cumprimento ao projeto adotivo da criança sem, contudo, se substituir ao dever de impulso processual que incumbe ao mesmo (art. 65º, alínea *g)*).

6. A criança adotada por estrangeiros não perde a nacionalidade portuguesa por efeito da adoção dado que a perda da nacionalidade portuguesa apenas pode ocorrer por declaração expressa de vontade ou se o direito interno do Estado de acolhimento não permitir a manutenção da nacionalidade originária (arts. 8º LNac e 1º, nº 1 e 30º, nº 2 RNA).

Todavia, na grande maioria dos casos, a aquisição de uma nova nacionalidade não implica a perda ou o corte com a nacionalidade portuguesa "fruto da mutação de conceção existente na sociedade, interpretando-se hoje em dia que a naturalização no estrangeiro não quererá significar de forma taxativa a interrupção das relações com a primitiva nacionalidade e respetiva comunidade, pelo que seria injusto aplicar uma perda automática da nacionalidade, dado tal situação conduzir a uma perda da ligação privilegiada com a referida comunidade, ligação que é facilitada pela manutenção da referida nacionalidade originária"[84].

[84] RAMOS, Rui Moura, *Do Direito Português da Nacionalidade*, Coimbra: Coimbra Editora, 1984, p. 183.

7. Bibliografia: Cantwell, Nigel, "A nova Convenção da Haia sobre a adoção internacional – um assunto que anda para a frente ?", *Revista Infância e Juventude*, janeiro-março 94-1, Lisboa, pp. 33-44; Fialho, António José/ Agulhas, Rute/Fialho, Ana Catarina, "Guia de Procedimentos Judiciais de Adoção", *Blog do IPPC* (disponível na seguinte hiperligação https://drive.google.com/file/d/1NPb7DuB_CRzyfbfule8hS0UaYr7y8o_Q/view); HCCH Permanent Bureau, *The Implementation and Operation of the 1993 Hague Intercountry Adoption Convention*, Guide No. 1, Guide to Good Practice (disponível na seguinte hiperligação (https://assets.hcch.net/docs/bb168262-1696-4e7f-acf3-fbbd85504af6.pdf); Oliveira, Guilherme de, *Adoção e apadrinhamento civil*, Lisboa: Petrony, 2019; Pinheiro, Jorge Duarte, *O Direito da Família Contemporâneo* (5ª edição). Coimbra: Almedina, 2016; Pinheiro, Luís de Lima, Direito Internacional Privado – Direito de Conflitos, Parte Especial, volume II, 3ª edição refundida, Coimbra: Almedina, 2009; Ramião, Tomé d'Almeida. *A Adoção – Regime Jurídico Atual* (2ª edição) Lisboa: Petrony, 2007; Ramos, Rui Moura, *Do Direito Português da Nacionalidade*, Coimbra: Coimbra Editora, 1984; Ramos, Rui Moura, "A adoção no direito internacional privado português", *Das relações privadas internacionais; estudos de direito internacional privado*, Coimbra: Coimbra Editora, 1995, pp. 55-83; Ramos, Rui Moura, "Sucessão e coexistência de métodos ao longo do tempo: a adoção no direito internacional privado português", *Estudos de Direito Internacional e de Direito Processual Civil Internacional*, Coimbra: Coimbra Editora, 2002, pp. 263-282; Silva, Nuno Gonçalo da Ascensão, *A constituição da adoção de menores nas relações privadas internacionais: alguns aspetos*, Coimbra: Coimbra Editora, 2000.

Esta anotação foi redigida seguindo a grafia resultante do Acordo Ortográfico de 1990

António José Fialho

ARTIGO 89º
Comunicação da decisão

1 – Decretada a adoção no país de acolhimento, a Autoridade Central, logo que obtida certidão da respetiva decisão, remete cópia ao tribunal que tiver decidido a confiança com vista a futura adoção.

2 – A Autoridade Central providencia igualmente pelo averbamento da adoção ao assento de nascimento da criança.

ANOTAÇÃO

1. Conexões normativas externas – 2º/1, 23º/1, 20º, 23º e 34º CH 1993, 12º, 17º, 31º e 32º RNA.

2. Comunicação ao Tribunal competente da decisão de adoção.

A presente norma aprofunda o estipulado no art. 20º CH 1993, que indica que as autoridades centrais devem manter-se informadas sobre a conclusão do procedimento de adoção. O legislador português expande o conceito de informação, determinando, e bem, a obrigatoriedade de comunicação da decisão de adoção ao tribunal competente. Julgamos que este preceito deva ser objeto de interpretação extensiva quanto ao conceito de tribunal competente, para incluir, sempre que sejam diferentes, o tribunal que tenha transferido a curadoria provisória da criança para os candidatos, em conformidade com a opção do legislador vertida no nº 2 do art. 87º.

Em todo o caso, compete à autoridade central/entidade mediadora estrangeira a remessa para a ACAI de certidão da sentença que tenha decretado a adoção (em documento original ou cópia certificada em conformidade com o original), com informação da data de trânsito em julgado, acompanhada da respetiva tradução certificada para língua portuguesa. Destes documentos deve ser enviada cópia para o tribunal português que tenha transferido a curadoria da criança, a fim de instruir o processo que aí corre termos, bem como para a equipa de adoção do organismo de segurança social competente para a concretização do projeto adotivo da criança.

3. Averbamento da adoção.

Após decisão de adoção decretada pela entidade competente do país de acolhimento (em regra, pelo tribunal competente na área de residência dos candidatos), a criança adquire o estatuto de filha dos adotantes nesse país. No entanto, para que a decisão de adoção estrangeira produza efeitos em Portugal, é necessário que tenha sido decretada nos termos da CH 1993 e que seja emitido o Certificado de Conformidade da Adoção Internacional com a CH 1993 pela autoridade central do país de acolhimento, de acordo com o previsto no art. 23º CH 1993 e alínea b) do art. 65º ou que a decisão, tenha sido reconhecida pela ACAI (se a adoção internacional tiver sido celebrada fora do âmbito da CH 1993, em cumprimento da alínea c) do art. 65º e art. 90º) ou, ainda, que exista acordo bilateral entre o país de acolhimento e Portugal, enquanto país de origem, que dispense o reconhecimento da decisão estrangeira no nosso país.

Ocorrendo uma destas três situações, poderá então a ACAI promover o averbamento da adoção junto da Conservatória dos Registos Centrais do Instituto dos Registos e Notariado, instruindo a sua comunicação com os seguintes documentos:

a) Decisão que decreta a adoção (original ou cópia certificada);
b) Certidão de assento de nascimento da criança adotada;
c) Certidão de assento de nascimento dos adotantes;
d) Morada e filiação dos adotantes;
e) Comprovativo da produção de efeitos da decisão de adoção na ordem jurídica portuguesa (nas situações de reconhecimento da decisão de adoção estrangeira pela ACAI, a comunicação deve ser realizada após decurso do prazo de 30 dias para recurso/despacho de não recurso desta pelo Ministério Público junto da secção de família e menores da instância central do Tribunal da comarca de Lisboa (cf. nº 8 do art. 90º, conjugado com os números 5 e 6 do mesmo artigo e alínea c) do artº 65º).

Esta anotação foi redigida seguindo a grafia resultante do Acordo Ortográfico de 1990

ELIANA COSTA SANTOS

SECÇÃO III
Reconhecimento das decisões de adoção internacional

ARTIGO 90º
Reconhecimento da decisão estrangeira

1 – As decisões de adoção internacional proferidas no estrangeiro e certificadas em conformidade com a Convenção, bem como as abrangidas por acordo jurídico e judiciário bilateral que dispense a revisão de sentença estrangeira, têm eficácia automática em Portugal.

2 – Nos demais casos, a eficácia em Portugal da decisão estrangeira de adoção depende de reconhecimento a efetuar pela Autoridade Central.

3 – Para efeitos do disposto no número anterior, constituem requisitos para o reconhecimento da decisão estrangeira de adoção:

a) **A autenticidade do documento, a inteligibilidade da decisão e o seu caráter definitivo;**

b) A comprovação da situação de adotabilidade internacional da criança no que respeita aos consentimentos prestados ou à sua dispensa e à observância do princípio da subsidiariedade;

c) A intervenção da Autoridade Central, nos termos do nº 3 do artigo 64º, e da autoridade competente do país de origem ou de acolhimento;

d) A certificação da idoneidade dos candidatos para a adoção internacional, nos termos dos artigos 76º e 83º

4 – Não é reconhecida decisão de adoção estrangeira sempre que tal conduza a resultado manifestamente incompatível com os princípios da ordem pública internacional do Estado português.

5 – A decisão de reconhecimento da decisão estrangeira de adoção, ou a sua recusa, é notificada aos interessados e ao Ministério Público junto da secção de família e menores da instância central do Tribunal da comarca de Lisboa.

6 – Da recusa de reconhecimento da decisão estrangeira de adoção cabe recurso para o Tribunal da Relação de Lisboa, a interpor no prazo de 30 dias.

7 – O Ministério Público tem legitimidade para interpor recurso da decisão de reconhecimento de decisão estrangeira de adoção, ou da sua recusa.

8 – A Autoridade Central remete oficiosamente certidão de sentença estrangeira reconhecida à Conservatória do Registo Civil para efeito de ser lavrado o competente registo.

9 – Em todos os procedimentos destinados ao reconhecimento da sentença estrangeira de adoção, deve ser preservado o segredo de identidade a que se refere o artigo 1985º do Código Civil.

ANOTAÇÃO

1. Conexões normativas externas: Alínea a) do artº 1; alíneas c) e d) do art. 17º; arts. 4º; 5º; 23; 24; 26 e 27 da Convenção Relativa à Proteção das Crianças e à Cooperação em Matéria de Adoção Internacional, de 29 de maio de 1993; Arts. 3º e 21º da Convenção das Nações Unidas sobre os Direitos das Crianças; Arts. 60º, nº 4; 1985º e 1990º-A do Código Civil; Art. 90º, nº 8; alínea a) do nº 1 e nº 2 do art. 1º do Código de Registro Civil; Art. 5º, da Lei da Nacionalidade e Arts. 12º, 16º, 17º do Regulamento da Nacionalidade Portuguesa.

2. Introdução.

O presente artigo regula os termos em que pode, em Portugal, ser reconhecida uma decisão de adoção internacional, que, como o próprio nome indica, é aquela que extravasa as relações internas de um Estado, colocando em confronto – e desejavelmente em cooperação – mais do que uma ordem jurídica nacional (Collaço, 1963), a do Estado de origem/emitente e a do Estado de receção/acolhimento/reconhecimento/destino.

Em especial o RJPA considera adoção internacional o "processo de adoção, no âmbito do qual ocorre a transferência de uma criança do seu país de residência habitual para o país da residência habitual dos adotantes, com vista ou na sequência da sua adoção" [alínea a) do art. 2º]. É esta segunda situação que nos interessa, por o reconhecimento ocorrer em face de uma decisão de adoção já proferida no estrangeiro, cujos efeitos em Portugal interessa averiguar.

Centrar-nos-emos na identificação do regime e pressupostos para aquele reconhecimento, sem olvidar, porém, os problemas que resultam de decisões desta natureza e que resultam, sem pretensão de exaustão: *i)* da existência de vários modelos de adoção, seja pública (sendo possível que, neste caso, as Autoridades competentes possam ser judiciais ou administrativas) ou privada[85], plena ou restrita, ou, mesmo, de modelos estatais que recusam este instituto[86]; *ii)* da ocorrência de vários enquadramentos normativos em matéria de reconhecimento daquelas decisões; *iii)* e de uma adoção internacional envolver ambientes culturais, sociais e económicos distintos, o que impõe particular atenção à situação e ao superior interesse da criança.

3. Reconhecimento de decisões.

O reconhecimento é uma noção polissémica que encontra vários âmbitos de aplicação, incorpora diversas formas de controlo e pode gerar efeitos

[85] Não nos ocuparemos da adoção puramente privada neste comentário, uma vez que esta não envolve o reconhecimento de decisões (públicas). Não obstante, poderá haver formas de reconhecimento das situações jurídicas criadas, desde logo à luz do art. 31º, nº 2 do Código Civil. Ainda assim, a posição da nossa jurisprudência permanece contrária a este reconhecimento, cf. Ac STJ, 4/5/2000 (Processo: 00B331; Relator: Nascimento Costa), segundo o qual não é possível o reconhecimento como plena de uma adoção feita no Brasil por escritura pública e sem obediência aos requisitos do direito português.

[86] É o que sucede em vários países que se ancoram na tradição islâmica e que, recusando a adoção, ainda assim, vertem nos respetivos ordenamentos figuras com intuito protetor, como a Kafala [sobre este instituto e a sua não equiparação à figura da adoção, cf. Ac. TEDH, de 4/10/2012 (Processo: 43631/09)].

múltiplos[87]. É um conceito essencial à função recognitiva das ordens jurídicas e à estruturação dessas mesmas ordens, quando se relacionam entre si, promovendo uma abertura ao outro e ao pluralismo normativo. O reconhecimento envolve, via de regra, a renúncia do Estado de reconhecimento a regular a situação (Vicente, 2009, p. 808), mas não, aditamos nós, a controlar a produção dos seus efeitos, já que é o reconhecimento que, precisamente, permite a sua extensão e eventual adaptação no Estado de destino (Lopes, 2018, p. 423).

É que o Estado de reconhecimento mantém uma competência clara e insubstituível de controlo que não transfere para as Autoridades de origem, nem em geral, nem casos concretos, não obstante proceder a esta ponderação para definir as condições em que está aberto ao acolhimento de decisões estrangeiras.

Esta função de controlo não fica desvirtuada pela circunstância de, num número relevante de situações, o reconhecimento ter deixado de assentar num concreto ato de reconhecimento, uma vez que a reserva de controlo se mantém, reconfigurada, é certo, mas com a mesma função: a de garantir que o encontro de autoridades se processa com a observância das exigências fundamentais do Estado de destino, mesmo nos casos em que o reconhecimento se lhe impõe como obrigatório, como sucede no âmbito da Convenção Relativa à Proteção das Crianças e à Cooperação em Matéria de Adoção Internacional, de 29 de maio de 1993 (aprovada para ratificação pela Resolução da Assembleia da República nº 8/2003, de 25/02; e ratificada pelo Decreto do Presidente da República nº 6/2003, de 25/02), concluída sob os auspícios da Conferência da Haia de Direito Internacional Privado[88].

O reconhecimento não obedece sempre ao mesmo modelo, variando de acordo com múltiplos fatores, que essencialmente demonstram o nível de coordenação ou de cooperação, bem como assim de confiança mútua que existe entre ordens jurídicas, o que se reflete, como veremos, na distinção entre reconhecimento automático e condicionado (sujeito a um processo específico de reconhecimento), estabelecida, precisamente, no art. 90º do

[87] A questão que se coloca, perante esta pluralidade, é a de saber se é possível encontrar unidade de sentido na diversidade, isto é se se pode falar de método de reconhecimento ou se se deve optar pela designação métodos de reconhecimento (Mayer, 2005, 549), uma vez que o reconhecimento pode referir-se a situações díspares como o reconhecimento de decisões judiciais, de outras decisões estatais, de atos públicos e de situações estrangeiras

[88] Sobre esta Convenção e a sua inserção no ordenamento jurídico português, cf. (Ramos, 2001).

RJPA. O importante é que em matérias com um relevo essencial como sucede com a adoção internacional exista um *modus operandi* estruturado que permita encaminhar os processos de reconhecimento de acordo com as suas caraterísticas próprias.

4. Reconhecimento de decisões de adoção internacional.

O regime de reconhecimento adotado em Portugal ancora-se num conjunto de princípios fundamentais que estão alinhados com as exigências internacionais a que este se encontra vinculado. De todos, o princípio matricial é o do superior interesse da criança [vertido, designadamente, alínea a) do artº 1 da Convenção de 1993 e nos arts. 3º e 21º da Convenção das Nações Unidas sobre os Direitos das Crianças]; mas é acompanhado de outros princípios que visam, de certa forma, complementar e materializar aquele, como o da subsidiariedade (a adoção internacional apenas deve ser admitida se não for possível a sua adoção interna) e o da intervenção necessária de autoridades públicas e da sua cooperação e colaboração institucional (art. 62º do RJPA). Podemos ainda adicionar a estes o princípio da bilateralidade, segundo o qual "a adoção só deverá ser decretada se for igualmente um instituto conhecido no ordenamento jurídico de origem do menor" (Silva, 2005, p. 99), na medida em que, concorde-se ou não[89], continua a ser um dos princípios geralmente reconhecidos neste domínio, inclusive do ponto de vista do conflito de leis (cf. art. 60º, nº 4, do Código Civil).

Adiante-se, ainda, que o reconhecimento de decisões de adoção produzirá os efeitos legalmente reconhecidos em Portugal à filiação adotiva[90] sendo que, para o efeito, deve a Autoridade Central remeter oficiosamente certidão de sentença estrangeira reconhecida à Conservatória do Registo

[89] Em sentido crítico (Pinheiro, 2009, p. 540).

[90] No âmbito da Convenção de 1993, o reconhecimento de uma adoção implica (no mínimo, já que o Estado recetor pode ampliar os efeitos do reconhecimento, à luz da sua legislação interna, como o faz Portugal em função do princípio da não discriminação) o reconhecimento da relação de filiação entre a criança e os seus pais adotivos; e da responsabilidade dos pais adotivos relativamente à criança, bem como do termo da relação de filiação previamente existente entre a criança e a sua mãe e o seu pai, se a adoção produzir este efeito no Estado contratante em que teve lugar (artigo 26º). No caso da adoção não ter este efeito (quebra dos vínculos de filiação preexistentes) no Estado de origem, admite a Convenção que a mesma seja convertida numa adoção que no Estado recetor os venha a fazer terminar, desde que sejam obtidos os consentimentos para o efeito (artigo 27º). No nosso ordenamento jurídico, Ac. TRP, de 6/12/2000 (Processo: 9950283; Relator: Couto Pereira), determinou-se que tendo o consentimento sido dado relativamente à adoção restrita, deve rever-se a sentença como reportada a tal tipo de adoção, não obstante, atualmente, a lei aplicada apenas prever a adoção plena.

Civil para efeito de ser lavrado o competente registo [art. 90º, nº 8 e art. 1º, nº 1, al. c) e nº 2 Código de Registo Civil] sendo tal reconhecimento relevante para efeitos de aquisição da nacionalidade de acordo com o art. 5º, da Lei da Nacionalidade e arts. 12º, 16º, 17º do Regulamento da Nacionalidade Portuguesa.

a) Reconhecimento de decisões de adoção proferidas por Estados vinculados à Convenção ou cobertas por acordos bilaterais

Refere o nº 1 do art. 90º que as decisões de adoção internacional proferidas no estrangeiro e certificadas em conformidade com a Convenção, bem como as abrangidas por acordo jurídico e judiciário bilateral que dispense a revisão de sentença estrangeira, têm eficácia automática em Portugal. Esta eficácia automática implica que a decisão produza imediatamente, sem necessidade de qualquer verificação ou pronúncia prévia, os efeitos jurídicos que se assinalam às adoções no nosso país, designadamente a constituição da relação de filiação e os efeitos pessoais e patrimoniais daí resultantes. A automaticidade do reconhecimento justifica-se na medida em que os critérios para a tomada de decisão de adoção se encontrarão já cumpridos pelo Estado de origem e em cooperação com o Estado de receção, sendo dispensada uma qualquer revisão dos mesmos. No caso da convenção isso é claro; no caso dos acordos bilaterais, o mesmo nível de garantia deve ser acordado entre os Estados, para evitar falhas de proteção e regulação.

O art. 23º da Convenção de 1993 é límpido no sentido de que uma adoção certificada por uma autoridade competente do Estado onde se realizou, como tendo sido efetuada em conformidade com a Convenção, deverá ser reconhecida de pleno direito nos demais Estados contratantes, exigência esta que o nº 1 do art. 90º do RJPA incorpora.

Relembre-se que esta Convenção optou pela não regulamentação das questões de conflitos de jurisdições e de leis ou sequer tentou uma convergência ao nível do direito material, antes se centrando nas questões de cooperação interestadual tendo em vista a cooperação na constituição e, em contínuo, no reconhecimento da relação de filiação adotiva constituída. Para o efeito institui um conjunto de obrigações procedimentais (e um mínimo de condições materiais, desde logo no que se refere à obtenção dos devidos consentimentos para adoção) que distribui entre o Estado de origem e o Estado recetor (arts. 4º e 5º, respetivamente), assumindo que ambos atuarão concertadamente no seu preenchimento. Porém, destes dois artigos não resulta, necessariamente, uma aplicação distributiva dos ordenamentos jurídicos, pois poderá acontecer que o Estado de origem e o Estado recetor exijam certos requisitos que impliquem uma aplicação cumulativa das leis de ambos os Estados, o que pode dificultar ou tornar mais exigente a constituição de uma relação adotiva, resultado este que, porém, se compreende se se tiver em conta que a Convenção visa evitar situações claudicantes, isto é que não sejam aceites num dos Estados em relação[91].

É possível, ainda assim, que haja, por parte da Autoridade competente, a recusa do reconhecimento automático ou de pleno direito[92], mas apenas em situações muito limitadas. Desde logo, o art. 24º estipula que o reconhecimento de uma adoção só pode ser recusado num Estado contratante se esta for manifestamente contrária à sua ordem pública, tomando em consideração o interesse superior da criança. Esta dupla exigência, associada ao facto de a relação de filiação se encontrar já estabelecida no Estado de origem leva a que o funcionamento da ordem pública internacional, nestes casos, seja praticamente inviável (Silva, 2000, pp. 482-483). Além disso, nada impede que qualquer um dos Estados envolvidos no reconhecimento verifique as condições enunciadas nos artigos 4º e 5º a que acima aludimos, podendo, nestes casos o Estado recetor, alertar para a situação, recusar a continuação do procedimento ou a entrada da criança [artigos 17º, alíneas c) e d) da Convenção] ou, mesmo, se os requisitos não observados se relacionarem com exigências materiais fundamentais, como as relacionadas com o consentimento, recusar o reconhecimento (Silva, 2000, p. 472).

b) Reconhecimento de decisões de adoção proferidas por Estados não vinculados à Convenção ou não cobertas por acordos bilaterais

Nas situações em que a decisão de adoção não cumpra os requisitos previstos no nº 1 do art. 90º (ou porque os Estados de origem não se encontram vinculados à Convenção e não existe qualquer acordo bilateral, ou porque a adoção decretada não se insere no âmbito de aplicação temporal, espacial, material e subjetivo daqueles instrumentos convencionais) estabeleceu o legislador um processo de reconhecimento especial que passa pela inter-

[91] Note-se, porém, que preenchimento das condições exigidas pelo Estado de residência habitual dos adotantes e adotados, não implica o reconhecimento imediato pelos Estados da nacionalidade dos adotantes ou adotados, pelo que com a Convenção não se eliminam todos os tipos possíveis de situações claudicantes (Silva, 2000, p. 497).

[92] De facto, reconhecimento automático não significa reconhecimento sem condições, mas apenas que estas não serão objeto de uma verificação prévia (Correia, 2017, p. 462).

venção da Autoridade Nacional (o Instituto da Segurança Social, I.P.), nos termos também previstos no artigo 64º.

É a esta entidade que compete, num primeiro momento, considerar cumpridos os requisitos elencados no nº 2 do art. 90º e que passam pela comprovação da autenticidade do documento, a inteligibilidade da decisão e o seu caráter definitivo; da situação de adotabilidade internacional da criança no que respeita aos consentimentos prestados ou à sua dispensa e à observância do princípio da subsidiariedade; da intervenção da Autoridade Central da autoridade competente do país de origem ou de acolhimento; e da certificação da idoneidade dos candidatos para a adoção internacional.

Ao que se adita, como veremos, uma análise, que se impõe como oficiosa, de que o reconhecimento não conduz a um resultado manifestamente incompatível com os princípios da ordem pública internacional do Estado português (nº 4 do art. 90º).

Esta disposição inclui uma revisão que, a nosso ver, excede a mera delibação formal que se encontra subjacente ao regime geral de revisão de sentenças estrangeiras (art. 978 e ss. Do Código de Processo Civil), implicando uma avaliação de mérito, ainda que limitada a certos pressupostos, da decisão de adoção. Pronunciamo-nos neste sentido por, não obstante não se colocar como critério para o reconhecimento o cumprimento dos requisitos da norma de conflitos portuguesa para o decretamento da adoção, não deixa de se exigir que o Estado de origem certifique elementos que com aqueles se intersetam, desde logo os relativos à situação de adotabilidade da criança, em especial através da obtenção dos devidos consentimentos. Além disso, exige-se a idoneidade dos candidatos para a adoção internacional, o que passará, entre outros requisitos, pelo juízo, também ele positivo, de que existem indícios de que a futura adoção apresenta reais vantagens para o adotando, se funda em motivos legítimos e seja razoável supor que entre o adotante e adotando se vai estabelecer um vínculo semelhante ao da filiação (art. 83º)[93].

5. Ordem pública internacional.

Para além do já aduzido quanto ao âmbito manifestamente residual de aplicação da ordem pública internacional no quadro da Convenção de 1993, é de acentuar que não deve ser reconhecida qualquer decisão de adoção estrangeira sempre esta conduza a resultado manifestamente incompatível

[93] Ao que acrescem as circunstâncias impeditivas da adoção internacional previstas no art. 63º que, ainda que de apreciação mais jurídico-política, não deixarão de poder obstar à continuação do processo de reconhecimento.

com os princípios da ordem pública internacional do Estado português (nº 4 do art. 90º). Se a ordem pública internacional é, já por si, um instituto que se revela apenas nas situações em que, de forma casuística e atual, se mostrem violados princípios e referentes normativos essenciais ao e estruturantes do ordenamento jurídico do foro, passou a ser amiúde considerado o efeito atenuado da ordem pública no caso de reconhecimento de situações constituídos no estrangeiro. Tal manifesta-se na recusa do reconhecimento apenas nos casos mais graves, ou seja, quando a natureza e grau dos interesses ofendidos, o grau de divergência relativamente à solução do foro e a violação de normas rigorosamente imperativas ou outros critérios concretamente aferidos, conduzam a uma violação insustentável dos princípios em que se funda a ordem jurídica de reconhecimento (Machado, 1995, pp. 260-267).

A nossa jurisprudência tem-se ancorado nestas dimensões para entender que alguma variação quanto à idade dos adotantes e ao facto de estarem casados há menos tempo do que o previsto na lei portuguesa não é, em si, gerador de violação à ordem pública internacional [Ac. TRC, de 18/11/2008 (Processo: 3/08.7YRCBR; Relatora: Sílvia Pires)]; do mesmo passo, a idade do adotado também poderá não constituir uma "contravenção, inafastável e irrefragável, com a ordem jurídica portuguesa no seu conspecto e modelação essencial" [Ac. STJ, de 26/5/2015 (Processo 657/13.2YRLSB.S1; Relator: Gabriel Catarino)]. Outras contradições, designadamente as de ausência ou viciação do consentimento, serão, na nossa perspetiva, motivos legítimos de recusa de reconhecimento; já a onerosidade da adoção poderá apontar igualmente neste sentido, ainda que imponha uma cuidada análise da situação concreta, de modo a apurar que tipo de prestação corresponderá a uma manifesta e intolerável violação dos princípios basilares do foro.

Por último, a jurisprudência nacional mostra que é possível não reconhecer uma decisão estrangeira que expressamente impede a adoção de uma criança que se encontra legalmente em território português, sempre que tal conduzir a um resultado manifestamente incompatível com os princípios da ordem pública internacional do Estado Português, desde logo o de desproteção do menor [Ac. TRL, de 14/9/2021 (Processo: 2152/20.4YRLSB-7; Relatora: Cristina Coelho)]. Neste caso, a ordem pública internacional mostra uma feição menos comum, mas possível: a de permitir a constituição de uma situação que, de outra forma, seria inviabilizada (ordem pública positiva).

6. Recurso da decisão de reconhecimento ou de recusa de reconhecimento.

Determina o nº 5 do art. 90º que a decisão de reconhecimento proferida pela Autoridade Central (ou a sua recusa) é notificada aos interessados e ao Ministério Público. Os interessados poderão interpor recurso da decisão de não reconhecimento junto do Tribunal da Relação de Lisboa, no prazo de 30 dias (nº 6 do art. 90º). Já o Ministério Público tem legitimidade para interpor recurso tanto da decisão de recusa, como da decisão de reconhecimento de sentença estrangeira, mesmo nos casos em que esta tenha sido objeto de reconhecimento automático (nº 7 do art. 90º).

Nesta medida, a intervenção do Tribunal da Relação (de Lisboa) no âmbito do procedimento de reconhecimento de uma decisão de adoção acontece hoje apenas e só em sede de recurso, nos termos do artigo 90º, nº 6, não sendo possível, por ausência de jurisdição, dar-se causa ao processo de revisão previsto no Código de Processo Civil. Nestes termos, cf. o Ac. TRC, de 6/2/2019 (Processo: 284/18.8YRCBR; Relator: Falcão de Magalhães)[94].

7. Segredo de identidade.

Culmina o art. 90º, nº 9 com a determinação de que "em todos os procedimentos destinados ao reconhecimento da sentença estrangeira de adoção, deve ser preservado o segredo de identidade a que se refere o artigo 1985º do Código Civil", o que implica que as Autoridades Públicas intervenientes salvaguardem, também no âmbito do reconhecimento, o disposto no art. 5º do RJPA. De relembrar, porém, que a Lei nº 143/2015 aditou o artigo 1990º-A ao Código Civil que, em conjugação com o artigo 6º do RJPA, para cuja anotação remetemos, define os termos do acesso ao conhecimento das origens do adotado.

8. Bibliografia: Collaço, Isabel Maria de Magalhães, "Estudos sobre projetos de convenções internacionais – Sobre o esboço da Convenção acerca da «adoção internacional de crianças», emanado da conferência da Haia de Direito Internacional Privado", *Revista da Faculdade de Direito da Universidade de Lisboa*, v. XVI, 1963; Correia, A. Ferrer, *Lições de Direito Internacional Privado*, I, Coimbra, Almedina, 2000; Lopes, Dulce Margarida de Jesus, *Eficácia, Reconhecimento e Execução de Actos Administrativos Estrangeiros*, Coimbra, Almedina, 2018; Machado, João Baptista, *Lições de Direito*

[94] Não se podem considerar hoje aplicáveis, em face da previsão de um processo especial para qualquer tipo de decisão que decrete a adoção, as considerações do Ac. TRL, de 3/5/2007 (Processo nº 7714/2006-2; Relatora: Ana Paula Boularot), pois mesmo que a decisão de adoção esteja ancorada numa decisão judicial, o meio processual adequado para o seu reconhecimento passará sempre por um processo a instaurar junto da Autoridade Central.

Internacional Privado, 3ª Ed., Coimbra, Almedina, 1995; MAYER, PIERRE, "Les Méthodes de la Reconnaissance en Droit International Privé", *Le Droit International Privé: Esprit et Méthodes – Mélanges en l'Honneur de Paul Lagarde*, Paris, Dalloz, 2005; PINHEIRO, LUÍS DE LIMA, *Direito Internacional Privado, Volume III – Direito de Conflitos – Parte Especial*, Coimbra, Almedina, 2009; RAMOS, RUI MANUEL MOURA, "Sucessão e coexistência de métodos ao longo do tempo: a adopção no Direito Internacional Privado Português", *Infância e Juventude*, Nº 1, 2001; SILVA, NUNO GONÇALO DA ASCENSÃO, "A adoção internacional", *Separata Direito e Cidadania*, Ano VII, Nº 22, 2005; SILVA, NUNO GONÇALO DA ASCENSÃO, *A Constituição da Adopção de Menores nas Relações Privadas Internacionais: Alguns Aspectos*, Studia Iuridica 49, Coimbra, Coimbra Editora, 2000; VICENTE, DÁRIO MOURA, "Liberdades Comunitárias e Direito Internacional Privado", *Revista da Ordem dos Advogados*, Ano 69, 2009.

9. Jurisprudência: Ac STJ, 4/5/2000 (Processo: 00B331; Relator: Nascimento Costa), Ac. TRP, de 6/12/2000 (Processo: 9950283; Relator: Couto Pereira), Ac. TRL, de 3/5/2007 (Processo nº 7714/2006-2; Relatora: Ana Paula Boularot), Ac. TRC, de 18/11/2008 (Processo: 3/08.7YRCBR; Relatora: Sílvia Pires), Ac. TEDH, de 4/10/2012 (Processo: 43631/09), Ac. STJ, de 26/5/2015 (Processo 657/13.2YRLSB.S1; Relator: Gabriel Catarino), disponível em Ac. TRC, de 6/2/2019 (Processo: 284/18.8YRCBR; Relator: Falcão de Magalhães) e Ac. TRL, de 14/9/2021 (Processo: 2152/20.4YRLSB-7; Relatora: Cristina Coelho).

Esta anotação foi redigida seguindo a grafia resultante do Acordo Ortográfico de 1990

DULCE LOPES

POSFÁCIO

Sinto uma grande honra e uma acentuada responsabilidade pelo generoso convite para escrever o posfácio relativo a uma inovadora e magnífica publicação de uma excelente, a todos os títulos, anotação específica, até agora inexistente, completa, pluridisciplinar e integrada, ao atual Regime Jurídico do Processo de Adoção (RJPA).

São devidos os maiores agradecimentos e elogios aos distintíssimos promotores e coordenadores da publicação, Professora Doutora Ana Rita Alfaiate e Juiz Desembargador Dr. Paulo Guerra.

Com o seu muito saber, sabedoria, profundo e generoso humanismo, conhecimento da realidade e autêntico empenho na generalizada interiorização e concretização dos Direitos Humanos das Crianças, imaginaram e promoveram uma Obra que reafirma o valor indiscutível da Adoção.

Foi sua principal preocupação as crianças que se encontrem em situação de vulnerabilidade, nomeadamente quanto à inexistência de uma parentalidade e filiação positivas.

São devidos também vivos parabéns e agradecimentos aos distintíssimos numerosos Colaboradores, pela grande qualidade das suas anotações.

De salientar o excelente Prefácio – contributo muito precioso e esclarecedor do consagrado Mestre Professor Doutor Guilherme de Oliveira.

No meu sentir e pensar, também continuo a considerar a Adoção como a melhor resposta à situação de uma criança «carente de colo e vinculação» como expressivamente se diz no texto.

Uma solução que melhor e de forma segura, com o respaldo do Direito, dá consistência a uma relação humana de grande verdade, beleza e significado pessoal e social, baseada nos afetos reais, sem base biológica, de um sentimento de parentalidade positiva e sentido de responsabilidade, por parte dos adotantes, e um correspondente sentimento de filiação positiva por parte da criança.

Nos tempos atuais, em que grassa numa parte da sociedade um certo *niilismo*, a Adoção nestes termos representa, em meu modesto entender, uma das mais relevantes expressões da esperança na qualidade humana e respetivos valores, nomeadamente éticos e de efetiva solidariedade. É meu sentido anseio que essa qualidade humana possa vir a afirmar-se cada vez mais na nossa sociedade, de forma a ser claramente, num futuro mais próximo, uma realidade predominante.

Trata-se do direito fundamental da criança a uma família onde seja integrada, amada, protegida e promovida como filho; de preferência a família biológica, se ao sangue corresponder o amor e o sentido, a capacidade e a responsabilidade parentais.

Quando assim não suceda e não seja recuperável em tempo razoavelmente útil, apesar de todos os esforços (que são dever irrenunciável da família, do Estado, da sociedade e das comunidades), esse seu direito fundamental a uma família pode e deve, sempre que possível, ser realizado no seio de uma família adotiva. A experiência e a investigação demonstram que, na adoção, o amor parental e o amor e a confiança filial, a capacidade e a responsabilidade parental e o reconhecimento jurídico da relação adotiva são bastantes para construir uma autêntica relação de parentalidade e filiação.

Nunca é demasiado relevar a importância sempre primordial da autenticidade e profundidade da paternidade positiva e da correspondente filiação, quer a que tem origem biológica, quer aquela que se funda na Adoção. Em ambas as situações, são requisitos e caraterísticas insubstituíveis o profundo amor e o forte sentido de responsabilidade parental positiva, por parte dos pais, e o correspondente amor de filiação positiva e confiança por parte do filho.

Em qualquer dos casos de paternidade e filiação, seja a que tem origem biológica, seja a adotiva, os pais têm um feliz sentimento de continuidade e os filhos um sentimento de confiança na sua vivência presente e futura. Os pais, em ambas as situações, não podem, porém, esquecer que o filho é um «outro», uma diferente «pessoa» com o direito ao respeito pela suas progressivas autonomia e escolha do seu destino, em consonância com a sua idade e circunstâncias concretas e sem prejuízo do dever de ouvir os pais.

Há que confiar e promover uma nova cultura de maturidade, fundada na interiorização e cumprimento dos deveres, por parte de ambos os pais, de mútuo respeito e de solidariedade na educação e apoio aos filhos, deveres que – importa acentuar – se mantêm nas situações de divórcio ou separação.

Uma cultura que seja facilitadora da interiorização de que a maravilha da parentalidade – seja a que tem origem na relação biológica, seja a que se funda na Adoção – importa a feliz sensação de continuidade no filho. Implica, porém, uma exigente corresponsabilidade para com ele, enquanto um «outro», uma diferente «pessoa», portadora de uma alteridade a reclamar uma respeitosa relação amorosa e promotora de uma autonomia saudável, estranha às categorias do poder ou do ter.

Lisboa, 9 de agosto de 2022

Armando Leandro
Juiz Conselheiro Jubilado

ÍNDICE